阎兆万 王爱华 展宝卫 等著

Study on Development of Economic Zone

经济园区发展论

经济科学出版社
Economic Science Press

责任编辑：吕　萍　王　娟
责任校对：杨　海
版式设计：代小卫
技术编辑：邱　天

图书在版编目（CIP）数据

经济园区发展论／阎兆万，王爱华，展宝卫等著．—北京：经济科学出版社，2009.1
ISBN 978-7-5058-7074-1

Ⅰ．经… Ⅱ．①阎…②王…③展… Ⅲ．工业区-经济发展-研究-中国　Ⅳ．F424

中国版本图书馆 CIP 数据核字（2009）第 005634 号

经济园区发展论

阎兆万　王爱华　展宝卫　等著
经济科学出版社出版、发行　新华书店经销
社址：北京市海淀区阜成路甲 28 号　邮编：100142
总编室电话：88191217　发行部电话：88191540
网址：www.esp.com.cn
电子邮件：esp@esp.com.cn
北京汉德鼎印刷厂印刷
德利装订厂装订
690×990　16 开　25.25 印张　420000 字
2009 年 1 月第 1 版　2009 年 1 月第 1 次印刷
ISBN 978-7-5058-7074-1/F·6325　定价：38.00 元
（图书出现印装问题，本社负责调换）
（版权所有　翻印必究）

序

今年，是我国首批国家级经济技术开发区设立25周年。回顾总结开发区的发展历程，在改革开放的历史新起点上，对开发区实践进行理论提升，研究科学发展模式，探讨未来发展思路，具有十分重要的历史意义和现实意义。

近年来，山东省在推动全省经济园区发展的同时，在理论研究上进行了深入的探索。按照商务部马秀红副部长指示，对区港联动问题进行深入研究，创新性提出"多区港联动"的概念和发展模式后，在改革开放30周年之际，他们又对开发区发展的历史背景、发展历程、发展模式、发展机制、发展环境、发展方向以及发展对策等问题进行了翔实梳理和深入探讨，撰写了《经济园区发展论》一书，系统总结回顾了我国开发区20多年的建设成就和发展经验，并对开发区未来发展方向进行了前瞻性的思考和展望。本书的出版必将对我国开发区的理论发展和实践探索起到积极的影响。

20多年来，随着改革开放的稳步推进，根据经济发展战略要求，国家先后设立了经济技术开发区、高新技术产业开发区、保税区、出口加工区、保税港区、生态工业园区等功能多样的园区模式，形成了颇具中国特色的园区经济体系。在发展实践中，我国开发区不断推进经济发展方式转变，大力促进产业结构调整升级，切实增强自主创新能力，集约合理利用能源资源，全力打造综合投资环境，探索"走出去"兴办园区的新模式，切实发挥了窗口、示范、辐射和带动作用，不仅成为促进所在地区经济发展和以工业化推动城市化进程的重要力量，而且将中国开发区的成熟经验和运作模式进行品牌输出，在国际上取得积极反响。

与此同时，我们也应看到，当前在开发区发展中也面临诸多挑战和瓶颈。特别是产业趋同现象严重，产业集聚度不高；引进外资进展显著，但仍缺乏提升自主创新能力的有效途径；制造业与服务业比重失衡，影响园区经济可持续发展；经济发展与社会发展之间还存在一些不协调因素等，这些问题影响了开发区进一步发展的步伐。进入2009年，全球金融危机已对实体经济产生不利影响和严重侵蚀，也必然给以产业立区、经济外向为特征的开发区带来严峻挑战和提出新的课题。

虽然发展的道路充满艰辛，但开发区的未来仍具有得天独厚的条件与机遇。第一，国家对开发区发展高度重视，为其健康、持续发展提出了与时俱进的指导方针；第二，经济全球化和国内区域协调发展为开发区进行新的产业转移创造了良好条件；第三，开发区自身形成的发展基础与综合优势，为实现新一轮发展提供了重要保障；第四，以产业激励为主要内容的多项政策，有利于开发区集中优势资源，聚集高端制造业项目和研发项目。

为此，面对前所未有的机遇和挑战，开发区要把机遇转化为发展的动力，按照科学发展观要求，及时调整和深化发展方式，探索适合自身发展的正确路径。要根据全球经济发展趋势和变化，在管理体制、投资环境、融资方式、投资促进等领域改革创新，保持和增强竞争力。要坚持中国特色新型工业化发展道路，推动产业结构优化升级，大力发展特色产业园区，加快产业集聚，推进较好的工业园区向科技园区发展。要发挥多年积聚优势，努力成为经济增长带的重要支撑点和推动区域协调发展的重要载体，同时，依托母城的资源优势和发展要求，在促进所在区域发展中，扩展自身的发展空间。

展望未来，开发区要全面把握参与经济全球化的新机遇新挑战，全面认识工业化、信息化、城镇化、市场化、国际化深入发展的新形势新任务，在互利共赢的开放战略下，更加自觉地坚持走科学发展道路，以改革创新精神，不断探索新思路，谋求新发展，再创新辉煌，为全面推进中国特色社会主义事业作出新的贡献。

中国开发区协会会长　刘培强
2009年1月19日

前　言

相对于我国经济园区丰富的实践，园区研究明显滞后和不足。加强经济园区研究，是园区实际工作者的重要任务，也是理论工作者面临的重要课题，更需要理论工作者和园区实际工作者携手努力。在这个过程中，个人的力量是难以胜任的，这个研究需要团队精神，需要更多人的思考与探索。

在本书中，我们关注的重点是园区的发展问题。以园区发展为主线可以带动对园区经济的整体研究。在研究过程中，我们采用了实证与规范、定性和定量相结合的研究方法，试图既遵循历史的逻辑，又符合理论的逻辑，目的是对中国经济园区发展进行一个全景式、深层次的把握和演绎。从世界范围看，经济园区的历史可追溯到16世纪的意大利。而后欧美亚太国家和地区都有发展和创新。中国的经济园区是改革开放的产物，自1979年我国设立第一个工业园区——蛇口工业区，至今走过了30年的历程。新时期中国改革开放的决策者们把园区这一经济发展载体和平台的作用发挥到了极致。经济技术开发区、高新技术产业开发区、保税区、出口加工区、保税物流园区、保税港区等功能多样的各类经济园区构成的中国园区经济在世界独树一帜，形成了鲜明的特色，在中国经济发展中发挥了不可替代的作用。中国经济园区自诞生之日就扮演着改革开放试验田和排头兵的角色，在促进对外开放、优化产业结构、带动区域发展中做出了巨大贡献，已经逐步成为我国先进产业的集聚区、对外开放的示范区、科技创新的先导区和现代化的新城区，成为世界经济和中国经济社会发展中一道靓丽的风景。

山东经济园区在中国开发区事业中占有重要位置。1984年国务院批准14个沿海开放城市并设立经济技术开发区，山东就占了两席：青岛和烟台。到目前，山东省级以上园区171个，其中15个国家级园区：3个国家级经济技术开发区、5个国家级高新技术开发区、1个保税区、6个出口加工区；156个省级园区。2008年9月，国家又批准建立了青岛前湾保税港区。最近，中共山东省委姜异康书记指出，山东省现有各类园区，是改革开放和新的生产力的重要载体，地位重要、潜力巨大。要充分发挥园区的作用，加快培植主导产业，进一步提高产业集聚力、招商引资吸引力和企业核心竞争力。姜大明省长要求，要准确把握经济园区化、园区集约化的发展趋势，切实提高园区集约发展水平。山东省委把"充分发挥园区经济优势"列为2008年重大战略研究课题。才利民副省长带领有关部门到江苏、辽宁两省及沈阳、大连、南京、苏州四市对园区进行了专题考察，对做好园区工作进行专门部署，提出要推进园区集约建设科学发展：一是要把推进园区产业优化升级与实现优势产业和高新技术产业集聚结合起来。引进外资大项目特别是高新技术产业龙头项目，带动配套产业发展，逐步形成有竞争力的产业集群。二是要把引进消化与提高园区自主创新能力结合起来。支持园区企业引进消化吸收再创新，引导区内企业、大专院校、科研单位进行联合创新，培育产学研结合、特色鲜明的产业技术创新联盟，支持生产力促进中心、技术市场、技术评估等中介服务机构在园区形成创新服务支撑体系。三是要把节约集约利用土地与实现园区集约建设科学发展结合起来。切实做好园区规划修编工作，扩大开发区发展空间。下大气力整合、挖潜和盘活存量土地，腾笼换鸟，引导开发区提高土地投资强度和利用效率。为了贯彻落实山东省委省政府的要求，山东省对外贸易经济合作厅吕在模厅长提出要发挥园区优势，推动产业集聚。认真总结改革开放以来开发区建设经验，把开发区真正建设成为区域经济发展的增长极。一是要营造国际仿真环境。优化政务环境，创新服务方式，实行首问负责制、限时办结制、服务承诺制，为外来投资者提供便捷高效的服务；优化法治环境，加快经济开发区立法工作，平等保护各类市场主体的合法权益，维护公平交易和有序竞争；优化市场环境，推进管理体制和运行机制与国际惯例接轨，加快涉外中介组织和服务体系建设，降低商务成本；优化人才环境，完善选人用人机制和竞争激励机制，培养引进用好各类人才；优化人文环境，提高园区国际化程度，改善涉外教育、文化、娱乐、医疗等设施条件，创建仿真式的国际工作生活氛围。二是要加快基础设施建设。积极运作进入扩大内需建设盘子，在开发区重点推动建设一批供水、供电、供气和污水处理等基础设施项目。继续对西部省级开发区基础设施建设项目贷款进行贴息，并扩大扶持规模。加快青岛前湾保税港区建设，尽快通过国家验收。积极争取符合条件的省级经济开发区升级为国家级经济技术开发区。三是要构建自主创新体系。启动国家级开发区和有条件的省级开发区建设创新型科技园区试点，重点支持源头创新、行业和企业研发、成果转化与中介服务三类平台建设，在开发区建设公共技术服务平台。逐步建立起以政府投入为引导、企业投入为主体、吸引社会投资为辅助的新型自主创新投融资机制，集聚创新要素，激活创新资源，增强创新能力。四是要集约节约利用土地。结合新一轮土地利用规划修编，调整完善开发区布局，扩大发展空间。积极探索新形势下盘活存量土地、提高容积率和投资强度的新模式。五是要培育优势特色产业。完善开发区产业发展规划，明确产业发展方向和重点，突出产业特色、区域特色，以龙头项目和骨干产品为依托，加快形成重点突出、特色鲜明的产业集群，形成错位竞争优势。加快国别（地区）工业园建设，制定省级生态工业园区建设标准和实施意见，建成一批生态工业示范园区。所有这些，都对本书的研究提供了重要指导和借鉴。

  本书主要以国家级经济技术开发区为研究对象，结合山东经济园区发展实践，对我国经济园区的建设与发展进行了理论分析和现实考察，并尝试性地提出了园区科学发展的方向与对策。主要是对经济园区的内涵、特点、功能及类型进行了详细而准确地表述，有重点地选择了国外有代表性的园区对其产生背景、特点及功能进行了分析和借鉴；系统地阐述了我国经济园区产生的国际与国内背景；运用经济增长极理论、产业集群理论以及新产业区理论，系统地解释了经济园区设立的理论基础，并站在开放经济的高度上，对今后我国经济园区的发展趋势作出了理论上的探索；分析了园区在不同发展阶段的发展定位、主要任务、特点及主要的政策措施与成就，全面回顾了我国经济园区的发展历程；对经济园区发展的主要模式即产业综合发展模式、企业带动模式、国别特色模式及园区模式创新进行了剖析和研究，对园区更好地选择与运用各种模式提出了意见和建议；对园区发展的动力机制、管理机制和政策机制等发展促进机制进行了思考和研究，对园区如何更好地发挥机制的引导促进作用提出了对策和思路；从园区的软、硬环境以及产业配套环境建设入手，强调了环境建设对于园区招商引资的重要性；通过评价指标体系的建立、原则及评价标准的制定，系统地阐述了评价指标体系的重要性，通过对典型案例进行分析与评价，客观地反映了园区运行情况，有针对性地制定发展战略；从园区发展的主要服务支持体系即社会中介服务体系、物流服务体系、人力资源服务体系、信息服务体系四个方面阐述了每个服务体系的主要特点和职能，以及对园区发展的促进作用；通过中国与国外经济园区的发展比较、山东与省外经济园区的发展比较,明确了园区发展的差距与努力方向;运用 SWOT 分析方法,阐述了在新的国际国内环境下我国经济园区发展的优势与劣势、面临的机会与威胁,进一步明确了园区发展的目标与方向;对园区未来发展与创新进行了积极的思索与展望,提出园区未来发展的总体思路,即以园区创新带动园区转型升级,以园区工业化发展带动城市化进程,以园区国际化发展带动国内市场繁荣,以园区规模化发展带动新农村建设,从政府、企业、社会三个层面对园区的发展提出了对策与建议。

  本书反映的只是一个特定时期我国经济园区发展的研究。随着经济全球化的深入推进和我国对外开放水平的不断提升,作为中国当前最具时代性和国际化的区域,园区创新与发展的步伐将进一步加快,园区发展的内涵也将更加丰富。我们将密切关注和跟踪园区发展动态,结合更加丰富的园区实践,不断充实和完善我们的研究成果,希冀这一研究能跃上新的层面和新的高度,为中国经济园区又好又快发展贡献我们的智慧与力量。

  祝愿中国经济园区的明天更加美好!

阎兆万

2009 年 1 月 16 日

目　录

第一章　经济园区发展概述 …………………………………… 1
一、经济园区内涵、特点及功能 ………………………………… 1
(一) 经济园区的内涵 ………………………………………… 1
(二) 经济园区的特点 ………………………………………… 2
(三) 经济园区的功能 ………………………………………… 3
二、经济园区的类型 ……………………………………………… 5
(一) 国家级经济技术开发区 ………………………………… 5
(二) 国家级高新技术产业开发区 …………………………… 8
(三) 出口加工区 ……………………………………………… 11
(四) 保税区 …………………………………………………… 13
(五) 保税港区 ………………………………………………… 16
(六) 省级经济开发区 ………………………………………… 18
(七) 其他 ……………………………………………………… 20
三、国外经济园区评介 …………………………………………… 21
(一) 国外经济园区发展概况 ………………………………… 21
(二) 国外经济园区评介 ……………………………………… 22

第二章　经济园区发展的背景 ………………………………… 33
一、国际背景 ……………………………………………………… 33
(一) 经济全球化的深入与经济园区 ………………………… 34
(二) 区域经济一体化的活跃与经济园区 …………………… 37
(三) 国际产业转移的加速与经济园区 ……………………… 41
(四) 贸易自由化、便利化发展与经济园区 ………………… 44
(五) 发展中国家的不断崛起与经济园区 …………………… 47

二、国内背景 50
（一）改革开放国策的确立与经济园区 51
（二）市场经济体制的选择与经济园区 54
（三）产业结构的调整优化与经济园区 57
（四）新型工业化道路的发展与经济园区 60
（五）经济国际化战略的实施与经济园区 62

第三章 经济园区发展的理论支撑 66
一、经济增长极理论 66
（一）经济增长极理论的基本理论框架 67
（二）经济增长极与扩散效应 71
（三）经济增长极理论与经济园区建设 73
二、新产业区理论 75
（一）新产业区理论的基本理论框架 76
（二）新产业区的网络化运作与创新性机制 79
（三）新产业区理论与经济园区建设 81
三、产业集群理论 83
（一）产业集群的基本理论框架 83
（二）产业集群与创新系统 87
（三）产业集群理论与经济园区建设 89

第四章 经济园区发展的历程 94
一、经济园区初始发展阶段 94
（一）初始发展阶段的时间定位 95
（二）初始发展阶段的指导思想和主要任务 98
（三）初始发展阶段的主要政策举措与成就 101
二、经济园区快速发展阶段 106
（一）快速发展阶段的时间定位 107
（二）快速发展阶段的指导思想与主要任务 109
（三）快速发展阶段的主要政策举措与成就 112
三、经济园区科学发展阶段 116
（一）科学发展阶段的时间定位 116
（二）科学发展阶段的指导思想与主要任务 118

（三）科学发展阶段的主要政策举措与成就 ………………… 120

第五章　经济园区发展的模式 …………………………………… 128
　一、大企业带动发展模式 ……………………………………… 128
　　（一）大企业带动发展模式的界定 ………………………… 128
　　（二）大企业带动发展模式探析 …………………………… 129
　　（三）大企业带动发展模式新思路 ………………………… 131
　二、产业带动发展模式 ………………………………………… 132
　　（一）产业带动发展模式的界定 …………………………… 132
　　（二）产业带动发展模式探析 ……………………………… 134
　　（三）产业带动发展模式新思路 …………………………… 136
　三、国别特色模式 ……………………………………………… 137
　　（一）国别特色模式的界定 ………………………………… 137
　　（二）国别特色模式探析 …………………………………… 138
　　（三）国别特色模式新思路 ………………………………… 140
　四、经济园区发展模式创新 …………………………………… 142
　　（一）发展模式创新的必然性 ……………………………… 142
　　（二）园区发展新模式 ……………………………………… 143
　　（三）发展新模式的创新点 ………………………………… 151

第六章　经济园区发展的机制 …………………………………… 154
　一、经济园区的动力机制 ……………………………………… 154
　　（一）园区创新机制 ………………………………………… 155
　　（二）园区服务机制 ………………………………………… 157
　　（三）园区网络互动机制 …………………………………… 159
　　（四）园区文化机制 ………………………………………… 160
　二、经济园区的管理机制 ……………………………………… 162
　　（一）园区政府主导型管理机制 …………………………… 163
　　（二）园区企业化管理机制 ………………………………… 166
　　（三）园区区政合一管理机制 ……………………………… 168
　　（四）园区新型行政区管理机制 …………………………… 171
　　（五）园区管理机制的未来发展 …………………………… 172
　三、经济园区的政策机制 ……………………………………… 175

（一）园区政策扶持机制 ··································· 175
　　（二）园区政策导向机制 ··································· 178

第七章　经济园区发展的环境 ·································· 183
　一、经济园区的硬环境建设 ····································· 183
　　（一）园区基础设施环境 ··································· 183
　　（二）园区生态环境 ······································· 189
　二、经济园区的软环境建设 ····································· 194
　　（一）园区政策环境 ······································· 194
　　（二）园区服务环境 ······································· 197
　　（三）园区法律环境 ······································· 199
　　（四）园区文化环境 ······································· 201
　三、经济园区的产业配套环境建设 ······························· 204
　　（一）园区产业的合理布局 ································· 204
　　（二）园区主导产业定位 ··································· 206
　　（三）园区产业链条的延伸 ································· 208
　　（四）园区产业的集群化发展 ······························· 211

第八章　经济园区发展的整体效应评价 ·························· 215
　一、经济园区评价指标体系 ····································· 215
　　（一）园区评价指标体系概况 ······························· 216
　　（二）评价指标体系的设计原则 ····························· 217
　　（三）评价指标体系的总体框架 ····························· 219
　　（四）评价指标的选择与解读 ······························· 221
　　（五）评价指标权重的确定 ································· 222
　二、经济园区的经济效应评价 ··································· 226
　　（一）土地使用效应 ······································· 226
　　（二）招商引资效应 ······································· 229
　　（三）生产经营效应 ······································· 232
　　（四）进出口贸易效应 ····································· 233
　　（五）科技创新效应 ······································· 235
　三、经济园区的社会效应评价 ··································· 239
　　（一）就业带动效应 ······································· 240

（二）城市化发展效应 …………………………………………… 241
　　（三）人才培养效应 ……………………………………………… 244

第九章　经济园区发展的服务支持体系　246
一、经济园区的社会中介服务体系 …………………………………… 246
　　（一）园区财务经营服务体系 …………………………………… 247
　　（二）园区融资服务体系 ………………………………………… 248
　　（三）园区信用评级服务体系 …………………………………… 251
　　（四）园区法律服务体系 ………………………………………… 255
二、经济园区的物流服务体系 ………………………………………… 257
　　（一）园区物流渠道建设 ………………………………………… 258
　　（二）园区物流设施建设 ………………………………………… 260
　　（三）园区物流企业建设 ………………………………………… 262
　　（四）园区物流服务效率 ………………………………………… 264
三、经济园区的人力资源服务体系 …………………………………… 267
　　（一）园区人才的引进服务 ……………………………………… 267
　　（二）园区人才的培养服务 ……………………………………… 269
　　（三）园区人力资源的涵养与供给服务 ………………………… 271
四、经济园区的信息服务体系 ………………………………………… 273
　　（一）园区现代化信息服务平台的打造 ………………………… 273
　　（二）园区现代化信息服务手段的完善 ………………………… 275
　　（三）园区信息咨询服务体系的优化 …………………………… 278

第十章　经济园区发展的比较借鉴　281
一、中国与国外经济园区发展的比较 ………………………………… 281
　　（一）园区整体实力比较 ………………………………………… 281
　　（二）园区产业发展模式比较 …………………………………… 287
　　（三）园区管理体制比较 ………………………………………… 290
　　（四）园区发展特色比较 ………………………………………… 292
二、山东与省外经济园区发展的比较 ………………………………… 296
　　（一）园区综合竞争力比较 ……………………………………… 296
　　（二）园区投入产出比较 ………………………………………… 300
　　（三）园区发展特色比较 ………………………………………… 301

三、启示与借鉴……………………………………………… 305
　（一）国外与省外园区发展的主要做法 ………………… 305
　（二）对山东经济园区发展的启示 ……………………… 307

第十一章　经济园区发展的新形势与目标选择 ……… 311
一、经济园区发展的新形势及园区 SWOT 分析 …………… 311
　（一）园区发展的国际国内环境 ………………………… 312
　（二）新形势下对经济园区的 SWOT 分析 ……………… 318
二、经济园区发展的目标选择 ……………………………… 326
　（一）园区的科学化发展 ………………………………… 326
　（二）园区的集约化发展 ………………………………… 328
　（三）园区的集聚化发展 ………………………………… 332
　（四）园区的可持续发展 ………………………………… 335

第十二章　经济园区发展的对策 …………………………… 340
一、发展总体思路 …………………………………………… 340
　（一）以园区创新性发展带动园区转型升级 …………… 341
　（二）以园区工业化发展带动城市化进程 ……………… 342
　（三）以园区国际化发展带动国内市场开拓 …………… 343
　（四）以园区规模化发展带动新农村建设 ……………… 345
二、政府层面 ………………………………………………… 346
　（一）抓好东西部地区园区战略规划 …………………… 347
　（二）合理园区产业布局 ………………………………… 349
　（三）完善园区政府服务体系 …………………………… 352
　（四）优化园区管理体制 ………………………………… 354
　（五）推进园区协作与互动发展 ………………………… 357
三、企业层面 ………………………………………………… 359
　（一）建立学习型企业 …………………………………… 359
　（二）创新招商引资方式 ………………………………… 362
　（三）培育园区企业特色优势 …………………………… 363
　（四）打造园区企业自主品牌 …………………………… 365
　（五）发展园区企业循环经济 …………………………… 368
四、社会层面 ………………………………………………… 370

（一）强化园区社会中介作用 …………………………………… 370
　（二）完善园区社会保障体系 …………………………………… 372
　（三）营造园区经济与社区共同发展的和谐局面 ……………… 373

参考文献 ………………………………………………………………… 376
期待与中国经济园区同行的务实合作
　——《经济园区发展论》一书出版寄语 ……………… 朴钟灿 382
后记 ……………………………………………………………………… 383

CONTENTS

Chapter 1: Overview of Economic Zone Development 1
  1. Connotation, Features and Functions of Economic Zone 1
  2. Types of Economic Zone 5
  3. Foreign Economic Zone Review 21

Chapter 2: Background of Economic Zone Development 33
  1. International Background 33
  2. Domestic Background 50

Chapter 3: Theoretical Support of Economic Zone Development 66
  1. Economic Growth Pole Theory 66
  2. New Industrial District Theory 75
  3. Industrial Cluster Theory 83

Chapter 4: Development History of Economic Zone 94
  1. Initial Development Stage of Economic Zone 94
  2. Rapid Development Stage of Economic Zone 106
  3. Scientific Development Stage of Economic Zone 116

Chapter 5: Development Model of Economic Zone 128
  1. Large Enterprises Led Model of Development 128
  2. Industry-led Model of Development 132
  3. Country-specific Characteristics Model 137
  4. Model Innovation of Economic Zone 142

Chapter 6: Development Mechanism of Economic Zone 154
  1. Dynamic Mechanism of Economic Zone 154
  2. Management Mechanism of Economic Zone 162
  3. Policy Mechanism of Economic Zone 175

Chapter 7: Development Environment of Economic Zone 183
  1. Hardware Environment Construction of Economic Zone 183
  2. Soft Environment Construction of Economic Zone 194
  3. Industry Supporting Environmental Construction of Economic Zone 204

Chapter 8: Overall Effect Evaluation of Economic Zone Development 215
  1. Evaluation Index System of Economic Zone 215
  2. Economic Effects Evaluation of Economic Zone 226
  3. Social Effects Evaluation of Economic Zone 239

Chapter 9: Service Support System of Economic Zone Development 246
  1. Social Intermediary Service System of Economic Zone 246
  2. Logistics Service System of Economic Zone 257
  3. Human Resources Service System of Economic Zone 267
  4. Information Service System of Economic Zone 273

Chapter 10: Comparison and Reference of Economic Zone Development 281
  1. Comparison of China and Foreign Economic Zone Development 281
  2. Comparison of Shandong and Other Provinces Economic Zone Development 296
  3. Inspiration and Reference 305

Chapter 11: New Situation and Target Selection of Economic Zone Development 311

1. New Situation and SWOT Analysis of Economic
   Zone Development ·· 311
2. Target Selection of Economic Zone Development ······················ 326

Chapter 12: Countermeasures of Economic Zone Development ······ 340
1. General Idea of Development ·· 340
2. Government level ··· 346
3. Enterprise level ·· 359
4. Society level ··· 370

References ·· 376
Expecting the Pragmatic Cooperation with Chinese Counterparts of Economic Zone
　　——For the Publication of "Study on Development of
　　　Economic Zone" ································ Park Jong Chan 382
Postscript ·· 383

第一章 经济园区发展概述

开发区大有希望

——邓小平

经济园区是中国改革开放的新生事物，是中国现代化建设新时期高扬的一面旗帜。它作为中国改革开放的实验田，开放型经济发展的排头兵，为中国经济走向工业化、现代化、国际化发挥了重要的引擎作用和领军作用。历经近30年的风雨洗礼和发展创新，经济园区已经成为我国最具活力的投资热土，而今为实现我国工业化、城镇化和全面建设小康社会的奋斗目标，经济园区正迈动着坚实的步伐奔向新的辉煌。如果说中国的改革源于农村，那么中国的开放则功在园区。时值中国改革开放30年，回眸经济园区的一路前行的历程，放眼与展望未来发展前景，对于继续描绘经济园区这一鸿篇巨制则具有积极和非常的意义。

一、经济园区内涵、特点及功能

经济园区作为特定历史条件下的产物，特定的历史表征赋予了它特定的内涵和功能。它是中国开放型经济的承载体，是中国经济新的增长点，对于区域经济乃至整个国民经济的发展都起到了不可忽视的示范、辐射和带动作用。

（一）经济园区的内涵

经济园区是指一个国家或地区根据经济发展战略需要，划出一定区域，实行一定的产业鼓励政策，由政府或政府派出机构、或经济开发实体对总体发展、产业导向、公共基础设施等进行统一规划、统一建设、统一管理和统一运营的产业区域。它包括经济技术开发区、高新技术产业开发区、出口加工区、保税区、特色工业园区、工业团地、农业科技示范园区、科技园、科学城、创业园、现代物流园、自由贸易园区等。自20世纪80年代初，一代伟人邓小平倡导设立4个经济特区后，各类经济园区如雨后春笋般地发展起来。目前，我国已有省级以上经济园区700多个，其中国家级经济园区170多个。

(二) 经济园区的特点

1. 具有特定的地域空间

经济园区是在一定地域空间内群集大量企业、吸纳生产要素集中投入而产生的经济体系，是一种地域空间的实体经济，有一定的边界设立，其政策、产业布局、管理制度等都只适用于特定的区域范围，即园区内。在园区内，企业可以享受到政府营造的低成本空间，如低租金厂房、较低的劳动力价格以及政府提供的较低价格的公共产品等，并且政府转移支出给企业带来的超额利润，如减免税收所增加的利润、出口创汇所享受的特殊补贴等优惠政策。

2. 由单一向多样化发展

经济园区是从各地兴建各类工业开发区开始。随着经济园区的建设不断向前推进，其类型也从过去的单一工业园区，逐渐向多领域、多形式和综合性方向发展，比如高新技术开发区、经济技术开发区及科技园区等。在综合性工业园区建设的同时，进而逐渐发展成为分工更细的各种功能园区，比如软件园、生物园、环保园和纺织园等。各类经济园区的出现，对其所在区域的经济发展起到了一定的促进作用。

3. 具有企业聚集效应

经济园区的形成过程实质上就是资源和经济要素特殊聚集配置的过程，在这个过程中，经济园区通过提供高质量、高效率的公共产品，吸引产业关联的大量企业入园，使得企业聚集，最终形成产业聚集，并在此基础上通过产业关联各环节衍生出一批具有分工协作关系的关联企业，进一步壮大产业集群。而集群的经济组织之间相互竞争、合作、交流，进而实现知识的共享和文化的共通，形成特定经济区域的独有特色和集镇经济的聚合力，从而优化生产力的空间布局，形成增长点和辐射源，带动周边城镇的经济发展。

4. 具有特殊区位优势

经济园区作为一种特殊的经济组织，首先，可以把分散的企业集中在园区，让企业摆脱了狭窄产业化空间的束缚，提高了区域的产业联系度，为区域企业产品、技术乃至整个产业结构的升级创造良好的条件。其次，政府通过对入园企业在土地价格、融资、费税减免、基础设施、生产服务等方面制定一系列较优惠的政策措施。再其次，在园区内通过对污染进行集中监管和治理，也将从根本上解决当前分散在各地的企业所带来的污染难治理问题。最后，经济园区还能降低水、电运送费、消防、道路等投入的费用。所有这些都能大大降低企业的成本，从而提高企业的整体竞争力。

（三）经济园区的功能

1. 经济园区是区域经济结构调整的助推器[①]

无论是从国外还是从国内来看，经济园区的建设和发展都为企业创造了良好的发展条件，并能有效推进园区产业集群的发展，推动整个区域的工业化社会的转变，进而推动经济结构的调整和优化。这一点从经济园区的核心特点——"产业集群"的效用就能充分体现。不管是政府组织型还是自主组织型工业园区，产业的集群必然会产生一系列效应和效果，比如规模效应。另外，先进入园区的企业其经济活动会产生外部效应，带动一系列相关企业集聚在其周围，在管理模式、生产技术等方面既相互竞争又彼此合作，既互相模仿又彼此超越，不仅延长了产业链，还提升了生产的专业化水平，而且又能放大"乘数效应"，有利于提高园区经济竞争力，带动区域经济发展。

2. 经济园区是推进城市化的重要动力

在城市化进程中，通过经济园区建设不仅可以减轻城市基础设施建设的压力，提高基础设施投入效益，加快城市人口的集聚，增强城市的产业支撑，而且可以引导企业向园区集聚，充分利用园区基础设施齐全的优势，以项目带开发，以开发促发展，进而使经济园区成为城市的副中心，并最终成为城市的一个有机组成部分，一个经济发展极。而且经济园区建设还可以将大量滞留在农村的剩余劳动力转移到非农产业上去，逐步减少农村人口，推动农业结构调整，提高农业效益，加快城乡一体化进程。所以，经济园区是培育新的区域经济增长点的重要载体，发展经济园区是提

---

① 邵晓慧：《工业园区论述》，载《合作经济与科技》，2006年第3期。

高区域企业集聚水平、培育新的经济增长点、实现产业集约化发展的有效途径，也是实现城市化由外延式发展向内涵式发展的重要转折点。

3. 经济园区为招商引资提供了有利的平台

经济园区的位置一般都是根据区位、资源、生态环境、产业环境等要素精心选择的。园区内的各种基础设施配套建设形成的硬环境，与经过政府着力打造的优惠政策和服务等软环境，对投资人具有较大的吸引力。因此，经济园区不仅能在高层次、宽领域的范畴内吸引生产要素的集聚，而且可依靠其良好的软硬环境更好地开展招商引资工作。同时，在有资源、有效益的前提下，有了园区这个平台，投资者才会进行投资，招商引资才会收到实效，经济园区的发展才能开创未来。

经济园区发展指导方针

初始发展阶段："三为主"，即以工业为主，以引进外资为主，以出口创汇为主。快速发展阶段："三为主、一致力"，即以发展工业为主、利用外资为主、出口创汇为主，致力于发展高新技术产业。科学发展阶段："三为主、二致力、一促进"，即以提高吸收外资质量为主，以发展现代制造业为主，以优化出口结构为主，致力于发展高新技术产业，致力于发展高附加值服务业，促进国家级经济技术开发区向多功能综合性产业区转变。

资料来源：作者根据相关资料整理。

---

4. 经济园区有利于提升区域经济竞争力

经济全球化使得当今经济竞争表现为明显的国际化特点，一个地区的竞争力也必须纳入国际竞争范围和国际标准体系。经济园区作为对外开放的窗口和对外开放的重要载体，与国际经济有着密切的关联，面向的主要是国际市场和国际竞争对手。这就说明，园区企业经济实力和竞争能力的提升必须以国际企业为参照对象，以国际标准为评价尺度，即必须是国际竞争力的提升。作为产业和企业集中区域的经济园区，通过资源和环境的有效整合，使得企业和产业的有机联系更为密切，既有利于创造出更为明显的产品竞争优势，也有利于形成园区共荣共赢的对外竞争态势，以更有力的姿态参与国际竞争，从而提升其所辐射范围的区域经济竞争力。

二、经济园区的类型

我国经济园区是多元化的区域，是经济技术开发区、高新技术开发区、出口加工区、保税区以及诸多工业园区、农业园区的集合，是一种企业及产业都相对集中的经济发展区域。它是我国改革开放的产物，是我国发展社会主义市场经济和外向型经济新的运作模式。现在，我国各类经济园区已成为我国利用外资、扩大出口的主要力量和各地经济发展的增长点。

（一）国家级经济技术开发区

1. 国家级经济技术开发区的内涵

国家级经济技术开发区是指我国在沿海开放城市和部分内陆城市划出明确的地域界限，集中力量完善基础设施，创建符合国际水准的投资环境，实施减免税收等特殊经济政策，通过外引内联发展新兴工业和科研项目，形成以高新技术产业为主的现代工业结构，成为所在城市及周围地区发展对外经济贸易的特殊区域。国家级经济技术开发区是中国政府重点支持发展的经济区域，它们都是由国务院直接审核批准兴办的，国家从土地、税收、财政、金融等方面给予了大力的扶持，在体制、权力、法制等方面做出了特别的规定，在重大项目的审批建设方面做出了重点安排。到目前为止，经国务院批准的国家级经济技术开发区共有 54 个（见表 1-1）。

表 1-1　　　　　　　　　国家级经济技术开发区

大连经济技术开发区	秦皇岛经济技术开发区	烟台经济技术开发区
青岛经济技术开发区	宁波经济技术开发区	湛江经济技术开发区
天津经济技术开发区	连云港经济技术开发区	南通经济技术开发区
广州经济技术开发区	福州经济技术开发区	上海闵行经济技术开发区
虹桥经济技术开发区	上海漕河泾新兴技术开发区	温州经济技术开发区
昆山经济技术开发区	营口经济技术开发区	威海经济技术开发区
福清融桥经济技术开发区	东山经济技术开发区	沈阳经济技术开发区
杭州经济技术开发区	武汉经济技术开发区	芜湖经济技术开发区

续表

长春经济技术开发区	哈尔滨经济技术开发区	重庆经济技术开发区
萧山经济技术开发区	南沙经济技术开发区	大亚湾经济技术开发区
乌鲁木齐经济技术开发区	北京经济技术开发区	合肥经济技术开发区
郑州经济技术开发区	成都经济技术开发区	长沙经济技术开发区
西安经济技术开发区	昆明经济技术开发区	贵阳经济技术开发区
石河子经济技术开发区	南昌经济技术开发区	西宁经济技术开发区
呼和浩特经济技术开发区	南宁经济技术开发区	太原经济技术开发区
银川经济技术开发区	拉萨经济技术开发区	兰州经济技术开发区
南京经济技术开发区	厦门海沧台商投资区	上海金桥出口加工区
海南洋浦经济开发区	宁波大榭开发区	苏州工业园区

资料来源：作者根据相关资料整理。

2. 国家级经济技术开发区的特点

经过近二十年的开发建设，国家级经济技术开发区已从沿海地区扩展到内地，遍布中国的主要工业城市，成为中国最具特色的经济区域，概括来讲，我国经济技术开发区的特点主要体现在以下几个方面：

（1）外商投资最集中。经济技术开发区通过优化投资环境，为所在地区和全国增加吸收外资、扩大出口起到了重要的带动作用。54个国家级经济技术开发区，已开发面积约为400~500多平方公里，大约是中国国土总面积的十万分之四到十万分之五，累计吸收的外商直接投资占全国外商实际投资总额的15%左右，一些城市外商直接投资的30%~40%都集中在开发区。据不完全统计，约有200余家世界著名的、实力雄厚的国际大公司、大财团在经济技术开发区投资办了400多个工业项目[①]，都取得了较大的发展和很好的经济效益。

（2）经济指标增长较快。经济技术开发区成为我国国民经济发展"新的经济增长点"，这是以其经济技术突飞猛进、经济效益快速增长的实践为依据得出的公认结论。十几年来，国家级经济技术开发区主要经济指标长期保持了两位数的高速增长，大大高于全国的平均增幅，有的开发区（如北京），近几年以三位数增长，是当地经济发展的排头兵，其作用不可低估，已普遍引起国内外各界的刮目相看。

（3）高新技术产业占主导地位。经济技术开发区以发展资金、技术

---

① 中国开发区信息网：http://www.cdz.cn/www/index.asp。

密集型企业和产品出口企业为重点，高新技术产业迅速崛起。开发区内的外商投资企业平均每个项目的投资规模高出全国平均水平1倍多，拥有一大批外商投资额在1000万美元以上的大项目，不少项目外资达到3000万美元，有的甚至上亿美元。高新技术产值占相当大比重，有的开发区已达50%以上。开发区的产业结构日趋合理和高级化，形成了自己的支柱产业。

（4）区位优势明显。经济技术开发区分别位于沿海、沿江及内陆主要经济中心城市，有较强的经济集散和辐射能力；有江海水运、航空运输优势和陆路高速，交通便利；人力资源丰富，文化素质较高，不少城市还具有较大的科技资源，这些都为开发区的发展提供了深厚的基础和巨大的潜力。现在，国家级经济技术开发区已形成了一支强大的经济实力队伍，拥有的固定资产达千亿元，形成的工业产值能力数千亿元，出口能力数百亿美元，高科技产业发展能力不断增强。

3. 国家级经济技术开发区的功能

国家级经济技术开发区在对外开放、吸引外资、扩大出口、发展高新技术、促进区域经济发展等多方面起到了窗口、辐射、示范和带动作用，已经成为当地经济新的增长点，在区域经济结构调整和产业结构调整方面起到了重要作用，成为外商在我国投资的热点地区和外贸出口的主力军。

（1）具有明显的国际化经济功能。经济技术开发区的加工制造业具有很强的优势地位，形成发展自主创新和引进、消化、吸收、再创新，推进循环经济试点和示范，加快新型工业化进程，全面提升加工制造业的技术水平和国际市场竞争力等优势，使之成为面向全球的具有明显竞争优势的国际化经济功能区。

（2）管理制度与国际接轨。利用和发挥已经部分与国际接轨的基础和优势，按照WTO基本原则率先实现在会计、审计、律师事务、公司管理等方面与国际标准的接轨，进而推动其他方面与国际规则的全面接轨，成为我国率先实现与国际接轨的窗口示范区，为全国其他地区实现与国际接轨提供经验和样板。

（3）促进产业结构优化升级。开发区作为地区经济的重要组成部分，既要服从旧城改造的规划，又要对当地经济发展和结构调整的实现发挥积极的促进作用。国家级经济技术开发区以承接国际先进制造业和现代服务业作为重点，不断优化引资结构，在促进产业链条迅速延伸的同时，产业聚集效应凸显，进一步推进电子信息、光机电一体化、生物医药、精细化工、汽车、环保六大主导产业为代表的高技术产业群和研发基地建设，优化产业结构,成为国际产业分工和国际市场循环的重要环节。

(4) 带动所在城市及周边区域经济增长。国家级经济技术开发区坚持外资和内资并重、大中小企业并重、走出去与引进来并重,全方位优化产业结构,提高加工制造业技术水平,完善生产性服务和社会服务功能,大力度提升开发区及周边区域的经济实力和档次,在吸纳就业、引进资金技术和管理、培养人才等方面做出突出贡献,继续保持着对所在城市及周边区域经济持续发展的推动作用。

(二) 国家级高新技术产业开发区

1. 国家级高新技术产业开发区的内涵

国家级高新技术产业开发区,全称为"中国高新技术产业开发区",简称"国家高新区"、"国家级高新区",属于中华人民共和国国务院批准成立的国家级科技工业园区,其依托于智力密集和开放环境条件,依靠国内的科技和经济实力,充分吸收和借鉴国外先进科技资源、资金和管理手段,通过实施高新技术产业的优惠政策和各项改革措施,实现软硬环境的局部优化,最大限度地把科技成果转化为现实生产力而建立起来的集中区域[1]。

国家设立高新技术产业开发区是为了营造高新技术产业化的良好环境,通过实施包括减免税等方面与高科技有关的各项优惠政策和完善服务体系,创建产业聚集优势,吸引和聚集人才、技术、资本等产业化环境,加速高新技术成果的产业化。自1988年国家批准实施火炬计划以来,我国高新技术产业开发区得到高速度的发展,为我国高新技术产业化发展做出了杰出的贡献。目前,国家设立的高新技术产业开发区共54个(见表1-2)。

表1-2　　　　　　　　高新技术产业开发区

中关村科技园区	武汉东湖高新技术产业开发区	南京高新技术产业开发区
沈阳高新技术产业开发区	天津高新技术产业园区	西安高新技术产业开发区
成都高新技术产业开发区	威海火炬高新技术产业开发区	中山火炬高新技术产业开发区
长春高新技术产业开发区	哈尔滨高新技术产业开发区	长沙高新技术产业开发区
福州高新技术产业开发区	广州高新技术产业开发区	合肥高新技术产业开发区

---

[1] 中国开发区信息网: http://www.cdz.cn/www/index.asp。

续表

重庆高新技术产业开发区	杭州高新技术产业开发区	桂林高新技术产业开发区
郑州高新技术产业开发区	兰州高新技术产业开发区	石家庄高新技术产业开发区
济南高新技术产业开发区	上海市张江高新科技园区	大连高新技术产业开发区
深圳高新技术产业开发区	厦门火炬高新技术产业开发区	海口高新技术产业开发区
苏州高新技术产业开发区	无锡高新技术产业开发区	常州高新技术产业开发区
佛山高新技术产业开发区	惠州高新技术产业开发区	珠海高新技术产业开发区
青岛高新技术产业开发区	潍坊高新技术产业开发区	淄博高新技术产业开发区
昆明高新技术产业开发区	贵阳高新技术产业开发区	南昌高新技术产业开发区
太原高新技术产业开发区	南宁高新技术产业开发区	乌鲁木齐高新技术产业开发区
包头稀土高新技术产业开发区	襄樊高新技术产业开发区	株洲高新技术产业开发区
洛阳高新技术产业开发区	大庆高新技术产业开发区	宝鸡高新技术产业开发区
吉林高新技术开发区	绵阳高新技术产业开发区	保定高新技术产业开发区
鞍山高新技术产业开发区	杨凌农业高新技术产业示范区	宁波高新技术产业开发区

资料来源：作者根据相关资料整理。

2. 国家级高新技术开发区的产业和政策特点

国家级高新技术开发区为了吸引更多的企业进入园区投资经营高新技术产业，政府制定优惠政策扶持其发展，从而也形成的自己的特点。

（1）产业具有高投入、高风险、高收益的特点。高新技术企业发展中的投入既体现在发展初期，也体现在经过一定时期发展而具有一定规模后的进一步资金投入。由于其发展中具有规模迅速膨胀的特征，因此资金投入也必须与之相适应。同时，由于高新技术企业发展中包含有大量的创新式劳动和新技术应用，因此在很多方面具有不确定性，所以企业在经营的同时也承担着较大的风险。但是，高新技术企业在承担高风险的同时也会给投资人带来高收益。

（2）产业具有主导性。高新技术产业是知识密集、技术密集、人才密集、资金密集的产业，有很强的辐射功能，能带动传统产业的技术进步。高新技术产业的发展能促进整个国民经济高效益的运转，其发展具有主导性，包括带动产业结构高级化、基础结构现代化、技术结构简单化，同时还能提高传统产业的技术附加价值，从而带动社会各个领域的进步。

（3）企业享受众多优惠政策。高新技术开发区的企业是知识密集、技术密集的经济实体，因此享受政府给予的各项优惠性政策，如享受进出口货物的关税优惠，为生产出口产品而进口的原材料和零部件免领进口证；经批准可设立技术进出口公司，享受外贸经营权；可通过银行发行债券以筹集资金，基本建设投资可优先纳入当期固定资产投资规模；可以对用于高新技术产品生产的仪器、设备实行加速折旧，五年内企业应交税收新增部分可用于开发区建设；安排劳动就业和招收职工时可得到优先考虑等。国家对高新技术开发区的企业采取优惠政策是推动高新技术产业发展的行之有效的措施。

3. 国家级高新技术开发区的功能

国家级高新技术产业开发区的形成和发展是资源配置的有机结合，发挥了人力、科学技术、产业和地理有机结合的优势，产生了时空、孵化、聚集和辐射等功能。

（1）时空效应。国家级高新技术开发区坚持科学、技术开发和生产一体化，促进了高新技术产业基地的形成和发展，加强了针对性交流，快速解决科研、技术和生产各个环节的问题，大大缩短了高新技术成果商品化、产业化、国际化的周期，提高了高新技术产品的竞争力。

（2）孵化功能。国家级高新技术开发区都拥有孵化产业的创业中心，用于扶持高新技术创业，特别是为中小企业的成长和发展提供所必需的条件。从我国现行政策的执行来看，各高新区都已经办起了旨在孵化高新技术企业的创业服务中心。创办服务中心有利于吸引人力、物力、财力资源和信息资源，有利于孵化功能的发挥。由于政府政策的支持，火炬计划的推动，高新技术开发区的政策环境和基础设施条件比较好等原因，我国不少创业中心现已经成为高新技术成果转化为商品的重要基地、高新技术企业的孵化器和培育高新技术企业家的学校。

（3）聚集功能。由于高新技术开发区各种条件的结合，相互作用，使高新技术开发区产生了聚集功能，将高等院校、研究开发机构、人才和产业聚集在高新技术产业开发区内，发挥了高新技术产业开发区的区域整体功能。据统计，国家高新技术产业开发区内由大学、院所的科技人员兴办的企业达2192家；在140余万从业人员中，大专以上人员约占1/3，硕士生达22000人，博士生达2758人，吸引留学归国人员2981人。[①] 可见，在发挥聚集功能上，今后国家仍应当制定吸引、培养人力资源的政策，诸

---

① 毕颖：《高新技术产业的政策扶持与我国政府的政策取向》，载《河北经贸大学学报》，2007年第9期。

如吸引外国专家、留学人员的政策，鼓励高层次人才走向企业的政策，对高等院校、科研开发机构、人才等应当给予适当的优惠，吸引他们到高新技术产业开发区来。

（4）辐射功能。在高新技术开发区中，研究开发科技成果可以在广阔的技术前沿上促进高新技术产品的诞生，从而对高新技术企业起着强烈的辐射作用。高新技术产业开发区通过带动周边地区高新技术产业而有力地促进了该地区经济的发展。主要表现在高新技术产业产生高产值、高利润、高增长率、能大量增加就业机会，发展第三产业，对地区经济有直接的促进作用，加速了农村城市化，促进改变着周围地区和社会的发展；同时，改变了地区形象，使之成为科技产业蓬勃发展的地区，并且对传统产业具有改造作用，高新技术产业开发区周边地区的传统产业，往往最先得到高新技术的实惠。但目前，我国高新区的辐射功能发挥得还不够理想，对区外未享有优惠政策的企业生长与发展影响并不大。这些问题有待于进一步制定政策来给予解决。

（三）出口加工区

1. 出口加工区的内涵

出口加工区又称加工出口区。狭义指某一国家或地区为利用外资，发展出口导向工业，扩大对外贸易，以实现开拓国际市场、发展外向型经济的目标，专为制造、加工、装配出口商品而开辟的特殊区域，其产品的全部或大部分供出口。广义还包括自由贸易区、工业自由区、投资促成区和对外开放区等。出口加工区由自由贸易区发展而来，为促进加工贸易发展、规范加工贸易管理，将加工贸易从分散型向相对集中型管理转变，给企业提供更宽松的经营环境，鼓励扩大外贸出口[①]。2000年4月27日，国务院正式批准设立由海关监管的出口加工区，为有利于运作，国家将出口加工区设在已建成的开发区内，并选择若干地区进行试点。出口加工区是实行全封闭、卡口管理的海关特殊监管区。出口加工区的基本政策是按照"境内关外"的思路进行设计的。到目前为止，我国已经批准设立了60个出口加工区（见表1-3）。

---

① 中国海关网：http://www.customs.gov.cn/publish/portal0/。

表1-3　　　　　　　　　　我国的出口加工区

大连出口加工区	金桥出口加工区	沈阳出口加工区
天津出口加工区	重庆出口加工区	嘉兴出口加工区
天竺出口加工区	郑州出口加工区	北海出口加工区
烟台出口加工区	宁波出口加工区	乌鲁木齐出口加工区
威海出口加工区	芜湖出口加工区	常州出口加工区
昆山出口加工区	无锡出口加工区	吴中出口加工区
苏州工业园区出口加工区	秦皇岛出口加工区	吴江出口加工区
松江出口加工区	南通出口加工区	扬州出口加工区
杭州出口加工区	西安出口加工区	常熟出口加工区
厦门出口加工区	呼和浩特出口加工区	绵阳出口加工区
广州出口加工区	青浦出口加工区	沈阳（张士）出口加工区
武汉出口加工区	漕河泾出口加工区	九江出口加工区
成都出口加工区	闵行出口加工区	廊坊出口加工区
深圳出口加工区	南京出口加工区	郴州出口加工区
珲春出口加工区	镇江出口加工区	慈溪出口加工区
嘉定出口加工区	连云港出口加工区	潍坊出口加工区
南沙出口加工区	泉州出口加工区	福州出口加工区
福清出口加工区	苏州高新区出口加工区	淮安出口加工区
惠州出口加工区	济南出口加工区	赣州出口加工区
昆明出口加工区	青岛出口加工区	南昌出口加工区

资料来源：作者根据相关资料整理。

2. 出口加工区的特点

（1）进区企业是有条件的。出口加工区是一个有特殊功能的区域，不可能包罗万象。入区的企业必须具备两个条件，一是企业类型必须是生产加工型的或为其服务的仓储企业、运输企业。二是企业生产的产品必须是面向国际市场、以出口为主的，而且主要有以下几类：第一，产品在国际市场竞争激烈、接到订单后要求在很短期间内交货的企业；第二，原材料、零部件品种繁多，单耗核定复杂的企业；第三，出口产品的龙头企业，也就是我们说的下游企业，产品总装在加工区，配套在区外的企业。

（2）加工产品可部分内销。在出口加工区监管办法中，没有不允许内销的规定。由出口加工区运往区外的货物即为进口，要按规定办理进口报关手续，按进口状态征税，如属许可证管理商品还应向海关出具有效证件。这样的规定是合理的，因为出口加工区享受"境内关外"的政策，区内所有生产要素（厂房、设备、材料等）都是不含税的，从进出口税收角度讲，与在海关关境之外生产的产品是一样的，内销时理所当然要像进口一样征税和管理，对企业没有内外销比例的限制，这是符合世贸组织规则的。

(3) 货物通关最快捷。海关对出口加工区内企业的加工贸易管理模式进行了重大改革。货物进出出口加工区，企业只需在加工区海关"一次申报"，海关"一次审单、一次查验"即可放行。区内企业免设保证金台账，取消登记手册，通过计算机联网，实现了无纸报关。同时，区内企业从事加工贸易的审批和管理手续极为简便，为提高企业在国际市场上的竞争能力创造了非常有利的条件。

3. 出口加工区的功能

(1) 出口加工区是自由贸易区与工业区的综合体。在吸引外资方面，加工区既提供了自由贸易区的某些优惠条件以发展贸易和转口贸易，又提供了发展工业生产所必需的基本设施。因此，加工区兼具贸易与工业生产两种功能。在这两种功能中，一般是以发展出口加工业为主，兼营进出口贸易，而有的自由贸易区虽然也具有商业贸易与工业生产两种功能，但仍主要以商业为主，以此带动出口工业产品的生产。

(2) 保税物流、科技研发。随着出口加工区的深入发展，原来加工制造的单一功能定位已经不能满足需要，缺乏相关的物流功能限制了区内企业的发展，国家决定在出口加工区原有单一保税加工制造功能的基础上增加两方面的功能：一是保税物流功能；二是研发、检测、维修功能。出口加工区入区企业的经营范围相应扩大，从原来只允许加工制造企业进入，扩大至允许保税仓储、设计研发、国际采购、国际配送、检测维修等企业入区经营；从原来只允许加工制造企业销售经实质性加工的产品，扩大至允许加工制造企业进行简单加工以及零配件采购和销售。随着保税物流的进入，降低了过去因保税物流业务的迂回造成的高成本，提供加工制造企业开展加工贸易的竞争力，可以更大范围更多层次融入到国际分工，有利于相关企业向出口加工区及周边集中，形成产业集聚效应，催生优势产业集群。

(四) 保税区

1. 保税区的内涵

保税区是中国对外开放程度最高、运作机制最便捷、政策最优惠的经济区域之一。保税区狭义的定义为：海关所设置的或经海关批准注册的特定地区；外国商品在海关监管下，可暂时不交纳进口税存入保税区的保税仓库内；如再出口不需交纳出口税，输入国内市场销售，必须交纳进口税。广义上的保税区有些国家将其类同于自由港、出口加工区。

我国保税区的内涵：以海关保税政策为基础，经国务院批准设立、海关实施特殊监管，以发展国际贸易、加工以及仓储、商品展示等服务行业为主的特殊经济区域，是我国目前开放度和自由度最大的经济区域，从而为外商和国内企业商品提供保税仓库分拨和投资加工转口或研究开发之便。保税区是我国继经济特区、经济技术开发区、国家高新技术产业开发区之后，经国务院批准设立的新的经济性区域。由于保税区按照国际惯例运作，实行比其他开放地区更为灵活优惠的政策，它已成为中国与国际市场接轨的"桥头堡"。目前15个保税区已全部启动运营，成为中国经济与世界经济融合的新型连接点（见表1-4）。

表1-4　　　　　　　　　　我国的保税区

深圳保税区	宁波保税区	海口保税区
天津港保税区	上海外高桥保税区	西宁经济技术开发区
珠海保税区	张家港保税区	厦门象屿保税区
广州保税区	大连保税区	汕头保税区
福州保税区	马尾保税区	青岛保税区

资料来源：作者根据相关资料整理。

2. 保税区的特点

保税区作为一类特定的区域，在管理及运作上具有自己的特点：

（1）封闭式管理。海关依照有关规定对进出保税区的货物、运输工具、个人携带物品实施监管。按照我国《保税区海关监管办法》的规定，保税区与境内其他地区（简称为非保税区）之间，须设置符合海关监管要求的隔离设施，对保税区与非保税区之间的货物流通实行严格管理。同时，除安全保卫人员外其他人员不得在保税区内居住。

（2）境内外进出简化手续。保税区作为关境内一类特殊的区域，在海关监管上采用特殊的办法。保税区与境外之间进出货物，采取简化的通关手续，并免征进出口税费或可享受保税待遇，也就是说对进入保税区的为生产出口产品而进口的各种原料及保税仓储货物、生产性的基础设施建设项目所需的各种材料以及企业生产及管理自用的各种物品予以免税,同时免除经济性质的限制。对于为生产出口产品而进口的各种原料及保税仓储货物,加工复出口或转口复出口也予以免税,但进入非保税区则需照章征税,并按规定办理有关进口审批手续。

(3) 区内外进出视同进出口。保税区的存在把现有关境分为两部分,一部分是保税区这一特定区域,另一部分是实行一般通关管理的非保税区。由于保税区与境外之间进出货物采取了简化手续的做法,因此,对保税区与非保税区之间视同进出口,即按照一般的有关进出口的管理规定来办理相关手续。

3. 保税区的功能

经过多年的探索实践,保税区与港口一体化,已经成为一种比较成功的形式。货物从港口可以直接进入保税区,避免了手续的麻烦。保税区以保税为特色,临港为依托,发挥国际物流、进口贸易和出口加工等功能,成为区域对外开放的重要窗口和新的经济增长点。

(1) 国际物流。发展国际现代物流对改善国民经济运行质量和提高企业的经济效益有着十分重要的意义。我国保税区具备发展国际现代物流业的条件与优势:一是便利的海关监管;二是货物进出自由;三是货物进入保税区储存不受期限限制;四是保税区紧临港口,且为大型集装箱码头,同时与国际机场有高速公路相连,区位优势明显;五是保税区的服务优势,海关、外汇、商检、税务、银行、保险等部门都在保税区设立了机构,区内一般还设有会计师等各类事务所、报关行、货代、船代等,为企业融资、结算、汇兑、报关等经营活动提供服务。保税区以仓储物流为主导功能,也符合国际自由贸易区发展的惯例,有利于保税区参与国际竞争。

(2) 进口贸易。我国"入世"以来,外经贸战略已由鼓励出口创汇,转变为追求外贸收支平衡。因此,引导进口贸易来拉动内需,服务国民经济增长已成为目前保税区发展国际贸易的重要依据。保税区的优势在于保税政策与物流便利:国际货物和商品在境内外可自由进出,仓储时间不受限制,而且免收关税和进口增值税、消费税,免领许可证,因此缩短了国际市场与国内市场的距离,减少了交易消耗,加快了资金周转,降低了交易成本。所以无论是从贸易上追求利润最大化,还是从国际大环境的需求来看,发展进口贸易都成为保税区国际贸易发展的重点与优势。

(3) 出口加工。由于保税区进口商品的免税,极大地降低了进口商品的成本,从而提高了出口商品的竞争力。但要发挥保税区的出口加工功能，必须以进口商品再出口为前提。这样一来，区内外商企业既可以利用大量相对廉价的劳动力，又可以享受进口商品免税的优惠，从而大大降低其生产成本，提高出口产品国际竞争力。这不仅可以缓解我国的就业压力，提高创汇能力；更主要的是，其联动效应（带动周边地区的经济发展、经济体制和经济结构转型及劳动力素质提高）和示范效应（提供一个更为直接的开放窗口）是其他特殊区域难以替代的。

（五）保税港区

1. 保税港区的概念

保税港区是经国务院批准设立的，在港口作业区和与之相连的特定区域内，集港口作业、物流和加工为一体，具有口岸功能的海关特殊监管区域。它是海关按照我国国情实际需要，借鉴发达国家海关的先进管理经验，与国际通行做法相衔接，适应跨国公司运作和现代物流发展需要的新兴监管区域，是我国目前港口与陆地区域相融合的，保税物流层次最高、政策最优惠、功能最齐全、区位优势最明显的监管区域，在形式上最接近自由贸易港的政策模式。目前，我国批准设立了11个保税港区（见表1-5）。

表1-5　　　　　　　　我国的保税港区

洋浦保税港区	重庆保税港区	青岛前湾保税港区
宁波梅山保税港区	天津东疆保税港区	九江城西保税港区
洋山保税港区	大连大窑湾保税港区	福州保税港区
钦州保税港区	厦门海沧保税港区	

资料来源：作者根据相关资料整理。

2. 保税港区的特点

保税港区大都由保税区转型升级而成，是集保税区、出口加工区和保税物流园区乃至港口功能于一身的海关特殊监管区域，实现"功能整合，政策叠加"，是目前国内开放层次最高、优惠政策最多、运行规则基本与国际接轨的一种新的自由贸易港区模式，其特点如下：

（1）具有最优惠的政策。保税港区集保税区、保税物流园区和出口加工区政策优惠优势于一体，在上述三个区域内可以开展的业务在保税港区都可以进行，政策优势超越了上述任何特定区域。与保税区相比，保税港区"区港一体"的优势得到充分发挥；与出口加工区相比，保税港区具有物流分拨等功能，使其与境外、区外经济联系更加紧密；与保税物流园区相比，保税港区允许开展出口加工业务，使其更具临港加工优势。货物港内交易不征增值税和消费税，有利于进出口货物的再加工和转口贸易。所以保税港区的优惠政策是最多的。

(2) 具有的功能最强。保税港区具有口岸、物流、加工三大主要功能，叠加了保税区、出口加工区、保税物流园区乃至港口码头通关的所有功能。其具体包括仓储物流，对外贸易，国际采购、分销和配送，国际中转，检测和售后服务维修，商品展示，研发，加工，制造，港口作业等。保税港区将可以依托这些功能，充分发挥区位、港口、资源和产业优势，从而带动港区乃至周边区域经济的进一步发展。

(3) 具有最先进的监管模式。保税港区实行封闭式管理，监管手段包括物理围网和信息围网。保税港区建立信息共享的计算机公共信息平台，实现区内企业及相关单位与海关之间的电子数据交换；同时，海关将通过对保税港区的围网封闭、闭路电视监控、卡口管理及计算机联网，对运输工具和货物实行动态的信息监控和跟踪管理，以确保保税港区政策功能的有效发挥和通关效率的提高。

(4) 具有手续最简化的操作手续。海关将全方位地简化保税港区货物进出境手续。对在保税港区内进行保税仓储、配送、分拨和加工的货物，凡属保税港区和境外之间进出的货物，实行备案制管理；出口货物入区即可签发出口退税证明；区内货物可以自由流转，实行电子报备；对在保税港区内从事保税加工业务的企业，不实行保证金台账制度，海关对区内货物以查代核，实现实时管理和动态服务。

3. 保税港区的功能

保税港区政策着眼于充分发挥区位优势和政策优势，除了港口的功能外，保税港区还整合了原来保税区、保税物流园区、出口加工区等多种外向型功能区的所有功能。

(1) 国际中转功能。国际中转货物和国内货物进入保税港区，可进行分拆、集拼，再运至境内外目的港，保税港区还将提供进口保税货物整箱堆存的服务，货物可以根据货主需要在保税港区内进行综合处理或国际中转。

(2) 国际配送功能。保税港区由于政策的支持和发展特点，已经具备了国际配送的要求。在保税港区陆上特定区域设立仓储物流区，进境保税货物进入该库场后可进行商业性简单加工、批量转换后，向境内外分拨配送。

（3）国际采购的功能。国内货物进入保税港区港口或港区卡口即可享受出口退税政策，对采购进区的国内货物和保税货物进行出口集运的综合处理或商业性的简单加工后向国内外分销、返销。在保税港区开展国际采购业务，货物只要进入港区即可获得退税，克服了保税区货物需出境且进出对应后才能退税的弊端。对于季节性货物，出口企业还能够将货物提前运入港区保税仓储，提前获得退税。

（4）国际转口贸易和物流功能。保税港区内的企业可从事转口贸易、交易、展示、出样、订货等经营活动。保税港区不仅能使国外产品快速进入中国国内市场，又可以方便地转口去其他国家，降低经营成本，同时，还能产生聚集效应，使多个跨国公司的物流中心集结在同一保税港区内，带动区内仓储业、运输业、贸易业、金融业、信息业等多种服务业发展。

（5）出口加工区功能。在保税港区陆上特定区域设立出口加工区，开展加工贸易，主要包括原料零部件在海外及销售市场在海外的产品的加工、依托境外先进技术的高科技新型产品的制造等。同时，保税货物和采购进区的国内货物可以在进口加工、装卸后出口。

（6）商品展示功能。在保税港区可建立大型的商品展示场馆，使国内客户不出国门就可以在区内直接就地观摩世界各国的商品，并可以在看样后当即签订合同，办理进口手续；境外客户也可以在区内看样后与国内企业签订出口合同，从而拓展国内外市场，以交易量扩大国际物流量。

（六）省级经济开发区

1. 省级经济开发区的内涵

省级经济开发区是指经地方人民政府批准的，由所在地地方政府直接管理的，实行特殊经济政策和对外开放政策，进行集中开发建设的特定区域。与国家级经济技术开发区相比，在区域位置、软硬件条件上、优惠政策方面都有一定差距。经过多年的实践和发展，我国的省级经济开发区形成了一定的规模，呈现出了一些特点。

2. 省级经济开发区的特点

（1）省级经济开发区是拉动我国各省经济发展的重要力量。随着我国各省级经济开发区建设和招商引资力度的加大,一大批企业和重点项目的相继投产,各经济园区的主要经济指标均保持了持续快速增长的态势。与此同时,区内的主要经济指标占全省经济的比重亦持续增加,从而也推动了园区所在省、市的经济增长,成为我国各省经济发展的倍增器、县域经济发展的助推器,对各省经济的发展起到了突出的带动作用。

(2) 省级经济开发区数量多、规划超前、发展迅速。经过多年的发展,我国的省级经济开发区已超过1000多个[①]。多数省级经济开发区是在原市级开发区的基础上发展而来的,开发区成立时间短,但起点较高,多数省级开发区规划面积较大,并且园区用电、用水、道路交通等基础设施完备,基本能够满足园区内未来经济的发展对上述资源的需求。

(3) 省级经济开发区的主导产业鲜明。各省级经济开发区结合本地原有产业基础和本地的技术条件,建立了符合本地实际的优势主导产业。依靠当地主导产业建立起来的各省级经济开发区的发展带动起了其他配套产业的发展,形成"一业带动,多业发展"的良好局面,从而促进产业集群的发展。

(4) 省级经济开发区利用外资步伐加快,对外贸易大幅增加。我国各省级经济开发区通过采取积极有效措施,制定优惠的政策,招商引资成效明显。同时,各开发区出口也呈现出较快的增长,成为促进各省出口增长的主要力量,继续发挥着推动各省对外贸易发展主力军的作用。

(5) 省级经济开发区的经济发展推动了所在省、市产业结构的调整升级。各省级经济开发区都十分重视产业结构的优化升级,注重引资质量。园区通过发展优势产业,带动了一批上下游企业进区参与协作配套,扩展和延长了产业链,提高了园区的科技创新水平,促进了产业结构的优化和升级,为我国各省走新型工业化道路起到了推动和促进作用。

(6) 省级经济开发区推动了新农村建设。我国多数省级经济开发区是在城区以外建立起来的,建园初期就将园区内农村人口的安置问题放在重中之重来考虑,多数被征地的农民就地变成了工人,部分农民通过在园区内从事餐饮、住宿等工作走上致富路。园区的建设,促进了农村城市化的进程,依托中心城市和中心集镇的有利条件,充分利用现有的综合服务条件,制定优惠政策,引进外资,大力发展工业,使研发技术与高新技术产业相结合,城市中心区商业价值得到体现,既促进城市辐射功

---

① 中国信息开发网:http://www.cdz.cn/www/index.asp。

能提升，又使城市周边的土地得到有效利用，解决了城市、城镇人口就业难题。

3. 省级开发区的功能与优势

（1）功能。对于省级经济开发区的功能而言，招商引资、发展工业、解决就业仍是其主要的功能；建设良好的投资环境，培育开发区的核心竞争力是开发区发展的关键；准确定位，科学规划是开发区高水平发展的前提；发挥人的主观能动性，做好企业服务是开发区发展的基础。

（2）优势。省级经济开发区的发展建设参差不齐，目前尚无法与国家级经济技术开发区相提并论，这主要是由于省级经济开发区的发展建设比较晚、开发区的政策优惠力度较弱、开发区的外助资源较少等客观原因引起的。然而，省级开发区也具有后发的优势：发展建设有成功的国家级开发区经验和模式可借鉴，减少了许多弯路，降低了学习的成本；省级开发区的土地资源总体上仍有较大的空余，产业发展的地理空间约束较小；发展起点高，发展的后劲较足等。

我们相信，只要省级经济开发区沿着"准确定位，特色发展，差异化竞争"的发展思路，一定能够起到"长江后浪推前浪"的作用，在中国经济发展的大舞台上担任重要角色。

（七）其他

为适应全球经济的发展变化和现代化经济建设的需要，我国还成立了边境经济合作区、跨境工业区、农业科技示范园、经济特区、自由贸易区、特色工业园区、旅游度假区、科技创业园、农业生态区、科学城、大学城等。这些经济园区的设立，对所在区域的经济发展都起到了较大的促进作用。

台湾新竹科学工业园

园区位于我国台湾省西北部的新竹境内，是台湾第一个科学园区，设立于1980年。园区以创建优良投资环境、吸引高科技人才、引进高科技投资为宗旨，目标在于促进台湾产业升级。经过20多年的努力，新竹科学工业园已蜚声岛外，跻身于世界著名高新技术园区行列，有台湾"硅谷"之称。园区的诞

> 生带动了台湾经济的蓬勃发展，使台湾许多科技产业名列世界前茅。园区的电子产品，像网络卡、影像扫描器、终端机等产值，均占全岛 50% 以上，在世界上也数一数二。台湾地区 IC 产品的制造，包括电路设计集成电路等，也由该园区垄断。由于它的存在，台湾地区已经成为全世界仅次于美国、日本和韩国的第四大半导体制造基地，拥有联华、台积电、华邦、旺宏、华茂等一批世界知名的半导体制造企业，生产了全球 80% 的电脑主板、80% 的图形芯片、70% 的笔记本电脑、65% 的微芯片、95% 的扫描仪，实现了由代工为主的产业链低端价值链向高端价值链的演进。
>
> 资料来源：国研网：《世界八大园区扫描（上）》，http://www.drcnet.com.cn/DRCnet.common.web/docview.aspx? ChnID = 11&LeafID = 15&DocID = 1387333。

三、国外经济园区评介

经济园区作为全球性的区域经济发展现象，已经有了半个多世纪的发展历史，尤其是国外的一些先进园区，已经积累了丰富的园区创业经验，彰显着不同的发展特色，对我国的园区发展来说具有积极的借鉴意义。

（一）国外经济园区发展概况

经济园区最早是以自由港和自由贸易区形式面世的，它的起源可追溯到 460 多年前的欧洲。1547 年，意大利热那亚湾的里南那港（又译为：雷格亨港，Leghoyn）成立，由于外国货物不缴纳关税便可出入港口区域，被定名为世界上第一个自由港区，这就是世界经济园区的雏形。随后，自由港和自由贸易区纷纷在欧洲各主要资本主义国家出现，并随着资本主义经济自西向东的逐步扩张而扩散至世界各地。截至第二次世界大战前夕，近 400 年间全世界约在 26 个国家与地区建立了 75 个自由港与自由贸易区。

第二次世界大战后，随着科技革命和产业结构变革的影响，发展外向型经济便成为许多发展中国家的重要策略。从 20 世纪 60 年代开始，发展中国家相继设立了大批的出口加工区。70 年代末，世界出口加工区总数已达到 240 多个。不少发展中国家和地区正是凭借"出口加工区"为基地，大量引进外资，发展出口工业，以此带动本国本地区经济的高速发展。这个时期，经济园区在数量上由少到多，在规模上由小到大，在经营上由流通贸易型为主转变为生产型为主。所有这些都标志着经济园区的发展进入一个崭新的时期。

20世纪70年代波及全球的石油危机和80年代初的世界经济危机，结束了战后资本主义发展的黄金时期，也使出口加工区失去了赖以迅速发展的国际经济基础，促成了世界经济园区发展的新变化，其特征是"出口加工区"一枝独秀的状况为园区多样化、综合化、高级化所替代，而综合型和高科技型园区的崛起，即代表了这一过程的发展方向。所有这些反映了世界经济园区正向纵深方向发展，并且更加注重利用科学技术因素发展国家经济，同时也反映了世界经济发展的大趋势，反映了园区适应经济发展的强大生命力。

综观世界各国经济园区的发展历程，其数量由少到多，发展迅速。设区范围由西欧扩展到全球，功能从单纯贸易型到工贸结合型并向综合型发展，经营内容从商品的交换到商品的生产并扩展到商品的研制，生产结构从劳动密集型向资金、技术和知识密集型调整。今后，经济园区还将不断地发展和变化，其趋势仍是向高级形态发展。

（二）国外经济园区评介

1. 日本经济园区

（1）园区概况。为了实现"振兴复国"的梦想，第二次世界大战后日本政府提出了建设制造业产业基地等战略构想，这就是当今日本经济园区的前身。日本的经济园区主要以发展工业为主，因而一般被称为工业团地或工业园区。日本的工业园区发展至今大约已有50多年历史，可分为三个阶段：20世纪50年代初到60年代初，为工业园区建设的探索时期，主要是围绕发展造船、钢铁和化工等产业，动员企业在沿海建区；60年代初至80年代初，工业园区建设逐步向规范化发展，主要特点是随产业结构的变动和基础设施的日趋完善，日本工业园区建设重点逐步从沿海向内地和高速公路两侧转移；20世纪80年代初至今，在经济全球化和新科技革命浪潮的推动下，日本的工业园区逐步从过去的一般制造业基地向高新技术产业基地转化，标志着日本工业园区的建设向更加成熟化和高层次的方向演进。目前日本共建有各类工业园区4591个，其中由国家地域公团和企业立地指导中心建设的47个，地方政府或政府主导的有关财团兴办的941个，民间企业协同组合兴办的3603个。①

（2）园区产业和政策特点。日本工业园区的发展与日本经济特别是制造业的发展紧密联系在一起，因而总是带有日本经济和各大工业地域共有的特征，但这些工业园区的产业和政策也有其自身特点：一是园区产业以制造业为主体。制造业占园区的80%以上。二是高技术、高效益特点明显。落户园区的企业大多数是高科技产业的领军企业，集聚了众多先导性技术和产业居世界领先地位的信息、环保、新能源等企业；绝大多数工业园区面积比较小，一般在300亩左右，但土地产出率相当高，一般每亩土地生产值要在100万~150万美元左右，高的达200万美元以上。三是园区产业集群式发展。园区集聚了全国10万多家企业，为企业提供了相互沟通、协作和进行产业配套的机会，形成了产业集群式发展的模式，同时，园区建设有力地推动了工业化和城市化的协调发展。四是园区建设以民间力量为主。民间力量建设的工业园区占78.5%。民间力量兴建工业园区程序简单，由6家以上具有一定规模的企业联合形成协同组合，向当地政府提出申请，经政府和中小企业团体中央审批即可。五是实行自我管理机制。工业园区内基本上都不设政府管理机构，土地开发由园区协调组合组织进行，园区事务由协调组合理事会负责管理，形成了自我管理和发展的良性运行机制。这样，既节约了政府管理成本，由于协同组合与企业联系紧密，也密切了园区内管理组织与企业的关系。

（3）园区功能与作用。一是形成了产业集群效应。园区集聚了10万多家的日本企业，为企业提供了一个相互沟通、协作和进行产业配套的机会，形成了产业集群式发展的模式，为日本企业创造了良好发展条件，有效地推进了制造业的规模性发展，推动了日本向现代工业化社会的转变。正是由于产业集群的效应，使得日本工业园区内生产力布局合理、集中，通过建立完善的基础设施和服务系统，迅速推动产业结构转变和升级，进而推动了日本经济结构的调整和优化。二是园区推动了日本工业化和城市化的发展。工业园区建设将大量滞留在农村的剩余劳动力转移到非农产业上去，逐步减少农村人口，推动农业结构调整，提高农业效益，加快城乡一体化进程。如大工业城市丰田市就是依托丰田汽车公司在一个农村小镇上建立起来的。通过园区的知识溢出和典型引路，区内带动区外、龙头带动一般，最终推进了日本区域经济整体水平的升级，进而带动了日本工业

---

① 骆建华：《日本工业园发展的经验和启示》，载《浙江经济》，2003年第6期。

化和城市化的发展。

(4) 日本著名经济园区介绍。日本著名经济园区有两个,一是筑波科学城。1963年9月,日本政府内阁提出在筑波地区建立科学城的规划。1980年,筑波科学城基本建设完成。目前,筑波科学城聚集了日本全国27%的国家研究机构、40%的研究人员和40%的国家研究预算,并以设备精良、人才众多、研究基础雄厚著称。筑波科学城是日本政府倡导科技政策的产物。"科学城"作为科学工业园区一种类型在世界上被广泛推广,日本筑波科学城起到了先驱示范作用,曾经因其先进的管理模式和得天独厚的智力资源受到世界的广泛关注。但由于筑波科学城建设基本上是靠政府财政拨款,没有风险、没有压力,也因此失去了创新的动力,同时人们不注重科研与产业部门的结合,很少考虑让科技产品向商品转化,没有达到建成日本最大最强的科学技术研究基地和中心的目的,近年来呈现出逐步下滑的趋势,被冠以"现代科技的乌托邦"称号。二是北九州生态工业园。北九州生态工业园创建于1997年,创建的基本理念就是"零排放",即将生活及工业垃圾用作其他行业的原料,项目位于北九州西北部响滩区的一个大型垃圾填埋场。按照规划,生态城项目分两期建设,一期包括三个区:综合环境产业区、应用研究区和循环区。综合环境产业区是整个生态城的核心部分,它的任务是在海岸附近的响滩建一些可以进行废弃物循环利用的工厂,创建一个废弃物及能源循环系统;应用研究区是生态城的第二大支柱,该区汇聚了数家从事循环和废弃物处理的研究机构,目前那里共有16家研究机构,包括大学研究所和公司测试机构;生态城的第三个支柱是循环区,该区的目的是创建一些中小型废弃物处理公司,以获得最有效的循环,鼓励更多的与资源循环有关的投资企业投资。综合环境工业区的循环活动需要从更广泛的渠道收集废弃物,而循环区则不同,它的循环主要靠本区资源,循环对象是就近产出的废弃物。对于北九州市而言,此举是为了更远的目标:即到2010年将北九州发展成为亚洲国际资源循环和环境产业的基地。

2. 韩国经济园区。

(1) 园区概况。韩国经济园区开始于20世纪60年代,由于以发展工业为主导,一般被称作"工业团地"。韩国工业园区对韩国工业化的加速发展有着举足轻重的作用。截至2006年底,工业园区的总数超过600个,总面积约为791.7万平方米。园区企业大约有40000家,在编员工100多万人。2006年9月生产总值达到3805500亿韩元,出口总额超过1880亿美元。园区内包含工业设施领域，公共设施领域，商业、服务领域，绿色区域，各占总面积的 59.4%，24.5%，8.5% 和 7.5%[①]。一般来说，地方工业园区的工业设施领域企业数量高于国有工业园区，而公共设施领域、商业领域和服务领域在国家工业园区的数量相对较高。

（2）园区发展历程及特点。20 世纪 80 年代之前工业园区的探索时期。自 20 世纪 60 年代末工业园区建立以来，大规模的园区发展导致少数地区发展出现差距。为此，韩国为各地小型工业园制定了均衡发展计划，但闲置的工业园区一直在增加，其中部分原因是由于重型和化学工业部门的投资结构调整。然而，在 20 世纪 80 年代末，有效的工业园区的缺乏促使政府沿西南海岸发展了大规模的工业集团，而这些集团在那时都是欠发达的。

20 世纪 90 年代是韩国高科技工业园区的全盛时期。为适应迅速变化的世界经济和振兴韩国经济，90 年代初期，以信息化为基础的工业迅速发展，电信业一直处在工业竞争力的中心。为发展先进的工业结构，高新技术工业园区被指定在大型省会城市，如清州、大田、全州、釜山等。然而，过高估计对高科技工业园的需求阻碍了高新技术产业园区的顺利发展。一些高科技工业园区的发展计划未完成或转向一般工业园区。在 20 世纪 90 年代后期，风险投资企业繁荣发展，许多风险投资公司主要是在高科技部门开始了一项新的业务。政府通过一项促进配备了先进新技术高科技小企业发展政策，以克服来自越来越多的国家，比如中国的激烈竞争，颁布了促进合资公司发展的新法律，风险投资独家工业园区发展成为一项重要的任务。

21 世纪专业工业园区和数码工业园区的发展很快，振兴产业集群成为发展工业园区重点，因此，工业园区需要多职能，如技术开发、生产支持设施、增加产品附加值等，与传统的唯一职责的产品生产相背离。为适应这些独特的需求，需要发展各种各样的专业工业园区，如文化产业园区和电信工业园区。同时，进入 2000 年，在数字经济下的产业结构和经济秩序有了新的调整。通过这种变化，工业园脱离之前的制造业转变为数码为中心的工业园。特别是一些老工业园，由于尖端 IT 业者的集中入住，诞生了数码工业园，发展成为引领数字经济的核心力量。

（3）园区类型。一是国家工业园。国家工业园区是由国家的国土资

---

① 钟坚：《日本筑波科学城发展模式分析》，载《世界经济》，2001 年第 9 期。

源部、运输和海事事务工业园区指定和促成的园区，目的是培育民族工业的基础设施、高新技术产业，并推动欠发达地区的工业增长，主要集中在需要促进的重点行业或高新技术产业区、发展战略必要的欠发达地区、指定的包括两个以上的城市或省份区域的工业园区。二是地方工业园区。根据设立宗旨，地方工业园区分为两种类型：高科技城市工业园区是由市长或省长主管，由当地政府鼓励发展高价值的行业，能够使工业能力在全国平衡分布，同时又能促进地方经济的增长；农机工业园区在位置较好的农业或渔业村庄里开发，由当地政府指定开发农机工业，以吸引在农业和渔业城镇的工业企业，只有省长有权批准指定一个农机工业园，其目的主要是为了确保农民和渔民的额外收入。三是其他园区。其他工业园区主要包括风险投资工业园区、软件园区、电信园区、文化园区、科学园区等一些专业园区。

（4）韩国工业园区介绍。一是马山出口自由区。马山出口自由区是韩国于1970年成立的外国人专用出口加工工业区，总面积79.3万平方米，是韩国国家级工业园区。建立马山出口自由区的目标是推动出口与就业的增长，通过外国直接投资，提高技术水平，而入区条件是制造加工或装配出口产品的国内或外国企业，具有很高的信誉或良好前景的外国直接投资，或合资产品能够出口。区内由韩国产业资源部设机构进行管理，对区内制造企业在税收、厂房租赁等多方面给予优惠，区内企业享受从投资申报到厂房建设以及出口许可等便利的一条龙服务。30多年来，马山出口自由区实践了"吸引外国直接投资，建立出口商品基地"的建区宗旨，对韩国尤其是庆尚南道地区经济的发展具有重要意义，被世界加工贸易协会（WEPZAP）评为成功的范例，并广为发展中国家制定吸引外资政策时所借鉴。2000年7月13日，韩国政府确定将马山出口自由区调整为自由贸易区，9月18日，马山自由贸易区正式启动。成为自由贸易区之后，不仅生产性企业可以进入，贸易、物流、金融、信息等服务业也可入驻该园区。目前，园区主要工业类型有电子、电力、金属制造、机械电子产品和服饰等。但马山自由贸易区的工业用地已经饱和，急需通过扩大占地规模，增加出口。二是大德科技园区。1974年，韩国效仿日本筑波模式，开始建设韩国第一座科学城——大德科技园区。大德科技园区于1973年开始兴建，其目标是把该区建设成为韩国乃至亚洲最优秀的研发、人才培养、产业化和培育新产业的基地，成为推动韩国经济成长的加速器。大德科技园区重视基础研究等创新研发活动，其主导产业处于价值链的上游，企业以创新和研发活动为主。作为大德谷的研发核心区，大德科技园区是韩国最大的产学研基地和科技产业圈，产业以生命科学、信息技术、化学工程、材料科学等为主，多个领域并重，均衡发展。其中生命科学、信息技术的企业数各占18%，化学工程占14%，材料科学占11%，能源占10%，航空机械占9%。企业以研究开发服务类企业为主，现在尖端技术各个方面活跃的优秀人才已经直接投入到了制造业的领域，实现把研究室内开发完成的技术成果直接转化为产业化，商品化的目的。经过30多年的发展，大德科技园已经成为韩国最大的产、学、研综合园区，汇聚着韩国高等科技学院等4所高等学府、70多家政府和民间科研机构、2000余家高技术企业、几万研发人才、全国一流的研发设施与创业创新环境。

3. 美国硅谷高科技园区

（1）园区概况。硅谷起源于20世纪60年代，位于美国加利福尼亚北部地区，以斯坦福大学为首的大批高水平的大学和科研机构坐落其中。硅谷以此为依托，拥有上万家公司，其中约60%是以信息业为主的集研究开发和生产销售为一体的实业公司；约40%是为研究开发、生产销售提供各种配套服务的第三产业公司，包括金融、风险投资等公司。同时，硅谷是美国也是世界最为知名的电子工业集中地和高科技园区，并成为其后每十年一次的技术革命发源地和成功的高科技园区象征，被喻为"硅谷奇迹"，成为诸多国家纷纷效仿的榜样。随着生物、空间、海洋、通讯、能源新材料等新兴技术产业在硅谷的陆续出现，使硅谷拥有世界上最大、最密集、最具创造性的高科技产业集群，成为美国高新技术的摇篮。目前，硅谷的产业机构日趋多元化，其计算机硬件和存储设备、生物制药、信息服务业、多媒体、网络、商业服务等行业均处于世界领先地位，显示了硅谷强大的实力和广阔的前景。

（2）园区特点。经过多年的发展，硅谷形成了自己的园区特点。正是因为这些独特的特点，才有了硅谷巨大的成功。一是硅谷中有着丰富的人才、智力资源。硅谷的发展是以智力资源为依托的。以斯坦福大学为代表的一大批高水平科研机构，为硅谷的发展提供了丰富的教育和人才资源，其培养出的各类优秀人才担当了硅谷智力库的角色。斯坦福大学对硅谷的作用是举足轻重的，硅谷很多公司的创建者就是来自于斯坦福大学的学生或教授。另外，加州大学伯克利分校、旧金山加班大学及许多社区大学也是硅谷丰富的人才资源体系的重要组成部分。与此同时，硅谷还汇集着大量的来自海外的高科技人才，其中约有一半以上是来自于印度和中国的科技人才。二是所有的企业都在从事世界一流的技术和产品研发。一般认为，在硅谷的公司不论其大小，如果技术和产品水平不在世界上占前三位，就必然被淘汰出局。因此，技术创新成为硅谷公司生存和发展的首要前提，也成为每个在硅谷工作的技术人员的追求目标。硅谷正是以每天几十项推动世界科技发展的技术成果而确立了其世界上最大科技创新区的地位，同时也带来了巨大的经济效益。三是在硅谷投资的高风险科技公司成功率很高。硅谷地区聚集了数千家风险投资公司和全球30%～40%的风险投资，拥有着完善的创业服务体系。从某种意义上说，硅谷是由风险投资缔造的。在硅谷，靠风险投资起步的创新型科技公司在2～3年之后，基本形成一、三、三、三的局面，即：大获成功的企业占10%。这些企业往往一举上市成功后，股价上升十几倍甚至几十倍，经营额和知名度急剧上升，成为硅谷的明星；成功的企业占30%，这些企业可以盈利，有的可以通过上市或兼并实现公司资本的增值兑现，风险投资公司也可得到正常的回报；一般性的企业占30%，这些公司业绩平平，但风险投资尚可持平；失败企业占30%，这些企业亏损甚至颗粒无收，风险投资也赔了进去。在世界范围内高风险的科技创新企业中，硅谷这里的成功率是很高的。四是政府对硅谷的管理方式比较宽松。硅谷基本上都是在市场力量的作用下自然形成的，没有政府的事先计划和规划，也没有政府的财政投资和行政管理，就是在这种自由宽松的环境下，硅谷兴旺发展起来的。但这并不是说美国政府对硅谷无所作为，它通过营造创业和创新的制度建设和文化氛围，调动了创业者的积极性、保护了他们的合法权利。例如美国政府放宽创业政策、明确产权、允许技术入股，为企业上市创造条件，创造一个开放的、公平竞争的市场环境和完善的公共服务，为创新企业的诞生、成长和壮大提供适宜的产业发展环境，为硅谷的发展提供了适宜的外部环境。五是硅谷中有着敢于冒险，宽容失败的文化氛围。由于高科技产业的巨大风险性，创业过程中的失败者永远多于成功者。在硅谷，失败和成功同样受人尊重，硅谷对失败有着特别宽容的氛围，使每个人都跃跃欲试地进行着各式各样的创业与创新。硅谷人不以失败为耻，而是把失败作为宝贵的财富。来此创业者没有后顾之忧，大胆追求，不断创新，尽情地尝试着各种技术和组织形式，在硅谷形成了一种独有的创新和创业氛围。风险投资对硅谷的兴盛所起的重要作用实际上就是一种创新和冒险文化的产物。不竭的创新精神和敢冒风险的创业文化构成了硅谷发展的"灵魂"。

(3) 园区功能。一是风险投资公司是创新企业的加油站。风险资本是创新企业成长的营养源，它不仅在高科技企业初期提供创业所需的初始资金，成熟的风险投资公司还为创新企业提供信息咨询、管理咨询、战略决策等多方面的服务，极大地提高了企业效率和质量。硅谷的风险投资始于20世纪70年代初，全美600多家风险投资企业中近半数将总部设在硅谷。大部分风险投资公司的资金主要不是靠自有资金，而是靠多种渠道募集，包括向金融机构融资，争取多种基金的投入，以及动员私人投资者的投资等。这种风险投资公司实际上是风险投资的经营管理公司，它对真正的投资者有所承诺，它的盈余收益要与背后的投资者共同分享。二是创新服务业是企业进行科技创新的助产士。在硅谷，有这样的公司，可以在很短的时间内按照委托者的要求，做出商品化的样机，并且提供全套的生产工艺，质量检测和成本核算资料，大大缩短了理论变为现实的周期。有的公司更加专业化，专门从事某一件事情，如：线路设计、器件选择或外观创意等。这些事情对企业缩减人员、降低开支、加快研发速度十分重要，对于创新型的科技公司有着重大意义。专业化有利于降低成本，提高效率，而市场需求就是商机，这些原则在硅谷得到了充分的演绎。三是大学是创业者的摇篮。硅谷的起步和发展，得益于当地的大学特别是斯坦福、加州大学伯克利分校等重点大学。在硅谷，许多大学不仅鼓励科技人员进行技术创新，而且实施了许多鼓励科技人员创立科技产业的政策。这些政策已实施多年，取得良好效果，使硅谷成为领导世界新潮流的科技创新源头。

4. 新加坡裕廊工业园

(1) 园区概况。1961年10月，新加坡政府为加快工业化进程、促进经济发展，创建了裕廊工业区。裕廊工业区的发展建设分为前后两阶段。建区开始至1968年为第一阶段，为吸引国内外资本到裕廊工业区投资，新加坡政府对投资厂商提供各种优惠政策。但由于新加坡此时实行进口代替策略，再加上20世纪60年代初期政治方面的不稳定，到裕廊工业区投资的企业只有100多家，而且绝大部分是本国资本，外资不多。1968年6月，新加坡政府成立裕廊镇管理局，专门负责经营管理裕廊工业区和全国其他各工业区。此时，裕廊工业区的发展进入一个新阶段，建设速度大大加快。随着宏观策略的转变和投资环境的日趋完善，外商纷纷来裕廊工业区投资设厂，许多国际知名的厂商都选择此地作为其海外生产基地。经过多年来的发展和建设，裕廊工业区已成为新加坡最大的现代化工业基地，工业产值占全国的三分之二以上，时至今日依然保持发展活力，而且它的开发模式一直是亚洲其他发展中国家借鉴和模仿的对象。

（2）园区特点。一是政府主导的开发运营模式。这种模式的优势在于：保障项目快速启动并尽快达到经济规模；快速并以较低成本获取私人土地；有效吸引跨国公司投资；园区的竞争对象在国外而不在国内，园区之间没有恶性竞争。二是全球范围的集中招商。主要招纳三类客户群体：战略性公司，重点吸引其资本和市场；科技创新型公司，重点吸引其核心产品和技术研发；跨国公司的重要部门，重点吸引其最复杂的生产程序和最先进的生产技术。三是切实合理的制度安排。政府对入驻园区的企业并无特别的优惠，各种政策如税务优惠不因企业是否在园区有别，而是按规定的公司及其经营状况的条件决定，体现公平竞争原则。园区对一般公司的进入都是开放的，没有门槛条件，政府也不审查公司的项目，可行性报告等属于企业自己的事情，可以说政府对所有公司一视同仁，企业是因园区发展环境而不是特殊政策而进入园区的，而重在为入区企业创造最优越的制度环境和法律环境。

（3）园区功能。一是园区根据区位条件和国家经济需要规划主导产业。新加坡政府从一开始就将裕廊定位于全面发展的综合型工业区，合理妥善地规划。在发展初期根据新加坡发展国际物流中心的需要，结合新加坡靠近中东产油区的区位优势，选择传统加工，但市场前景好，特别是适合发挥自己区位优势的石油化工业作为主导产业，重点发展。以后逐步推进升级，发展电子、通讯等高科技产业。根据地理环境的不同，将靠近市区的东北部划为新兴工业和无污染工业区，重点发展电子、电器及技术密集型产业；沿海的西南部划为港口和中工业区；中部地区为轻工业和一般工业区。二是园区设立自由贸易区。为吸引外资进入裕廊工业区，在裕廊码头内设立自由贸易区，使裕廊工业区既是工业生产基地，同时也是转口贸易的活动场所。三是园区内形成了产业聚集群。新加坡原来长期依赖转口贸易，工业基础尚未建立，且国内市场狭小。针对这些不利条件，新加坡政府采取大力引进国外资本的策略，走产业链招商、产业集群之路，并明显以跨国公司的投资为重点。裕廊工业区的迅速发展，就是能够抓住机遇，大力引进跨国公司的投资，从20世纪60年代起陆续引进跨国公司设厂，如壳牌、美孚等跨国石油公司；荷兰菲利浦公司；日本石川岛播磨重工业公司、美国列明士顿公司等世界著名大造船厂商；裕廊镇化工岛吸引了大批产业关联密切的化工巨头，成为世界石油化工的中枢，从而使西新加坡成为世界第三大石油化工中心、东南亚最大修造船中心及世界第二大海上石油平台生产圈，由此可见引进策略的成功。四是园区带动整体经济的发展。新加坡20世纪60年代初设立和发展裕廊工业园的主要目的是为了带动和促进全国的工业化进程，而不仅仅是为了发展裕廊这一地区，以后也一直是根据这一目的来规划和管理裕廊工业区。裕廊工业区也一直发挥着带动和促进全国经济发展的作用，这一地位反过来又使它成为全国最佳的投资地区。因此，把握好角度和目标，实质上就是为整个工业园区的发展和管理奠定了基础，这是裕廊工业区成功发展的重要原因。

5. 印度班加罗尔软件园

（1）园区概况。1990年印度电子工业部批准成立3个软件科技园区：班加罗尔、布巴内斯凡尔和浦那，被称为"IT金三角"。经过10余年的摸索和发展，如今的班加罗尔软件园已经远远领先于其他两个边角的园区。在班加罗尔周围，有印度理工大学、班加罗尔大学、农业科学大学、航空学院等多所综合大学和70家技术学院的输血滋养，使班加罗尔的软件业发展有了技术和人才的依托和支撑。另外政府的全力支持，更使该园区如虎添翼，企业趋之若鹜。目前在班加罗尔软件园经营高科技行业的企业共4500多家，其中有外资参与经营的企业就有1000多家。如今的班加罗尔软件园被称为全球第五大信息科技中心，甚至被认为已经具备了向美国硅谷挑战的实力，因此班加罗尔软件园拥有"亚洲的硅谷"的美誉。

（2）园区特点。一是园区主要从事软件编码，以软件外包、加工出口为主，逐渐向高附加值的环节转移。园区充分利用本国软件人力资源的优势，以软件服务、软件出口为主，低成本、高质量使印度成为世界的软件加工基地，将软件产业发展定位在以外包和加工出口为主，通过大量的外包欧美软件开发编程业务而起步的。目前，园区软件企业已由低成本软件开发的提供者逐渐沿价值链升级，开始为电子商务、无线应用程序、嵌入软件和客户关系管理编写软件，以图占据价值链中更高位置。印度软件企业的领航者已经开始承接越来越多的复杂的软件开发任务，在软件开发整个价值链中取得了很大的价值份额。一些大的软件服务提供商也都已经从软件开发生产中附加值低的编码环节转向更有利可图的整体客户解决方案。二是以中小企业为主，同时集聚了一批国内外知名软件企业。目前班加罗尔软件园有高技术企业1560家左右，其中年销售收入小于50万美元的企业占到47.8%，年销售收入小于200万美元的企业合计占83.9%[①]。

---

① 长城企业战略研究所课题：班加罗尔——印度软件之都。

同时，班加罗尔集聚了印度本土三大软件企业印孚瑟斯技术有限公司（INFOSYS）、惠普罗公司（WIPRO）和塔塔咨询公司（TATA）以及一批国际知名品牌，集中了一批世界著名的跨国公司，如国际商用机器公司、美国电报电话公司、摩托罗拉公司、朗讯科技公司、微软公司、日本索尼公司、东芝公司、德国西门子公司、荷兰飞利浦公司等。其中，园区前十位的大公司占整个地区出口额的 50%。三是以企业为创新主体，形成完善的技术创新体系。经过十几年的发展，班加罗尔软件园形成了以企业为中心的完善的科技研发系统。园区内汇集了众多优秀的软件公司，其中 CMM5 级认证软件公司就有 30 多家，包括思科、IBM、摩托罗拉、朗讯、德州仪器、太阳微等。众多软件企业的集聚产生了族群效应，使得族群中单个主体在相互之间的作用中对人才、科技成果和资金等要素重新进行了优化组合配置，提高了整个族群的创新能力。同时，园区内还聚集了一批大型科研机构，例如印度国家科学院、尼赫鲁科研中心、拉曼研究所（由印度诺贝尔物理奖得主拉曼博士创建）、天体物理研究所等。四是园区发展软件业人才优势明显。首先，班加罗尔地区人才数量多，园区高校云集，是印度平均受教育程度最高的地区之一，这些高校每年可为园区输送 3 万名工程技术人才，其中 1/3 是信息技术人员，同时还汇聚了大量"海归"人员；其次，班加罗尔地区人才质量高，数十年来美国芯片制造商主要依赖美籍印度工程师在硅谷开发突破性的产品，印度工程师不断返回本国在园区内管理研发队伍，其他许多工程师在印度当地 IT 业巨头公司如印孚瑟斯技术有限公司及惠普罗公司等得到了锻炼，获得了初步经验，成为了 IT 业的骨干；此外，班加罗尔地区人才成本低，同世界上其他软件业发达的美国、瑞士、加拿大、爱尔兰等国比起来，印度的软件工作人员的工资水平是最低的。

第二章 经济园区发展的背景

> 坚持改革开放是决定中国命运的一招
> ——邓小平

从 1979 年首个经济园区——蛇口工业园诞生直至今日，中国经济园区已经走过了近 30 个春秋。从嗷嗷待哺的孩提到今天朝气蓬勃的壮年，中国经济园区的每一步发展都与时代的脉搏同跳动，都与世界经济的发展和我国改革开放的深入共呼吸。经济园区是在经济全球化趋势不断深入、区域经济一体化与贸易自由化程度不断提升、国际产业转移进程不断加快的国际背景下诞生的，是党中央和国务院的一项英明决策和伟大创举。可以说，经济园区是逢经济全球化之时，应对外开放之需而生的时代骄子。

一、国际背景

经济园区在中国的产生有着深刻的国际背景。第二次世界大战后特别是冷战结束以后，经济全球化浪潮席卷全球，国际贸易与投资发展迅速，世界银行（WB）、国际货币基金组织（IMF）、世界贸易组织（WTO）等大型国际性组织活动频繁，国际间经济的依赖性与紧密性程度不断提升。同时，区域经济一体化组织也在全球范围内迅猛发展，欧洲经济共同体、北美自由贸易区、亚太经济合作组织等相继出现。这两种力量的交互作用，使贸易自由化和便利化程度不断提升，国际经济交流与合作得到纵深发展。发达国家产业结构调整带来国际产业转移契机，同时也推动了国际投资的发展。战后独立的发展中国家纷纷利用这千载难逢的机会，积极承接发达国家产业转移，发展国民经济，逐步形成了第三世界国家快速崛起的态势。作为承接国际产业转移的载体，具备外向型经济特点的中国经济园区正是在这种国际背景下孕育而生的。

(一) 经济全球化的深入与经济园区

1. 经济全球化的内涵

"经济全球化"这个概念最早是由美国经济学家提奥多尔·拉维特在 1985 年提出。对经济全球化最一般和最直观的表述为"商品和服务及其相关要素的全球流动和生产的国际化",包括产品的国际化生产、资源(包括资本)的国际化配置、商品与服务的国际化流动。正是由于跨国商品、服务和国际资本流动规模的扩大、流动形式的增加,加之信息技术广泛而迅速的传播,使各国经济的相互依赖性增强,从而实现了经济活动的全球一体化。经济全球化也是一种全新经济体制的建立过程,即全球统一市场的发育与完善,目标是逐渐直至最终完全消除国家间的各种壁垒,实现各国间价格趋同,从而将世界经济融合为一个整体。

概括而言,经济全球化就是指国际贸易、国际投资和国际金融不断加强的过程,是全球跨国公司垄断不断增强的过程,是生产和服务日益跨国化、国际劳动地域分工重新形成的过程;同时,也是各类经贸联盟日益形成、世界经济组织(世界银行、国际货币基金组织、世界贸易组织等)的作用日趋重要的过程。在这个过程中,全球流动的增加(无障碍的经济增长循环)、经济的国际化(产品、资本、劳动力的国际化)和权利的集中(指挥、控制权以及利益的集聚)是经济全球化的显著特点。

2. 经济全球化的特征

经济全球化是当代世界经济的重要特征之一,也是世界经济发展的重要趋势。经济全球化所表现出来的特征是多角度的,可从以下几个方面理解[1]。

(1) 企业全球化。跨国公司是生产和资本国际化的产物,在全球经济活动中的地位十分重要,正日益成为世界经济活动的主宰力量。全球化的发展使跨国公司的生产在全球范围内组织,将生产环节分布于不同国家;竞争也在全球范围内展开,并因此使相关各国间的经济关联程度提高。20 世纪 90 年代以来,跨国兼并现象比较突出,并呈现出三大特点:规模大、兼并数量多、涉及金额巨大,这种企业的兼并浪潮客观上促进了经济全球化的进程。

---

[1] 关进礼:《经济全球化的基本特征及对发展中国家的影响》,载《当代经济》,2008 年第 1 期。

(2) 生产全球化。生产全球化是经济全球化的主要特征，也是推动经济全球化的主要动力。20世纪90年代以来，国际分工进一步向广度和深度发展，从广度上讲，参与国际分工的国家和地区已遍及全球；从深度上讲，国际分工越来越细，已由过去单一的垂直型分工发展为垂直型、水平型和混合型多种分工形式并存的新格局。同时，国际直接投资迅速发展，通过跨国界投资设厂，在生产领域里、生产过程中也把各国经济更为紧密地联系起来。

(3) 贸易全球化。贸易全球化表现在：国际间的产业转移使各国交流产品的必要性大大增加；新科技革命推动下的高效率大批量生产，要求在全球范围开拓市场，扩大国际贸易规模；人们生活水平的提高增加了对国外产品的需求；便捷灵活的贸易方式和国际协调减少贸易限制，促进了贸易全球化。第二次世界大战后，国际贸易障碍逐步消除，贸易自由化程度提高，国际贸易手段、商品标准以及合同样式逐步统一和规范，WTO多边贸易体制框架使得世界贸易进一步规范，国际贸易总量和规模不断扩大，有力地推动了经济全球化的发展。

(4) 市场经济体制全球化。市场经济体制为经济全球化提供了统一的经济体制基础。虽然西方发达国家实行市场经济已有几百年的历史，第二次世界大战后相继取得民族独立的发展中国家也大都选择了市场经济体制，但真正意义上的市场经济全球化还只是20世纪末的事情。目前，市场经济体制已成为不同制度国家的共同选择，为市场经济全球化奠定了制度性基础。经济全球化要以市场经济体制的全球化为基础，没有市场经济体制的全球化就没有生产要素国际间的自由流动，也就谈不上真正意义上的经济全球化。

(5) 金融全球化和经济信息化。20世纪70年代，以美国为首，各国相继放松金融管制，推进金融自由化，放松了外资金融机构进入和退出本国金融市场的限制，拆除了不同金融业务的隔离墙，加快了金融业的整合。到90年代，现代电子技术和通信手段的飞速发展，使货币的国际交换和流动规模日益扩大，促进了金融市场的发展，形成了时间上相互接续、价格上相互联动的统一国际金融大市场。同时，随着现代科技的加速发展，信息化已成为市场经济全球化的一个显著特征，信息产业的飞速发展改变了传统制造业、商业、金融业的生产组织方式和经营方式，这一切都使全球经济活动的速度越来越快，规模越来越大。

(6) 区域经济一体化不断加强和国际经济组织日益健全。世界区域经济一体化的进展自20世纪80年代中期以来明显加快,这种区域经济一体化进一步推动了经济全球化趋势的发展。在区域经济一体化蓬勃发展的同时,国际货币基金组织、世界银行和世界贸易组织等作为协调和监督世界经济运行的国际性组织,其权威性和作用越来越明显,在世界经济活动中扮演着越来越重要的角色。

龙永图:中国参与经济全球化需做三件事

博鳌亚洲论坛秘书长龙永图曾说过,中国要想成为一个经济大国,成为世界经济特别是世界经济主流的组成部分,必须参与经济全球化进程,并做好三件事。第一,必须搞市场经济。过去中国搞计划经济使自己丧失了许多机遇,所以中国必须搞市场经济,使中国成为世界经济体制中一个组成部分。第二,必须开放市场。只有开放市场,中国经济才能成为世界经济的组成部分。但中国是发展中国家,市场不能马上无条件的全面开放,而是要有条件、有节奏的,在适应自身发展水平的情况下开放,这样才能产生对贸易双方都有利的效应。第三,必须遵守国际贸易规则。因为市场经济不是无序经济,从某种程度上讲是法制经济,所以中国必须遵守规则并参与规则的制定。

资料来源:龙永图:《面对经济全球化的中国》,APEC2000中国论坛,2000年5月28日,http://www.people.com.cn/zcxx/2000/05/052902.html。

---

3. 经济全球化催生中国经济园区

经济全球化对世界各国的经济活动产生了深远的影响。任何一个国家几乎都不可避免地要从国外进口商品,使用国外公司提供的服务,利用国外的资金、技术、劳动力等生产要素;同时,也在向国外输出商品、服务,对国外市场投资,寻找更为广阔的盈利空间,从而在全球范围内获益。在全球化浪潮的冲击下,封闭的中国开始苏醒,开始着手迎接全球化的挑战。随之而来的就是建立经济特区,推进对外开放,以优惠的政策引进外资和技术,更为主动地参与对外经济活动。以此为起点,在对外开放的步履中,形式多样的经济园区就在中国这片广袤的土地上诞生了。

(1) 贸易全球化与中国经济园区。贸易全球化是经济全球化的起点。为了顺应贸易全球化的发展,加大对外经济贸易力度,中国逐步开始尝试在沿海开放地区设立出口加工区、保税区等多种形式的经济园区,大力发展出口加工贸易。在这些经济园区内,贸易政策优惠而开放,如对原材料、零部件和先进设备的进口实行极低的进口关税甚至零关税,大大降低了出口企业的生产成本。不仅如此，园区内产品的检验、报关、出口退税等贸易程序也更加简便、快捷、高效，不但节省了园区企业的人力、财力、物力等资源，更加便利了对外贸易环节，推动了进出口贸易的快速发展。优惠的政策、待遇推动了园区内企业贸易额的快速增长，企业的规模不断扩大，数量也不断增多，经济园区则在此基础上进一步发展壮大。从某种意义上来讲，经济园区加工贸易的兴起、发展与繁荣，就是中国投身经济全球化的起点。贸易全球化催生了经济园区这一新兴事物，而经济园区本身的发展实践也为我们提供了佐证：贸易全球化与经济园区确实存在着割不断的紧密联系。从目前来看，中国23%的对外贸易额、15%的出口额是由经济园区创造的。以山东省为例，2007年全省经济开发区进出口总额达642.9亿美元，占全省进出口总额的52.4%；出口额为377.8亿美元，占全省出口总额的50.2%。①

（2）投资全球化与中国经济园区。国际投资的全球化是继贸易全球化之后，又一快速崛起的国际经济活动形式。贸易与投资既相互联系，又相互促进，发展对外贸易必然会带来吸引外商投资的需求。为了顺应这一趋势，中国政府倡导通过建立各种工业园区、经济技术开发区和高新技术开发区等形式多样的经济园区，加大吸引外商直接投资力度。这些经济园区不仅提供了良好的交通、通讯、金融等基础设施服务与配套设施建设，而且对国外投资者还实行更为优惠的土地、税收、审批等政策。可以说，经济园区已经成为我国利用外资、引进先进技术、开展对外经济技术合作的重要载体。同样从山东省来看，截至2007年底，全省开发区累计利用外资已达383.9亿美元，其中，2007年全省开发区实际利用外资59.2亿美元，占全省实际利用外贸总额的53.8%。此外，开发区业已成为全球跨国公司的投资热点。截至2007年，通用、惠普、朗讯、西门子、麦德龙、LG、三星、大宇、松下、三菱等100多家世界500强企业在山东省各园区的投资项目已达206个。②

（二）区域经济一体化的活跃与经济园区

1. 区域经济一体化的内涵

所谓区域经济一体化，一般是指地理位置相临近的两个或两个以上国

---

①② 山东国际商务网：经济园区板块，http://www.shandongbusiness.gov.cn/zz/index/zz/kfqc。

家（地区），以获取区域内国家（地区）间的经济集聚效应和互补效应为宗旨，通过制定共同的经济贸易政策等措施，消除相互之间阻碍要素流动的壁垒，实现成员国的产品甚至生产要素在本地区内自由流动，进而协调成员之间的社会经济政策，形成一个超越国界的商品、资本、人员和劳动力自由流动的跨国性经济区域集团的过程。区域经济一体化的目的是为了在成员国之间进行分工协作，更有效地利用成员国的资源获取国际分工的利益，促进成员国经济的共同发展和繁荣。

在过去的数十年中，世界经济的一个主要特征就是各国经济的一体化。国际商品和劳务贸易增长速度超过了国内生产总值，各国金融市场之间的联系不断加强，跨国流动的人数越来越多，对外直接投资迅速扩大，跨国公司的活动日益频繁。各国政府政策上的变化，如取消资金流动限制、降低关税壁垒的长期影响，特别是对外放开传统的封闭产业，也在一定程度上认同并强化了一体化的潮流，促成了更强、更广泛的区域贸易集团化运动。

当今世界，区域经济一体化已覆盖大多数国家和地区，区域经济一体化已成为当今国际经济关系中最引人注目的趋势之一。世界银行统计显示，全球只有 12 个岛国和公国没有参与任何区域贸易协议（Regional Economic Integration，RTA）；174 个国家和地区至少参加了一个（最多达 29 个）区域贸易协议，平均每个国家或地区参加了 5 个。世贸组织全体成员同时又是各区域经济组织成员，有的具有多重区域经济一体化组织成员的身份。全世界近 150 个国家和地区拥有多边贸易体制和区域经济一体化的"双重成员资格"。

区域经济一体化是世界经济发展的必然结果，是现代社会生产力发展和生产关系变革的客观反映和迫切要求。由于世界各国在生产力水平、经济结构等方面存在着很大的差异，区域经济一体化的发展程度在各地区之间不尽相同，但有一点是必然的，那就是区域经济一体化无疑会伴随着经济全球化的推进而不断发展升级。

欧盟

"总有一天，到那时……所有的欧洲国家，无须丢掉你们各自的特点和闪光的个性，都将紧紧地融合在一个高一级的整体里；到那时，你们将构筑欧洲的友爱关系……"

——维克多·雨果

> 欧洲联盟（European Union，EU）是由欧洲共同体（European communities）发展而来的，集政治实体和经济实体于一身、在世界上具有重要影响的区域一体化组织。1991年12月，欧洲共同体马斯特里赫特首脑会议通过《欧洲联盟条约》，通称《马斯特里赫特条约》。1993年11月11日，《马约》正式生效，欧盟正式诞生，总部设在比利时首都布鲁塞尔。1995年，奥地利、瑞典和芬兰加入，使欧盟成员国扩大到15个。2003年7月，欧盟制宪筹备委员会全体会议就欧盟的盟旗、盟歌、铭言与庆典日等问题达成了一致。根据宪法草案：欧盟的盟旗仍为现行的蓝底和12颗黄星图案，盟歌为贝多芬第九交响曲中的《欢乐颂》，铭言为"多元一体"，5月9日为"欧洲日"。2004年5月1日，塞浦路斯、匈牙利、捷克、爱沙尼亚、拉脱维亚、立陶宛、马耳他、波兰、斯洛伐克和斯洛文尼亚正式成为欧盟的成员国，这是欧盟历史上的第五次扩大，也是规模最大的一次扩大。2007年1月，罗马尼亚和保加利亚两国加入欧盟，欧盟经历了6次扩大，成为一个涵盖27个国家总人口超过4.8亿、国民生产总值高达12万亿美元的当今世界上经济实力最强、一体化程度最高的国家联合体。
>
> 资料来源：新华网：《欧洲联盟（欧盟）》，http://news.xinhuanet.com/ziliao/2002-12/19/content_664530.htm。

2. 区域经济一体化的形式

经济一体化的形式按照不同标准可分为不同类别。美国经济学家巴拉萨把经济一体化进程分为四个阶段：贸易一体化阶段（取消对商品流动的限制）、要素一体化阶段（实行生产要素的自由流动）、政策一体化阶段（在集团内达到国家经济政策的协调一致）、完全一体化阶段（所有政策的全面统一）。与这四个阶段相对应，经济一体化的形式可以根据市场融合性程度，分为以下六类：

（1）优惠贸易安排。在成员国间，通过协定或其他形式，对全部商品或一部分商品给予特别的关税优惠。优惠贸易安排是经济一体化中最低级和最松散的一种形式，典型的代表是1932年英国与一些大英帝国以前的殖民地国家之间实行的英联邦特惠制。

（2）自由贸易区。由签订有自由贸易协定的国家组成一个贸易区，在区内各成员国之间废除关税和其他贸易壁垒，实现区内商品的完全自由流动，但每个成员国仍保留对非成员国的原有壁垒。

（3）关税同盟。成员国之间完全取消关税或其他壁垒，同时协调相互之间的贸易政策,建立对外的统一关税。关税同盟在自由贸易区的基础上又更进了一步,并且开始带有超国家的性质,典型的有欧洲经济共同体(欧盟前身)。

(4) 共同市场。成员国在关税同盟的基础上进一步消除对生产要素流动的限制,使成员国之间不仅实现贸易自由化,而且实现了技术、资本、劳动力等生产要素的自由流动,欧洲统一市场是最典型的代表。

(5) 经济同盟。在共同市场的基础上更进一步,成员国之间不但实现商品和生产要素的自由流动,建立起对外的共同关税,而且制定和执行某些共同经济政策和社会政策,逐步废除政策方面的差异,形成一个庞大的经济实体,典型代表是目前的欧洲联盟。

(6) 完全经济一体化。这是经济一体化的最高级阶段。成员国在经济、金融、财政等政策上完全统一,在国家经济决策中采取同一立场,区域内商品、资本、人员等完全自由流动,使用共同货币。

3. 经济园区是区域经济一体化的实现形式

区域经济一体化是经济全球化趋势在较小地域范围内的体现。由于具备地域临近、经济联系的历史性等先天优势,区域经济一体化在全球化发展受阻的情况下,依然发展迅速。从本质上来看,区域经济一体化与经济全球化内涵相通,一体化的发展有助于推动全球化的实现。经济园区是一个国家加入区域经济市场,投身一体化的有效途径和重要实现形式。中国经济园区正是在这种历史背景下产生并成长起来的,必将在一体化的进程中发挥着越来越重要的作用。

(1) 一体化组织内部各国经济园区之间实现合作。区域一体化组织成员国间的贸易、投资、技术等领域的合作以及政策的协调往往始于各国的经济园区之间的合作。园区间的国际合作使各国都能从中受益,表现为规模的扩张、机制的升级、影响的扩大,带动园区周边地区发展,使各国融入一体化进程的不断加快,区域一体化程度不断加深。从积极加入亚太经合组织,到建立中国——东盟自由贸易区、内地与港澳关于建立更紧密经贸关系安排(CEPA)的实施以及推动东北亚经济合作等,中国在逐渐加快参与区域经济一体化进程,使其能够以更加开放的姿态融入世界经济体系。而中国与这些一体化组织成员的合作恰恰是以经济园区的合作为基础、作为实现形式的。如中国——东盟经济园区,就是顺应中国——东盟自由贸易区建设加快而建立的,定位于发展成为东盟自由贸易区重要的经济贸易合作窗口和载体,成为中国与东盟及其他国家经贸往来、技术合作和文化交流的平台，成为加强中国与东盟经济、技术协作的枢纽和桥梁。

(2) 立足国内区域经济一体化发展的中国经济园区。国际区域经济一体化的发展，其基础是一国之内的一体化经济。中国幅员辽阔，行政区划众多，受历史上计划经济体制等因素的影响，地区间发展很不平衡。随着改革开放后市场经济体制的建立，地区独立性不断加强，在这种形势下，国内省区地市间的"一体化"推进就显得尤为重要。事实上，中国内部区域经济一体化也正如火如荼地展开，像长江三角洲、泛珠江三角洲、环渤海经济圈等。在这些一体化区域内已经开始出现跨行政区的不同形式的经济联合，如经济技术协作区、经济协作区等，这种崭新的模式必将成为中国加入区域经济一体化的重要实现形式。

(三) 国际产业转移的加速与经济园区

1. 国际产业转移的内涵

国际产业转移，即产业转移的国际化，是指某些产业由一些国家或地区转移到另一些国家或地区。国际产业转移主要通过资本的国际流动和国际投资予以实现，其根本动因是世界生产力的发展和国际分工的深化，而推动国际产业转移的直接动因则是生产要素的差异性（如劳动力成本、自然资源禀赋、产业技术水平等）、经济发展水平的梯度和国际市场状况。国际产业转移的典型现象是一些产业的生产从部分发达国家转移到一些发展中国家和地区，并且随着承接国（地区）工业化进程的推进，部分产业会再次转移到其他发展中国家和地区，由此形成了一个连绵的国际产业转移浪潮。

国际产业转移不仅是发达国家调整产业结构、实现全球战略的重要手段，也是发展中国家改造和调整产业结构、实现产业升级和技术进步的重要途径。第一，国际产业转移推动了产业结构的调整，它不仅是发达国家实现产业升级的动力，而且使发展中国家在较短时间内获得了建立现代产业体系的外部支持。第二，国际产业转移突破了要素和产品的传统界限，增加了价值链的分工环节，促进了国际分工的深化和分工方式的转变，从而使发展中国家的企业获得了更多参与国际创新的机会。第三，国际产业转移使更多的国家和地区进入国际市场，扩大了国际商品交换的范围与规模，带动了国际贸易的发展，促进了世界贸易的增长。第四，国际产业转移加快了全球技术转移与扩散，促进了先进技术的传播与应用，提高了全球资源的配置效率。第五，由于发达国家掌握着产业价值链的关键环节，发展中国家在国际产业分工中始终处于不利的边缘地位，国际产业转移在一定程度上加剧了国际竞争，拉大了各国经济发展的差距。

国际产业转移规模的迅速扩大，使各个国家和地区之间的产业发展和结构调整互动性显著增强，各国之间的产业关联和相互依赖程度达到了前所未有的高度。虽然国际产业转移为一些国家和地区带来了更多的分工效益，扩展了发展中国家参与国际分工以及获取外部资源和先进技术的渠道，但同时也在一定程度上削弱了发展中国家产业成长与结构调整的自主性，加大了经济运行的风险，国际产业转移是一柄十足的"双刃剑"。

2. 国际产业转移的新特点

迄今为止，历史上共发生了5次大规模的国际产业转移，其中最近的一次就是从20世纪90年代开始直至今日的新一轮产业转移浪潮。作为20世纪80年代国际产业转移的延续和发展，新的产业转移浪潮具有了新的特点，对全球经济的影响也更为深远。

（1）国际产业转移规模扩大化。从20世纪80年代后期开始，国际市场竞争日趋激烈，为赢得全球竞争优势，抢占全球产业结构的制高点，发达国家纷纷把产业结构的调整扩大到全球，以产业海外转移为手段，进行大范围的结构重组和升级，从而引发了世界范围的产业转移浪潮。到90年代前半期，虽然受发达国家经济衰退的影响，国际产业转移的速度有所放慢，但进入中后期，世界经济的全面复苏又推动了对外投资和产业转移的加速发展。90年代末以后，发达国家进一步加速产业的国际转移，发展中国家则实施赶超战略，进一步扩大对国际产业转移的接纳，国际产业转移规模进一步扩大化。

（2）国际产业转移高度化。20世纪90年代以后，世界开始步入知识经济时代，知识经济的发展使国际产业转移呈现出高度化趋势。国际产业转移的重心开始由原材料工业向加工工业转移，由初级产品工业向高附加值工业转移，由传统工业向新兴工业转移，由制造业向服务业转移，高新技术产业、贸易服务业、金融保险业等日益成为国际产业转移的重点领域。高信息化、高科技化和高服务化产业成为新一轮产业结构调整的主导，信息化和科技创新成为全球产业结构调整的根本推动力，国际产业转移发展高度达到前所未有的程度。

（3）区域内资本流动和产业转移迅速增长。世界经济区域集团化的迅速发展，促进了区域内贸易和投资的自由化，区域内资本流动和产业转移迅速增长，成为当前国际产业转移的基本特点。如欧盟国家的对外投资和产业转移就主要是在欧盟内部进行的，目前欧盟国家对外投资的1/3是在成员国之间进行的。20世纪末以后，区域经济集团化的步伐更为快捷，区域内的贸易和要素流动更为自由化，而区域间的贸易和要素流动则会由于区域经济的集团化而遇到更大的障碍。因此，投资和产业转移的区域内部化必将成为未来国际产业转移的主要趋势和特征。

（4）国际产业转移方式的多样化。20世纪90年代以来，跨国公司的迅速发展及其在全球经济和对外投资中作用和地位的日益扩张，极大地促进了国际产业转移方式的多样化，主要表现为：第一，突破原来单一的直接投资和单一股权安排，逐步形成独资、合资、收购、兼并和非股权安排等多样化投资和产业转移方式并举的格局；第二，国际间接投资呈现迅速增长态势，并逐步接近直接投资方式；第三，跨越国境的企业间收购、兼并和产业重组迅速发展，并日益成为国际投资和产业转移的重要方式。

（5）跨国公司成为国际产业转移的主体。20世纪90年代以来，跨国公司迅猛发展，推动了全球资源的优化配置。而今，跨国公司已成为国际贸易、国际投资和国际产业转移的主要承担者。由于跨国公司具有雄厚的经济实力和在全世界范围内配置资源和开拓市场的优势，适应新科技革命推动生产力的国际化、国际分工进一步深化及世界产业结构大调整的要求，跨国公司的国际直接投资已经成为世界经济发展的新动力。发展和利用跨国公司的能力将成为今后促进世界经济发展和提高国际竞争力的重要因素，成为发展中国家接纳国际产业转移，实现产业结构转型和升级的重要契机。

3. 经济园区是国际产业转移的重要承载体

发达国家在全球范围内进行产业转移，不可避免地要考虑区位选择问题。具有区位优势的地区往往有着较低的生产运营成本，较好的产业基础、设施基础，稳定、开放的政策环境，完善的法律体系等。发展中国家若要立足承接国际产业转移，充分把握产业转移所带来的机遇，推动本国产业发展与升级，就必须人为地培育一批具备显著区位优势的地域，引进发达国家的国际产业转移。在这些客观要求下，经济园区应运而生，成为中国培育区位特定优势，吸引国际产业转移的重要载体。

（1）经济园区对国际制造业转移的承接。过去20年间，中国政府扶持建立的经济园区较多地集中于东部沿海地区，如经济特区的设立、浦东的开发开放、高新技术园区和工业园区的设立等。与此相对应，中国承接国际制造业转移的地区也就主要集中在东部沿海。以青岛经济技术开发区为例，园区拥有海尔、三美电机、赛欧汽车、黑豹、正海电子、马士基集装箱等一批在全国乃至全世界都具有影响力的制造业企业，已经形成了以电子信息、交通运输设备制造、电气机械及器材、生物医药、化学原料及制品和食品饮料等主导产业为代表的现代制造业基地。经济园区不仅是中国承接国际制造业转移的大舞台，也是跨国产业资本转移中国的聚集地，是成为"世界工厂"不可或缺的组成部分。

（2）经济园区对国际服务业转移的承接。当前，国际产业转移已经从制造业延伸到服务业领域，主动承接国际服务业转移是中国发展、壮大服务产业的重大契机，而规划建设总部经济园区是实现这一目标的重要载体。总部经济属于现代服务业范畴，是经济全球化和区域经济一体化发展到一定阶段的产物，其最佳效应是实现企业和城市的双赢。对企业来说，实施总部、研发总部与生产基地的空间分离，向中心城市聚集，客观上是利用区域比较优势、寻求经营成本最小化的必然结果；对于城市而言，企业总部的入驻能增加政府的财政收入，促进就业和消费，推动城市转型升级，并最终提升城市对全国乃至全球经济的影响力。总部经济园区以服务创造价值，通过资源整合为入驻企业提供增值服务，实现企业技术信息共享，为企业提供展示、研发、贸易、结算的平台，是实现承接发达国家国际服务业转移的有效形式。

（四）贸易自由化、便利化发展与经济园区

1. 国际贸易自由化与便利化

贸易自由化是第二次世界大战后经济全球化和市场化趋势在国际贸易领域中的反映，它是各国通过单边、双边和多边等途径，根据互利和互惠安排，在国际贸易中消除歧视性待遇，大量降低关税和减少贸易壁垒的过程；是一国对外国商品和服务的进口所采取的限制逐步减少，为进口商品和服务提供贸易优惠待遇的过程或结果。贸易自由化是国际贸易发展的趋势所在，目的在于使货物、服务、技术和资本等能够在国际间自由流动。社会生产力的不断发展，促进了国际分工与交换的深化与发展，这势必要求商品和生产要素能够在全球范围内自由流动，促成生产要素的优化合理配置，提高劳动效率和增加世界财富，以满足更为广泛的需求。正是这种强大的、不可抗拒的力量推动着世界各国、各地区逐步取消贸易壁垒，建

立起更为广阔、更为自由的国际贸易环境。

贸易便利化一词在各种文献中已屡见不鲜，但迄今尚无一个被普遍接受的统一定义。WTO（1998）和联合国贸发大会（UNCTAD，2001）认为，贸易便利化是指国际贸易程序（包括国际货物贸易流动所需要的收集、提供、沟通及处理数据的活动、做法和手续）的简化和协调。经济合作与发展组织（OECD，2001）对贸易便利化的表述是：国际货物从卖方流动到买方并向另一方支付所需要的程序及相关信息流动的简化和标准化。联合国欧洲经济委员会（UN/ECE，2002）将贸易便利化定义为：用全面和一体化的方法减少贸易交易过程的复杂性和成本，在国际可接受的规范、准则及最佳做法的基础上，保证所有贸易活动在有效、透明和可预见的方式下进行。亚太经合组织（2002）的定义是：贸易便利化一般是指使用新技术和其他措施，简化和协调与贸易有关的程序和行政障碍，降低成本，推动货物和服务更好地流通。尽管以上有关贸易便利化的表述有所不同，但基本精神是一致的，即简化和协调贸易程序，加速要素的跨境流通。近年来，人们更倾向于从广义的范围（即影响贸易交易的整个环境）来考虑贸易便利化问题。实践中，各种促进贸易便利化的措施大都体现在通过贸易程序和手续的简化、适用法律和规定的协调、基础设施的标准化和改善等，为国际贸易活动创造一个简化、协调、透明、可预见的环境。

2. 贸易自由化与便利化的延展

随着单边、双边、多边以及区域协作努力的深入，影响国际贸易活动的障碍与壁垒正逐渐减少，世界各国的贸易制度日趋开放。国际贸易规模的扩大，世界各国、各地区贸易联系的加强，使得国际贸易自由化和便利化程度不断提升。

20世纪90年代中期以后，随着乌拉圭回合各项协议的生效和WTO的成立，贸易自由化程度得到新的发展。在关税及贸易总协定（GATT）的主持下，世界上的主要贸易国家先后进行了八轮多边贸易谈判，在更广泛的范围内达成了贸易自由化协定。特别是1986~1993年的乌拉圭回合谈判，成员国在从关税措施到非关税壁垒、从货物贸易到服务贸易、从国际贸易到国际投资等方面达成了规模空前的贸易自由化协议。按照协议的规定，各国实行的非关税壁垒将予以关税化，而关税水平也不断降低。此外，根据乌拉圭回合协议，以贸易自由化为根本宗旨的世界贸易组织于1995年1月1日正式成立。在这一框架体系下，全球贸易壁垒将逐步消减,贸易自由化的规则和范围也将向知识产权等更为宽广的领域扩展,世界上越来越多的国家融入到多边贸易体制中,这也标志着世界贸易自由化新时代的到来,世界贸易正朝着完全自由化的方向迈进。另外,区域经济一体化组织的发展、完善,如欧盟15个成员国形成"单一内部市场",澳大利亚和新西兰结成自由贸易区等,在很大程度上也为贸易自由化在全球范围的推广奠定了坚实的基础。

长期以来,许多政府间组织以及非政府组织,像联合国贸发大会(UNCTAD)、联合国欧洲经济委员会(UN/ECE)、世界海关组织(WCO)、国际商会(ICC)、经济合作与发展组织(OECD)、国际货币基金组织(IMF)、世界银行(WB)等一直都致力于更简便、更协调的国际贸易程序这一目标的实现。有关如何进一步减少直至消除要素跨境流动的障碍、降低交易成本、建立高效的贸易便利体系等内容已经成为双边、多边、区域经贸合作的重要内容。WTO自成立以来就一直在对贸易便利化问题作全面的考虑和专门的分析。对WTO来说,贸易便利化是一个新的问题,尽管有阻力,但经过多年的解释性和分析性工作,对贸易便利化的认识还是朝着取得一致的方向发展,各成员国就贸易便利化的积极作用、向发展中成员国提供技术援助的重要性等问题逐渐达成了共识。

3. 经济园区是贸易自由化与便利化的直接体现

在经济全球化浪潮的席卷下,几乎每个国家都已被纳入国际贸易的自由化和便利化的进程中,而更为重要的是,这些国家无一例外地都能从贸易自由化和便利化中获利。正因如此,不管是发达国家还是发展中国家,被动也好,主动也罢,都更为积极地选择降低贸易壁垒、简化贸易程序、规范贸易做法、协调贸易法规与政策。面对日趋深入的贸易自由化与便利化,地域广阔且经济相对落后的中国,如何才能成功地在开放中获益,又怎样才能有效地保护国内产业的发展?稳妥的、可行的方式是根据不同地区的经济发展基础,渐进地参与到贸易自由化与便利化的进程中。比如,首先在沿海开放城市设立经济特区,实行相对灵活的贸易政策、法规,推动中国进出口贸易的发展;进而在东部地区建立各种类型的经济园区,开展一系列的对外经贸与技术合作。之后,以点带面,不断扩大自由贸易的地域范围,深化贸易开展的自由化程度。可以说,经济园区建设是中国推进贸易自由化和便利化发展的最直接体现。

(1) 经济园区推动贸易自由化。贸易自由化要求各国限制并逐步取消一切关税和非关税壁垒,消除国际贸易中的歧视待遇,提高本国市场准入程度，使得国际商品与服务能够自由的流动。在以进出口加工区、保税区为代表的贸易型经济园区内，贸易自由化体现的尤为明显。如对保税区与境外进出的货物，海关实行免税或保税政策，实行备案制，不实行进出口配额、许可证管理。再如，对于出口加工区内生产性项目的基建物资、机器设备、模具及其维修用零配件和区内企业自用的、合理数量的办公用品免征进口关税和进口环节增值税；区内企业为加工出口而需的进口料件予以保税；贸易企业从区外购进货物出口离境的，可办理出口退税等等。

（2）经济园区推动贸易便利化。简化贸易程序、规范贸易做法、协调贸易法规与政策是中国经济园区推进贸易便利化的体现。例如，出口加工区内所属企业均可以开展加工贸易，无需实行银行保证金台账制度，海关也不实行《加工贸易登记手册》管理。在保税区内储存货物的品种和仓储时间不受限制，允许区内仓储货物进行商业性简单加工，允许区内企业从事面向国内市场的大宗进口物资分拨业务，鼓励企业在区内建立保税商品展示交易市场。然而，要实现贸易便利化，还意味着要投入大量的资金、开发新的管理技术、培养高素质的人才、建立行之有效的制度、不断探索和积累经验，这是一项系统的工程。此外，建立、实施广泛的技术援助机制是推动贸易便利化进程必不可少的重要组成部分。事实上，无论是上述"系统工程"的建立，还是引进发达国家的技术援助，经济园区无疑都是最好的依托。

（五）发展中国家的不断崛起与经济园区

1. 发展中国家崛起的市场与科技因素

第二次世界大战后，亚非拉地区掀起了风起云涌的民族独立浪潮，许多国家先后摆脱殖民枷锁，走上建立民主国家、发展民族经济的道路。从此，亚非拉发展中国家作为独立的政治、经济力量登上世界舞台，使世界面貌发生了深刻的变化。作为一个整体，发展中国家不仅在经济总量上缩小了与发达国家的差距，在人口基数激增的情况下，人均国内生产总值与发达国家的差距也越来越小。发展中国家的崛起成为世界多极化趋势中一支不可忽视的力量，对现今和未来的国际局势发挥着越来越大的影响。

随着信息技术革命的兴起，发达国家开始进行经济结构和产业结构调整，即在发展高新技术和产业的同时，改造传统产业，把一部分低技术含量的劳动密集型产业向发展中国家（地区）转移，如：纺织、化工、冶金、机器制造及电子产品组装等,这有利于发展中国家(地区)提升经济结构的。比如在亚洲,自20世纪80年代末以来,日本、"四小龙"开始推行产业和产品的优化升级,逐步向高技术、高附加值的方向过渡。同时,东盟一些国家则利用劳动力低廉的优势,大量承接日本和"四小龙"转移的成熟技术和标准化产品生产业。像马来西亚如今已成为仅次于日本和美国的世界第三大半导体生产国,印度的班加罗尔已是世界知名的"电子城"之一。据不完全统计,全球制造业贸易中有1/3是组件和部件的贸易。世界银行报告也提出,各国制造业到国外寻求组装部件的做法日益普及,这种新型国际经济交流模式已经形成了全球性生产网络,并且这个网络有着明显的迅速扩张趋势。随着国际直接投资的增长,各国经济"你中有我、我中有你"局面逐渐形成,"以世界为工厂、以各国为车间"的跨国生产模式,标志着发展中国家已经成为世界经济的重要组成部分。

自然资源,如世界经济增长必不可少的战略资源——石油,也能体现出发展中国家在世界经济大家庭中的地位。据国际货币基金组织估计,若油价在一年内上涨15%,将直接导致世界经济增长率减少一个百分点,即意味着世界生产总值损失3000多亿美元。石油作为世界第一能源的重要性由此可见一斑。另据能源专家估计,可再生能源(太阳能、风能、潮汐能等)虽受到各国的高度重视,但到2020年也只能达到总能源需求的2%。因此,对于石油来讲,在今后一个相当长的时期内,其地位依然不可动摇。世界石油可采储量的80%~90%分布在亚非拉三大洲,仅中东地区就占全世界石油可采储量的68%。随着世界其他地区石油产量接近顶峰,储量渐趋枯竭,供应能力下降,今后世界经济对亚非拉石油资源的依赖性必然进一步加深,而欧佩克则有可能再度占据世界石油市场的支配地位。

2. 西方投资新概念的产生及表现

发展中国家的兴起与腾飞已经是一个不争的事实。近20年来,工业化在西方之外的国家以过去难以想象的速度发展,意味着发达国家之外世界其他地区的崛起。这些地区既包括充满经济活力的亚洲的崛起,也包括其他正悄悄发生巨变的国家及地区。西方一些投资机构就此提出了所谓"金砖四国"、"金钻十一国"、"展望五国"等投资概念。发展中国家的异军突起无疑将加快世界经济多极化的进程。

2001年,美国高盛公司经济学家吉姆·奥尼尔在一份研究报告中预测,中国、俄罗斯、印度、巴西四国GDP之和在2025年有望达到美、日、德、法、意、英六国GDP之和的50%，并将在2050年之前全面超越六国。奥尼尔以巴、俄、印、中四国英文名称的第一个字母为基础，创造了一个新的词汇"BRICs"。由于这个词与英文"砖头"的写法大致吻合，"金砖四国"的说法从此风靡全球。"金砖四国"提出7年来，事实似乎正在印证着奥尼尔的预测。据国际货币基金组织统计，2007年"金砖四国"的GDP总额达6.859万亿美元，占全球GDP总额的12.86%，按照购买力平价达到GDP总额的27.46%。"金砖四国"的外汇储备也十分可观。2007年底，中国的外汇储备达到1.5283万亿美元，居全球第一，俄罗斯达到4794亿美元，居全球第三，印度居第四，巴西居第七。"金砖四国"外汇储备总额已接近2.5万亿美元，占世界外汇储备总额的41.6%。此外，"金砖四国"概念投资基金，已经成为共同基金界潮流的投资模式。据摩根士丹利资本指数显示，2006年，金砖四国的投资回报率高达53%，截至2007年10月2日，四国年内资产增长率为48%，不俗的投资业绩已经带来了资产规模的急速扩张。

2007年，高盛公司再创"金钻11国"的投资新概念，包括：墨西哥、印尼、尼日利亚、韩国、越南、土耳其、菲律宾、埃及、巴基斯坦、伊朗和孟加拉国。高盛公司预言以新兴市场为代表的新势力将超越发达市场的高速发展，成为21世纪全球经济发展的主旋律，并大胆预测2050年"金钻11国"的GDP将与美国比肩，而"4+11"国的GDP总量在2035年可望超越七大工业国家。此外，日本金砖四国经济研究所于2007年提出了"展望五国"的概念，即越南、印尼、南非、土耳其和阿根廷5国，英文名称首个字母的组合"VISTA"在英文中有"展望"之意。"展望五国"属于有潜力的新兴国家，国内政局稳定，拥有丰富的自然资源，注重引进外资，具有购买力的中产阶级正在崛起。

无论是"金砖四国"、"金钻十一国"还是"展望五国"，都仅仅是投资概念，并且属于经济一体化组织或国家集团范畴，不可能成为世界经济格局中的某一极。但是，这些概念的提出却在某种程度上反映了发展中国家的崛起，以及世界对发展中国家崛起的关注。虽然世界经济格局发生"质变"仍任重而道远，但无论如何，21世纪将是发展中国家经济腾飞的时期，它们的崛起，必将是新世纪中最值得关注的历史事件。

3. 中国经济园区在追赶与竞争中诞生

第二次世界大战后，广大发展中国家发展经济、增强国力，有着更多地参与国际事务以提升其国际地位的强烈愿望，这也促使它们不断地进行经济改革，实施对外开放。在这个过程中，发展中国家大都致力于改善投资环境，放宽外资准入条件，加强投资促进，在吸引发达国家产业转移的过程中，众多发展中国家之间其实也存在着激烈的竞争。为了在竞争中占得先机，各发展中国家不约而同地将目光投向建立多种形式的经济园区这一最富成效的吸引外资途径，中国经济园区也正是在这种追赶与竞争中诞生的。

（1）经济园区是追赶发达国家的重要基地。中国以后起之势，要追赶发达国家，任重而道远，经济园区就是肩负这一使命的重要基地。以经济园区为基点，积极开展对外贸易，通过扩大出口，拉动整个国民经济的持续、快速发展；通过扩大进口，引进国外先进设备、技术，推动中国传统优势产业发展。作为经济外向型国家，中国的对外贸易依存度已超过60%，外贸已经成为拉动国民经济的"三驾马车"之一。依托优先的开放、宽松的政策、完善的基础设施等园区优势，中国经济园区吸引了来自发达国家的大量资金、先进技术和管理经验，通过营造园区内中外企业相互合作、互惠互利的良好局面，发挥产业集聚效应，在推动本地区经济大跨步前进的同时，带动周边地区乃至整个中国经济的快速发展。

（2）经济园区是中国与其他发展中国家展开竞争的重要法宝。在大跨步地追赶发达国家的同时，迅速崛起的发展中国家之间也逐渐形成了激烈竞争的态势。拓展市场的竞争、资金技术引进的比拼、国际合作项目的争夺……在发展中国家之间不断地上演。在这种形势下，如何有效地争取和利用有限的优质资源已经成为摆在我国面前的重要课题。建设与发展经济园区，利用经济园区在争取资源方面有着其他经济形式所无可比拟的综合优势：良好的经营环境、优惠的政策、完善的基础设施、配套的产业布局、发达的金融系统等综合优势，带动区域经济与园区经济发展，是我国在与发展中国家竞争中保持有利地位的重要力量和重要法宝。

二、国内背景

在经济全球化浪潮的洗礼下，从 1978 年开始，中国正式迈上了改革开放的征程。改革的核心就是要建立并不断完善中国特色社会主义市场经济体制，推动中国经济的快速发展。在这条道路的探索中，优化产业结构，走新型工业化道路不断地丰富着中国改革的内涵。从简单的扩大对外贸易到全方位吸引利用外资，再到中国企业走出国门、实施国际化经营战略，开放的力度不断升级。在这种历史背景下，经济园区以其独特的优势吸引了众多关注的目光。可以说，经济园区已经成为改革开放的排头兵，市场经济体制的实验区，产业结构优化升级的表率以及经济国际化战略的先导力量。经济园区正是着眼于更好地完成中国改革开放的历史使命而诞生的。

(一) 改革开放国策的确立与经济园区

1. 改革开放国策的确立

1978年，党的十一届三中全会重新确定了"解放思想，实事求是"的思想路线，把改革开放确定为基本国策，中国从此进入了一个新的历史发展时期。时至今日，改革开放已经走过30年的历程，细数其形成进程，大体划分为三个阶段。第一阶段，从1978年12月召开的十一届三中全会到1992年10月十四大召开以前，是逐步确立以市场为取向的改革开放的起步和探索阶段。党的十一届三中全会把改革开放定为基本国策，实现了工作重心的转移；党的十二大提出走自己的路，建设有中国特色的社会主义；十三大上提出社会主义初级阶段理论，并确定了"一个中心，两个基本点"的基本路线；十三届四中全会上党的第三代领导集体产生，开始孕育"三个代表"重要思想；党的十四大做出建立社会主义市场经济体制的决定。第二阶段，从1992年10月十四大召开到2002年11月十六大召开，这是由高度集中的计划经济体制向社会主义市场经济体制转变，实现改革开放新的历史性突破的阶段。党的十五大系统地论述了社会主义初级阶段的基本纲领，把邓小平理论确立为党的指导思想；十六大以来，以邓小平理论和"三个代表"思想为指导，深入贯彻落实科学发展观，推动经济、社会各个领域全面、协调、可持续发展。第三阶段，从2002年十六大召开到十七大，这是进入以全面建设小康社会为奋斗目标，改革要有新突破、开放要有新局面，继续全面推进改革开放事业的阶段。细数这些艰辛历程，是一步步深入的改革开放从根本上解放了人们的思想，改变了人们的思维方式，推动着中国特色社会主义市场经济不断从胜利走向胜利。

> **小岗村——改革从这里开始**
>
> 30年前，安徽省凤阳县小岗村只是一个有20户、115人的生产队。小岗作为"吃粮靠返销、用钱靠救济、生产靠贷款"的"三靠村"而闻名，大多数村民都曾出门讨过饭。1978年冬，小岗村的18位农民以"敢为天下先"的精神，在一纸分田到户的"秘密契约"上按下鲜红的手印，实行了农业"大包干"，从此拉开了中国农村改革的序幕。"大包干"这种家庭联产承包制度解放了农村的生产力，最终上升为中国农村的基本制度，解决了亿万人民的温饱问题。30年前，小岗村的18家农户为了能吃饱饭，"不在（再）向国家伸手要钱要粮"，率先实行了"包产到组、包产到户"。他们写下的这段历史，拉开了中国农村经济改革乃至整个经济体制改革的序幕。一纸契约、鲜红的手印记录了那个迎来中国农业转机的历史时刻。
>
> 资料来源：视听时空：改革开放30年：小岗村——改革从这里开始，http://www.smg.cn/Index_News/news Detail.aspx? news ID = 38260 & serialno =001 & sid =3。

2. 改革开放的实质与目标

从性质上来看，改革开放既是一场新的革命又是社会主义制度的自我完善。在我党看来，改革开放姓"社"不姓"资"，是社会主义社会题中应有之义，完全符合马克思主义的精辟论述。对于改革，中国共产党人深刻总结国际国内社会主义发展的正反两方面经验，强调两条：一是社会主义基本制度是好的，必须坚持；二是社会主义传统体制存在严重弊端，必须改革。我们讲改革是中国的第二次革命，是指革窒息社会主义内在的生机和活力、严重妨碍发挥社会主义优越性的"旧体制"的命，不是也不允许否定和抛弃我们已建立起来的社会主义基本制度而去搞资本主义。对于开放，我党认为，封闭就要落后，落后就要挨打。中国的发展离不开世界，中国要发展、要进步、要富强，就必须实行对外开放，吸收和借鉴世界各国一切先进的东西，充分利用人类社会创造的一切文明成果。对外开放已经成为我国一项长期的基本国策。

改革开放的目的是为了追赶时代前进潮流。邓小平同志指出："我们要赶上时代，这是改革要达到的目的"，这就把改革的目的说得很透彻、很深刻。党的十七大把改革开放的目的概括为三句话：就是要解放和发展社会生产力，实现国家现代化，让中国人民富裕起来，振兴伟大的中华民族；就是要推动我国社会主义制度自我完善和发展，赋予社会主义新的生机和活力，建设和发展中国特色社会主义；就是要引领当代中国在发展进步中加强和改进党的建设，保持和发展党的先进性，确保党始终走在时代的前列。这一概括，涵盖了从实现国家现代化，让中国人民富裕起来，到赋予社会主义新的生机活力，再到保持和发展党的先进性等重要方面，全面、系统、深刻地揭示了改革开放的目的。

改革开放的总目标是建设中国特色社会主义。改革的实质是体制创新，不进行体制创新，很多问题的解决就没有出路。经济体制改革的目标，就是要建立和完善社会主义市场经济体制。政治体制改革的目标，就是要完善和发展中国特色社会主义民主政治制度。文化体制改革的目标，就是要逐步建立有利于发展面向现代化、面向世界、面向未来的和民族的、科学的、大众的中国特色社会主义文化的管理体制和运行机制。社会体制改革的目标，以改善民生为重点，从建立健全社会保障制度和机制入手，扩大公共服务，促进社会公平公正，推动建设和谐社会。

3. 经济园区是改革开放的"排头兵"

在改革开放确立的大背景下，中国经济园区的建设揭开了大幕。1979年，党中央、国务院批准广东、福建在对外经济活动中实行"特殊政策、灵活措施"，并决定在深圳、珠海、厦门、汕头试办经济特区，福建省和广东省成为全国最早实行对外开放的省份之一。之后，各种类型的经济园区在中国遍地开花，推动了整个中国改革开放的进程。经济园区是缩小或简化的城市经济，园区的形成过程实质上就是资源和经济要素进行特殊化聚集、配置的过程。事实证明，经济园区能够有效发挥窗口、示范、辐射和带动作用，加快体制、机制创新，优化产业结构，促进地方经济发展，成为改革开放的排头兵和区域经济的增长极。从某种意义上来讲，经济园区是改革开放的缩影，作用显著，影响深远。

（1）开放先导。经济园区是地区经济开放的先导区，是区域经济繁荣发展的前沿阵地，其优惠的政策、条件，良好的外部环境、设施，对地区引进高科技知识产业、先进生产加工制造业、现代服务业，吸引国内外优秀企业设立研发中心、培训基地，有着极强的诱惑。通过不断壮大园区产业集群，更好地发挥产业集聚效应，经济园区能够以其特有的优势发展地区产业，带动区域经济在开放中不断发展、在发展中深化开放。

（2）创新先导。经济园区的活力在于创新。通过体制、产业、产品、研发等各方面的创新，一方面能够带动园区的科学发展、协调发展、有效发展，同时也能有效地推进地区经济创新发展活动的开展。例如，经济园区注重先进技术的引进，更强调在加强技术引进的同时，注意消化吸收以便再创新，从而将引进技术与自主创新更好地结合起来，推动创新型园区的建设。在这个方面，经济园区作为改革、创新的排头兵，为地区经济做出了表率。

(二) 市场经济体制的选择与经济园区

1. 市场经济体制的选择

中国对社会主义市场经济体制的认识和实践，由朦胧到清晰，由众说纷纭到取得共识，进而初步形成一种经济体制，经历了一个漫长曲折的历史过程，这是中国经济体制改革发展的必然要求，是社会主义市场经济发展的必由之路，对建设中国特色的社会主义有着十分重要的意义。

中国对马克思主义经典作家关于经济体制论述的认识要经历一个过程。马克思、恩格斯设想的社会主义是不存在商品和货币的，是高度集中的计划经济。列宁和斯大林开始也认为社会主义社会不存在商品生产。而毛泽东同志对市场、商品经济和价值规律的认识，不论就广度还是深度，又较前人大大地前进了一步。他说："发展为农民所需要的大量生活资料的轻工业生产，拿这些东西去同农民的商品粮食和轻工业原料相交换。""工农业产品的交换，我们是采取缩小剪刀差，等价交换或者近乎平等交换的政策"①。但是，伟人们的认识和实践也存在着很大的社会局限性，也历史地反映了对社会主义市场经济规律的认识过程，反映了社会主义经济理论和实践存在的矛盾。真正从经济理论和实践上解决了这个问题的是党的十一届三中全会后的中国共产党人，这中间分为四个阶段：第一个阶段是从十一届三中全会到十二届三中全会前，以计划经济为主、市场调节为辅的阶段。第二个阶段是从党的十二届三中全会到1990年，公有制基础上的有计划的商品经济阶段。第三个阶段是从1990年到十六大前，建立社会主义市场经济体制的阶段，十三大以后，我国改革加快了步伐。第四个阶段主要是党的十六大以后，是统筹经济社会发展，完善社会主义市场经济体制的阶段。

2. 市场经济体制的基本要求

党的十四届三中全会通过的《中共中央关于建立社会主义市场经济

---

① 《毛泽东选集》，第五卷，人民出版社1977年版。

体制若干问题的决定》为社会主义市场经济体制提出了基本框架和基本要求，指导了我们此后十年的改革。党的十六届三中全会通过的《中共中央关于完善社会主义市场经济体制若干问题的决定》把重点放在实现各个方面的协调发展，统筹兼顾经济社会发展和改革开放的方方面面。完善社会主义市场经济体制，主要从以下几个方面展开[①]：

(1) 统筹城乡发展，特别重视农村的发展。目前工业化、信息化、城市化的步伐在加快。农村与城市相比，农村则是"短腿"。解决农村、农业、农民问题，第一要坚持党的农村基本政策，按照社会主义市场经济发展的要求深化农村改革；第二要大力提高农业生产力水平，走农产品深加工、农业产业化、工业化的路子；第三要健全农村社会化服务体系，对种子、土地、肥料、植保、销售等全方位低成本服务；第四，逐步建立完善农业保障制度，特别是"失地农民"保障制度，减少农业、农民经济风险。

(2) 统筹区域发展，着重加快"欠发达地区"的发展。经济发达地区有雄厚的物质基础，在全面建设小康社会过程中再上一层楼要容易一些。而欠发达地区本身在经济、社会发展中欠"历史旧账"，与发达地区差距甚大，追赶有相当大的难度。首先，不发达地区要树立跨越靠自身的意识，要振奋精神、转变观念、正视困难、找准不足、制定目标、埋头苦干、跨越发展；其次，国家、各地区要分层次对欠发达地区给予政策、项目、资金、人才支持；最后，发达地区在遵循市场经济规则的基础上帮助支持欠发达地区。

(3) 统筹经济和社会发展，注重三个文明建设协调发展。经济和社会的发展应该是物质文明、政治文明和精神文明的协调发展，要始终坚持以经济建设为中心，不断解放和发展社会生产力，为中国特色社会主义建设提供强大的物质基础；要发展社会主义民主政治，建设社会主义政治文明和法制国家，为全面建设小康社会营造良好的政治环境；要建设高度的社会精神文明，提高人的综合素质，为中国特色社会主义提供智力支持和精神动力。

(4) 统筹人与自然的和谐发展，促进人与自然相辅相成。十六大指出，要走生产发展、生活富裕、生态良好的文明发展道路。统筹城乡经济社会发展，应该重视生态环境建设，加大政府的投入力度，加快建立生态

---

① 中国共产党十六届三中全会：《中共中央关于完善社会主义市场经济体制若干问题的决定》。

补偿机制，把生态建设与经济建设、基础设施建设和各项工程有机地结合起来，将生态建设融合于各项事业的发展之中，走经济发展、社会文明、生活富裕、环境优美、以人为本的发展道路。

（5）统筹国内发展和对外开放的发展，促进经济融为全球一体化。在我国加入世贸组织和经济全球化的大背景下，国内发展与国际环境的关系越来越紧密，对外开放水平已经成为影响国内发展越来越重要的因素。要按照市场经济的要求和WTO"游戏规则"，加快国内对外经济一体化进程，鼓励国内企业充分抓住机遇提高出口商品质量、档次、规模，闯出国门，站稳脚跟，发展市场。

3. 中国经济园区是市场经济体制的实验区

在改革尚浅、开放未深的中国，市场经济体制的建立和发展仍面临巨大的困难和阻力。既然就如何在社会主义国家建立市场经济体制没有任何经验可以借鉴，那么，小范围内的试点运作就成为最为可行和稳妥的办法。建立经济园区正是中国政府着眼于逐步建立和发展市场经济而确立的重要战略举措。市场经济体制首先在中国的经济园区建立起来，在不断深化的经济体制改革的助推下，发展更为迅速，已经成为促进市场经济体制在全国范围内开展的重要推动力。

（1）政府职能转换的试验区。中国经济园区始终把体制创新作为发展的动力和保障，在充分借鉴国际上各种特殊经济区域发展与我国经济特区建设成功经验的基础上，创立了中国特色的管理体制。园区采取"管委会"的"准政府"管理模式，提出并成功实践了"小政府、大社会"、变"无限政府"为"有限政府"的管理理念，保证了政府的精简高效运转。另外，积极营造投资软环境，高度对外开放，努力与国家惯例接轨，全力打造"服务型政府"，并首创了"一个窗口"对外、"一站式"办公、"一条龙"服务，形成了市场经济条件下的新型政企关系。

（2）市场模式推广的试验区。经济园区在投资体制、经济运行机制、劳动人事制度、土地使用制度、行政管理体制、社会保障制度等方面也进行了积极探索和大胆创新，取得了很好的成效。园区的外商投资企业，特别是跨国公司投资企业，给园区带来了现代企业管理制度；一些直属国有企业，也从成立之初就进行企业制度改革。园区内的这些改革，大都是先于母城进行的，其探索过程中取得的正反两方面经验也能给母城提供有效的借鉴。

经济园区是我国从传统计划经济体制走向社会主义市场经济体制的

"试验田",它能够从不断深化的改革中获得动力,在国内外大市场的风风雨雨里向前迈进。当前,体制改革已进入攻坚阶段,加快体制改革仍然是中国"十一五"时期的重要任务。在新的历史时期,经济园区要进一步深化体制改革,在更宽的领域、更深的层次进行综合配套试点,率先创造体制优势,为改革在全国范围内的展开摸清道路。

"摸着石头过河"

"摸着石头过河",是不断实践、不断总结经验的一种形象性的说法,是在改革开放的年代,党的第二代中央领导集体总结出来的3条经验——"猫论"、"摸论"、"不争论"中的其中一条。1980年12月在中央工作会议上,陈云发表重要讲话指出,"我们要改革,但是步子要稳。……随时总结经验,也就是要'摸着石头过河'……"(《陈云文选》第3卷第279页)。邓小平对陈云提出的"摸着石头过河"方法完全赞同。在邓小平看来,中国特色社会主义建设是一项前无古人的事业,既不可能在马列主义本本上找到现成答案,也没有任何现成的实践经验可以照搬照抄,所以只能"摸着石头过河"。邓小平指出,"我们现在做的事都是一个试验,对我们来说,都是新事物,所以要摸索前进"(《邓小平文选》第3卷174页)。"摸着石头过河",对于大胆解放思想、积极稳妥地推进改革起到了十分巨大的指导作用,后来成了中国家喻户晓的一句经典话语。

资料来源:《陈云选集》第3卷,第279页、《邓小平文选》第3卷,第174页。

(三) 产业结构的调整优化与经济园区

1. 经济发展的内在要求

经济发展的过程就是经济结构不断调整优化升级的过程,一部经济发展的历史,就是一部经济结构不断调整优化升级的历史。随着市场规模的变动、科学技术的进步和经济自身的发展,势必有一些产品、企业、产业从兴旺走向衰落,而另外一些新的产品、企业、产业不断涌现并占据主导地位,由此形成了经济发展——结构调整——经济再发展的前进过程。人类社会从畜牧文明向农业文明、从农业文明向工业文明的转变,就是人类社会经济发展不断地进行的结构调整积累到一定程度而实现的质的跃迁。

时下，以信息化为标志的新科技革命浪潮正波澜壮阔地在全世界范围展开，经济全球化和世界经济结构加速重组的趋势愈发明显。面对这一历史性大调整，顺之则兴，逆之则衰。所以说，我们要敏锐地把握世界科技进步和经济结构调整的新趋势，着眼于提高国民经济素质，增强综合国力和国际竞争力，不失时机地对经济结构进行战略性调整。

2. 产业结构调整的重点和发展方向

(1) 加快发展服务业，以服务业的结构升级作为调整三次产业结构的突破口。第一，优先发展主要面向生产者的服务业。现代制造业与服务业的融合已成为当代经济发展的重要趋势。针对生产性服务业发展不足的问题，要优先发展交通运输、现代物流、金融服务、信息服务、商务服务等生产性服务业，细化深化专业化分工，降低社会交易成本，提高资源配置效率。第二，坚持市场化、产业化、社会化方向。市场化，就是要推进部分服务行业的资源配置由政府为主向市场为主转变，打破垄断，放宽准入领域。产业化，就是要推进应该由企业经营的服务领域从政府办为主向企业办为主转变。社会化，就是要推进后勤服务由企事业单位自我服务为主向社会服务为主转变。

(2) 依靠市场配置资源实现结构升级。这是针对我国产业结构调整中政府特别是各级地方政府干预过多的问题提出的。在社会主义市场经济体制已经初步建立的条件下，调整优化产业结构，必须以企业为主体，发挥市场机制的作用，政府通过经济手段进行有限、适度的引导，将政府的管制职能由经济性管制转变到社会性管制上来，避免出现政府主导、过度干预和干预方式不当。

(3) 把增强自主创新能力作为中心环节，提高制造业在国际分工中的价值链。产业结构不合理的根本原因是我国缺乏核心技术、缺乏自主知识产权、缺乏世界知名品牌。这三个"缺乏"集中起来就是自主创新能力不强。因此，要着力增强原始创新能力、集成创新能力和消化吸收再创新能力，建立以企业为主体、市场为导向、产学研相结合的技术创新体系，培育核心竞争力，提高产业技术水平，从而实现由制造业大国向制造业强国的转变。

(4) 调整优化产品结构、企业组织结构和产业布局。产业结构优化升级，既包括产品结构的升级，也包括企业组织结构的改善和产业布局的优化。要支持企业重组，实施品牌战略，支持拥有自主知识产权和知名品牌、竞争力强的大企业发展成为跨国公司。实施中小企业成长工程，发挥中小企业在自主创新、创造就业和满足多样性需求方面的作用。按照引导产业集群发展、减少资源跨区域大规模调动的原则，促进专业化分工和相关企业在地域的相对集中，注重培育集群的形成、发展机制以及吸引要素集聚的机制，优化产业布局。

3. 经济园区是产业结构优化升级的表率

一个国家或地区的工业化与经济发展水平，在很大程度上是通过产业结构状况来反映的。产业结构优化升级是指一个国家或地区的产业结构向合理化和高度化方向不断发展演进的过程。功能齐全的经济园区以产业集群理念考虑产业的空间布局，推动各产业集群发展，促进专业化分工，引导和带动区域经济发展，为产业结构优化升级做出了表率。

（1）经济园区诠释了经济增长方式的根本转变。经济园区以自身的发展实践深刻地诠释了转变经济增长方式的重要意义，为产业结构优化升级做出了生动的表率。园区通过税收优惠政策、补贴政策、严格执行知识产权有关法律等，支持产业、企业的研究开发能力、自主知识产权的形成；通过规范生产要素价格市场化，促进产业、企业生产方式、技术路线的改进与高技术、高附加值产品的发展；通过制度、技术标准限制高能耗、高耗材、高污染企业的存在；对服务业发展实施优惠政策，创造平等竞争的环境；通过统一规划，对有利于基础产业发展的重大项目进行引导；深化对外开放，由注重外资引进规模转向重视外资引进质量，有选择地引进外资项目，鼓励设立研发中心；合理配置科研资源，促进科研成果产业化，使有限的资源发挥更大作用。

（2）园区高新技术产业是产业结构优化升级的重点。经济园区倡导核心技术和关键技术能力，鼓励企业大力开发对经济社会发展具有重大带动作用的高新技术，从政策上支持开发重大产业技术、制定重要技术标准、构建自主创新的技术基础。如鼓励拥有自主知识产权，提高关键零部件的开发、生产能力，提高产品本土生产能力；注重技术水平、装备水平的提高，积极推动高新技术产业从加工装配为主向自主研发制造延伸等。

（3）大力发展园区服务业是产业结构优化升级的新渠道。积极发展现代服务业是推进我国产业结构优化升级的一项重要任务。经济园区在制定园区发展政策时，已经开始将引进、促进服务业发展摆在重要的位置上。一是坚持市场化、产业化、社会化的方向，引入竞争机制，建立公开、平等、规范的准入制度；二是着力支持竞争力较强的大型服务企业集团发展，发展金融、保险、物流、信息和法律服务、会计、知识产权、技术、设计、咨询服务等现代服务业，发展文化、旅游、社区服务等需求潜力大的产业；三是加强与完善园区服务业基础设施建设；四是加强监管，促进、引导服务业健康发展。

（四）新型工业化道路的发展与经济园区

1. 发展道路的划时代选择

当今世界，新科技革命尤其是信息革命，正在引起社会经济结构、生产方式和消费结构的重大变化，深刻地改变着世界的面貌，推动着世界经济的持续发展。作为发展中的世界大国，中国与发达国家在知识创新、知识生产、知识应用与知识传播等方面存在着较大差距，只有优先实施知识发展战略，集中力量，重点加快信息科技的发展与应用，才能尽快跨越与发达国家之间的数字鸿沟。在这样的时代背景下，党的十六大报告明确指出：坚持以信息化带动工业化，以工业化促进信息化，走出一条科技含量高、经济效益好、资源消耗低、环境污染少、人力资源优势得到充分发挥的新型工业化路子。这是党中央在我国进入全面建设小康社会、加快推进社会主义现代化的新阶段做出的、将载入史册的重大战略决策。到2020年，一个将具有14亿人口、基本实现工业化的中国，将超过现有27个工业化国家和地区人口的总和（9.265亿），从而使全球范围内实现工业化的国家和地区的人口比重大大提高，加速整个世界的工业化进程，这无疑将是一件具有世界性与历史意义的事件。

2. 新型工业化道路的主要标志与特点

新型工业化道路是我国创造性提出的、有别于以往任何一个国家所走过的工业化道路。新型工业化道路的"新"是与发达国家的工业化、我国经历的传统工业化相比较而言的。与发达国家的工业化相比，我国新型工业化道路是以信息化带动的跨越式发展的工业化、是在可持续发展基础上的工业化、是以充分就业为先导的工业化；与我国传统的工业化道路相比，新型工业化道路把公有制经济和非公有制经济结合起来，强调市场机制的作用，在发展方式上强调经济的协调发展与稳步增长，将农业的工业化作为新型工业化不可缺少的内容，以对外开放为典型特征。中国的新型工业化道路具有鲜明的时代特征和中国特色。

新型工业化道路是我党立足中国现实国情，放眼世界经济发展大势，遵循工业化的一般规律，反思人类已有的对工业化道路的探索，提出的一条新世纪、新阶段有中国特色的工业化道路。它具有以下五大特点[①]：

（1）科技含量高。指通过加快科技进步以及先进科技成果的推广应用，使国民经济活动的各个环节，特别是工业经济活动，从投入到产出，从生产到流通，从微观经济管理到宏观经济管理，尽可能应用先进的技术和装备，以提高科学技术在经济增长中的贡献率，把经济发展建立在主要依靠科技进步的基础上。

（2）经济效益好。指生产和流通中的各个经济主体，所生产的产品和提供的服务符合市场需求，同时所消耗的投入又比较低，以提高经济活动过程中的投入产出比，并通过技术创新、管理创新、组织创新等不断提高这一比值。

（3）资源消耗低。指各个经济主体通过技术创新、管理创新等，提高能源和原材料的利用效率。

（4）环境污染少。就是要广泛推行清洁生产方式、文明生产方式，发展绿色产业和环保产业，减少经济增长对环境的破坏，做到经济发展而又山川秀美。

（5）人力资源优势得到充分发挥。就是要提高广大劳动者的科学文化素质，培养大量人才、留住人才、用好人才，同时又充分利用我国劳动力丰富、价格低廉的优势，发展劳动密集型产业，做到发挥比较优势与增加就业，一举两得。

3. 新型工业化是中国经济园区的重要使命

新型工业化是以信息化带动的工业化，是以工业化促进的信息化，是一种科技含量高、经济效益好、资源消耗低、环境污染少、人力资源优势得到充分发挥的工业化。科技化、信息化是经济园区的特色，消耗低、污染少是经济园区尤其是生态经济园区的重要目标，而能否充分、有效地发挥人力资本效用是影响劳动效率、产出效果，关乎经济效益的关键因素。从这层意义上来讲，经济园区的良性发展符合新型工业化的要求，经济园区是发展新型工业化的重要载体，新型工业化是经济园区的重要使命。

（1）学习传承使命。工业化是一个过程，更是一种积淀中的素质与能力。早在世界性的工业化兴起之前，中国通过当时的手工业集群已使一些产品的产量和规模在世界范围内达到了很高的水准，但这并不能说我们

[①] 中国共产党第十六次全国代表大会报告：《全面建设小康社会，开创中国特色社会主义事业新局面》。

已经具备了工业化的能力。从普遍性的角度来看，中国现在依然处于工业化的发展阶段，需要借助经济园区产业集群的力量，通过促进交流、竞争、学习，在更广泛的区域培植发展所必需的工业化能力，特别是内生的自主发展能力，继承、传播华夏民族历史上优良的商业理念、市场经验和经营传统。

（2）改革发展使命。经济园区内集结着各类组织，组织的发展体现着生产力和生产关系的矛盾运动，它们是现实生产力和生产关系的载体。园区的使命就是在有限的空间内通过改革和发展处理好二者之间的关系，使之成为促进社会发展的积极动力。我国现阶段新型工业化发展的重要目标就是以自主创新为中心，促进经济增长方式的转变与经济结构的调整。事实上，有太多的理论与实践表明：园区产业集群化发展，有助于竞争与创新，它是增长方式转变的前提条件，是结构调整的动力基础。经济园区的大量涌现，有助于激发一系列的技术、组织和制度创新，这也将塑造出中国新型工业化道路的崭新形象。

（3）创新创业使命。新型工业化道路要求创业创新，以创新求发展。经济园区的发展是创业的累积，面临创新的要求，背负新型工业化创业、创新的使命。产业要发展、要进步，需要不断涌现企业、企业家们的创新创业活动。企业是经济园区的"细胞"，没有鲜活的细胞，集群就不会长久存在，园区也会走向衰败。经济园区是一个平台，像一块栖息地，能够满足形形色色企业创业创新、滚动发展的要求。园区的存在使以往不被重视的创新创业机会在此受到格外的关注，使机会得以放大、理念得到物化，最终也使产业链渐入水到渠成的佳境。

（五）经济国际化战略的实施与经济园区

1. 经济国际化战略的内涵

经济国际化，是指一国或地区以市场经济为基础，全方位面向国内外开放，通过生产要素获取与配置的国际化来推进经济质量型增长，其核心内容是资源配置的国际化。经济国际化战略是经济主体为适应经济国际化趋势的要求，从战略层次上做出的主观判断与策略选择，是为了获取经济更快发展而做出的主动性调整与安排，目的是为了在更广的范围内谋求自身经济利益最大化。经济国际化内涵丰富，实施经济国际化战略要结合经济发展的现实基础，以宏观经济国际化战略为目标，依托产业优势，以外资、外贸、人才国际化为手段，从产业、贸易、资本、人才国际化四个方面实施经济国际化战略。

（1）产业国际化。当代国际分工早已从产业之间的分工深化到产业内的分工，即同一产业不同商品生产上的分工，同一商品不同零部件生产上的分工，甚至是同一零部件不同生产工序上的分工。这样，一个地区不必具备整个产业的某种优势，只要具备该产业某种商品、某种零部件，甚至某种工序生产上的优势，就可以参与国际竞争。

（2）贸易国际化。世界贸易组织的成立，标志着一个规范化、法制化的世界市场的形成，为贸易国际化的迅速开展扫除了障碍、降低了风险、铺平了道路。联合国统计显示，在每年十多万亿美元的世界贸易总额中，有三分之二是跨国公司参与其中，这其中既有跨国公司间的"内部"贸易，也有跨国公司与非跨国公司之间的交易。这种模式既跨越了国界，又有很大一部分在跨国公司内部进行，充分发挥了内部化优势，能够最大限度地节省交易成本和回避风险。

（3）资本国际化。时至今日，跨国并购带动的国际资本流动已经成为当今国际直接投资最重要的方式。在投资形式上，一方面流向发展中国家的国外直接投资仍在增加；另一方面，出现了发展中国家向工业发达国家投资和发展中国家相互投资的现象。对跨国并购而言，越来越多的发展中国家开始积极鼓励本国企业通过并购外国企业实现其全球化战略。总之，国际直接投资主体的多样化发展，跨国并购形式的丰富，都使得资本国际化战略的实施有了更多的选择。

（4）人才国际化。人才国际化战略包括三方面：一是人才构成国际化；二是人才素质国际化；三是人才活动空间国际化。为了开拓国际市场，就需要拥有一批通晓国际规则，兼具文化沟通能力、战略思维及世界眼光，掌握现代科学技术理论与方法、具备先进的管理理念和科学的决策能力的"国际素质"人才。经济国际化改变了全球资本和技术配置格局，也为人才的国际化流动提供了更广阔的舞台。

2. 经济国际化战略的选择

企业经营国际化是经济国际化的基础。中国企业推行经济国际化战略面临四种选择：第一，延伸战略，将已有的主业从本土市场向海外市场延伸，寻找新的发展空间；第二，多元化经营战略，在已有主业增长放缓后，开辟新主业，走多元化经营道路；第三，品牌战略，以品牌提升产品附加值；第四，研发战略，致力于核心技术研发，以自主创新进入产业链高附加值环节。

面对上述选择，每一个企业都应立足自身，选择最适宜的国际化发展战略。需要指出的是，所谓的四种战略并不相互排斥，只是在企业发展的某一阶段有所侧重而已。一般而言，品牌战略与研发战略难度较大，且需要极大的先期资源投入。相对容易且见效最快的是多元化经营战略和延伸战略，因为这种战略投入小、见效快、易操作且风险小。

从总体上来看，现阶段中国企业国际化有两种主要模式可供选择：一种是 OEM 模式（Original Equipment Manufacturer，即原始设备制造商），是指按原单位（品牌单位）委托合同进行产品开发和制造，用原单位商标，由原单位销售或经营的合作经营生产方式，通过国际分销渠道，将中国产品打入国际市场；另一种模式是 FDI 模式（Foreign Direct Investment，即对外直接投资），是指企业以跨国经营的方式所形成的国际间资本转移。近年来，一些发展壮大的中国企业，为了进一步拓展发展空间，开始"走出去"。它们制定了国际化经营战略，利用国内国外两种资源，开拓全球市场。FDI 模式中，还可以进一步细分为新建（绿地）和购并两种方式，其中，购并可以更快地进入国际市场。

3. 经济园区是经济国际化战略的先导力量

为了充分利用国际市场与资源，中国政府大力倡导有能力的中国企业大胆"走出去"，通过推行国际化经营战略，提高中国企业的竞争力。然而，由于对国外经营环境陌生、对市场行情把握不准等原因，在国外经营的中国企业往往要面临更大的风险。在这种情况下，具有更强综合实力的经济园区理应挺身而出，成为经济国际化战略的先导力量。

（1）经济园区是"走出去"企业的坚强后盾。经济园区鼓励区内企业加快"走出去"步伐，充当其坚强后盾。例如，山东省邹平、寿光、昌邑等地的经济园区充分利用境外机构在对外联络、商品展示、市场拓展和外资引进中的作用，促进"三外"联动。经济园区应加大力度引导企业采取境外资源开采、收购兼并、加工贸易、合资合作建厂等方式，大力开展境外投资；推动和引导技术成熟、市场饱和的产业逐渐向其他发展中国家梯度转移，把产业发展与对外贸易结合起来，在更高层次上参与国际合作与竞争；加强与国外和港台地区中介机构和工商企业的对接和联系，促进产业合作，鼓励企业开展自主招商和经济技术交流与合作。

（2）建立境外经济园区是"走出去"企业的重要手段。为了避免中国企业在国外市场单打独斗，孤军奋战，以集群式投资方式实行跨国经营战略就成为"走出去"企业的重要手段。在国外建立中国的经济园区,能够为我国"走出去"企业提供完善的基础设施和公共服务,推动我国企业加快国际化经营步伐。例如,山东省就已经有一些大、中型企业在境外兴办各类经济园区,像海尔集团在巴基斯坦的海尔——鲁巴经济区已经揭牌运营,浪潮集团在委内瑞拉的库阿克技工贸区、西北林业在俄罗斯的中俄木材工业园也正在积极建设之中。通过在境外设立各类经济园区,既有利于东道国就业和税收的增加、提高东道国经济技术水平,又有利于我国园区企业开拓新的空间、实现新的发展。

第三章 经济园区发展的理论支撑

> 产业区作为与大企业相对应的产业组织模式，是同一产业中大量小企业的地理集中，这种集中同样能够获得大规模生产的许多好处，产生地方化的外部规模经济，并且这种地方产业系统与当地社会具有强烈的不可分割性，这种分割性所形成的社会规范和价值，对创新和经济协调起着关键作用。
>
> ——阿弗里德·马歇尔

从20世纪后半叶开始，世界经济的"光环"被一个全新的经济形态——园区经济所取代，经济园区化、园区产业化、产业集群化已成为经济发展的新趋势。园区经济所表现出来的强大竞争力和在区域经济中扮演的重要角色，引起了人们的广泛兴趣。特别是美国硅谷园区经济模式的成功，从产业集群的角度为传统经济学派的工业区位理论和外部经济的存在提供了佐证，使得各国政府和学者开始审视这一新型经济空间形式，探求解释园区发展的各种理论。我国经济园区是在邓小平对外开放理论的直接指导下产生和发展起来的，后来随着国内区域经济理论的成熟，逐渐将经济增长极理论、产业集群理论以及新产业区理论等应用于对经济园区的研究之中，很好地解释了经济园区设立的理论基础和园区所取得的巨大成就。本篇就经济园区发展的几个主要理论支撑展开探讨，在为园区的建立和发展做出理论总结的同时，站在开放经济的高度上，对今后我国经济园区的发展趋势作出理论探索。

一、经济增长极理论

在世界经济发展史上，绝大多数国家，特别是地域较大的发达国家，在经济快速增长的过程中往往伴随着空间上的不平衡发展，有些地区较早地发展起来，有些地区较晚地发展起来，可以说不平衡发展是一个普遍的规律。因此，在经济快速发展的过程中，如何适当缩小地区差距，促进经济稳定增长就成为一个重要的研究课题。增长极理论就是通过对特定地理中心的刺激，促进其极化效应和扩散效应，以推动不发达地区通过不平衡——平衡发展，实现经济整体进步的理论体系。该理论对研究不发达地区经济增长与发展问题具有重要意义。我国建立经济特区和开放沿海城市的决策，以及设立经济园区的实践，实际也是增长极理论的运用。

（一）经济增长极理论的基本理论框架

1. 理论的提出

经济增长极理论是20世纪40年代末50年代初西方经济学家关于一国经济平衡增长抑或不平衡增长大论战的产物。以罗森斯坦·罗丹（Rosenstein Rodan）、纳克斯（R. Nurkse）和斯特里顿（P. Streeten）为代表的平衡增长论者强调，经济发展应通过对整个国民经济各部门，尤其是工业部门同时全面的大规模投资，以及许多相互依赖的企业的同步平衡增长来实现。这一派的理论基础主要是萨伊定律，以及对这一定律进行重新阐释和修正的穆勒（Mill）和纽曼（Neuman）的理论。不平衡增长论（其中包括产业、部门和地区不平衡增长论）者则强调，鉴于一些国家尤其发展中国家现有物质资源的稀缺和人力资源的匮乏，经济平衡发展实际上是不可能的，经济发展的实践也未能提供这方面的经验验证和成功案例。弗朗索瓦·佩鲁（F. Perroux）在《经济空间理论与应用》（1950）和《略论发展极的概念》（1955）等著述中，最早提出以"发展极"为标志并以"不平等动力学"或"支配学"为基础的不平衡增长理论。洛施（August Losch）虽然在1939年最早提出关于区域经济活动具有向发展极集中的趋势的思想，但未得到系统的阐述。佩鲁从抽象的经济空间出发，认为经济空间存在着若干中心、力场或极，产生类似"磁极"作用的各种离心力和向心力，从而产生相互联合的一定范围的"场"，并总是处于非均衡状况的极化过程之中。在他看来，一国经济是由各种"经济空间"构成，它或者是"计划内容"或政策运用的经济空间形式，统计学意义的均质的经济空间形式，或者是作为"势力范围"、"力场"和"增长中心"的经济空间形式。佩鲁着重分析了最后一种经济空间形式。在他看来，经济增长是在不同部门、行业或地区，按不同速度不平衡增长的。原因在于：某些"推进型产业"（主导产业）或有创新能力的企业——企业家的创新是发展进程的主要动因——在一些地区或城市的集聚和优先发展，从而形成恰似"磁场极"的多功能的经济活动中心，即发展极。它不仅促进自身发展，产生"城市化趋向"，并且以其吸引和扩散作用进一步推动其他地区的发展，从而形成经济区域和经济网络。佩鲁把这种吸引和扩散效应归结为技术的创新，扩散资本的集中和输出，规模经济效益和集聚经济效益（城市化趋势）。并对发展极的形成条件作了概括，必须要有一批有创新能力的企业和企业家，必须具有规模经济效益，以及良好的投资环境和生产环境。

佩鲁的发展极理论虽然涉及产业和企业的不平衡发展，但最终归结为城市和区域的不平衡发展。并且强调聚集和吸引效应，扩散效应以及地理、区位和中心优势。他的理论打上了克里斯塔勒（W. Christnller）的"中心地理论"的烙印。后者指出了关于城市区位的抽象理论和城市布局的具体模式，并根据市场原则、交通原则和行政原则，研究在均质平原区域内如何形成以城市为中心，由相应的多级市场区组成的网络体系，强调城市趋向于设置在六边形市场范围的中心，由此能有效地组织物质和财富的生产和流通。这是增长中心理论的雏形。因而佩鲁的发展极理论未免失之偏颇，故被称为"地理性发展极"和"增长中心"理论。①

2. 理论的发展

法国经济学家布代维尔（J. B. Boudeville）、瑞典经济学家缪尔达尔（Gunnar Myrdal）、美国经济学家赫尔希曼（A. O. Hischman）和弗里德曼（John Frishman）、分别在不同程度上进一步丰富和发展了这一理论。布代维尔在《区域经济规划问题》（1957）和《国土整治和发展极》（1972）等著述中对"经济空间"这一术语作了开拓性（从经济空间拓展到地理空间并从经济理论延伸到经济政策）的系统阐释。在他看来，经济空间既包括经济变量之间的结构关系，也涵盖经济现象的地域结构或区位关系；发展极既可以是部门的，也可以是区域的，并正式提出"区域发展极"概念。缪尔达尔早在1944年出版的《进退维谷的美国：黑人问题和现代民主》中提出"循环的或积累的因果关系"原理，即"累积的地区增长和下降"理论，并在《经济理论和不发达地区》（1957）和《亚洲戏

---

① 颜鹏飞、马瑞：《经济增长极理论的演变和最新进展》，载《福建论坛》（人文社会科学版），2003年第1期。

剧：各国贫困问题考察》（1968）等著述中，使用"回波"和"扩散"的概念，说明经济发达地区（发展极）对其他落后地区的双重作用和影响，因此而形成的"地理上的二元经济结构"论以及相应的政策主张，丰富和发展了区域经济和增长极理论。赫尔希曼稍后也提出类似的观点，即增长极产生极化效应（即回流效应）和涓流效应（即扩散效应），并强调指出：尽管这两种效应会同时起作用，但在市场机制自发作用下，极化效应占支配地位。并进而提出了"边际不平衡增长理论"，以及"核心与边缘区理论"。弗里德曼在他的著作《区域政策》（1966）中用核心——边缘理论来说明区域经济结构变化过程中核心地区与边缘地区的发展关系问题，成功地解释了区域经济空间结构和形态的演进过程，符合大多数国家区域经济发展实际。艾萨尔德（W. Isard）总结了诸多国家实施区域经济和发展极政策的经验，并根据亲自参与区域规划和开发工作的实践，相继撰写《区域分析方法》（1960）和《区域科学导论》（1975）等著述，为国家干预区域经济提供了具有操作性的政策理论和方法，奠定了包括增长极理论在内的西方区域经济学的基础。[①]

3. 理论的基本构成及核心思想

增长极理论认为：一个国家要实现平衡发展只是一种理想，在现实中是不可能的，经济增长通常是从一个或数个"增长中心"逐渐向其他部门或地区传导。因此，应选择特定的地理空间作为增长极，以带动经济发展。区域增长极是指集中了区域主导产业和创新企业的中心城市、从产业发展的角度看、就是产业生长点。在区域经济运行中，增长极具有两种效应，即极化效应和扩散效应，并因此带动区域经济的发展。（1）极化效应。在增长极上，由于区域主导产业和创新企业的建设和发展，对周围地区的劳动力、原材料及资金、技术、产品和建设项目产生强大的吸力，从而使增长极的经济实力和人口规模迅速扩大，这个过程就是极化效应。极化效应是增长极产生的标志，极化效应作用的结果是扩大区域差异，特别是扩大增长极与广大周边区域之间的差异。（2）扩散效应。增长极的扩散效应是指企业、人才、资金、技术等经济诸要素由增长极向外围地区扩散并由此带动周围区域经济发展的过程。扩散效应作用的结果是大范围带动区域经济的发展。增长极的极化效应和扩散效应是带动区域经济发展的不同形式，在区域经济发展的不同阶段作用强度不同。

[①] 颜鹏飞、邵秋芬：《经济增长极理论研究》，载《财经理论与实践》，2001年第2期。

增长极对地区经济增长产生的作用是巨大的,主要表现在:第一,区位经济。区位经济是由于从事某项经济活动的若干企业或联系紧密的某几项经济活动集中于同一区位而产生的。例如,某一专业化生产的多个生产部门集中在某一区域,可以共同培养与利用当地熟练劳动力,加强企业之间的技术交流和共同承担新产品开发的投资,可以形成较大的原材料等外购物资的市场需求和所生产产品的市场供给,从而使经济活动活跃,形成良性循环。区位经济的实质是通过地理位置的靠近而获得综合经济效益。第二,规模经济。规模经济是由于经济活动范围的增大而获得内部的节约。如可以提高分工程度、降低管理成本、减少分摊广告费和非生产性支出的份额,使边际成本降低,从而获得劳动生产率的提高。第三,外部经济。外部经济效果是增长极形成的重要原因,也是其重要结果。经济活动在某一区域内的集聚往往使一些厂商可以不花成本或少花成本获得某些产品和劳务,从而获得整体收益的增加。

为了促进增长极的形成,应致力于发展推进型企业和以推进型企业为主导的产业综合体。推进型企业和产业综合体通过技术创新活动,促进和带动区域经济迅速增长。创新是产生极化效应的动力,创新活动不仅使单个企业获得生产效率的提高,而且还通过创新对当地和周边地区产生重要影响。从技术方面看,增长极内的技术创新活动使企业产出增长率、投资回报率大大高于落后地区同类企业,从而引起周围其他企业的学习和效仿;从社会结构方面看,创新使现有的社会价值观念、行为方式和组织结构更容易朝着变革方向转变,使之适应创新结果,并成为下一次创新活动的基础;从社会心理方面看,创新强化了社会群体的进取意识,同时推动了周边地区劳动力为改变自己进入增长中心的比较劣势而努力提高自己的素质。[1]

综上所述,增长极理论的核心内容可以归纳为以下几方面:(1)增长极理论是以区域经济发展不平衡的规律为出发点的。即在区域经济发展过程中,经济增长不会同时出现在所有地方,总是首先在少数区位条件优越的点上不断发展成为经济增长中心(极核)。(2)增长极理论重视创新在区域经济发展中的重要作用,增长极的形成有赖于具有创新能力的企业和企业家群体的存在,所在地区既有能集中相当规模的资本、技术、人才,从而形成规模经济的能力,又有较好的区位环境条件。(3)增长极存在两种效应:极化效应和扩散效应,前者主要表现为生产要素向极核

---

[1] 侯家营:《增长极理论及其运用》,载《审计与经济研究》,2000年第6期。

点的聚集，后者主要表现为极核点生产要素向外围的转移。增长极理论经过长达半个世纪的理论演进和有力的经验验证，日臻成熟，它尽管有某些缺陷和局限性，但仍不失为区域发展不可或缺的理论之一。许多国家尤其是发展中国家已将它广泛应用于经济规划、生产力布局和区域经济的发展战略。[1]

增长极理论在发展中国家的应用

增长极政策在发展中国家中采取多种实现形式。例如，一些国家限制充分就业地区的经济发展，通过对私人部门进行金融诱导，促进落后地区的经济发展，或者把重点放在基础设施的建设上，通过政府投资提供一个最低限度水准的动力、水、交通和其他公共设施。有些国家则以公共企业的中型或重工业活动为基础；这些实施计划都包含有诸如铁、钢、铝、石油化工以及机械工业等部门在内的工业综合企业。许多发展中国家采取社会经济综合发展战略，把开发落后边远地区作为经济发展的战略重点，并以诸如减免税收、提供低息贷款等优惠政策，开辟各类新工业区和内地自由贸易区。巴西的中西部和北部是经济落后地区。1960年巴西首都从里约热内卢迁到中部的巴西利亚，以此带动中部的经济发展；并在北部设置马瑙斯自由贸易区，成立亚马逊经济开发计划管理局、东北部开发管理局、东北银行和东北教育基金，从而使整个亚马逊河流域的经济状况大为改善。据统计，20世纪50年代至70年代初期，发展中国家运用的增长极政策的成功率占50%。

资料来源：刘淑慧：《增长极理论及其在我国的运用探讨》，载《经济师》，2003年第8期。

（二）经济增长极与扩散效应

前面提到增长极的出现会对周围地区产生两方面的影响，一是回波（极化）效应，即出现发达地区越来越发达，不发达地区越来越落后，经济不平衡状态越来越突出，甚至形成一个国家内地理上的二元经济局面；二是扩散效应，即通过建立增长极带动周边落后地区经济迅速发展，从而逐步缩小与先进地区的差距。回波效应和扩散效应是对立统一、此消彼长的两种效应。在区域成长阶段初期，有限的生产要素在发展条件较好的少

---

[1] 颜鹏飞、孙波：《中观经济研究：增长极和区域经济发展理论的再思考》，载《经济评论》，2003年第3期。

数点上集中以取得集聚效益和规模效益,这时回波效应大于扩散效应,区域经济发展表现出很大的不平衡性;随着时间的推移,回波效应逐渐减弱,而扩散效应逐渐增强;在区域成长阶段的后期,扩散效应变得更为重要,占据主导地位,集聚区的经济要素向周围地区扩散,不发达地区经济发展速度加快,经济发展水平的差距减小。

辩证地看,没有一定的集聚就不会有以后相应的扩散,回波效应集聚到一定程度必然呈现扩散效应。同时,回波效应既是在开放环境中产生,就必然会与扩散效应相伴而行,双向互通才是开放型经济的本质特征。一个经济区域从"回波"到"扩散"一般要经历四个阶段:一是尚未成增长极的中心区域与边缘区域基本互不相关阶段;二是中心区逐步成长为增长极,日益增强的回波效应促使周边资源向其集聚阶段;三是增长极资源高密度集聚,成本上升,边际效益递减,部分资源有序向周边地区扩散阶段;四是"回波"与"扩散"通过双向互通开放趋于平衡,区域差距缩小,区域经济基本呈现一体化阶段。因此,积极创造各种条件,加速回波效应向扩散效应的过渡,对区域经济的协调发展具有非常重要的意义。

笔者认为,回波效应向扩散效应的过渡主要应具备以下几个方面的条件:

(1) **具有创新能力的企业群体**。创新能力不仅是产业结构转换和区域经济增长的动力,也是回波效应向扩散效应过渡的主要条件。经济发展的直接推动力是少数有冒险精神、勇于革新的企业家的创新活动,一项创新取得成功,不仅有利于企业自身的发展壮大,而且还会对其他企业产生示范作用,从而形成大批追随者。由于创新活动及其传递企业间相互影响、相互促进、共同发展,最终形成对周围地区产生影响和支配的增长极。

(2) **具有规模经济效益**。除了创新能力及其主体外,中心城市发育成为增长极并实现扩散还需要有相当规模的资本、技术和人才存量,通过不断投资扩大经济规模,提高技术水平和经济效率,形成规模经济效益。如我国发展较快的长江三角洲、珠江三角洲和京津唐地区都表现出了较强的规模经济效益。北京的中关村、上海的浦东新区也都初具规模,并对其他地区产生带动作用。

(3) **要有适宜的经济发展的外部环境**。一是完善的基础设施条件。应具有完善的交通网络和发达的通讯手段。交通等基础设施是地区之间要素扩散的媒介,媒介的优劣决定着扩散的效率和效果,从而决定着地区之间经济互动力的大小。先进地区和落后地区之间建立发达的道路交通网络，是增长极有效发挥扩散效应的基础。通讯技术的发展，特别是电话、电视、传真，尤其是国际互联网和宽带网的普及，缩短了增长极及中心城市与周边地区的空间距离感。在回波效应向扩散效应过渡的过程中，信息化是一个非常重要的条件。二是统一的全国市场。市场经济客观上要求要素能够在全国范围内自由流动，不能人为地设置一些地区阻碍。建立统一市场并不排除区域市场，而是将后者融入统一市场的体系中，成为统一市场的有机组成部分。统一市场有利于形成各地分工协作的发展格局。一方面，随着劳动分工原则在各地方市场产生作用，各地方发展起具有比较优势的工业，逐渐与全国市场融为一体；另一方面，随着劳动分工范围的扩大与形成的复杂化，金融深化会被生产者所重视，价格机制被充分利用，使生产者能够比较各种可供选择的投资机会，在更大的市场范围内调动生产要素，从而使区域的发展冲破本地区资源的约束，保证各种生产要素和商品在统一市场内不断地自由流动，加快回波效应向扩散效应的过渡。

(4) 要有政策引导。不平衡增长并不意味着无限拉大地区之间的差距，政府要把握时机，适时引导，采取措施刺激不发达地区的发展，使扩散效应得以较好的发挥。实践证明，政府在从卫星城到新城的扩散化过程中，通过政策引导等相应措施，对缓解城市由于制造业和人口过度集中而带来的住宅紧张、交通拥挤和环境质量下降等问题起到了至关重要的作用，有效地疏解了过度集中的城市产业和人口。现代区域经济随着空间结构、经济结构、人口结构、服务功能的演变和调整，回波效应向扩散效应发展的条件被赋予新的内涵：具有适于增长极发展的地域条件；工业化和城市化的进程发展较快，并达到了一定规模；已经形成了具备较高经济能级的中心城市；高新技术和支柱产业蓬勃发展；有开放和宽松的政治与经济环境；处于较长的和平时期和经济快速增长期等等。[①]

（三）经济增长极理论与经济园区建设

增长极理论是建立经济园区的重要理论支撑，经过二十余年的发展，经济园区在吸引外资、发展工业、扩大对外贸易等方面取得了巨大的成就，已经成为区域发展的增长极。作为增长极，经济园区在自身快速发展的同时，对区域发展也产生了巨大的带动作用，包括带动区域经济发展、

---

① 张艳、胡苏娜、王莹：《区域经济由"回浪效应"向"扩散效应"过渡的条件与对策》，载《江淮论坛》，2005 年第 6 期。

促进区域产业结构调整与升级、促进区域技术水平的提高、促进区域企业经营管理观念的改变等等。其中，园区自身的发展通过极化效应来实现，而带动区域发展通过扩散效应来实现。

1. 极化效应推动园区经济发展

园区经济极化效应是指园区内迅速增长的推动型产业吸引和拉动周边区域经济要素和经济活动聚集的过程。作为区域增长极的经济园区，在设立初期就具有了国家给予的优惠政策，并且一般地理位置优越，其政策优势和区位优势首先会吸引大量的企业进入，企业的集聚又会吸引人才、资金、技术、原材料等各种资源向园区内集中。在园区经济成长初期，由于基础设施不完善，中介和金融服务机构不健全，对于要素流动而言，人力资源的流动性最大，吸引外界人才将是这一阶段的主要特征。人才的聚集使得创业和投资活动相对集中，同时也吸引了其他资源的集聚。各种资源的集聚又进一步形成了对新的投资者、创业者的吸引力，从而出现了园区内企业的自动集聚和产业发展的自动加速效应。从这个意义上说，它使区域经济由孤立、分散的匀质无序状态走向局部聚集不平衡发展的低级有序状态。

2. 扩散效应带动区域整体发展

园区经济扩散效应是指园区内经济要素和经济活动向区外扩散带动周边地区发展的过程。当园区经济发展到一定阶段，各种要素和产业在园区内的聚集，使其与周边其他区域产生了势差，而正是这种势差构成了园区产生扩散效应的物质基础。园区经济的快速发展也伴随着各种政策优势的逐渐丧失，这时园区内集聚的大量资金、人才、技术等资源开始向园区外扩散，再加上政府的合理引导，园区周边地区就在这些资源的刺激下逐步发展起来。也就是，扩散效应使园区形成的集聚向全区域推进和扩张，最终走向区域经济相对均衡发展的高级有序状态。

企业是经济的主体，经济园区对区域的这些带动作用主要是通过区内企业与区外其他企业的经济联系来实现的，如果没有企业的经济联系，园区对区域的带动作用也就无从谈起。根据我国经济园区的发展历程、企业特点和其经济联系的差异，可将开发区的区域带动效应分为以下三个阶段：

(1) 区域经济的"孤岛"和"飞地"阶段（1984～1992）。1984～1992年是我国开发区的初步发展阶段。在这一阶段，我国经济园区的发展状况同国际上一般的园区相吻合，外资企业看重的是中国廉价的劳动力和优惠的政策，外商在园区的投资以中小企业为主、以常规技术项目为主。这一时期园区企业与区域内其他企业的经济联系和国外大多数园区一样，非常薄弱。园区对区域经济的带动作用因而也非常有限，国内学者一致将其形象地喻为区域经济的"孤岛"和"飞地"。

（2）区域带动效应缓慢增强阶段（1993~2002）。1992 年之后，中国的改革开放进入到一个新的阶段，跨国公司在中国的竞相投资使得经济园区的发展也进入一个新阶段。经济园区出现了上亿美元、甚至上十亿美元的单项投资，投资者由非集团化的中小企业变为大型跨国公司，各个园区也都呈现出由少数几个大企业支撑着园区绝大部分产出的局面。电子信息、生物技术、医药、新能源和新材料等高新技术产业是这一时期我国各个园区具有代表性的产业。由于高新技术产业普遍具有产品附加值高、产业链短、所需原材料少的特点，因此对区域经济的带动作用极其有限。总体上来看，这一阶段由于园区企业具有以外资为主和以高新技术产业为主的特点，使得园区的企业与本地后向联系较弱，对本地的扩散效应小。因而尽管开发区内企业数量迅速增加，但其区域带动效应增加缓慢，而且仅主要体现在与本地生产性服务业的联系上。

（3）区域带动效应显著增强阶段（2002~   ）。进入 21 世纪后，世界汽车巨头加速投资中国，全国各个主要开发区在高新技术产业蓬勃发展的同时，都将汽车产业作为自己经济发展新的增长点。北京、长春、天津、武汉、芜湖、烟台等众多开发区都将发展汽车产业集群作为未来发展的重要支撑。汽车产业是产业关联度非常高的产业，对相关行业的依赖性和带动作用非常强，因而对区域经济的影响非常显著。[①]

也就是说，到目前为止，我国经济园区的区域带动效应经历了一个由弱到缓慢增强再到显著增强的过程。因此可以看出，增长极理论对于指导我国经济园区建设，特别是新时期的经济园区建设具有重要的意义。

二、新产业区理论

新产业区是在经济全球化的背景下形成和发展的。在国际贸易、国际投资、跨国公司全球扩张的推动下，以分包、转包、全球采购为标志的国际分工合作模式，以及与跨国生产和销售网络匹配的柔性生产体系，成为

[①] 郑国：《经济技术开发区区域带动效应研究》，载《地域研究与开发》，2007 年第 4 期。

新产业区产生和演变的国际力量。新产业区研究起源于发达国家,又逐步拓展到发展中国家,既包括新兴高科技产业,也涉及传统产业,逐渐形成了新产业区理论。新产业区理论和增长极理论一样,属于企业集群研究领域的延伸,它对于解释经济园区现象,也具有很强的应用性和说服力。

(一) 新产业区理论的基本理论框架

1. 新产业区的概念和特征

产业区概念首先由西方著名学者马歇尔提出。马歇尔产业区的主要特征是区内企业,尤其是中小企业高度集聚,企业间联系密切,生产活动高度专业化。马歇尔产业区分析区位的方法与基于资源的区位、需求的规模经济以及运输成本的古典方法不同,他提供的分析框架主要从有助于促进区域内生产者之间信息和知识交流的"产业氛围"、外部规模经济以及社会学中的诸如信任度和社会联系等方面来解释特定部门的区位问题。新产业区的研究起源于20世纪70年代末对意大利东北部经济增长的考察。当时,受经济危机的影响,意大利西北部传统工业区出现衰退,而东北部却欣欣向荣,呈现增长势头。研究发现,这些地区企业规模以中小企业为主;企业之间基于互相信任,有稳定的网络联系。由于这些地区具有马歇尔产业区类似的特征,但又具有某些新的特征,故被称为新产业区。[1]

马歇尔产业区在企业组织结构上,以当地企业为主,区内企业集聚,因而规模经济较低。在产业联系上,以区内企业之间的联系为主,且这种联系十分密切,与区外企业的联系和合作甚少。在劳动力市场上,劳动力在当地居住,他们在公司间的流动性大,但很少移出区外。在工商服务上,专业化特点突出:既包括生产线、机械、维修和营销等方面的技术企业,又包括金融和基础设施服务。基于对企业内部信息的了解和对这些地方性企业家的信任,当地金融机构可提供长期风险的资本。与马歇尔式产业区相比,意大利新产业区还具有一些特殊性:(1)供货商和顾主之间经常进行人员交流;(2)为了分担风险,稳定市场和共同创新,竞争性公司之间的合作程度也很高;(3)参与设计和创新活动的人员比例较高;(4)强大的贸易协会提供管理、培训、市场营销、技术或金融帮助等公共基础设施;(5)地区和区域政府在调节和激励主导产业中起中心作用。

---

[1] 吕拉昌、魏也华:《新产业区的形成、特征及高级化途径》,载《经济地理》,2006年第5期。

产业区理论的复兴

马歇尔产业区理论的复兴，最先源于 20 世纪 70 年代意大利一些社会学家和经济学家对意大利工业发展与区域差异的研究。直到 20 世纪 60 年代，意大利经济一直被认为是二元的：发达的、以大企业为主导的西北部与不发达的、以小企业为主导的南部、中部及东北部，但经过 60~70 年代的发展，意大利的区域经济格局发生了明显的变化。1977 年，意大利社会学家巴格那斯科（A. Bagnasco）率先对这种二元结构提出了挑战。他基于对意大利工业化进程的观察，独创性地提出了"第三意大利"（Third Italy）的概念。作为对传统二元结构模式的替代，它用于在 60~70 年代经历快速工业化过程的意大利的中北部和东北部地区，这一地区的发展同不发达的南部以及传统的工业化的西北部形成了鲜明的对照，而这一地区经济发展的最显著特征就是中小企业的地理集中以及部门专业化。1978 年，意大利经济学家加罗佛里（Garofoli）等人强调，这一地区的发展表现为依附的、无效率的小企业主导的工业模式向小企业作为面向最终市场的、自主的、有效率的经济成分的转变。1979 年，意大利著名经济学家比卡蒂尼（Becattini）提出，这一地区的工业发展同 20 世纪初马歇尔的"产业区"模式非常相似，并倡导用马歇尔的产业区理论解释其发展，从此拉开了马歇尔产业区理论复兴的序幕。

资料来源：苗长虹：《马歇尔产业区理论的复兴及其理论意义》，载《地域研究与开发》，2004 年第 1 期。

2. 新产业区理论概述

随着经济地理学家对意大利新产业区现象关注的不断扩展，他们在其他国家和地区也发现了很多类似的案例，如德国的巴登—符腾堡、美国加利福尼亚的硅谷、洛杉矶郊区、韩国龟尾、我国台湾省的新竹工业园和内地的一些农村工业小区和高科技园。学者们通过对这些案例的实际研究，将新产业区的主要特征进行概括，从而形成了企业集群研究领域中又一新的理论"新产业区理论"。他们认为对新产业区的判别，主要依据以下五点：

（1）当地的网络联系。具有形式广泛的企业网络是新产业区在组织结构方面的一个重要特征，也是它能够保持持续创新活力的奥秘之一。集群内成员间应该保持着密切广泛的合作关系。合作形式多样，不仅有正式的战略联盟、经济合同、投入产出联系，还包括非正式的交流、沟通、接触、面对面的对话；合作的范围不局限于企业之间，还延伸到企业与客户、企业与研究机构、大学、产业联合会、政府部门之间的合作。

（2）根植性。根植性是强调如相互信任等此类的非合同式人际关系在规范集群内企业行为时蕴涵的力量。集群内如果具有这种彼此信任的人际关系氛围，就可以在合同不完全等情况下，保证合同双方依然在秉承善意的基础上，继续以适当的形式履约。事实上，企业之间地理上的靠近，使人们之间的联系频繁、稳定，具有可预见性，有助于人们之间建立起信任；同样，位置上的相邻使得声誉机制更容易发挥作用，监督约束集群内企业的损人利己行为。所以，集群内企业间比较容易建立起信任关系。一旦建立起信任关系，这种信任关系就能以有别于价格、利益机制的第三种方式作用于集群企业的行为。这种基于信任的行为大致有三个关键特征：第一，集群中的企业愿意合作承担风险，而不害怕机会主义行为；第二，企业愿意重新组织他们的关系，而不必害怕报复；第三，企业愿意采取集体行动，以达到互利的目的。可见，新产业区理论对根植性的要求，是通过使企业间建立起信任和承诺，从而减少不必要的摩擦和阻力，降低集群内企业创新的成本。

（3）机构稠密性。机构稠密性的基本内涵表现在三个方面：第一，大量的各种各样的机构，包括企业、金融机构、培训机构、贸易协会、地方权力机关、发展机构、创新中心、提供房产、土地、基础设施的政府机构等，其中企业又可以包括上游专用原料的供应商、专用机器的供应商、专用服务供应商和专用基础设施的供应商，下游的分销商和客户，侧面的生产补充产品的厂家以及其他采用类似相关技能、技术或投入的公司；第二，各机构间建立网络联系；第三，各机构都有强烈的社区意识。

（4）学习性。集群要保持持续的创新活力，就必须具备学习知识的能力，这种学习属于一种非研究和开发（R&D）活动。据有关学者测算，目前正式的 R&D 支出只占到产品和服务创新费用的 35%，这表明技术变化的主流已不再取决于正式的 R&D，而是取决于包括学习在内的各种非R&D 活动。因此，集群必须重视学习。在集群中，有两个并行不悖的行为过程——各行为主体之间的相互学习和行为主体内部的学习。在世界范围内发展最好的地区，这两个因素往往缺一不可，硅谷、巴登—符腾堡等地常被冠以"学习型地区"的称谓。从成功集群的经验看，参与学习的主体主要是各种各样的企业以及公共部门，这些企业和部门内的科学家、工程师、技术人员以及工人组成了学习的队伍，共同创新，显示了很强的集体解决问题的能力。因此，不仅重视企业内部的学习，还要重视集群内部企业间的学习，是对集群学习能力的要求。

（5）社会文化。对一些成功地区的研究表明，导致这些地区成功的原因基本分为"经济"的和"社会文化"的两类，前者经常被提及，而后者则常常因为难于量化和度量而被人们所忽略。国外有些研究者认为硅谷的真正成功之处在于其文化，他们将硅谷文化总结为：对失败的耐受力，对叛逆行为的宽容，敢于冒险的精神等。集群内的文化属于当地文化中的一个子系统，会受到其很深的影响。

可见，新产业区拥有稠密的机构、完备的上中下游企业和共享某种技术和资源的企业厂商，这些机构和厂商之间通过正式的经济联系和非正式的非经济联系建立了密切联系的地方网络，形成了当地相互交流、共享资源、共同学习的地方文化氛围。紧密的地方网络和健康的地方文化氛围一起将新产业区营造成一个具有创新活力的区域。[①]

（二）新产业区的网络化运作与创新性机制

新产业区的一个定性特点就是网络化运作，而正是网络化运作为区内创新性机制的建立奠定了基础。网络对于创新的作用是通过减少企业之间以及企业与其他行为主体之间的交易成本所达到的，这些成本包括寻找和信息成本、砍价和决策成本、政策和实施成本。而同时创新又是在网络环境中进行的，独立企业之间稳定的网络关系是创新所需要的。

1. 新产业区的网络化运作

网络可以被定义为一组高度信任的关系，它们直接或间接地把一个社会团体中的每一个人联系起来。新产业区的网络包括区内行为主体之间的正式合作联系，即商业网络，以及在长期交往中所发生的相对稳定的非正式交往关系，即社会经济网络。商业网络可以进一步分为三种：第一，水平网络，即在最终产品生产企业之间、最终产品生产企业与中间产品生产企业之间的关系。这些企业为了共同的技术、商业、资金和其他服务而相互协作与支持。第二，垂直网络，即最终产品生产企业与其他企业、中间产品生产企业与其他企业之间的关系，一般通过后向和前向垂直结合而连接，形成供应链上的合作关系。第三，其他网络，即为了支持产品研发、生产需要而形成的企业和公共机构之间的联系。比如和大学、研发机构以

---

① 刘晶：《新产业区理论及其对我国科技园建设的启示》，载《统计与信息论坛》，2002年第9期。

及政府的关系。除了商业网络外，新产业区内的企业还处于社会经济网络和个人网络之中。处于商业网络中的企业，实际上是被包含在一系列的关系之中，企业的经济行为必然受到这一关系的整体性影响，商业网络不仅提供了各种可能的机会，也提供了种种限制。然而，经济领域是不能与其他社会领域分割开来的，应为后者提供附加动机和功能。这些网络可以为企业提供灵活性，使企业能对具有较高不确定性的供求状况做出快速、高效、低成本的决策与反应，为企业提供创新的有利环境，促使企业对市场信号做出快速反应，增强企业的资源筹措与整合能力。

新产业区网络化运作的重要特点是弹性专精，它包含两方面的内容：一是在区内单个企业的生产总是集中于有限的产品和过程，形成专业化的特点，专业化的分工生产和生产技术可分性以及垂直分离的生产组织方式相关；二是区内的中小企业在相互竞争的同时又相互联系、协作和补充。

2. 新产业区的创新机制

新产业区的创新机制是区域网络各个节点（企业、大学、研究机构、政府等）在协同作用中结网而创新，并融入到产业区的创新环境中而组成的系统，它具有开放性、本地性、动态性和系统性等特点。新产业区的创新机制获得成功是需要前提条件的，就是本地的创新网络。该网络是建立在本地企业间，以及企业与科研机构间长期合作基础上的。

政府是创新网络的组成部分，同时又是创新体系的构建者，承担双重身份。政府一方面要根据具体战略，制定和发布政策，发布信息，规范行业和市场秩序，投入资金来营造创新环境，构建创新网络；另一方面，政府必须时刻保持自身的创新力，适应时代变化，根据其他主体反馈的信息，不断调整自身，提高自身的能力和调控水平。企业是技术创新成果的最终实现者，利用科研单位和科研人员的科技成果，组合各类生产要素，生产和开发产品，实现创新价值。科研单位和科研人员是科研成果的创造者，利用自身的专业知识，产生创新思想，开发科技成果，是创新的起点。企业可以直接与科研单位发生联系，获得科技成果，科研单位也可以用这种方式转让科研成果。然而，随着社会的进步，企业以及各类机构日益增多，信息日趋复杂，企业搜寻自身所需要的信息日益艰难，交易成本越来越高，这时各类服务机构便在成果转化、信息处理和传播、业务咨询方面起着至关重要的作用。服务机构在整个创新网络中处于承上启下，联结各主体的位置，其主要功能体现在信息采集与交流、服务咨询、中介交流，实现技术成果的转移等。①

创新网络的优点具体有：（1）不会因为一个或少数几个结点发生故障而影响整个网络的运行效率，通过网络通道，人员、技术、知识、信息能够畅通无阻，其中专业技术人员的共享特别重要。（2）网络为生产的要素投入提供了一条有效的途径。网络提供了一个联系紧密、专业化的供应商基地，可以就地取材，稳定的网络广泛积累了市场、人员、技术信息，产业区内成员首先获得。（3）联系紧密的网络，增加了互相学习的机会，会使创新成组出现。通过网络与其他单位保持联系，有助于企业更早地了解技术的演进、服务、管理和营销观念的创新，在合作的基础上促进竞争。（4）由于网络的发展与当地社会文化环境相融合，因而各企业、机构之间能够形成稳定的信任关系，良好的本地声誉有助于降低供应商提高价格或违约的风险，降低交易成本。

（三）新产业区理论与经济园区建设

第二次世界大战后，西方各国政府纷纷兴建科技园，目的主要是为了帮助高新技术行业中的中小企业克服创新门槛太高的障碍，防止经济发展水平在某个低水平上锁定。我国自 1991 年以来相继开辟了 53 个国家级高新技术开发区以及其他经济园区，吸引了很多企业入驻。这些园区在一定程度上推动了我国中小企业的技术创新工作。但从总体来看，都尚未成长为成熟的企业集群，难以称之为"新产业区"，主要体现在以下三方面：

1. 园区内企业间的当地网络联系基本没有形成

企业与企业之间、企业与环境之间的联系是个别的、偶然的、松散的。以科技园中发展程度最高的中关村科技园为例，中关村经过近 20 年的发展，初步形成了当地的一些企业网络——主要体现在企业前后向联系、产学研官结合、相关企业群体组成生产综合体等方面。如北大方正的激光照排系统在技术服务与销售过程中都与用户建立了广泛的信息交流和反馈关系，使其能根据用户需求不断开发生产新产品；中关村产学研官中的部分群体可以通过座谈会、展览会、信息交流会等方式进行接触和沟通等。但是当地这种网络关系的建立带有较强的个别企业行为的色彩，而不具有普遍性、整体性。也就是说，只有个别企业意识到了网络联系对于创

---

① 田明、樊杰：《新产业区的形成机制及其与传统空间组织理论的关系》，载《地理科学进展》，2003 年第 3 期。

新行为的作用而向外延伸其活动范围，多数企业尚未意识到网络联系的重要性。所以一个完整紧密的企业网络并没有形成。现在的创新不再是一个简单的线性过程，它必须经过企业与外部创新主体（供应商、客户、科研单位、政府、中介机构等）多方面多渠道信息和知识的反馈才能实现。

2. 园区内企业产业关联度较低

新产业区能够建立紧密的企业网络联系，保持持续的经济活力，很重要的原因是：区内企业产业关联都很高，专业化分工精细，实行一体化的协作生产和柔性的生产组织方式。企业间很高的产业关联度，一方面可以帮助在新产业区这个特定区域内形成某一方面专门知识的积累，形成本区域在特定领域里的独特竞争优势。如美国硅谷拥有在计算机软硬件方面绝对的知识优势；意大利拥有生产时尚服装、皮革制品方面的知识优势。另一方面，使用相同或相近技术的企业厂商聚集在一起，也使得新技术在推广过程中的扩散效应得到更加充分的体现，有利于新技术的普及和及时的改进。由于企业间产业关联度比较高，企业的专业化分工协作就成为可能，而专业分工可以提高生产率已经是经济学中不争的事实。一体化的协作生产，使产业区内的企业集群可以像大公司一样发挥对资源的整合效应，又不致出现由垂直一体化带来的生产效率和创新活力的损失。柔性化的生产组织方式使小批量定制成为现实，它既满足了高科技企业产品生命周期短，生产批量少的特点，又可以保证企业对需求变化、技术革新的反应速度。可见，这三点是保证新产业区内企业持续创新活力的重要来源。但是，国内园区里的企业，涉及行业名目繁多，有的涉及生物科技，有的是网络技术，这种情形使得企业间的专业化分工变成空谈。由于企业彼此间在行业上、技术上、市场上的关联度都很小，使得园区内的竞争氛围无法形成，企业间的合作关系也无从谈及，那么依赖于合作关系而建立的企业网络也就成了无源之水、无本之木。

3. 园内市场结构不合理

新产业区理论告诉我们，产业区内同质企业的数量越多，竞争越激烈，对技术创新是有益的。根据有关学者的研究，在经济园区内，资本、技术和人才的超流动性是主要的特性之一。有些学者甚至将科研人员的流动性，作为评价园区的重要指标，因为人才的流动会带动储备在人脑中知识和技术的转移和扩散，这对于优化配置园区的资源是有益的。所以，如果园区内同质企业的数量偏少，竞争机制难以发挥作用，生产要素的超流动性也就难以形成。我国的珠海、海南、厦门等开发区发展状况不佳的原因可能正是因为如此。

基于以上分析，笔者认为，要想将我国经济园区真正建设成为"新产业区"，需要重点从以下几个方面做起：（1）鼓励科技园区企业科技人才的流动，促使园区内生产要素的超流动机制的形成；（2）建立多元化投资体制和风险投资机制；（3）促进园区内中间品市场和生产要素市场的形成；（4）加强园区内地方企业网络的建立，强化园区内外企业的联系。

三、产业集群理论

经济园区是大量企业在一定区域的集中，但企业在地理位置上的集中和公共物品的共享并不必然产生集聚效应，后者的形成和发展必然依赖于园区内企业的产业关联性或者业务关联所形成的协同效应。集群作为实现企业间有效协作的组织形式是推动经济园区发展的必然选择，而产业集群理论无疑会为经济园区的建设提供重要的理论支撑。

（一）产业集群的基本理论框架

1. 产业集群概念的提出

经济全球化的加速发展，使得地理区位在推动经济发展中的作用越发凸显。自20世纪80年代以来，无论在旧工业城市，还是新兴工业城市，新的工业区和边缘区的兴起，都表明了集聚活动仍然是核心。新时期的产业集聚，不仅没有削弱地理空间在影响经济发展过程中的作用，反而更进一步表现出区位条件对于经济发展的必要性。随着产业集聚现象成为许多国家、区域或城市经济的显著特征，经济学、经济地理学、管理学和社会学对此产生了广泛的兴趣，并在此基础上就产业集聚的形成、发展和主要特征进行了探讨和总结。但是，这些研究只是局限于理论或学术研究的层面，研究范围比较狭窄，没有把这种集聚现象与国际竞争力的增强联系起来，进而也就没能够提出供政府决策部门采纳的政策或建议，所以一直没有得到决策者很好的重视。

以这些研究为基础，美国的管理经济学家迈克尔·波特在对美国、英国等10个国家中具有国际竞争力的产业进行研究时，提出了"产业集群"的概念，即与某一产业领域相关的相互之间具有密切联系的企业及其他相应机构组成的有机整体。产业集群至少包括如下几个因素：第一，与某一产业领域相关。一般来说，产业集群内的企业和其他机构往往都与某一产业领域相关，这是产业集群形成的基础。第二，产业集群内的企业及其他机构之间具有密切联系。产业集群内的企业及相关机构不是孤立存在的，而是整个联系网络中的一个个节点，这是产业集群形成的关键。第三，产业集群是一个复杂的有机整体。产业集群内部不仅包括企业，而且还包括相关的商会、协会、银行、中介机构等，是一个复杂的有机整体，这是产业集群的实体构成。[①] 波特提出的产业集群的概念，实际上是为国家在发展区域经济过程中提出的一种战略思想，即后来所谓的"地方产业集群"战略。他认为，一个国家竞争力的关键是产业，而产业又集中在几个有限的区域范围内，即形成产业集群。波特还明确提出了产业集群与国际竞争力之间的内在联系，并把产业成功集聚所具备的共同要素整合成著名的"钻石模型"。自从波特提出了产业集群的概念之后，许多其他领域的学者也开始使用产业集群的名称来进行他们的研究。

2. 产业集群理论概述

产业集群的形成和发展机理实际上涉及三个问题：特定的产业在什么条件下集聚？集聚的中心在哪里？如何保持集群活力？对此各国学者已经给出了许多解释，而其中有一个最关键也是争议颇多的问题——关于产业集群的自发性，归纳起来有三种不同观点。

(1) 第一种观点认为产业集群是市场自下而上自发形成发展的，市场微观主体对自身效益最大化的追求使得企业集中在一起，很少受非市场因素的影响。这一观点可以追溯到一个世纪前英国经济学家马歇尔的论述。

马歇尔认为外部经济导致企业在同一区域集中。而集聚的外部经济（包括外部规模经济和外部范围经济）体现在三个方面：第一，促进专业化投入和服务的发展；第二，为具有专业化技能的工人提供了集中的市场，有利于劳动力共享；第三，独特的非正式信息扩散方式有利于知识外溢，使公司从技术溢出中获益。20世纪80年代中期国外出现了一些关于新工业区的文献资料，在马歇尔观点的基础上也提出了三点可以解释产业集群的原因：集群新技术的引入使得生产柔性化，能够灵活快速地对市场的变化做出反应；集聚促进了劳动分工；集聚的公司可以通过域内合作和共同的行动来获取额外的好处，即"集体效率"。[②]

---

① 迈克尔·波特：《国家竞争优势》，华夏出版社2002年版。
② 马歇尔：《经济学原理》，朱志泰译，商务印书馆1964年版。

韦伯认为工业在一个地方聚集与否可以看成是集聚力和分散力的博弈达到均衡的最终结果,并用等差费用曲线来解释产业聚集的程度,认为聚集是因为各个工厂为了追求效益的增大、成本的节省而自发形成的,只有当工厂为追求聚集利润而迁移,且所增加的运费小于或等于迁移后聚集节约的成本时,也就是只有当聚集点位于决定性等差费用曲线内或曲线上时,迁移才可能发生,如果能提供集聚好处的聚集点位于决定性等差费用曲线之外,意味着所增加的运费大于所节省的成本,此时工厂从自身利益出发是不会趋向于聚集点的。①

金融危机的预言家——克鲁格曼

2008年10月13日斯德哥尔摩当地时间13时左右,瑞典皇家科学院诺贝尔奖委员会宣布将2008年度诺贝尔经济学奖授予美国经济学家保罗·克鲁格曼。他将获得的奖金额度仍为1000万瑞典克朗(约合140万美元),不会受金融危机影响。诺贝尔奖委员会授予他的颁奖词是,因为其在贸易模式上所做的分析工作和对经济活动的定位,而克鲁格曼对1997年亚洲金融危机和目前全球性金融危机的超前预见更使他赢得了全世界的尊敬。1994年,在亚洲经济一片看好声中,麻省理工学院经济学教授克鲁格曼语出惊人,他在权威学术杂志《外交事务》双月刊上发表专文,批评亚洲模式侧重于数量扩张,轻技术创新,所谓的"亚洲奇迹"是"建立在浮沙之上,迟早幻灭"。因为仅靠大投入而不进行技术创新和提高效率的做法,容易形成泡沫经济,在高速发展的繁荣时期,就已潜伏着深刻的危机,迟早要进入大规模调整。3年后的金融风暴印证了他的独具慧眼,也奠定了他作为新一代经济大师的地位。对于目前全球面临的金融危机,克鲁格曼也有过预见性的分析。他在2006年2月13日发表于《纽约时报》的专栏中就曾指出,从进口与出口规模的简单比较就可以发现,美国人花费的比他们挣的要多57%。这样的消费方式是不可持续的。或早或晚,美国的贸易赤字将不得不下降,住房繁荣将会终结,美国的消费者和美国政府将不得不回归到经济的基本面。同时由于太多的经济参与者有着不切实际的预期,美国未来将面临的调整不大可能是"软着陆",而是一种"崩盘式"的调整。

资料来源:众信金融网:http://www.fifr.cn/html/Newscn34726.html。

---

① 阿尔弗雷德·A·韦伯:《工业区位论》,李刚剑等译,商务印书馆1997年版。

克鲁格曼在收益递增的理论基础上研究产业集群，认为需求和外部经济是导致集聚的主要原因。生产者愿意设立在需求量大而且原料运输方便的地方，规模经济潜力越大，运输费用越低，制造业在经济中的份额越大，对集聚的支撑力越强。克鲁格曼外部经济有三个来源：劳动市场共享、专业化投入和服务、知识和信息的流动，这源于马歇尔的理论，但是克鲁格曼不赞成马歇尔认为的技术外溢的普遍存在，认为技术外溢只对高新技术产业集群产生效应。这三个来源形成空间集聚的向心力，产业集群是规模报酬递增带来的外部经济的产物。特定的产业在什么地方集聚，即产业区位的源头，克鲁格曼认为是随机的或者说是历史的偶然，例如美国地毯业在道尔顿的集聚；英国高保真音像器材产业集群在剑桥的集聚。之后累积循环的自我实现机制有滚雪球般的效果，导致产业长时期地锁定在某个地区。"生产活动倾向于集聚在市场大的地方，而市场因为生产活动的集聚而进一步扩大"，根据克鲁格曼的观点：地区集中和专业化可以扩大生产规模并产生规模经济，而规模经济将带来更大规模的企业集中，从而形成产业集聚。① 这一点和他的"新贸易理论"是吻合的，即各国的贸易优势并不来自于国与国的产业区别以及由此引起的比较优势，而是来自于各国内部的地区产业分工和在此基础上所能达到的规模经济的程度。

（2）第二种观点认为产业集群是由特殊的比较优势、供给和需求结构、文化氛围、政府政策所引致的。卡尔多在论及区域经济增长和区域产业结构时，非常强调他关于要素不可分的观点和技术的作用。他认为要素的不可分性和技术特点，在规模报酬递增中发挥了重要的作用，或者说地区要素禀赋的特点是集聚经济的基础，经济发展过程中也存在路径依赖，要素禀赋和技术特征会导致内生性的产业集群并决定其发展过程。库尔曼斯也指出了要素的不可分性在区域产业发展模式中的作用，认为如果看不到不可分性——居民、厂商、设备的不可分性，产业空间集中的问题就不能得到解释，库尔曼斯的这一观点得到了许多学者的进一步阐发，他们认为除了物质要素的不可分性，某些知识和技术的传播也非常有地域性，而且受地区文化的影响很大，例如缄默知识只能通过面对面的交流才能传播，一些关于组织、制度的知识大多也属于这一类。② 多数生产性技术和技能的扩散是有一定的地域性，超过一定的距离，扩散的作用急剧下降。所以这些因素受地理因素的制约程度很大，如果某些产业发展中这些因素

---

① 保罗·克鲁格曼：《地理与贸易》，北京大学出版社2000年版。
② 梁琦：《产业集聚》，商务印书馆2004年版。

的作用比较大，那么这类产业的集群化过程就很受地理因素的影响。另外区域经济学家 F. 佩鲁从推动型产业集聚和经济增长的关系视角，对产业集群的形成做出了解释，即前面详细阐述过的增长极理论。

（3）第三种观点介于上述二者之间，是一种折衷的看法，认为产业集群是多方面、综合因素造成的。代表性人物当推迈克尔·波特。他认为产业集群的产生过程必然会有市场竞争的参与，但同时又强调地区禀赋的作用和地区政府战略的影响。他指出，产业集群的产生和发展关键在于其竞争优势，由于某地在特定历史情景下，形成了钻石体系的部分条件，而竞争优势影响因素是多方面的，其中既有市场自发作用（如竞争），又有禀赋因素（如成本），还有非市场因素（如政府政策）。因而影响产业集群的因素也是多方面的，集群的形成既有偶然因素又有确定因素，既有市场因素又有非市场因素。波特的思想为国家和地方政府制定经济政策，自上而下进行产业扶持，在理论上提供了依据。

（二）产业集群与创新系统

在全球化的经济背景下，集群创新系统是在一定创新动力的激发下，集群创新主体在创新目标的指引下，运用各种能力，作用于相关资源，有效运作、协同作用所构成的创新网络。这一创新网络是由一些要素构成的，每一类要素又包括若干子要素；每类要素承担着不同的功能，每一类要素中的各子要素，也都具有相对于其他子要素的功能定位。集群创新要素以一定的机制连接起来，有机配合，不断促进创新资源的最佳配置，增强集群的竞争优势。按照各要素担负功能的不同，集群创新系统包含以下几类要素：

1. 创新主体

创新活动的组织者、参与者、实施者或影响者，是创新系统中最能动的要素，包括企业、大学、研究机构、金融机构、政府和中介服务机构。其中企业是主体要素的中心，其他都属于非中心主体。它们各自所应承担的功能是：企业是创新活动的主要组织者、实施者和创新成果的最终实现者；政府创新环境的营造者、一些创新资源的供应者，有时也是创新活动的启动者、激励者、引导者和组织者（比如规划和实施一些对集群经济发展具有重大意义的科技项目）；大学和科研机构是创新技术的提供者、创新人才的培养者和输送者、部分创新服务的提供者及一些创新过程的参与者；金融机构是创新资金的供应者；中介服务机构主要包括信息中心、培训中心、咨询公司、经纪人组织、技术评估机构、技术争议仲裁机构、创业服务中心、行业协会等等，是联系科技与经济的中介，在创新活动过程中起着桥梁和纽带的作用。这些主体既有分工，又有合作，在系统中的地位与作用各不相同。良好的创新绩效是这些主体之间积极互动与合作的结果。一些主体要素的缺失或不健全，会影响整体的创新成果。

2. 创新资源

资源是进行创新活动的基础和环境条件，包括直接作用于创新过程的创新基础资源和环境资源两类。创新活动的进行必须借助于第一类资源才能实现，包括人才、知识、资金、信息、科技设施、信息网络、数据库等。这些资源是进行创新活动的基础，其中人才是创新活动中最重要的资源，是所有创新活动的最终执行者；创新本身是新知识的生产过程，但它的启动又离不开一定的知识储备和信息；科技设施、信息网络和数据库为创新活动的进行提供了平台，是进行创新的工具；丰富的资金是创新活动能够进行的保障。另外，环境资源包括法律法规、政策、管理体制、基础设施、地理位置和文化氛围等。创新容易产生于良好的创新环境，比如，与创新活动有关的法律法规能对创新起到激励或约束的作用；完善的基础设施、优美的生活环境对人才有更大的吸引力，而人才是创新必不可少的资源；鼓励合作、信任、冒险的文化是创新的催化剂。

3. 创新动力

创新动力是激发集群创新活动的推动力量，包括激励、约束、竞争和利益诱导。企业作为创新活动的主要实施者和成果的实现者，本身也是利益最大化的追求者，而创新是一项高投入、高风险的活动，如果没有一定的刺激力量，往往不会自发产生。也就是说，企业之所以进行创新，是因为一些推动力量的存在。具体说来，有以下几种情况可以引发企业进行创新：因看到了其他企业从创新中所获得的巨大利益，所以也跟着创新，这就是利益诱导；激烈的竞争使得不创新就无法生存发展而产生创新需要；受政府创新政策的激励而进行创新；迫于满足政府法律法规、政策制度的约束（比如排污标准）而创新或者是迫于价值链上其他行为主体的压力而创新。当然，有时企业的创新活动是由几种动力综合推动的结果。当这些动力都不存在时，企业往往缺乏创新冲动，整个集群就没有创新活力。这时，就需要政府制定一些鼓励创新的政策或者颁布一些促进创新的法律法规来激发集群的创新热情。

4. 创新能力

创新能力是创新活动得以实施的保障，包括：对创新基础资源的提供、动员、积累、筹措及运用能力；创新环境的营造能力；创新动力的激发能力；创新活动的组织管理能力；研发能力；制造能力；合作互动能力；营销能力以及学习能力等。其中，学习能力又包括集体学习能力和组织个体学习能力两部分。对这些能力的简要分析如下：创新活动需要一定的资源，但这些资源作用的发挥依赖于对资源的筹措、积累和运用等能力，否则创新活动将无法开展；研究表明，一些环境容易激发创新欲望，另一些环境则常常扼杀创新热情；一定的创新活动必须以一定的方式组织起来，组织管理能力是创新活动顺利、有序进行的基本保证；研发能力是创新的源头；制造能力是创新得以完成的必经环节；在以速度制胜的时代，合作互动、用集体力量完成创新是快速创新的有效途径；只有创新动力才能激发集群的创新热情，促使其实施创新活动；营销是技术创新活动的最后一个环节，是创新活动能够取得收益的最终决定因素；最后，学习能力是创新得以不断进行的催化源泉。

5. 创新目标

创新目标是一定时期的创新活动所指向的客体。当前比较流行的集群升级理论为创新目标的确立提供了可行的基础。一般认为集群有四种升级模式：（1）过程升级。通过对生产体系进行重组或采用更优良的技术来提高投入产出率。（2）产品升级。引进更先进的生产线，比对手更快地推出新产品或改进老产品。（3）功能升级。获取新功能或放弃现存的功能，比如从生产环节向设计和营销等利润丰厚的环节跨越。（4）价值链升级。凭借在一条价值链上获得的知识跨越到另一条价值量更高的价值链。这四种升级模式构成了集群在一定时期可供选择的创新目标，即过程创新、产品创新、功能创新及价值链创新。[①]

（三）产业集群理论与经济园区建设

经济园区是大量企业在一定区域的集中，但企业在地理位置上的集中和公共物品的共享并不必然产生集聚效应，后者的形成和发展必然依赖于园内企业的产业关联性或者业务关联所形成的协同效应。但是，协同效应

---

① 王缉慈：《创新的空间》，北京大学出版社2001年版。

是在一定支撑条件下产生的，是由组织结构而不是技术或企业规模决定的。集群作为一种特殊的组织形式，集群内企业依据产业链的分工以及因长期合作所建立的信任基础，有助于形成协同效应。因此，集群作为实现企业间有效协作的组织形式是推动经济园区发展的必然选择。园区的发展依赖于产业集群的形成，产业集群的规模、效率、对资源的整合能力和新陈代谢能力决定着园区的规模、效率和可持续发展，产业集群的机理维系着园区经济的运行，产业集聚所带来的集聚经济、外部经济、范围经济构成了园区经济的重要内容。由此，产业集群理论无疑会为经济园区的建设提供重要的理论支持与指导。

1. 集聚经济为经济园区带来强劲、持续的竞争优势

集聚经济作为园区产业集聚效应的主要方面，既是园区产业价值链的重要组成部分，也是园区经济保持强劲、持续竞争优势的根源所在。

（1）从经营有效性来看，集聚不仅使园区内企业分工更为细化，提高企业的专业化程度，而且由于集群内企业的集中和相互关联，使得中间投入品的规模效应和劳动力市场规模效应充分发挥作用，从而提高效率、促进产出。需要指出的是，这里的分工和规模经济与一般企业内部的分工和规模经济不同，产业集群的分工和规模经济主要存在于企业与企业之间。在产业集群内，单个企业的生产可能是非常专业化的，甚至可能是某一类型产品中的某一个配件或某一道工序（这种高度专业化的生产方式有利于生产效率的提高和技术创新），而在企业与企业之间，合作关系则很稳定，交易风险很小，交易成本很低，边际收益递增，加之可以共享基础设施、公共服务和其他组织机构的产品，因而可以共享规模经济。此外，集群还可以从需求和供给两个环节来影响企业的经营绩效。集群化可以促使园区在相关产业领域建立市场优势，吸引供应商和用户。大量供应商的集聚不仅享受到相互之间提供的信息和技术服务，也降低了用户的市场搜寻成本，为用户与企业建立长期合作关系提供了条件；反过来，用户的聚集又成为信息的主要来源，为企业改进产品、开发新产品提供市场导向，降低了企业市场调研成本。[①]

（2）从核心能力的整合与扩散来看，一方面，集群作为一种"树状"组织，有利于园区企业核心能力的"复制"和"应用"，从而达到良好的整合效果；另一方面，集群中相似的先验知识和长期累积的信用，提高了

---

① 周兵：《产业集群形成的理论及其类型分析》，载《生产力研究》，2004年第8期。

企业核心能力的开放性和诚实度,而集群内形成的共有的亚文化却为隐性知识的获取与传播提供了极大的方便,保证了园区企业之间相互学习、接受和吸引,从而使园区企业的核心能力长期保有、难以扩散。

(3) 从创新能力的培育来看,企业创新所需要的知识只是部分来自于企业内部,更多的新知识则来自于企业外部,这就决定了关键性创新不可能由单个企业完成。而产业集群内不仅存在大量有创新压力的企业和机构,且拥有稳定的促进学习、交流和进步的共生机制。因而,产业集聚不仅为经济园区内企业和各种组织的创新活动提供了一个合作机制和个体与群体两方面的优势,而且集群内企业通过相互合作、学习和借鉴,形成一种不断创新的路径依赖。

(4) 从进入、退出壁垒来看,一方面,集群内较好的基础设施、信息服务、技术和市场资源,有利于企业的衍生和创建,形成创业空间集聚的"正反馈效应",一旦企业退出集群,养老、失业保险等社会制约因素也不会反应强烈,加上集群内较完善的配套设施,优胜劣汰的竞争机制具有"累积因果"的加强过程;[1] 另一方面,集群外的企业要进入集群,面临着包括绝对成本、规模经济、产品差别化、学习能力、品牌、金融支持等方面的进入壁垒,而集群外的企业要退出原行业,也会因为信息完备、决策理智的其他企业不愿盲目进入,现存资产难以转让,退出的积淀成本过大,企业难以退出。因此,集群内相当的自然垄断力、规模经济、内部竞争和灵活的进退机制与集群外较高的运营成本、较低的应对冲击的能力和僵化的进退机制形成显明的对比,这也是基于产业集聚的园区经济具有强大竞争力的重要原因。

2. 外部经济是经济园区建设的重要源泉

传统经济学中的外部经济是指经济人的行为对他人或环境产生的外溢影响,是私人利益和社会利益发生差异的表现,其本质是社会经济活动的个体在整个经济活动中相互联系、相互影响的关系。如果经济人的活动使得其他社会成员不需要付出报酬就可以获得好处,那么就称经济人的活动带来了外部经济,反之就称为外部不经济。基于产业集聚的园区经济是众多企业在地理上集中、聚集发展的模式,各个企业在发展过程中相互联系、相互作用、相互影响,导致资源利用效率提高、成本节约、收入或效用增加,从而不可避免地带来了外部经济。主要体现在五个方面:

---

[1] 徐菱涓:《产业集群:园区经济发展的战略选择》,载《中国科技论坛》,2004 年第 5 期。

（1）公共产品的效益性。一般而言，公共产品的社会供给具有在空间上集中的特点，而企业所需要的社会生产条件（包括公路、桥梁、码头、机场、车站和供电、供水、通讯等系统）都是具有这种特征的公共产品。[①] 集聚不仅可以使园区内企业共享这些社会生产条件，节约建设基础设施的费用，而且可以减少对基础设施要求的复杂性，提高基础设施的使用效益。

（2）专业化投入品和服务的指向性。从企业的价值链来看，专业化的投入品和服务附属于包括上游供应商和下游营销渠道及客户的价值体系，这套体系的有效运转依赖于各个链接点的协调。比如企业要降低单位成本和"库存"水平，就必须从供应到订货销售环环相扣，良好的协调配合与中间投入品的低成本都能增加企业的竞争优势。而且在很多行业，产品和服务的生产都需要使用专门的设备和配套服务，单个企业不可能提供足够大的市场需求来维持众多供应商，而集聚带来的规模需求使得专业化供应商得以生存，形成专业化供应商网络。网络越密集，竞争越激烈，一些关键的最新的设备和服务越容易获得，而且越容易享受到合理的价格和更高的服务效率。也就是说，集聚可以支撑园区内更多的专业化供应商，反过来这些专业化的供应和服务又使得集群内的企业更有效率。

（3）知识的溢出性。知识一旦被创造，就很容易在空间范围内扩散，而知识最好的传播方式是面对面的交流和连续地、重复地接触与联系。园区内企业集群带来的地理接近性，使许多具有相同专业素质的企业和人才聚集在一起，通过它们之间正式或非正式的交流，使得知识（技术知识、供需信息、管理经验和创新构想）"溢出"成为可能，而且由于知识的溢出"因人而异"、"因地而异"，所以才产生了知识溢出的地方性，而知识溢出的空间局限性正是各地建立经济园区的最好理论解释。

（4）市场的集聚与辐射性。在原材料供应上，良好的集群可以提供一个纵深的专业化供应商基地，使得原材料供应更加集中。原材料的集中供应不仅带来了一体化优势，减少企业的搜索成本，使存货需求达到最小，而且供应商之间的相互竞争使原材料市场成为一个完全竞争的市场，提高服务效率。在产品销售上，由于集群内企业本身的关联性，各企业产品也有其内在的生态链，并形成一个良性循环。同时，这种配套产品的生产会成为一种规模经营，很容易吸引外来商家的注意力。

---

① 赵吟佳：《园区经济模式的战略调整：基于集群产业组织制度的分析》，载《浙江社会科学》，2003年第5期。

(5) 劳动力市场的共享性。企业集聚有利于营造良好的创业、生活氛围，吸引劳动力集聚，形成专业化的劳动力市场。劳动力市场的形成使企业很容易找到所需劳动力，劳动力也容易找到适合自己的企业，从而降低企业与雇员之间相对搜寻成本与交易成本。而且由于每个企业产品生命周期不同，都可能经历对劳动力高需求和低需求的阶段。在集群内，一家企业对劳动力的低需求可能被另一家企业的高需求所抵消，这样集群内的企业会较少面临过度需求无法满足的问题，即使劳动力市场没有"出清"，企业也能从劳动共享中获益。相应地，集群内劳动力的失业风险也会因企业的集中而降低，这样既保证了低失业率又避免了劳动力短缺，实现了产业对劳动力的"柔性需求"。

3. 范围经济是经济园区发展的有益补充

基于产业集聚的园区内各企业之间具有很强的产业关联性，这种相互关联以及源于共同利益的相互依附与信任使得园区企业具有很高的专业化分工和协作。高度的专业化分工与协作，一方面满足市场多样化的需求，而产品的多样性带来大规模的需求聚集，使园区内任何一家企业能够获得其他企业产品多样化带来的"好处"，从而形成产品多样化→需求集聚→新企业加入→产品更加多样化的不断自我强化的正反馈机制；另一方面企业可以根据生产的需要，通过建立网络（这种网络相当于一种有组织的市场）关系进行交易，利用空间接近性和市场联结产生"乘数效果"，降低交易成本。[①] 同时，共同的企业文化和价值观，有利于企业间建立以合作和信任为基础的社会网络，减少纯粹市场关系中的机会主义和不确定性，使交易双方容易达成交易并履行合约，从而使园区内企业普遍分享外部范围经济。

[①] 阮平南、边元松：《经济开发区可持续发展影响因素分析——基于不同产业集群形成机理的比较》，载《财经问题研究》，2007年第9期。

第四章 经济园区发展的历程

> 发展要经历不同的发展阶段与时期，在每个阶段都会产生新的制度和政策上的挑战。
> ——世界银行首席经济学家尼古拉斯·斯特恩

我国的经济园区创建于改革开放初期。深圳、珠海、汕头、厦门四个经济特区的成功兴办标志着中国向世界打开了一扇"窗口"，在特区经验的推动和指引下，我国于1984年在沿海14个城市设立首批国家级经济技术开发区，此后，随着改革开放的进一步深化，各种类型、各种层次的经济园区从沿海地区的大城市启动，然后向沿海地区的中小城市与中西部地区延伸，形成了由经济技术开发区、高新技术产业开发区、出口加工区、保税区、边境经济合作区、旅游度假区等组成，遍布全国各地的发展格局。建立经济园区是世界各国发展高科技产业行之有效的重要措施，也是我国推动改革开放、加快经济发展的重要战略，经济园区这种模式为我国的改革开放与经济发展做出了积极贡献，成为我国经济发展中重要的增长极和深化改革、扩大开放、实现可持续发展的动力源泉。回顾我国经济园区的发展历程，大致可以分为三个阶段，即经过了初始发展阶段、快速发展阶段和科学发展阶段。

一、经济园区初始发展阶段

在1984年至1991年间，国务院批准在沿海12个城市先后建立了14个经济技术开发区，高新技术产业开发区、保税区、台商投资区、旅游度假区等其他类型的园区也开始了初始阶段的建设。在经济园区建设的起步阶段，一方面，经济园区白手起家，发展基础薄弱，建设资金短缺；另一方面，外资进入中国总体上尚处于试探和观望阶段。从 1984 年国家在 12 个沿海城市设立 14 个经济技术开发区起，我国的经济园区在摸索中前进，到 1991 年底经济园区基本完成了初始阶段的建设，园区在基础设施建设、招商引资和技术引进等方面都取得了较快的发展，在对外开放、吸引外资、促进区域经济发展方面，起到了窗口、辐射、示范和带动作用，为以后我国利用外资和技术引进提供了良好的示范效应。

（一）初始发展阶段的时间定位

我国经济园区的创办，始于改革开放迈出重大前进步伐的 1984 年，自此至 1991 年的 7 年间经济园区经过艰难创业和摸索发展，完成了园区事业的启动。1984 年初，根据改革开放总设计师邓小平同志视察深圳、珠海、厦门特区等地后所提出"再开放几个港口城市"的建议，于 5 月初正式开放天津、上海、大连、秦皇岛、烟台、青岛、连云港、南通、宁波、温州、广州、湛江、北海等 14 个沿海港口工业城市，当年秋季，党和国家做出"坚决地系统地推进以城市为重点的整个经济体制改革"的重大战略部署，在这一重要历史背景下，经济园区应运而生。

1. 经济技术开发区的创办

1978 年，广东蛇口率先在我国创办了出口工业区。1979 年，党中央、国务院决定对广东、福建两省在对外开放经济活动中实行特殊政策和灵活措施，根据这一决定，从 1980 年开始，先后兴办了深圳、珠海、汕头、厦门 4 个经济特区。为了推广经济特区取得的经验和成就，进一步加快对外开放的步伐，以便更大规模地利用国外资金、引进先进技术和管理经验，根据邓小平同志的战略思路，党中央和国务院决定进一步开放 14 个沿海港口城市和海南岛，并陆续批准了多个国家级经济技术开发区。1984 年 9~12 月，大连、秦皇岛、烟台、青岛、宁波、广州、湛江、天津、连云港、南通 10 个经济技术开发区相继获国务院批准建立；1985 年 1 月，福州经济技术开发区获准建立；1986 年 8 月，上海闵行、虹桥 2 个经济技术开发区获准建立；1988 年 6 月，国务院批准上海市在原漕河泾仪表电子工业区和微电子工业区、生物工程基地的基础上，设立漕河泾新兴技术开发区，该区采取了新的经营方式，由港资与上海市共同开发经营，开创了创办经济技术开发区的新形式。

蛇口工业区的由来

1978年4月的时候，国家计划委员会和外贸部组织了"港澳经济贸易考察团"去香港和澳门考察。回到北京后考察团向国务院提交了一份《港澳经济贸易考察报告》，报告建议把靠近香港和澳门的宝安和珠海划为出口基地，力争三五年里建设成为对外生产基地、加工基地和吸引港澳客人的旅游区。刚从西欧考察回来的谷牧副总理深感开放的重要性和紧迫性，自然对这个及时送上来的报告十分赞赏。于是，当年的6月，该报告就得到中央领导人华国锋的同意，并且鼓励把出口基地办起来。这个决定促使当时担任交通部驻香港的商业机构"香港招商局"（前身是由李鸿章1872年创办）副董事长的袁庚产生了一个想法，他在1979年的元旦之后向国务院副总理李先念递交了一个建议报告，主张在靠近香港的深圳蛇口建立一个码头，发展招商局与香港的贸易。他的理由很简单，香港的地价和劳动力价格都太贵，如果能在蛇口建立一些与航运有关的一个工业区，既可以充分发挥广东的土地和劳动力的比较优势，又可以利用香港的资金和技术，岂不是一举两得。这个想法打动了国务院副总理李先念与谷牧。于是他们召见了袁庚，听完汇报后李先念决定给袁庚"一个半岛"去试验。就这样，1979年年初"香港招商局蛇口工业区"先于深圳特区挂牌成立了。于是才有了后来关于"蛇口模式"的说法。事实上，在经济特区以及后来在整个中国推进的体制改革都在很大程度上与"蛇口模式"有联系，都是从"蛇口模式"扩散出去的。

资料来源：经济观察网：《"招商引资"的由来》，http://www.eeo.com.cn/observer/special/2008/05/19/100272.html。

2. 高新区等其他类型经济园区的创办

1988年，我国的经济园区建设进入了一个新的阶段。在这之后的三年时间里，经济园区由当初的经济技术开发区逐渐扩展到高新技术产业开发区、保税区、台商投资区、旅游度假区等多种层次、多种类型的园区，在形式与内容上都日趋丰富，这有力地促进了我国与国际经济技术在更加广泛的领域进行合作。

在世界新技术革命迅速兴起、各国不断加快高新技术产业发展的国际背景下，我国的改革开放步伐也不断加快，适应国际竞争和新技术革命要求的新的开发区形式——高新技术产业开发区应运而生。1988年5月，在"中关村电子一条街"的基础上，国务院批准建立了中国第一个国家级的高新技术产业开发区——北京市新技术产业开发试验区，并给予18

条优惠政策，从而奠定了中国高新技术产业开发区发展的基础。同年 8 月，以推动高新技术成果商品化、产业化和国际化为基本宗旨的"火炬计划"开始实施，高新技术产业开发区成为它的一个重要组成部分，从而拉开了中国建设高新技术产业开发区的序幕。建立高新技术产业开发区的目的与建立经济技术开发区不同，它是以智力密集和开放环境条件为依托，在充分借鉴和吸收国外先进科技资源、资源和管理手段的基础上，更多地依靠国内的科技和经济实力，通过实施高新技术产业的优惠政策和各项改革措施，提高研发水平，加强科研单位、高等院校与企业的合作，发展高新技术产业，改造国内传统产业，实现软硬环境的局部优化，最大限度地把科技成果转化为现实生产力而建立起来的集中区域。1991 年 3 月，国务院在全国 37 家地方兴办的高新技术产业开发区的基础上，批准建立了第一批 26 个国家级高新技术产业开发区，同时制定了一整套扶持高新技术产业开发区的国家政策。

随着台商回大陆投资的日益增多，为了推进海峡两岸经贸关系的发展，加快我国改革开放的步伐，1989 年 5 月，国务院正式批准在福建厦门市所辖的海沧、杏林地区以及福州马尾经济技术开发区未开发部分建立台商投资区，这是我国首次设立针对特定投资对象的开发区。

由于经济技术开发区是我国对外开放的窗口，在充分利用国内、国际两个市场、两种资源方面拥有更大的优势，这促进了经济技术开发区的早期发展，但也使其投资环境受到国内其他地区经济政策和传统经济体制的影响，因此，各地方政府积极探索新的发展外向型经济的方式。1990 年，国务院在批准上海浦东新区开发开放规划的同时，批准上海设立外高桥保税区，这是我国第一个保税区；同年 9 月国家批准了《中华人民共和国海关对进出上海外高桥保税区货物、运输工具和个人携带物品的管理办法》，完成了保税区的立法程序。1991 年，国务院正式批准设立了天津港保税区、深圳福田和深圳沙头角保税区，此后保税区进入蓬勃发展阶段。

为进一步扩大对外开放，开发利用我国丰富的旅游资源，促进我国旅游业由观光型向观光度假型转变，加快旅游事业发展，国务院决定在条件成熟的地方试办国家级旅游度假区，鼓励外商投资开发旅游设施和经营旅游项目。在这一时期，国家批准了大连金石滩、青岛石老人等国家旅游度假区，开创了一种全新的开发区形式。①

这一时期，我国的经济园区数量不多，但经济技术开发区、高新技术开发区、综合性开发区、保税区等多种类型的开发区陆续诞生。到20世纪90年代初，上述经济园区，就其整体来说，开始不同程度地走上以发展现代工业、吸收利用外资、拓展外贸出口、繁荣地方经济为主的道路。

> **浦东开发——总设计师谱写的交响曲**
>
> 浦东位于黄浦江和长江入海口的交汇处，面积552平方公里，约相当于上海陆地面积的1/10。改革开放后，20世纪80年代中期江泽民任上海市长时，浦东开发就被列入议事日程。1986年，上海市政府向国务院提交了《上海总体规划方案》，在国务院的批复中正式明确了开发浦东。1988年5月，上海组织召开了有100多位国内外专家参加的"开发浦东新区国际研讨会"。1990年1月，邓小平同志第一次明确提出"开发浦东、开放浦东"的设想。同年3月3日，邓小平与当时中央负责同志谈话，非常明确地又一次说，"上海是我们的一张王牌，把上海搞起来是一条捷径。"4月18日，时任国务院总理李鹏在上海宣布，"中共中央、国务院决定，要加快上海浦东地区的开发，在浦东实行经济技术开发区和某些经济特区的政策"。
>
> 1992年中共十四大召开，大会进一步确立了上海"一个龙头、三个中心"的国家战略地位，即以浦东开发开放为龙头，把上海建设成为经济、金融、贸易中心，从而带动长江经济带实现跨越式发展。自此上海经济进入快速发展阶段，浦东新区更是一马当先，2000年浦东实现GDP产值达到1000亿元，2007年实现GDP达到2750.76亿元。
>
> 资料来源：《开发浦东——总设计师谱写的交响曲》，载《山东商报》，2008年12月18日，第22版。

（二）初始发展阶段的指导思想和主要任务

我国经济园区发展的初始阶段是各类园区的起步与探索阶段。经济园区以发展经济为中心任务，发展的指导思想从"把开发区办成技术的窗口，管理的窗口，知识的窗口和对外政策的窗口"的"四窗口"模式逐渐演变为"以利用外资为主、以发展工业为主、以出口创汇为主"的

---

① 张昭堂：《中国开发区可持续发展战略》，中央党校出版社2003年版，第46~47页。

"三为主"宗旨，更加切合园区的发展实际，明确了经济园区的发展定位和发展阶段，为此后园区的发展指明了方向。

1. 经济园区发展初始阶段的指导思想

改革开放初期，为适应进一步扩大对外开放的要求，我国开始了开发区的建设。开发区在对外开放、吸引外资、促进区域经济发展方面，起到了窗口、辐射、示范和带动作用，成为中国国民经济新的增长点，在区域经济结构调整和产业结构调整方面发挥了重要的作用。

开发区建立之初，各开发区恪守中央规定的"四窗口"模式建区，即把开发区办成"技术的窗口，管理的窗口，知识的窗口和对外政策的窗口"，中央制定这个规定的初衷是期望沿海开发区借鉴特区成功的经验，并解决国有企业的技术改造，提高国有企业素质和管理水平的问题。但其结果与预期反差较大，除了天津开发区以外，大部分开发区发展速度不尽如人意。这是因为中国长期与外部世界隔绝，同时在认识观念上存在分歧，以至对资本主义生产方式本能地存有一种防范心理。因此，外部世界对中国的开放政策需要有一个观察期。故而，在短期间欲引进大资本、大企业到中国工业基础较好的地区投资，是难以实现的。再者，沿海经济技术开发区，按统一模式共同争夺外资，结果使主动权反而掌握在外资手中。这些问题，直到1989年在上海召开的全国经济技术开发区工作会议上，才得到解决。会上提出了更加务实和更为准确的"三为主"的发展指导思想，即以利用外资为主、以发展工业为主、以出口创汇为主，取代了以前的"四窗口"提法，并修正了对沿海经济开发区发展期望过高的定位，认清了当时应以出口加工区模式循序渐进地谋求发展，不能逾越这个初级阶段。

2. 经济园区发展初始阶段的主要任务

我国经济园区设立的初衷主要是发展对外出口加工增加外汇收入、利用区位优势加快经济发展。但由于我国兴办经济园区之初，经济相对封闭，于是开发区逐步成为外引、内联的通道，成为跨国公司抢滩中国的桥头堡，使其脱离了一般理论上的出口加工区，也使其成为地方经济发展的增长极，甚至是区域经济的核心区。经济园区由母城主办，依托母城建设和发展，也以服务于母城经济发展为首要宗旨。经济园区可以选择不同的模式，可以从自己的省情、市情出发，建设有自己特色的开发区，但是无论采取何种模式，园区的共同特点都应该是投资方便、技术先进、信息灵通、创汇力强、效益显著。因而在这个阶段，经济园区的主要任务就是：

集中力量建设完善的基础设施，建立精干、高效的管理机构，制定有关法规规章，创造对外资有较强吸引力度"小环境"，以便积极举办外商投资企业，发展中外合作的生产和研究设计，引进先进工业项目，开发新技术，推动科技进步，优化所在城市的产业结构，增加出口创汇，逐步成为母城扩展对外经济贸易的重要"窗口"，促进母城及腹地经济的繁荣发展。

一是要努力优化投资环境。园区的投资环境包括硬环境和软环境两个方面，其中投资硬环境是基础，软环境是关键。招商引资是开发区工作的重中之重，而改善投资环境是招商引资成功的关键，园区投资环境的改善需要从改善硬环境和软环境两方面入手，真正做到"软硬并重"。良好的投资环境，是吸引外资的先决条件。所谓投资环境是指投资者资本增殖的环境，投资者为了获取最大的利润总要寻求最优的环境，而我国在兴办开发区之初，各开发区所在城市大多存在基础设施建设不完善、法律法规不健全、行政管理体制落后等问题，为了吸收国际资本，必须给投资者提供买方市场，创造并持续完善良好投资创业环境。

投资的硬环境往往对引导资金流向起着决定性作用。在经济园区初建阶段，供水、供电、供热、供气、排污、道路、通讯等基础设施建设和先行进区企业项目的基本建设，形成启动规模是园区压倒一切工作的重点。我国各区域经济的非均衡协调发展，取决于资金在区域间的合理流动和资源的最佳配置，只有在交通、通讯等基础设施外部环境先行发展的条件下，税收等优惠政策才能发挥较大的作用，否则必然造成短期投资的增多、投机行为扩大，不利于资本在不同发展区域的合理流动。没有一个好的投资硬环境，即使条件再优惠，也不利于经济园区的长久发展。因此在发展的初始阶段，经济园区必须下大力气搞好区内的土地开发和能源、交通、通讯等基础设施建设，切实打造优越的投资硬环境，为整个投资环境的形成与改善提供"硬件"基础。

营造良好的投资软环境是吸引国内外资本的主要条件。园区投资软环境是投资环境中的无形部分，投资软环境最能体现开发区投资环境的特色，在吸引外资方面发挥着重要的作用。在发展的初始阶段，我国各经济园区存在着不同程度的法规不完善、资金缺乏安全保障、行政管理不善、手续繁琐、办事效率低等问题，使得不少外国投资者对经济园区的发展持怀疑和观望的态度，已投资合作者也抱怨颇多，有些开发区在初建的几年中已建项目不少，但利用外资，特别是外商直接投资却是一个很小的数字，这与此有极大的关系。经济园区始建阶段，薄弱的软环境建设，对招商引资的进度和开发区的长远发展形成了一定的阻碍作用，因此各园区必须抓体制改革，抓制度建设，克服官僚主义，提高办事效率，逐步建立对外开放的灵活体制，为外国投资者提供优质的服务。

二是要大力发展社会生产力。社会主义初级阶段的最重要任务是发展生产力，我们实行对外开放，就是要利用国际上的资金和技术来发展社会生产力，加速社会主义现代化进程。建立开发区、高新区等经济园区，毫无疑问必须围绕发展社会生产力这个任务。经济园区无论是利用外资、引进技术，还是出口创汇，也无论是采取哪一种发展模式，都不能离开这个中心。在兴办初期，经济园区应为当地以至内地的经济发展和技术进步服务，把主要力量放在开发工业项目上，把引进外资的重点放到生产性的项目上来，提高外资项目的技术档次，促进引进技术的消化吸收，加强规划，贯彻产业政策，逐步形成拥有自己的优势行业、骨干企业，拥有先进的技术装备和拳头产品，能够打进国际市场，并不断提高国际竞争力。

三是要深化体制改革。现代技术和有效的管理制度是经济发展的两个轮子。经济园区兴办初期，我国处于先进技术相对缺失和高效管理相对缺位的阶段，各园区作为我国经济体制改革的示范区域，要起到体制改革的试验场和对引进国外管理方法进行筛选和过滤的作用，积极推进行政管理、企业管理、投融资管理、开发建设管理、财政税收管理、进出口贸易管理、土地管理、市场管理等方面的体制改革，增强经济园区的体制优势，发挥体制改革与创新的试验和示范作用。这一阶段，各园区要特别重视商品经济和价值规律的作用，逐步建立起一个适应国际市场活跃的商品经济、以市场调节为主的经济体制；在不断推进企业各项改革的基础上，应活化企业管理，发展和完善国有企业经营承包责任制，转变企业经营机制，增强企业活力，提高经济效益；同时各园区应着力打造统一、高效的管理机构，建立开放型灵活的行政体制，行使其规划、协调、指导、监督和服务的职责。[①]

（三）初始发展阶段的主要政策举措与成就

经济园区的兴办阶段，国家和各开发区所在地政府采取了多种政策举措，促进园区的发展。各经济园区在"三为主"指导思想的指引下，立

[①] 陈钺、皮黔生：《中国经济技术开发区研究》，渤海湾出版社1989年版，第15页。

足于发展母城及腹地经济,着力建立开发区的工作机构、制定有关的法规和建设基础设施,为园区初始阶段的建设和发展奠定了基础。

1. 加强法制建设,为园区初始阶段的发展提供制度保障

市场经济首先是一种法制经济,开发区作为中国市场化改革的"试验田","依法治区"是其实现发展的必然选择,而"依法治区"的前提就是必须有完善的法律法规作为依据。我国各类园区在创建初期,为了鼓励外商投资,中央、地方和各部委颁发了一系列的法规规章,形成了透明、有效的政策环境。为了从制度上规范经济园区的发展,国家及大多数园区所在省(直辖市)的立法机关,制定了一批单行法规,所在市人民政府也公布了一批管理规章,其内容涉及土地管理、建设项目审批、工商登记、技术引进、劳动工资等方面。

从国家层面来看,经济园区自建立以来,国务院和中央各部门制定了促进园区建设和发展的一整套法规规章。如国务院《关于经济特区和沿海十四港口城市减征、免征企业所得税和工商统一税的暂行规定》(1984年11月)、国务院《关于鼓励外商投资的规定》(1984年11月),财政部《贯彻国务院〈关于鼓励外商投资的规定〉中的税收优惠条款的实施办法》(1987年11月),海关总署、财政部与原对外经济贸易合作部联合发布的《关于中外合资企业进出口货物的监管和征免税规定》(1984年4月),海关总署《对经济技术开发区进出口货物管理规定》(1984年4月),国家科委《国家高新技术产业开发区高新技术企业认定的条件和办法》(1991年3月)和《国家高新技术产业开发区税收政策的规定》,等等。这些法规规章有的并不完全针对经济园区,但其中均涉及园区,从而成为各地总体制定投资优惠、企业登记、劳动管理、土地管理、技术引进等方面地方性法规与规章的依据。另外在国家层次上相对于各类经济园区还存在一些非规范性政策文件。

从地方层面来看,各经济园区所在地的省、直辖市、自治区人民代表大会和政府也纷纷制定了有关法规、规章和一些规定、办法,对开发区初期建设起到了推动和促进作用,如各省制定的《经济技术开发区条例》等。这一层次法规和政府规章涉及面广,各省、各地方情况有很大差异,如天津市第十届人大常委会第二十一次会议于1985年7月审议通过并经过多次修改的《天津经济技术开发区管理条例》、《天津经济技术开发区企业登记管理条例》、《天津经济技术开发区劳动管理办法》和《天津经济技术开发区土地管理规定》,这些条例和规定对各开发区的地位和职能

进行了法律上的规范。

2. 制定优惠政策，为园区初始阶段的发展提供政策支持

为了扶持经济园区的建设，在园区兴办初期，国家比照经济特区，实行政策倾斜，普遍采用了税收、人才、土地、金融等方面的各种优惠政策，以吸引国内外资本，促进产业发展和技术进步。在很大程度上说，我国经济园区初期的建设和发展，得益于大量的优惠政策，这些优惠政策在园区的载体开发和招商引资等方面发挥了至关重要的作用，做出了不可磨灭的贡献。

在财政政策方面，国家对经济园区的起步建设提供了巨大的财政政策支持。在创办经济园区之初，中央财政将各开发区新增财政收入全部返还给园区或园区所在地方政府，用于经济园区的建设和发展。对于首批设立的 14 个国家级经济技术开发区，国家明文规定：经济技术开发区新增的财政收入，从批准兴办之日起 5 年内免除上缴上借任务，开发区的财政收入全部留作开发资金，后来考虑到各开发区在起步阶段基础建设任务重，生产性项目不多，财政收入少，中央将原定政策的有效期统一延长至 1995 年。

在税收政策方面，为了促进园区的招商引资工作的开展，国家对入区企业采取了相应的税收优惠政策。国家级经济技术开发区内的生产型外商投资企业，减按 15% 的税率上缴企业所得税，其中，对于经营期在 10 年以上的，从开始获利的年度起，第 1 年和第 2 年免征企业所得税，第 3 年至第 5 年减半征收企业所得税。按照国家规定的"免二减三"税收优惠期满后，对于被确认为出口企业的生产型外商投资企业，当年出口产品总值达到总产值的 70% 以上的，减按 10% 的税率征收企业所得税；对于被确认为先进技术企业的生产型外商投资企业，可以延长 3 年减半征收企业所得税。开发区内中外合资经营企业的外商将从企业分得的利润汇出境外，免征汇出税。对于在中国境内未设立机构而又来源于开发区的股息、利息、租金、特许权使用费或其他所得的外商，除依法免征所得税外，都减按 10% 的税率征收所得税，其中提供资金、设备的条件优惠，或者转让的技术先进，需要给予更多减征、免征优惠的，由开发区所属的市政府决定。[①]

在金融方面，举办初期几年内，国家银行每年安排若干开发性贷款指

---

① 鲍克：《中国开发区研究——入世后开发区微观体制设计》，人民出版社 2002 年版，第 57~58、166 页。

标，用于建设启动。园区建设的初始阶段，中国人民银行每年都要在国家信贷计划内安排一部分专项开发贷款支持国家级经济技术开发区的土地开发和基础设施建设。开发贷款实行差别利率，范围包括开发区的土地征用、场地平整、通水、通电、通讯、通气、排污等公用设施的开发贷款，不包括用于标准厂房建设、商品房建设和工业项目建设等可以通过经营盈利偿还本息的贷款，开发贷款总额不得突破国家核定的年度总规模。外商投资企业可以用现汇或固定资产向银行抵押，申请贷款；外商投资企业所需的流动资金或临时周转资金，各开户银行在贷款指标中予以优先贷款；外商投资企业也可向国外筹措资金，由企业自行借还。各类留成外汇和外商投资企业的外汇，在外汇管理部门监管下，可以相互调剂外汇余缺；生产替代进口产品的企业或生产国家急需的尖端产品的企业，可以由国家主管机关或地方政府调剂解决外汇收支平衡；对外汇平衡暂时存在困难的外商投资企业，可以在一定期限内，用人民币购买经过批准的产品出口，所获外汇实行综合补偿。

在进出口方面，开发区在国家统一政策指导下自主经营区内的进出口贸易。开发区内企业和机构，经国家规定的主管部门批准，进口供本开发区使用的基建物资、建筑材料、交通工具等货物，予以免税；开发区内企业出口开发区生产的产品，免征出口关税。为简化企业的进出口手续，各开发区根据实际情况，实行免领许可证、缓领许可证和允许异地申报制度，如开发区内企业进口生产用机械设备、生产用车辆、原料或零件等允许免领，进口不属许可证管理的商品，凭批准企业的文件、合同验收即可；如企业出口其生产的产品，属于出口管理范围内的商品，每半年申领一次，不属于监管范围，凭出口合同验收即可；个别开发区规定，只要能扩大出口，增加本地企业市场份额，允许本地企业异地申报出口。

在土地管理方面，各经济园区对于区内引进的先进技术企业和产品出口企业，大都规定了 5~10 年不等的免缴土地使用费时期。同时各开发区、高新区等经济园区基本上可审批 200~500 亩以下土地的划拨、出让、转让、抵押和出租，有的开发区以征用超前开发用地的名义储备了一批土地，作分期开发。①

3. 建设先进的基础设施，为园区初始阶段的发展提供硬件基础

经济园区大多位于沿海城市或内地的中心城市，交通运输比较便利。

---

① 刘蕲冈：《开发区发展与创新》，湖北人民出版社 2002 年版，第 92~95 页。

为了创造良好的投资环境,吸引到更多的入区企业,各园区都致力于基础设施的建设和完善,这个阶段,由于享受到优惠政策相当,各园区竞争的焦点就是投资硬环境的建设。

为了保证项目建设的迅速发展,为投资者提供需要的投资条件,各经济园区遵照"规划一片、开发一片、收益一片、滚动发展"的建区方针,克服资金紧缺的困难,重点保证亟待完善的基础设施和迫切需要的社会配套设施的建设,实现了基本建设与项目建设的同步发展。在园区内集中建设基础设施,土地开发和各方面基础设施建设必须相配套才能正常发挥其功能,因此各经济园区在开发建设的初始阶段就力争为投资者营造高水平的发展空间,形成了一定的配套标准,并加强对基础设施建设的规划管理和市场管理,确保了工程质量,基本达到了起步阶段的"七通一平",并不断完善,为投资者提供了能源、通讯以及生活等方面的保证,增强了对投资者的吸引力。

4. 深化投融资体制改革,为园区初始阶段的发展提供筹资渠道

经济园区发展初始阶段,全国园区的投融资体制改革基本上处于探索发展的时期。基于对经济园区地位与作用的认识、期望和要求,各园区的投融资体制在建立与改革初期即与传统体制有所区别,主要是按照"政企适当分离、管委(政府)大额投资、业主小额融资"的思路,设立了由管委(政府)出资设立并直接控制的经济开发总公司,总公司再下设工业、城建等投资公司,投资资金全部来自区财政和银行贷款,其职责主要负责开发区内水、路、气等大配套项目的建设与经营管理以及工业小区、居住小区的小配套项目投资、开发与管理;文化、教育、卫生等公益事业几乎全部由管委(政府)直接拨款,指定有关职能部门直接负责建设、经营与管理。[①]

资金短缺是园区兴办阶段建设发展中存在的主要困难之一。面对这一问题,各经济园区针对各自发展情况,在实际工作中坚持保重点、保急需的方针,综合利用发行债券、同业拆借、拍卖土地使用权、大力发展贸易等多种方法,开辟筹资渠道,取得了相当的成效。这一阶段,青岛开发区对于丰富和拓展筹资渠道进行了大量的摸索和实践,开发区于1991年委托中国建设银行青岛信托投资公司首次发行债券2000万元,创造了一条利用社会闲散资金支持开发区建设和通过证券市场发挥融资功能的新路;

---

① 厉无畏、王振:《中国开发区的理论与实践》,上海财经大学出版社2004年版,第74页。

在金融部门的帮助下，通过同业拆借，1991年当年开发区筹措到资金3000万元；同年8月，开发区将其中心地带的4773.5平方米土地的使用权公开拍卖，经过参加单位激烈叫价竞争，使每平方米土地使用费比公告提高20%，不仅在国有土地使用权有偿出让方面进行了有益的探索，而且为筹集资金积累了经验。

5. 深化管理体制改革，为园区初始阶段的发展提供整体服务

作为建设社会主义市场经济体制的示范区和改革开放试验区，经济园区所在地政府在结合本地区实际情况的基础上，积极探索，大胆实践，形成了适用于不同区域实情的各具特色的管理模式。

经济园区是一个特殊的区域，园区管委会也与一般意义上的政府不一样。从建区伊始，各园区所在地政府均对举办经济园区给予了高度重视，从各方面抽调得力干部组成开发区管理委员会、高新区管理委员会等管理机构，同时组建了从事开发经营实物的经济技术开发总公司。各园区管委会，从一开始就着意构建"精简、高效、统一"的管理架构，并结合各园区自身情况，在实际工作中不断深化管理体制改革，精简机构设置、简化办事手续，基本实现了简政放权、分层决策、有序管理、高效运转，强化了服务功能。如南通经济技术开发区在调整机构、理顺关系的基础上，进一步完善了部门职责，明确了边缘责任，开展了"定职能、定编制、定岗位"的"三定"工作；青岛经济技术开发区按照"小政府、大社会"的原则，于1990年将开发区管委会原有的15个部门调整为10个部门，并建立起经济管理、建设管理、社会管理三个口的归口管理体系。各园区还根据自身实际所进行的一系列管理体制的创新与改革，提高了办事效率，强化了服务功能，为园区的招商引资和经济发展提供了良好的平台。

二、经济园区快速发展阶段

1992年，邓小平的南巡讲话从思想观念上为经济园区的发展扫清了障碍，推动了中国整体对外开放的又一次高潮，园区进入了快速发展阶段。这一时期，经济园区利用外资的规模和质量都有大幅度的提高，跨国公司开始取代中小资本争相进入，有一定技术含量的项目大量引入，甚至一些外资企业的研发中心也开始在经济园区落户，外商对华的投资从试验性阶段进入到实质性阶段；经济园区在经济实力、工业产值、税收、经济

效益等方面也都取得前所未有的成绩，工业产值同比增长迅速，工业规模迅速增大；同时，园区的经济总量在其所在的母城中份额越来越高，经济园区已成为城市的一个经济发展增长点，占有举足轻重的地位。

(一) 快速发展阶段的时间定位

1992年邓小平南巡讲话后，掀起了对外开放和引进外资的新一轮高潮，我国经济园区建设也随之进入快速发展阶段。1992到2002年间，经济园区的数量不断扩张，类型不断丰富，分布上也表现为由沿海向沿边、沿江和内地扩展，同时各地方政府自批自办的各类园区也大量出现，园区在利用外资数量和水平上也大幅提高，一系列高科技含量的项目推进我国工业化进程。这一阶段，由特区、经济技术开发区、保税区、高新技术产业开发区、边境自由贸易区、沿江沿边开放地带、省会城市等构成的多层次、全方位开放格局基本形成，借助这一发展机遇，全国各地利用外资的形势和各类经济园区的发展实现了质的飞跃，经济园区迎来了快速发展时期。

1. 经济技术开发区的快速发展

在邓小平南巡讲话的促进和鼓舞下，全国加大了对外开放的力度。1992年，国务院先后批准设立温州、昆山、营口、威海、福清融侨和东山6个国家级经济技术开发区以及大连、广州、张家港、海口、厦门象屿、福州、宁波、青岛、汕头9个保税区。同年12月国务院又正式批准厦门集美地区为台商投资区，至此，国务院共批准4个台商投资区，全部在福建省。1993~1994年，国务院又批准了长春、沈阳、哈尔滨、杭州、萧山、广州南沙、惠州大亚湾、芜湖、武汉、重庆、乌鲁木齐、北京12个国家级经济技术开发区。在总结国家级开发区有效促进当地经济健康发展经验的基础上，为了鼓励外商向中西部地区投资，作为西部大开发战略的重要措施之一，1999年8月国务院决定"允许中西部各省、各自治区、直辖市在其省会或首府城市选择一个已建成的开发区，申办国家级经济技术开发区"。[①] 之后，在2000~2002年间，国务院先后批准了合肥、长沙、成都、贵阳、昆明、西安、郑州、南昌、石河子、西宁、呼和浩特、南宁、太原、银川、拉萨、南京、兰州17个开发区升格为国家级经济技

---

① 开发区协会：《国务院决定建立出口加工区和增设部分国家级经济技术开发区》，载《开发区协会信息》，1999年第9期，第5页。

术开发区。

值得指出的是，开发区在得到广泛认同、快速发展的同时，开发区热也随之形成，一些地方擅自批准设立开发区，出现了开发区过多、过滥的问题。在这一时期，由于受地方利益驱动和房地产热的影响，全国各地市、各县区甚至于乡镇、农村都兴起了"开发区"热，达到了"镇镇建区、乡乡办园"的地步，形成了新一轮的征地圈地高潮，使得大量耕地被圈占，一度造成混乱局面，严重违背了开发区设立的目的和发展规律。

2. 高新区等其他类型经济园区的快速发展

1992年邓小平同志南巡讲话后，我国的高新技术产业开发区也在深化改革、扩大开放的有利环境中获得了快速发展。1992年11月，国务院在已经批准建立的27个国家级高新技术产业开发区的基础上，又批准建立25个国家级高新技术产业开发区，从而使高新技术产业开发区分布在大陆除西藏、青海、宁夏以外的所有省份。1997年6月，在全国高新技术产业开发区蓬勃发展的基础上，为推动农业高新技术产业的发展，解决干旱、半干旱地区的农业发展问题，国务院批准在北方农业科技、教育实力最为密集的陕西杨凌建立了国家农业高新技术产业开发示范区。至此，经国务院批准设立的国家级高新技术产业开发区达到了53个，经省级政府批准的地方高新技术产业开发区达到了57个。[①]

从1992年起，我国对外开放在逐渐由沿海向沿江、沿边和内地推进。为发展我国与周边国家的经济贸易和睦邻友好关系、繁荣少数民族地区经济，国务院分三次批准开放了黑龙江、吉林、内蒙古、新疆、广西、云南等省份的13个边境城市，并同意在黑河、绥芬河、珲春、满洲里、丹东、伊宁、塔城、博乐、凭祥、瑞丽、畹町、河口、二连浩特、东兴14个边境口岸城市设立边境经济合作区，在满洲里中俄边境开设边民互市贸易区，发展边境贸易和加工出口工业。1992~1996年间，国务院又陆续批准设立了大连、张家港、福州、海口、厦门象屿、广州、青岛、宁波、汕头、深圳盐田保税区和珠海保税区，至此，我国的保税区达到15个。

与其他形式的开发区相比，出口加工区在我国的正式设立要晚得多。为了促进我国加工贸易发展，规范加工贸易管理，实现从分散型管理向相对集中型管理转变，同时给企业提供更加宽松的经营环境，鼓励外贸出口，2000年4月27日，国务院正式批准设立出口加工区。为了便于运

---

① 徐冠华：《中国高新技术产业发展报告》，科技出版社1999年版，第199页。

作，国家将出口加工区设在已建成的开发区内，并选择若干地区进行试点，首批批准进行试点的有15个出口加工区，即辽宁大连、天津、北京天竺、山东烟台、山东威海、江苏昆山、江苏苏州工业园、上海松江、浙江杭州、福建厦门杏林、广东深圳、广东广州、湖北武汉、四川成都和吉林珲春。

（二）快速发展阶段的指导思想与主要任务

1992年之后，在邓小平南巡讲话的促进和鼓舞下，全国加大对外开放的力度，各类经济园区在规模和数量上不断的扩张，经济园区进入快速发展阶段。之后，我国各级各类经济园区不断涌现，在地区经济和空间经济增长方面做出了很大的贡献。随着利用外资形势以及国内各项政策的变化，各经济园区调整了园区发展方针，各类经济园区发展的主要任务也由单一的发展经济充实演变为促进母城及腹地经济发展、促进产业结构的优化升级和推动加快城市化的进程。

1. 经济园区快速发展阶段的指导思想

1992年之后，我国的经济园区由起步探索阶段进入快速发展阶段。这一时期，跨国公司争相进入中国投资，使得技术档次高、管理技术现代化、配套带动性强的大项目显著增加，中、小型项目不再是开发区工业的骨干；外商投资的热点由特区向开发区转移，特别是向中国基础条件好的老工业基地转移，这表明，经过十几年的对外开放，外商的投资试探已经告一段落，进入实质性投资和长期打算搞大工业阶段。针对这一形势变化，经济园区充实调整了建区方针，坚持产业布局"以工业项目为主，以吸引外资为主，以出口创汇为主和致力于发展高新技术"的"三为主、一致力"指导思想，各类经济园区的工作重心实现了由基础设施建设向招商引资的转移，管理体制实现了由传统式管理向市场经济模式下的现代化管理转移，发展动力实现了由依靠政策驱动向依靠功能驱动的转移，初步形成了全方位、多层次、多功能的开放开发格局。

20世纪90年代末期，国际国内的形势发生了变化，各国对资本资源的争夺加剧，尤其是发展中国家之间。出口方面，在东南亚金融危机之后，人民币坚持不贬值，使我国出口产品价格相对较高，扩大出口较为困难；国内方面，国家赋予经济技术开发区的特殊优惠政策基本到期，随着西部大开发战略的实施，国家建设重点逐步向中西部和东北地区倾斜，国内市场需求不旺,另外由于开发区在一段时间内的盲目设立,相互之间的无序竞争加剧,开发区的生存和发展问题面临挑战。根据新的国际国内形势,国家对"三为主、一致力"的指导思想进行了扩展和补充,提出了"三个参与"的发展战略,即继续发展园区独特的区位优势,大力发展外向型经济,积极参与国际竞争,努力在吸引外资、境外投资和发展对外贸易方面继续发挥基地和窗口作用;积极参与所在城市和地区的产业结构调整和产业升级,努力为国家企业改组、改造和嫁接发挥桥梁和纽带作用;积极参与培育和建立高新技术产业的成长机制,努力为发展属于自己民族知识产权的高新技术企业发挥先导作用。[①]

2. 经济园区快速发展阶段的主要任务

1992年,邓小平南巡后,掀起了中国对外开放的又一次高潮。它不仅使全国各地利用外资的形势发生了质的飞跃,更标志着经济园区迎来了真正的大发展时期。随着原有经济园区规模的扩大,以及新建各类经济园区的大量出现,园区在带动经济发展、促进产业结构升级以及推进城市化进程等方面都发挥着越来越重要的作用。经济园区通过"外引内联"、"产品扩散"、"加工合作"和"示范媒介"等方式,国外的先进技术、管理经验、资金和设备等直接为我所用,为所在城市的经济发展增添了后劲。进入新的发展阶段,各园区仍以促进母城及腹地经济发展、促进产业结构的优化升级为主要任务,但随着园区规模的扩大和数量的扩张,推动城市的结构调整与城市改造、加快城市化的进程也成为各经济园区的发展重点。

一是着力形成特色产业集群。产业集群,作为一种介于企业与市场之间的中间产业组织形态,它的集聚效应、扩散效应和生态效应可以形成一种"空间拉力",使得资源在非平滑运动过程中形成一个相对优势集聚区。产业集群需要相互关联的企业在地理上的集中,这种"集中"需要在特定的区域形态内完成。经济园区作为以产业融合为基础的经济组织,具有布局集中、功能互补、设施配套、规模合理、分工协作的特点,能充分体现产业集聚的内在要求,是产业集群发展的重要载体和平台。经济园区通过提供高质量、高效率的公共产品,吸引具有产业关联性的大量企业入园,形成产业集群,并在此基础上通过产业关联各环节衍生出一批具有分工协作关系的关联企业,进一步壮大产业集群。经济园区和产业集群是

---

① 中国开发区协会秘书处:《开发区协会信息》,1999年第7期,第10页。

"相互交叉的两种产业空间",在起步阶段经济园区的发展上,人们更多地考虑的是自然资源,区位因素等,忽略了产业协同和关联的集群效应,从而造成经济园区大量缺失集群机制,无从发挥集群效应,大大影响了经济园区的发展进程。随着中国改革开放政策的延续和完善,特别是中国加入世界贸易组织之后国际国内市场的日益融合,经济的全球化和社会的信息化使得生产要素、各种资源和产业分工在不同层次上迅速地排列组合,并日渐集群于跨国界的有个性的地区。面对国际国内形势变化的挑战,无论从自身经济增长规律出发,还是应对外部竞争压力,在新的发展阶段,着力打造特色的产业集群成为实现经济园区快速发展的主要任务和必由之路。

二是切实推动城市化进程。城市化是新时期我国社会经济发展面临的重要任务,如何运用有效手段加快城市化进程,成为经济和社会发展的重要现实课题。在这个过程中,经济园区扮演着一个极其重要的角色,承担着重要的发展任务。我国经济园区建立伊始是按工业区模式建设的,园区单一经济功能区的定位使得经济园区专注于经济功能,创造了竞争优势。正是这个特点,使经济园取得了一个又一个发展奇迹。但各地经济园区在建立之初,有的紧靠老城,有的远离老城,第二产业发展很快,第三产业相对发展不够,比较普遍存在着"人气不足"现象,特别是远离老城区的园区,像一个孤岛,人流、物流、信息流与外界对流不畅。国际经验证明,没有商贸、金融、文化事业的相应发展,经济很难繁荣,最终将制约第二产业的发展。人气、商气也是一种重要的投资环境,因此,经济园区发展到一定程度,必然要经历以工业化带动城市化的发展阶段,必须把建设国际化、现代化新城区作为新时期经济园区发展的重要任务。工业发展离不开城市功能的依托,随着经济社会的发展,进入快速发展阶段的经济园区如雨后春笋般在各地迅速发展壮大,作为现代化高效率的工业基地,园区必然吸引众多的企业和机构及社会经济各部门在相对狭小的空间内集聚,需要园区作为新型城区经济中心,推动其所在城市的结构调整与城市改造,打造新型的现代化小城市、小城镇,成为各地推动城市化进程的重要力量。

三是大力推进改革创新。创新是园区的本质特征。创新是园区的成因,也是园区不断发展和前进的动力。在一定意义上,经济园区是创新试验田,是创新示范区,创新是园区一切工作的出发点和落脚点,是立区之本。优惠政策在园区,尤其是在初期发展中发挥了较大作用,成为园区发展的主要推动力,但发展到今天,园区的政策空间日趋缩小,创新作为园区的原动力就被提上重要位置。经济园区只有始终保持强烈的创新意识和蓬勃的创新能力，才能永葆自身的活力与优势，要依靠体制和机制创新、经济增长方式创新，营造新的发展态势。对外开放是园区实现快速发展的前提，改革创新则是园区持续发展的根本动力。完成初始阶段的建设，进入快速发展阶段，经济园区的建设要更加突出创新，积极推进体制机制创新、管理创新和企业自主创新等，努力构建创新体系，以创新促进经济园区的发展。

(三) 快速发展阶段的主要政策举措与成就

完成起步阶段的建设，经济园区的发展迈上了一个新的台阶，发展速度和效益都有了明显提高。各园区按照"三为主，一致力"的发展方针，根据发展阶段的变化，适时调整相关政策，积极引进国外先进的资金、技术、管理经验，在经济发展、产业培育、科技进步、土地开发、城市建设、创新优势等诸多方面都取得了显著成绩，成为中国经济最有活力、最具潜力的经济增长点。

1. 调整财税优惠政策，合理引导外资流向

1996 年之后，经有关部门批准，国家对经济园区的有关财政、税收等方面的优惠政策做出了相应的调整。对于首批设立的 14 个国家级经济技术开发区，国家规定，以 1995 年比 1993 年新增财政收入中的中央财政应得部分为基数，在 3 年内由中央财政递减返还给开发区，即 1996 年返还 3/4，1997 年返还 2/4，1998 年返还 1/4，到 1999 年停止返还，从 1999 年 1 月 1 日起实行全国统一的财政上缴政策，至此，首批 14 个开发区的财政优惠政策已经到期，开发区税收不上缴、全部留用的优惠已经结束。对于第二批设立的 18 个国家级经济技术开发区，有关文件规定，实行"五年期全额返还"和"三年期的递减返还"政策；苏州工业园区自设立之日起实行新增财政收入留用政策，在 1998 年到期时调整为：以 1998 年财政返还额为基数，4 年内递减返还，即从 1999 年起按 80%、60%、40%、20% 的比例返还，到 2003 年停止实行财政返还政策，开始实行全国统一的财政上缴政策；对于上海浦东新区，在 1996～2001 年间，以 1995 年财政返还额为基数，每年增值税和消费税收入增幅在 15% 以内的，应上缴中央财政部分全部留给浦东作为发展基金，对年增幅超过 15% 的部分，一半上缴中央，一半留给浦东作为发展基金；对于 14 个国家级边

境经济合作区以1995年比1993年增加的"两税"应上缴中央财政部分为基数,在1996~1998年3年内实行定额返还。此外,开发区利用外资的政策也发生了变化,自1996年初起,外商投资企业进口设备不再免关税和增值税,这意味着此后再引进项目,外商的投资成本要增加30%以上;1998年,中央对利用外资的政策再度进行了调整,恢复了对外商投资企业进口设备免征关税的优惠政策。优惠政策恢复后,园区利用外资的形势开始有所好转,园区各类经济资源和要素也开始在相对稳定的节奏下,在相对合理的结构下发挥作用。

2. 严格规范审批,认真清理各类园区

在有条件的地方,建立布局合理的经济园区,并集中力量搞好基础设施建设,实行优惠政策,创造良好的投资环境,吸引外资,是我国改革开放政策的一项重要举措。实践证明,经过初始阶段的建设,园区的工业规模有了长足的积累,取得的经济效益使经济园区成为名副其实的经济亮点。但自进入快速发展阶段以来,一些地方出现了"开发区热",开发区越办越多,范围规划越来越大,占用了大量的耕地和资金,明显地超出了实际需要和经济承受能力。少数地方无视国家税法和土地法,超越权限擅自制定发布税费减免办法,对外造成了不良影响。为此,国家颁布了严格审批和认真清理各类开发区的相关政策,明确规定了各类开发区实行国务院和省、自治区、直辖市人民政府两级审批制度,鼓励吸引外资兴办工业、农业、国际旅游业和高新技术产业开发项目;对未经国务院和各省、自治区、直辖市人民政府批准而自行兴办的各类开发区,各地要进行认真的检查清理,对缺乏基本建设条件、项目、资金不落实,过多占用耕地和占而不用的开发区,要坚决果断地停止建设。同时指出,审批设立开发区,要加强统筹规划,合理布局,注重经济效益和社会效益,不得擅自逾越权限范围制定有关优惠政策。经过一个阶段的调整,新批外商投资项目较第一阶段有了一定的减少,但是,协议利用外资和实际利用外资额开始有了突飞猛进的增长。这一高速阶段为我国经济增长奠定了坚实的基础,而以经济园区为龙头带动经济的发展更成为这一阶段发展经济的最重要的手段。

3. 推进农村城市化,做好农民失地安置

进入20世纪90年代,我国许多城市通过经济园区的规划建设,在短时间内完成了产业和人口的集聚,实现了城市地域空间和人口规模的跳跃性增长和产业结构的转型。不少国家级开发区利用外部资金推进城市化,通过"开发土地—招商引资—税收收入—再投入土地开发"的模式，建设起一个个现代化城市新功能区。有的园区成为城市的新市区，如上海浦东、厦门海沧、大连新市区、苏州新区、天津滨海新区、成都高新区等；有的成为现有城市外围具有相当人口规模的新市镇，如宁波北仑、珠海西区；或者成为新城市，如洋浦。与此同时，沿海许多重点开发区纷纷走上了城市化发展的轨道，一方面继续完善"九通一平"和积极招商引资；另一方面开始进行城市化建设和城市化管理。沿海开发区所在的城市以及各区域范围内，城市基础设施建设成就斐然，一、三产业发展势头强劲，城市产业结构调整渐趋深入，农村城镇化进程显著，整体城市化水平在短时间内得到大幅度提升。同时，在此阶段，我国的经济园区建设开始大规模推进，在数量和规模上不断扩张，致使大量地域上的农村人口失去农业用地，身份转变的同时也面临着失地后的就业及社会保障等一系列问题。在推进城市化进程中，如何维护好、实现好、发展好失地农民利益，是一个极为现实的问题。为此，各经济园区针对自身实际情况，在招商引资过程中重视土地的集约利用，完善失地补偿制度，合理分担失地农民就业责任，完善就业服务体系，探索建立失地农民社会保障体系，基本形成了"经济补偿、就业扶持、居住安置、社会保障"的失地农民安置机制。如广州开发区大力开展职业技能培训，提高了失地农民的就业素质，拓展了就业渠道；苏州市颁布了《苏州市征地补偿和被征地农民基本生活保障试行办法》，通过在全市范围内全面实行土地换保障政策，力求"使被征地农民做到'不失业、不失利、不失财'，顺利实现由农村向城市、农业向非农、农民向市民的转变"；青岛开发区通过实施旧村改造，改善群众居住条件，确保农民失地不失居，并建立了包括养老、医疗、失业、最低生活保障等失地农民综合社会保障体系，确保失地农民无后顾之忧。

4. 发展专业特色园区，形成特色产业集群

经济园区在进入快速发展阶段后，突出特色成为园区建设的关键环节。同时，随着中国改革开放政策的延续和完善，特别是中国加入世界贸易组织后国际国内市场的日益融合，世界范围内的产业调整和转移，各类经济园区在招商引资和项目建设中，逐步认识到了地区经济发展的一般规律，打造产业集群是许多发达国家地区经济实践的成功经验。于是，各园区由单纯注重产业积聚逐步关注产业集群，纷纷提出"产业链"招商、集群化发展。以国家级开发区为代表的各类经济园区根据自身特点，坚持走发展特色经济之路，通过引进具有世界先进水平的现代制造业以及跨国

公司的研发机构，集约利用资源，招引特色产业，形成了基于专业化市场、品牌企业带动和知识共享的不同类型的特色产业集群，大大提升了我国的产业结构和在国际分工中的地位，走出一条在开放条件下实现新型工业化的道路。以青岛经济开发区为例，该区按照"大港口、大工业、大旅游"三大特色经济的布局，建设西海岸新兴经济产业带，积极实施"以港兴区"战略，引进了马士基、伊藤忠、以星航运等一大批国际知名仓储物流企业，港航服务业蓬勃兴起；围绕建设青岛新型工业化的中心区，初步形成了以海尔、海信、澳柯玛、新都理光、三洋电机、海信日立空调等为依托的家电电子产业，以高合化纤、中达化纤、SK化工、庆昕塑料等为依托的石油化工产业，以海西湾造修船基地、中集集装箱、浦项不锈钢、乘用车等为依托的机械制造产业，以国风药业、国大生物等为依托的生物制药产业；围绕建设国内一流的海滨文化旅游观光胜地，拉开了薛家岛省级旅游度假和珠山国家森林公园开发的序幕，成功举办了数届中国·青岛金沙滩文化旅游节，并成为青岛市三大知名节庆品牌之一。

5. 完善区域创新体系，提升各项创新能力

经济园区进入快速发展阶段，政策优势不断弱化，取而代之的是需要综合环境优势创新。各园区以提高自主创新能力为主线，优化创新环境，完善创新机制，针对各区实际情况强调不同的侧重点，全面推进园区产业创新、体制创新、技术创新和招商引资等方面创新能力的提升，形成了较为完善的区域创新体系。在管理体制方面，各园区根据本区特点，深化管理体制改革，增强了整体服务的功能，如无锡开发区提出"三个一"服务体系；上海浦东新区实行政务"三公开"制度，即审批标准公开，办事程序公开，收费标准公开；苏州工业园区提出"全过程"服务的思想，即通过例会、走访、跟踪和信息反馈等制度，确保企业的开工、投产和运营各环节都能获得良好的服务；秦皇岛经济技术开发区形成了"人人都是投资环境，事事关系招商引资"的服务理念，围绕亲商、安商、富商，不断提高服务意识、服务质量和服务水平。在产学研结合方面，经济园区与大学城的建设相结合，大力引进了智力资源。园区进入快速发展阶段，国家给予外资的优惠政策有所变化，外商投资在促进经济增长及产业结构调整的同时，其弊端也逐渐显现，鉴于依靠外资带来的经济脆弱性和被动性，各园区积极转向高新技术产业的发展方向，其中一项重要措施就是把园区的建设与当地著名大学新校区的建设紧密结合起来，如南京高新区浦口分区依托南京大学、东南大学的新校区；江宁分区依托河海、南航等高

校的大学城；杭州高新区的主区块依托浙江大学。在招商引资方面，开发区引进民营科技企业增多，内资企业规模增大，在加强对外招商引资的同时，各开发区也加强了对内招商引资的力度，如南京新港高新技术工业园和江宁高新技术工业园，民族高新技术产业已经取得了快速发展，金陵药业股份生产基地、熊猫、南汽等大企业集团投资的项目均在这两个开发区内运营投产；一些知名度较低的开发区更是把内联作为主要招商手段，如萧山开发区引进了"运城"、"胜达"、"中汇"等投资额在5000万元人民币以上的项目。

三、经济园区科学发展阶段

经过20多年的艰苦创业，经济园区按照国务院确定的发展方针，积极引进国外资金、先进技术和管理经验，大力发展加工制造业和高新技术产业，率先探索建立社会主义市场经济体制和运行机制，已经发展成为中国土地集约利用程度较高、现代制造业集中、产业集聚效应突出、外商投资密集的外向型经济园区，在推动我国社会主义现代化建设中发挥了重要的作用。进入科学发展阶段，随着国际国内形势的变化，我国经济社会发展进入了一个新阶段，经济园区也步入经济社会发展的调整转型期，面临着新的机遇与挑战。

（一）科学发展阶段的时间定位

我国的经济园区经过快速发展阶段，在数量和规模上都得到了极大的扩张，但也存在一些明显不规范问题。自2003年起，国务院开始对全国各类经济园区进行清理整顿，此后，经济园区进入科学发展阶段。

为推进园区从注重规模扩张向注重可持续发展转变，政府以严格审批土地开发为重点加强职能监管，2004年7月起全国对各类违规设立的开发区加大清理整改力度，核减开发区规划用地面积2.49万平方公里，占原有规划面积的64.5%，为园区的健康持续发展打下良好的基础。通过清理整顿和设立审核，大幅度减少了开发区数量，核减了开发区面积，突出了产业特色，优化了布局，各类开发区在项目准入、单位土地面积投资强度、容积率及生态环境保护等方面的标准明显提高，清理整顿和设立审核工作取得初步成效，为开发区下一步规范发展营造了良好环境。为推动我国改革示范作用，国家在继续做好有关专项改革试点的同时，选择具备条件的地区，进行完善社会主义市场经济体制综合配套改革试点。自2005年至今，国务院先后批准上海浦东新区、天津滨海新区、武汉城市圈、长株潭城市圈为国家综合配套改革试验区。此外，2005年6月，国务院批准设立上海洋山保税港区，拉开了中国设立保税港区的序幕，截至2008年11月，我国已批准建立了上海洋山、天津东疆、大连大窑湾、海南洋浦、宁波梅山、广西钦州、厦门海沧、青岛前湾、深圳前海湾、广州南沙、重庆两路寸滩11个保税港区，初步完成了在长三角、珠三角、环渤海、华南、西南沿海、东南沿海六大沿海港口和西南内陆区域中热点地区的落子布局。2007年11月，全国首个"综合保税区"——苏州工业园综合保税区正式启用，它相当于一个内陆型的保税港区，具有保税物流、保税加工、国际贸易、口岸作业等多种功能。

　　这一阶段，经济园区发展的方方面面逐渐走向成熟。从管理体制上来看，各园区基本上建立了符合国际规范的国际化管理体制，按照精简、高效、统一的原则，设立了综合性的经济行政管理部门；实行了工作人员的改革，拥有了一批高素质的行政管理人员队伍；基本上理顺了政府和企业的关系，各园区形成了众多为企业服务的中介组织。从经济园区产业发展上来看，由所谓的"只见企业，不见产业"这种单纯为招商而招商的出口加工模式，发展为依托大型企业而形成的具有鲜明特色的产业功能区，甚至于形成产业集聚区。从区域经济和城市发展的角度看，许多经济园区已不是原来的"孤岛"，而发展成为了拉动所在区域经济发展的发动机，发展成为了母城的一个功能区或者是经济重心区。

解读中国首个"综合保税区"
——苏州工业园综合保税区

　　2006年12月17日，国务院正式批复同意苏州工业园区开展具有保税港区综合保税功能的海关特殊监管区域试点，在原有的保税物流中心（B型）和出口加工区A、B区进行"政策叠加、功能整合"的基础上形成的整合后的区域，命名为"苏州工业园综合保税区"。2007年8月28日，苏州工业园综合保税区通过海关总署、国家质检总局等国家九部委联合验收，建成中国首个"综合保税区"。

☆关键词一　**创建现代商贸物流运营平台**。苏州工业园区综合保税区通过国家区域性现代物流公共信息平台试点的确定，积极创建现代物流公共信息平台，以配合国家制定现代物流信息技术相关标准，探索物流信息共享、提高物流效率的信息化建设思路和模式，并进一步建设完善的物流信息基础设施和高效的物流营运信息化支撑体系，加强各物流企业、物流客户、政府管理部门之间的联系，促进协同管理、协同经营机制的建立，从而达到强化政府管理部门对物流企业、物流市场的规范管理和宏观调控，提高物流企业的营运效率，降低社会物流成本的目标。

☆关键词二　**构建"海陆空"贸易运输立体格局**。面对苏州工业园区没有机场、没有港口的窘境，综合保税区陆续创造出SZV空陆联程全新模式、"区港联动"快速通关模式，并打造了"虚拟空港"、"虚拟海港"的概念，为企业加入全球化的竞争提供了有力支持。2002年，SZV空陆联程全新模式被创新性地提出并应用，企业的空运进口货物，可在国外直接订舱到SZV（苏州的城市代码），抵达机场的货物直接被装到具有"卡车航班"功能的卡车上运至园区，企业空运进口货物的通关时间由1~2天缩短为7~8小时，将园区IT产品的生产周期控制在5天成为了可能；2007年，继"空路联程"进口模式之后，其逆向出口模式"陆空联程"开始运行，"虚拟空港"真正实现了"双向直航"。2008年初，苏州工业园综合保税区与太仓港"区港联动"快速通关模式正式运行。

☆关键词三　**"特殊监管政策"保障体系**。园区办事处针对不同类型的特殊监管区域进行功能整合、政策叠加的发展趋势，结合国际公认的管理准则，形成了全覆盖的、适合于各类特殊监管区域的统一的监管政策用于监管综保区。建立了信息监管系统和视频监管系统，在人力资源紧张的情况下实现了对综保区检验检疫监管信息全覆盖管理；另外为简化通关手续，通过开展风险分析，给予低风险商品自动快速核放，给予诚信企业无纸报检、集中报检、过程检验、直通检疫等方便措施。

资料来源：山东国际商务网：《解读中国首个"综合保税区"——苏州工业园综合保税区》，http://www.shandongbusiness.gov.cn/index/content/sid/47136.html。

（二）科学发展阶段的指导思想与主要任务

在科学发展的新形势下，继续办好各类型经济园区，进一步提高经济园区的发展水平，具有十分重要的意义。针对国内外宏微观环境的不断发展变化，国家对经济园区科学发展阶段的指导思想做出了充实与调整，提出了"以提高吸收外资质量为主,以发展现代制造业为主,以优化出口结构为主,致力于发展高新技术产业,致力于发展高附加值服务业,促进经济园区向多功能综合性产业区转变"的"三为主、两致力、一促进"的发展方针,以期在推进我国经济发展方式转型中发挥更大作用。由于经济园区已经在经济技术开发、体制改革、制度创新等诸多方面取得了明显成效,因此,在科学发展阶段,切实转变经济增长方式、促进经济结构调整和区域经济协调发展、提高自主创新能力、大力发展循环经济、构建和谐经济园区,成为经济园区发展建设的主要任务和职责。

1. 经济园区科学发展阶段的指导思想

进入21世纪以来,国内外形势发生了很大的变化,经济社会发展进入了一个新的阶段,经济园区的发展进入了一个新的机遇期,同时也步入了经济社会发展的转型期,这对园区的发展建设提出了新的要求。在新时期下,国内外宏观环境不断发展变化,比如土地和能源等可利用的资源进一步紧张,国家宏观政策进行调控,国际资本流动出现的新趋势等因素,对经济园区持续健康发展提出新的挑战。面对新的挑战,经济园区要坚持自主创新、争创新优势,在政策优势逐渐弱化形势下,强化和发挥体制优势、服务优势、产业优势和创新优势,保持持续健康发展。为此,在新的发展阶段,各经济园区必须贯彻落实科学发展观,努力实现经济体制改革和经济增长方式的转变,要严格执行国家关于经济园区的各项政策,认真总结经验,更加注重结构调整和优化升级,更加注重引进技术和开发创新,更加注重开发项目的质量和效益,更加珍惜和合理利用土地,努力提高经济园区的发展水平。为适应新的发展形势,国家对经济园区科学发展阶段的指导思想做出了调整,提出了以邓小平理论和"三个代表"重要思想为指导,全面落实科学发展观,坚持"以提高吸收外资质量为主,以发展现代制造业为主,以优化出口结构为主,致力于发展高新技术产业,致力于发展高附加值服务业,促进经济园区向多功能综合性产业区转变"的"三为主、两致力、一促进"的发展方针,充分发挥辐射和带动作用,推动形成若干新的经济增长点,为全面建设小康社会做出新的贡献。[1] 同时国家明确提出经济园区在发展中要努力实现"六个成为",即努力把经济园区建设成为促进国内发展和扩大对外开放的结合体;成为跨国公司转移高科技高附加值加工制造环节、研发中心及其服务外包业务的

---

[1] 商务部、国土资源部:《国家级经济技术开发区经济社会发展"十一五"规划纲要》,2006年7月。

重要承接基地；成为高新技术产业、现代服务业和高素质人才的聚集区；成为促进经济结构调整和区域经济协调发展的重要支撑点；成为推进所在地区城市化和新型工业化进程的重要力量；成为体制改革、科技创新、发展循环经济的排头兵。这个指导思想和发展方针，是对过去"三为主，一致力"方针的延伸和创新，蕴含着"和谐开发区"理念，指明了当前和今后一段时期经济园区发展需要坚持的原则和方向，在新的时期赋予了经济园区新的发展内涵，即要实现科学发展。

2. 经济园区科学发展阶段的主要任务

在当前全球产业结构调整和国际资本流动加快的情况下，各类经济园区已经成为新一轮国际经济要素重组和产业转移的承接地和重要载体。经济园区完全有可能也有责任在走新型工业化道路、转变经济增长方式、促进经济结构调整和区域经济协调发展、大力发展集约型经济等方面创造新的经验。我国的经济园区经过20多年的建设，已经取得了显著的成绩，进入稳定、科学、和谐发展阶段，园区发展的主要任务是坚持全面、协调、可持续的发展观，保持经济园区规范健康发展，促进和谐园区建设。一是必须正确处理规模、速度与效益的关系，更加注重经济增长的质量和效益，切实改变片面追求数量扩张的发展模式，注重产业结构的优化升级，致力于高新技术产业的发展，合理开发和集约使用自然资源，保障园区的可持续发展。二是必须正确处理经济园区与周边地区发展的关系，努力为所在城市的产业结构调整和经济发展服务；同时要切实做好失地农民的安置工作，保障他们的合法权益。三是必须正确处理开发建设与保护土地的关系，继续坚持科学规划，滚动发展的方针，珍惜每一寸土地，着力提高土地利用率和单位面积产出率。四是必须正确处理开发建设与环境保护的关系，把建设人文和生态环境放在重要的位置，把经济园区建成人文环境优越、自然环境优美、生态环境和谐、文化品位高雅的现代化园区。五是必须正确处理突出重点与全面协调发展的关系，充分利用好国内外两种资源和两个市场，努力促进外源型经济与内源型经济相协调，坚持可持续发展原则，不断提高经济园区的综合实力。

（三）科学发展阶段的主要政策举措与成就

经过二十余年的发展，中国的经济园区已经形成了多层次、多类型、广分布的格局，在改革开放的发展中发挥了开放的"窗口"、经济体制

"试验场"、高新技术的中心区和区域经济增长点的作用,取得了举世瞩目的成绩。在此时期,在"三为主、两致力、一促进"发展方针和科学发展观的指引下,园区的发展逐步进入稳定、规范和科学发展阶段。经济全球化趋势的发展,知识经济时代的到来,西部大开发和振兴东北老工业基地战略的实施,国内经济体制改革的不断深化,国家政策的调整,这一切都给经济园区的科学发展带来了新的机遇,同时也带来了严峻的挑战。为了推动园区在新形势下取得更好的发展,各经济园区从自身实际出发,根据园区科学发展阶段的要求和国际国内形势的变化,以推进思想观念创新、管理体制创新、科技发展创新、资源利用创新、投资环境创新为重点,实施了不同政策举措,促进了经济园区的全面、和谐、可持续发展,提升了园区的发展质量和水平。

1. 鼓励技术引进和创新,促进转变外贸增长方式

经济园区进入科学发展阶段,国际经济格局发生了深刻变化,经济全球化的趋势明显增强,经济结构调整不断加快,技术创新对经济增长的贡献日益突出,科技竞争成为综合国力竞争的焦点。国际技术转移也呈现出新的发展趋势:跨国公司作为世界技术转移的主体的影响更为突出,中小企业积极参与世界技术转移活动;以高新技术为对象的技术转移日益增长;知识产权成为强化技术贸易和竞争的有效手段。这些都对我国技术引进和消化吸收再创新提出了更高的要求。为此,国家出台了相关政策,支持和鼓励引进先进技术,加强引进消化吸收和再创新,促进我国产业技术进步,提高企业的自主创新能力和核心竞争力,加快转变外贸增长方式,早日实现从"贸易大国"向"贸易强国"的跨越。主要包括国家利用外贸发展基金支持企业通过引进技术和创新扩大出口,依据《技术更新改造项目贷款贴息资金管理办法》和《出口产品研究开发资金管理办法》等有关政策,支持企业引进先进技术、对引进技术进行消化吸收再创新和对外技术合作而进行的技术改造和研究开发;对引进先进技术和再创新提供必要的金融支持,政策性银行和商业银行可根据国家有关法规和政策要求,积极开展技术引进和消化吸收再创新的贷款业务;为企业在境外设立研发中心提供必要的金融和外汇政策支持,重点支持能利用国际先进技术、管理经验和专业人才的境外研发中心项目等等。

受到人民币升值、国内原材料和动力价格的不断上涨、税收政策的调整、新的企业所得税法和劳动法的实施等一系列因素的影响,园区企业尤其是外贸出口企业所面对的宏观经济环境发生了很大改变。各经济园区顺

应宏观经济形势的发展变化，引导外贸出口企业转变传统的贸易出口方式，调整贸易结构，由劳动密集型产业向技术资本密集型产业发展，不少园区实现了一般加工贸易向深加工贸易转变、消耗资源型贸易向节约资源型贸易转变、外包加工型贸易向自主技术型贸易转变、贴牌贸易向自主品牌贸易转变、加工贸易向服务贸易转变，在新的经济形势下促进了出口贸易的发展。

2. 合理高效利用土地，实现园区集约发展

我国人多地少，耕地资源稀缺，当前又正处于工业化、城镇化快速发展时期，建设用地供需矛盾十分突出。切实保护耕地，大力促进节约集约用地，走出一条建设占地少、利用效率高的符合我国国情的土地利用新路子，是关系民族生存根基和国家长远利益的大计，是全面贯彻落实科学发展观的具体要求，也是我国必须长期坚持的一条根本方针。2003年下半年以来，中央实行最严格的土地保护政策，在土地资源严重紧缺的形势下，各经济园区认真落实科学发展观，千方百计缓解土地要素瓶颈，优化资源配置，通过保护耕地、盘活存量、扩大增量等途径有效缓解土地要素制约，提高土地使用效益，促进了经济园区的集约化发展。以广州开发区为例，为提高进区投资项目的质量和集约利用土地水平，管委会建立了项目适当准入机制，对土地使用设置多道门槛，规定进入工业园区的项目必须是科技含量高、投资规模大、经济效益好、污染程度低的项目；同时严格项目用地和预留用地的审批，按照不同园区所处地理位置不同，规定不同的投资密度标准，如科学城的投资密度要求是500美元/平方米，东区是350美元/平方米，永和经济区是250美元/平方米，同时要求投资规模原则上要达到500万美元以上，如总投资达不到500万美元的则不单独供地，但可以进标准厂房；在规划设计上，开发区明确项目用地建筑密度及容积率的下限，要求建筑密度不低于35%，容积率不低于0.6，防止多占少用、浪费土地资源；开发区还充分挖掘存量土地潜力，注重已开发土地的挖潜，通过逐步淘汰占地多、用地少、效益差的项目，清理、盘活闲置土地，把土地调整供应给用地省、效益好的项目，让有限的土地发挥更大的收益；另外，开发区还坚持土地有偿使用原则，根据国家、省、市规定，每半年调整一次，并结合各片区的实际情况，确定合理的工业地价，不随意降低条件，不随意降低土地价格，尤其不搞"零地价"或象征性地价，不搞无原则让利，在低价优惠方面，主要针对于高科技项目、投资

密度大项目、省市空白项目和高产出、高效益项目。①

3. 大力发展循环经济，构建生态型经济园区

随着全球经济增长和物质财富的积聚，人类面临的环境问题也更加突出，从传统的高消耗、高污染、末端治理的生产方式，向清洁生产、循环经济方向演变是人类社会可持续发展的必然选择，以生态工业理念为主要实践形式的经济园区成为园区科学发展阶段的建设重点。2003年以来，国家环保总局在国家经济技术开发区、高新技术开发区等综合类园区中开展循环经济试点，并在国家级经济开发区中全面推行ISO14000国际环境管理体系认证工作，相继有天津、烟台、大连、苏州等国家重点开发区开展了建设生态工业园区工作，这些园区通过引入生态工业理念对其进行生态化改造，极大地提升了开发区的水平和档次。在推进生态工业园区的建设过程中，各区坚持以发展循环经济和产业生态化改造为理念，通过绿色招商、加强环境保护监管、加快基础设施建设和全面推行ISO系列认证工作等措施，逐渐形成政府引导、企业为主、市场化运作的"三位一体"的循环经济发展模式。

政府层面，主要是注重科学规划布局，发挥协调指导作用，促进生态环保体系的建立，支持生态园区的发展。比如，烟台经济技术开发区通过政府政策引导、市场调控等措施，重点培育发展了以东岳轿车为主的汽车产业链、以LG手机为主的电子通讯产业链、以葡萄酒、水产品、果蔬等为主的食品产业链、以氨纶等为主的新材料产业链等，逐步形成了产业集群优势，为发展生态工业园奠定了基础；苏州工业园区以构建生态文明为核心，积极实施"腾笼换鸟"、"优二进三"、"退低进高"工程，全方位引入"功能分区"、"项目分类"、"雨污分流"等先进环保理念，建立了"污染禁入—生态缓冲—雨污截留—集中供热—垃圾处理"五道环保防线，在招商过程中实施"环保一票否决制"，区内工业用水重复利用率和固废综合利用率分别达92%和97%，绿地覆盖率超45%，区域环境整体通过了ISO14000认证。企业层面，在激励政策和约束机制的引导下，推进了资源节约和高效利用，减少了污染物的产生和排放，主要表现在两个方面：一是提高环境准入门槛，对资源能源消耗高、环境风险大的项目实施严格控制；二是以企业为主体，积极开展清洁生产，推行资源节约和高效利用，减少污染物的产生和排放。烟台经济开发区截至2006年底，已

---

① 戴友华：《珍惜土地资源，集约利用土地》，载《广州开发区二十年》，广东人民出版社2006年版，第187~190页。

有烟台金河实业有限公司、黄金冶炼等19家企业开展了清洁生产审核，其中金河实业投资100万元，实施了高费方案，建设了废气处理塔，削减了废气排放量；氨纶股份公司通过审核，发现了影响溶剂二甲基乙酰胺回收率的关键环节，通过更换管道阀门，建设二次精馏塔，使二甲基乙酰胺向空气中的排放减少了15%；其他园区也根据自身特点，在企业内推行清洁生产，培育和引进循环经济项目。据不完全统计，在国家生态工业示范园区创建期间共有700余家企业通过清洁生产审核。在社会层面，大连经济开发区的做法为各生态园区的建设提供了有益借鉴，其依托大连理工大学等国内科研机构，广泛开展与联合国、加拿大、美国、日本等国内外科研、企业和政府的合作与交流，吸引了国内外相关环保产业的科技人才、管理人才进驻，对循环经济、生态园区建设相关课题进行调查研究，为政府决策和政策制定提供了建议和依据。同时，大连经济开发区广泛开展了资源节约型、环境友好型社会宣传教育活动，提高了社会公众对发展循环经济、生态文明建设的重大意义的认识，相继成立了开发区环保志愿者协会及环境保护青年志愿者协会等活动组织，使发展循环经济、构建生态园区在全区广泛开展起来。

4. 进一步优化产业结构，加快发展现代服务业

进入科学发展阶段，经济园区发展所面临的国际国内形势发生了重大的变化。就国际方面来看，全球以现代服务业、高端制造业和研发环节转移为特征的世界新一轮产业转移已蔚然成风，尽管制造业仍然是我国承接国际产业转移的核心领域，但服务业已经成为我国承接国际产业转移的重要领域。在国际制造业和国际服务业转移加快的机遇面前，中国各类经济园区成为承接世界先进制造业、现代服务业转移，吸引国际流资本，创造更多投资机会的载体。国内方面，我国许多经济园区的功能定位、体制安排、规划调整、环境建设等各方面都发生了重大变化，从单一的经济功能区向多功能综合型城区转变，同时，随着经济园区所在企业的数量的增加，企业的多元经济成分以及企业经营链由"生产—销售"向"研发—生产—销售—服务"的延伸等，发展现代服务业成为园区可持续发展必需。针对上述变化，国家出台了《关于加快发展服务业的若干意见》和《促进国家级经济技术开发区发展服务外包产业的指导意见》等相关政策，明确指出应大力发展面向生产、面向民生的服务业，促进现代制造业与服务业有机融合、互动发展；鼓励经济园区内符合条件的服务外包企业按规定申请国家财政、商务信息产业、科技、教育、人事等专项资金支

持；鼓励经济园区建立服务业发展引导资金，调整优化各种专项资金支出结构，逐年提高支持服务外包发展的比例，重点支持服务外包基础设施建设和服务外包企业获得国际认证和强化人才培训。

与此同时，各园区根据自身情况，在发展现代制造业的同时，大力拓展与新城区配套及产业发展需要的现代服务业，突出物流、商品检验检测、研发设计等生产性服务业的发展，并积极发展服务外包产业，促进了产业结构的优化。如广州经济技术开发区，在园区内构建了相对完备的商务服务区和商业服务区，满足了投资者在金融、物流、教育、休闲、娱乐等方面的需要，形成了特色的商贸中心和服务功能区，吸引了大批国际和国内的服务企业的入驻；同时，开发区在区内开辟了软件园、服务外包产业基地等区域，并为投资者提供专业化的管理与服务，完善了科技创新服务体系，推动了现代服务业的发展。青岛经济技术开发区提出了建设现代化国际新城区的发展定位，加快推进了城市的规划建设步伐，不断提高了城市管理水平，大力发展了旅游、港航服务、物流、金融、信息、商贸、交通、房地产、咨询服务等为主要内容的第三产业。通过培育完善生态环境、流通环境、金融环境、市场环境，不断提高第三产业的设施水平和服务效率，率先完成了农村城市化的示范区、中国北方航运中心、物流中心、青岛新的国际经济贸易中心和具备国际水准的滨海旅游度假胜地，从而为开发区的可持续发展提供了强有力的支持，也开辟开发区创新发展的另一条道路。

5. 打造优质软硬环境，实现贸易投资便利化

经济园区发展阶段的不同，对于投资环境的具体要求也有所不同。进入科学发展阶段，多数园区在认真组织学习国际惯例知识的基础上，以营造与国际惯例相接轨的投资环境为目标，通过建设高标准的基础设施、提升行政效能、建设信息化园区、加强知识产权保护等措施，增强了环境吸引力。目前，国家级和东部部分省级开发区营造了"九通一平"的软环境，即人才通、金融通、物流通、科技通、房产通、管理通、法律通、财经通、贸易通和综合性服务平台，海关、国检、税务、工商、银行等都在同一区域办公，投资客商只要走一圈，就可办完有关事项；大多数园区对投资客商服务，从最初的投资谈判、项目审批、到选址建厂、招聘员工以及到原料购买、产品销售等都实行相应的"一条龙"服务，降低了企业商务成本，提升了环境竞争力。以青岛经济技术开发区为例，其重点从硬、软、外、内等方面环境建设入手，形成了独特的环境优势。在基础设

施方面，按照国际一流经济园区的标准，进一步加强基础设施建设，加大了区域道路交通、供水、供气、供电、通讯、网络等公用服务设施建设力度，提高基础设施的承载力，基本实现了企业建到哪里，就配套到哪里。同时，开发区与跨国企业投资要求相适应，区内建设了相对完善国际化的配套生活设施和公共管理服务系统，为投资者营造了适宜创业发展和生活居住的良好环境。在软环境建设方面，开发区坚持以外商满意为最大工作目标，努力与国际惯例接轨，不断提高行政效率和服务质量，努力营造"亲商、爱商、安商、富商"的良好氛围，形成了吸引人才、资本、项目和技术快速集聚的"磁场"效应。开发区还积极打造一个集网络化办公、信息化服务、智能化管理、国际化交流于一体的信息化园区，在区域内先后开通了 DDN 数据网、ATM 网/ISDN 综合数字网等数据通信网，通过建设"金宏办公服务系统"实现了全区企业注册登记并联审批、法律咨询服务、督查信息上报统计和党务信息智能化管理，并开通了"青岛开发区政务之窗"、invest-ok 等门户网站，还全面启动了制造业信息化工程示范区建设，澳柯玛、海尔、海信等一大批单位已经通过使用 ERP、OA 等软件来提高本企业的工作效率，基本实现了园区管理、园区服务、企业管理、国际交流等方面的信息化。在外部环境建设上，开发区坚持整体推进、突出重点，狠抓了城区环境的绿化、美化、亮化、净化和建成区质量档次的提升，积极开展了 ISO14000 国家环保示范区的创建活动，全力打造生态环保型开发区。在以提升干部素质为主要内容的内部环境建设上，开发区不断深化行政管理体制改革和机构改革，探索实行"决策、执行和监督"行政三分制，切实建立了精干、廉洁、务实、高效的政府服务体系，提升了行政效能。[①]

6. 统筹整体安排，推进区域联动

起初我国的经济园区是以母城为依托建立起来的，经过 20 余年的发展，各开发区、高新区等经济园区不仅自身发展迅速，而且成功实现了对母城的反哺。在科学发展阶段，各经济园区力图将自身发展与母城的发展结合起来，依托母城，服务母城，在园区与母城、园区与其他临近区域之间建立起相互促进、良性循环的互动机制，实现区域联动。在我国南部，随着汽车、石化、传播、装备工业等重化工业的异军突起，广东正在形成沿惠州—广州—珠海—茂名—湛江一线以临港开发区为主的沿海石化产业

---

① 凌嵩、李颖：《青岛开发区信息化建设回顾与展望》，载青岛经济技术开发区工委管委办公室编：《调研报告及研究论文汇编（二零零三年度）》，第 229~230 页。

带；在环渤海地区，青岛保税区与沿济青（聊）高速公路一带的津南、章丘、淄博、潍坊、聊城等地实行"飞地式"区外园区合作开发，与沿海一线的日照、威海（石岛）、烟台等地实行功能对接，与青岛市内连片的平度、莱西、胶州、胶南等地实施招商合作，真正发挥了保税区对腹地经济的辐射带动作用和推进联动区域对外开放的桥头堡作用。为推动保税区、出口加工区等海关特殊监管区域与开发区功能的互补、资源整合，各园区针对自身情况，采取了相应政策举措。比如广州经济开发区、保税区等由商务部门主管，高新技术开发区由科技部门主管，园区任务相近，但"招牌"不同，这就难以避免地形成竞争，有时为了争一个项目，一个城市不同的开发区之间也会"明争暗斗"。为了避恶性竞争，充分发挥各项政策优势，广州经济技术开发区自1998年开始探索各种功能区的整合，先后将经济技术开发区、高新技术开发区、保税区、出口加工区四种不同功能的国家级开发区整合在一起，形成了全国唯一的"四区合一"管理体制，四块牌子，一套机构，覆盖四个区域；同时广州又积极探索开发区与行政区的有机整合，形成了国内独特的"五区合一"管理模式，在行政资源、政策资源、规划建设资源、招商资源等方面实现了整合，促进了区域的和谐发展。

第五章 经济园区发展的模式

> 你们来到这世界，不是为了要服从老朽的东西，而要创造新的、有理智的、光辉的东西。
>
> ——［俄］高尔基

20多年来，经济园区在我国获得蓬勃发展，已经成为各地招商引资、创造就业、增加税收的重要载体，成为区域经济的增长点。在经济园区的发展过程中，经济园区各具特色的发展模式起到了至关重要的作用。本书将从经济园区的大企业带动模式、产业带动模式、国别特色模式及园区模式创新入手，对各种不同的发展模式进行分析探讨，为我国经济园区的进一步发展寻求思路。

一、大企业带动发展模式

龙头企业对区域经济的发展具有举足轻重的作用，是区域发展的重要支撑。根本上说，体现一个区域竞争优势的，是其优势产业及产业集群，而体现优势产业及产业集群市场竞争力的核心，则是产业中大而强的骨干企业。可以说，增强区域竞争优势，关键要靠大企业、大集团。我国的一部分经济园区正是在骨干企业的带动下发展起来的，即大企业带动发展模式。

（一）大企业带动发展模式的界定

1. 大企业带动模式的概念

所谓大企业带动模式就是指发挥大企业的影响力和支配力，通过灵活利用特定企业配置资源的作用，实现其对于经济园区发展的带动作用。考量一经济园区是否是大企业带动发展模式，主要是看经济园区内骨干企业对园区发展是否起到带动作用及其产值在整个园区总产值中是否占有较大的比重。其特点：一是区内骨干型企业的产值在园区经济总量中占较大比重；二是区内骨干型企业是园区转变经济增长方式、调整产业结构的主力军；三是区内骨干型企业是经济园区特色产业崛起、产业集群形成的"领头雁"；四是区内骨干企业对园区经济发展起着明显的推动或拉动作用。

2. 大企业带动模式的类型

按照主导企业的数量来划分，大企业带动发展模式可以分为单一企业带动和多企业带动两类。单一企业带动的园区相对较少，一般是规模较小的省级园区，依靠某一个支柱企业获得发展，区内的各项政策措施都围绕这一骨干企业制定和实施。比如邹平经济开发区，就是以魏桥集团为主导企业，依托魏桥集团的膨胀发展进行各种项目建设和招商引资。多企业带动是大企业带动发展模式的主要形式，这些企业占据了园区产值的绝大部分，共同主导着园区的发展态势。多企业带动发展模式根据产业归属来分类，又可以分为两种类型：同一产业的主导企业和不同产业的主导企业。一般来说，同属于一个产业的几个主导企业的发展更易于形成产业集群，各种资源集中于该产业，最终实现企业带动向产业带动的过渡。但当前最主要的形式还是主导企业分属于不同的产业。比如美国的西雅图工业区，区内两个超大型企业——波音和微软分别属于飞机制造和软件产业，主导了整个区域的发展。

（二）大企业带动发展模式探析

由于主导企业在园区经济中的支配地位，使其成为园区的集中反映，而大企业带动发展模式的优势就是能够通过对主导企业的扶持和调整，影响整个园区内的企业，从而实现园区发展的目标。当前形势下，园区发展的主要目标就是转变增长方式、调整产业结构以及培育特色产业、形成产业集群，而这些目标都要通过主导企业来实现。

1. 大企业带动模式有利于园区调整产业结构

大企业带动模式中的主导企业都是实力雄厚、有较大规模的企业，这些企业的自身优势对产业结构的调整具有重大影响。首先，大企业具有规模经济优势，资金、技术实力雄厚，可持续发展能力强，能够承担起对产业发展具有重大带动作用的资金数额大、技术含量高、建设周期长的项目建设，这是众多的中小企业所无法企及的。其次，大企业是产业结构高级化的支撑。产业结构调整的一个重要方面是促进产业结构的不断升级和高级化，而产业结构升级的支撑在于技术进步。大企业又是产业内技术进步的策源地，拥有大量技术人员，科研开发能力强，是推动产业技术进步和科研成果转化的主体。大企业的技术创新和产业化活动不断创造出新的产业群，把产业结构日益推向更高层次。

2. 大企业带动模式有利于园区形成产业集群

大企业往往在技术水平和专业化生产上有明显的优势，能够在企业网络形成中发挥主导作用。因此，产业集群网络构造可以先通过引入某一产业的大企业或龙头企业，发挥其在某一产业内的市场影响力，引来该企业原来的配套企业来特定区域集中，或将本地相关企业纳入该企业的产业链之中而成为其下游企业，形成大企业主导的产业网络结构。园区主导企业在区内产业集群的形成过程中正是发挥着这个"大企业"的作用。同时，园区主导企业对产业集群的演进也发挥着至关重要的作用，包括研发和知识外溢效应、产业链互动效应、品牌效应、部门创新机制等。

案例5-1　以支柱企业引领园区经济发展
——邹平经济开发区

邹平经济开发区于2001年8月开始规划建设，2003年6月被山东省政府批准为省级开发区。自规划建设以来，邹平经济开发区始终把骨干企业的膨胀项目建设作为工作的重点，依托骨干企业建设"区中园"的策略，促进园区经济的发展。世界最大的棉纺织企业——山东魏桥创业集团是开发区的第一大支柱企业，2001年，魏桥创业集团在开发区开工建设邹魏第一工业园，揭开了经济开发区项目建设的序幕。目前，该集团已在开发区内规划建设了邹魏第一、第二、第三、第四、第五个工业园。2008年，魏桥创业集团工业总产值554.33亿元，占邹平市规模以上工业总产值的26.38%，拉动全市工业总产值增长5.12个百分点。在魏桥创业集团的带动下，齐星集团、宏诚集团、怡康集团等一批骨干企业先后入驻开发区，并建成齐星铝业科技园、怡康生物科技园、宏诚家纺工业园等"区中园"。目前已有建成和在建的工业园12个。在招商引资方面，开发区通过实施"大开放、大招商、大发展"战略，采取以企招商、专业招商、中介招商等方式，充分发挥了骨干企业的龙头带动作用，吸引了世界和国内的一批大集团、大企业入区发展。如魏桥创业集团分别与世界500强——日本伊藤忠商事株式会社，以及香港中亚纺织有限公司、香港创年国际有限公司等企业合资建设了高档纺织、服装项目，齐星集团与加拿大凯帝集团合资建设了环保型复合材料项目，等等。

资料来源：根据山东外经贸厅资料整理。

（三）大企业带动发展模式新思路

大企业带动发展模式需要园区主导企业与其他企业之间具有较高的产业关联度，形成产业链，才有可能带动园区经济的整体发展。但是目前来看，很多经济园区企业间的关联度很低，产业网络化也没有形成，园区企业的自我造血机制缺乏，无法充分发挥企业带动模式的优势，迫切需要寻求新的发展思路。

1. 加强区内企业间的联动

经济园区应通过正式的或非正式的信息交流、开发和生产的转包，以及销售代理等方式，对区内企业实施统一组织、统一规划、统一管理、统一开发，把广大中小企业纽结在一起，形成大、中、小企业的优势互补的企业集聚体。

2. 加强配套基础建设

经济园区应按照"外向型、高起点、国际化"和"统一规划、分步实施、滚动开发"的方针，为区内各个企业提供配套的一体化公用工程、一体化服务设施、一体化物流配送体系。

3. 加强区内企业的创新能力

经济园区应把构建企业科技创新体系作为突破口，整合科技资源，改善区内产业培育的科技配套基础。加强"产学研"结合，积极引进国内外高新技术公司，组织技术开发和技术攻关等各方面的服务，引进"大院大所"共建创新载体。通过技改贴息的标杆作用，积极推动企业开展技术改造，提升企业技术水平和装备水平，鼓励企业申报各类项目；培育各类企业技术中心、工程技术中心、高新技术研究开发中心、产品质量检测中心、区域科技创新服务中心，促进企业之间、企业与大学和科研院所之间的知识流动和技术转移，加快科技成果产业化步伐。[1]

---

[1] 薛红志、张玉利：《主导企业在突破性变革时期的技术投资与技术能力》，载《中国软科学》，2007年第5期。

> **案例5-2　大企业带动结硕果——济南济北经济开发区**
>
> 　　大企业带动是济南济北经济开发区发展模式选择，也形成了园区台资发展特色。园区采取重点扶持、重点培育，促其快速发展、膨胀规模，延伸产业链条，迅速营造起了园区大企业主导与带动发展格局。一是以旺旺食品为龙头，带动了食品加工业的快速发展。目前旺旺集团厂区建筑面积10万平方米，员工总数2620人，投资总额6700万美元，在工业园内的企业已达8家，分别是旺旺食品、大旺食品、明旺乳业、强旺食品、祥旺乳业、瑞旺包材、真旺包材、乳旺食品，8家公司可生产旺旺系列60余种食品，从原材料到包装材料全部实现当地采购，已形成了自己的产业链条，计划实现年产值20亿元，利税3.2亿元，成为旺旺集团在大陆规模最大的生产基地。二是以世界最大笔记本电脑生产制造商华硕集团投资兴建的力硕电子企业为龙头，带动电子产业的快速发展。力硕电子项目总投资2000万美元，主要生产电脑主板、各种新型电子元器件、各种电脑电源、UPS电源、LED电源等产品。规划建筑面积7.2万平方米。电脑主板设计能力900万块，年产值72亿元。2006年济北经济开发区GDP达75.6亿元，仅这两大企业产值就占了大半以上。日前，在山东省外经贸厅对全省145家省级开发区综合评价中，济北开发区位列第21位。
>
> 资料来源：根据山东外经贸厅资料整理。

二、产业带动发展模式

　　产业带动发展模式中的主导产业，是指在区域产业系统中处于支配地位的产业，它具有明显的竞争优势，产出规模大，能承担区域分工的某一重大任务，并为区域经济发展做出独特的贡献。同时，它又是区域经济系统中的主体和核心，通过其较强的关联效应，带动区域经济的发展。在产业集群飞速发展的今天，产业带动发展已成区域经济发展的主流模式，通过主导产业提升园区产业竞争力更是发展经济园区的有利选择。

（一）产业带动发展模式的界定

1. 产业带动发展模式概念

　　产业带动发展模式是指经济园区建设与发展是围绕主导产业来进行

的。通过对园区产业优势的分析，合理确定园区主导产业，并进行科学规划与布局，使得产业在原有的基础上能迅速发展壮大，带动所链接的卫星产业以及其他产业的发展，从而实现整个园区经济的发展。产业带动发展模式可以说是大企业带动模式的升级，强调的是产业的主导性和影响力，即从量的方面看，主导产业应是在整个经济园区收入中占有较大比重或者将来有可能占有较大比重的产业，在整个园区经济中占有举足轻重的地位；从质的方面看，应是能够对经济增长的速度与质量产生决定性影响的产业，其发展进步能够带动园区竞争力的提升和园区经济的快速发展。

2. 产业带动发展模式特点

产业带动发展模式的特点：第一，区内主导产业能够对其他产业产生带动和推动作用，是前后相关联和旁侧关联度较大的产业。第二，由于主导产业的存在及其作用会受特定的资源、制度和历史文化的约束，因此，不同的经济发展阶段主导产业也不相同，它会随所依赖的资源、体制、环境等因素的变化而演替。第三，区内主导产业具有序列演替性。由于主导产业能够诱发相继的新一代主导产业，因此，特定阶段的主导产业是在具体条件下选择的结果。一旦条件变化，原有的主导产业群对经济的带动作用就会弱化，被新一代的主导产业所替代。第四，区内主导产业具有多层次性。处在战略地位的主导产业应该是一个主导产业群，并呈现多层次的特点，实现多重化的目标。

3. 产业带动发展模式类型

我国经济园区由于设立时间、地理位置、优惠政策以及各种环境因素的不同，在发展过程中形成了不同的产业带动发展类型。其中，根据主导产业的多少，可以分为单一产业带动发展模式和多产业带动发展模式。单一产业带动即以一种产业作为园区的主导产业，从政策上给予重点扶持。这种类型的优点是产业发展重点明确，能集中各种资源，快速培育竞争优势。并且，单一产业也更容易创出园区品牌，产生品牌效应，吸引更多产业内企业在区内设厂，形成园区发展的良性循环。但是，如果经济园区经济技术基础薄弱和资源短缺，发展单一产业极易形成挤压区内其他产业的局面，使产业结构出现畸形，不利于园区的持续发展。多产业带动模式则是两个以上的产业共同作为园区的主导产业，它使园区产业发展更加均衡，同时这些产业也可以享受政策上的扶持，可以说是一种较为理想的模式，但是，由于分散了资源和品牌效应，其发展速度不及单一产业带动模式。

(二) 产业带动发展模式探析

作为我国经济园区的主要发展模式，产业带动模式在各类经济园区的发展过程中发挥了重要的作用。下面分别对产业带动模式的优势以及园区主导产业的选择进行探讨。

1. 产业带动发展模式的优势

产业带动发展模式有利于促进园区产业集群的形成，增强园区的竞争优势，具体来说，主要是规模优势、创新优势和品牌优势。

（1）产业带动模式为园区带来规模优势。园区主导产业的发展可以加快该产业集群在区内的形成速度，从而形成完整的产业链，不仅企业形成了一定的规模，而且产品无论品种、数量还是质量都有较大优势。这主要是因为：一方面，集群内企业共享公共基础设施和服务机构，吸引了大量生产要素供给，开辟了广阔的销售渠道，企业议价能力有效提高，从而降低生产成本；另一方面，集群内的"知识溢出"效应引发企业生产效率的极大提高，有效降低了企业的生产成本；此外，集群内存在的大量外包和垂直一体化的专业化资产投入，使得企业在选择"外购还是生产"时更具灵活性。

（2）产业带动模式为园区带来创新优势。主导产业的发展壮大使大量企业在园区内集聚，企业在地域上的邻近性和所属产业的关联性，方便了企业之间的技术和信息交流，产生的"知识溢出"效应很容易激发集群内企业相互间的创新欲望。同时，创新的正反馈效应使得局部创新引发产业链条上的全面创新。企业之间、企业与支撑机构之间集聚形成区域创新系统，知识和技术的传播与扩散在集群创新基础结构系统的支持下，形成企业和集群强有力的创新能力。

（3）产业带动模式为园区带来品牌优势。园区主导产业的发展使产业内的中小企业"扎堆抱团"，使企业在外部经济、集体效率和优胜劣汰的自然选择机制作用下，形成强大的国际竞争力。这种国际竞争力会推动整个产业竞争力的提升，从而扩大园区产业品牌的影响力，进一步产生品牌效应，吸引更多企业在区内投资。同时，园区内的企业也可以共享品牌影响力这一无形资源，实现企业的发展壮大。可以说，产业带动模式所带来的品牌优势是一种良性的循环机制。

2. 园区主导产业的选择

在产业带动发展模式中，园区主导产业的选择是一个重要决策，决定着园区今后一段时期的发展方向，是园区能否实现快速发展的关键。主导产业的选择不能只注重经济因素，自然资源和社会环境都应考虑，而且不同类型、不同位置、不同发展阶段的园区各有其特点和问题，因此，选择园区主导产业时应遵循一定的原则，主要有以下几个方面：（1）市场需求原则。在主导产业选择中，其产品应在国内外市场具有大量、长期、稳定的需求，选择市场需求弹性高的产业。良好的市场需求是其成长的出发点和持续发展、壮大的保证。（2）技术进步原则。主导产业应具有较强的发展潜力，体现技术进步的主要方向和发展趋势，能推动和加速园区内产业整体技术进步，提高劳动生产率，增加技术附加值，在市场竞争中具有优势。（3）产业关联原则。选择主导产业时，应优选产业关联度高的产业，具有较强的前向、后向和旁侧关联效应，可以发挥主导产业对其他产业的带动和推动作用，从而产生经济发展连锁反应，加速园区经济发展。（4）比较优势原则。选择园区主导产业要充分考虑地区优势，充分利用本地区的资源和条件，避免区域产业结构趋同。（5）可持续发展原则。要特别强调保护生态环境作为选择主导产业的一个重要标准，突出"绿色产业"的地位。社会稳定与发展是经济健康持续发展的有力保证，经济发展应促进人们生活水平提高和社会进步，因此选择主导产业还应考虑其对社会和环境的贡献。①

案例 5-3　烟台开发区以信息产业推动园区产业结构优化升级

近几年来，烟台经济技术开发区不断优化信息产业发展环境，使得开发区内信息产业得到飞速发展，并进一步带动整个开发区经济的发展。目前，开发区有电子信息企业 260 余家，其中软件及系统集成企业 70 余家。2008 年以来，实现电子信息产业产值 591 亿元、增长 100.9%，占全区总量的 57.6%。共引进软件企业 79 家，开发、生产软件产品 120 多种，其中 15 家企业、72 种产品通过省信息产业厅认证，分别占全市总量的 48% 和 43%。作为全市首家软件出口企业——烟台创

---

① 林素娇、江兵：《可持续发展主导产业选择模型研究》，载《价值工程》，2008 年第 4 期。

迹软件，2008年完成出口440万美元，预计2010年达到1000万美元。投资8.85亿元的中金数据项目，已被列为信息产业部重点支持的高科技信息服务项目，预计2009年建成使用，年可实现产值4.45亿元、利税2.7亿元。烟台经济技术开发区真正做到了以信息产业推动园区产业和产品结构优化升级，以主导产业带动开发区经济的整体发展。

促进产业结构优化升级。随着鸿富泰精密电子、浪潮LG进区落户，开发区累计引进核心配套企业40多家，形成电脑、手机两大产品集群。两大产品集群产值占全区信息产业总量的80%，占规模以上工业总产值的46%。

促进产品结构优化升级。全区已形成32大终端整机产品，并带动计算机板卡、软件与系统集成、通讯终端及网络设备等多个配套产业发展。计算机及网络产品出口24.5亿美元、手机出口7亿美元，国内市场占有率不断提高，已经建成全国重要的第三代移动通信和台式电脑、消费电子生产基地，其中CDMA手机国内市场占有率达到20%。

信息产业的集聚扩张，有力拉动了出口产品结构优化升级。目前，全区出口产品已由传统的水产加工、化纤纺织为主向机电产品出口转变。2008年以来，完成出口43.4亿美元、增长157%，其中机电产品出口38亿美元、占比87.5%。

资料来源：摘自山东省国际商务网：http://www.shandongbusiness.gov.cn/index/content/sid/51634.html。

（三）产业带动发展模式新思路

作为我国经济园区最主要的发展模式，产业带动模式推动了很多园区的快速发展。但是，在产业结构调整、资源日趋贫乏的形势下，实施产业带动模式的经济园区也面临一些问题与挑战，需要拓展新的思路。

1. 建立产业基地

经济园区应抓住当前世界产业结构新一轮调整的机会，引导区内企业推进国际化经营战略，充分利用国际市场和国际资源发展产业，在全面参与国际竞争中构建新的比较优势，建成具有国际竞争力的产业基地。

2. 构建专业产业园

经济园区在未来的产业发展上应把发展高新技术产业和先进制造业作为园区产业发展的主要方向，设立高新技术产业园、外商投资产业园、贸易和出口等专业产业园。

3. 打造完整产业链

在产业结构提升过程中,经济园区应把形成比较完整的产业链作为发展目标,不仅要追求上下游之间配套,还要注意生产、科研技术创新、资本之间的联合。

4. 降低产业入区门槛

经济园区应放宽行业准入门槛,不分域内域外,把产业依次向经济园区集中,以弥补产业集聚缺陷和增强产业集聚力。

5. 打造特色产业

经济园区应重点加强特色主导产业的培育,充分挖掘区域潜力,聚合各种生产要素,以便尽早形成区域特色产业。

三、国别特色模式

国别特色模式是我国经济园区重要发展模式之一,它把投资国的成功经验和中国国情及园区实际需要结合起来,既可以探索建立适应社会主义市场经济的管理体制和运行机制,又可以使经济园区高效运作并实现社会公平。国别特色模式经济园区在发展过程中积累了大量的经验,并且为我国经济园区发展模式的丰富和发展做出重要贡献。

(一) 国别特色模式的界定

1. 国别特色模式的概念

国别特色模式一般是指在经济园区内建立国别工业园,以突出国别特色,提高开发效率。国别特色模式的特点:一是国别工业园内全部或绝大部分是目标国投资企业,在园内具有支配地位。二是国别工业园是定型的企业开发模式,比一般经济园区企业管理模式更为清晰明确。三是国别工业园享受经济园区的全部政策,并享有部分特殊优惠政策。

2. 国别特色模式的作用

国别特色模式在加速园区发展方面具有重要作用:一是促使园区的投资环境在硬软两个方面都能更快地与国际市场、国际惯例接轨;二是保证园区的社会事业与硬件开发同步乃至超前发展,以较小的社会成本实现经济现代化；三是使园区经济的发展跨越无序的、带有原始积累性质的初级阶段，较快地进入法制化的、规范有序的、健全的社会主义市场经济阶段；四是提高园区管理的起点，超越传统的、任职的管理阶段，较快地进入科学管理和现代化管理的阶段；五是使产业技术的发展跨越一种以劳动密集型为主的低级阶段，直接进入以技术密集、资金密集，乃至知识密集为主的现代产业阶段。

（二）国别特色模式探析

国别特色模式是对我国经济园区发展模式多样化的有益补充，是经济园区进一步发展、提升质量水平的重要高地，是率先和国别（地区）对接、实现产业特色发展、深化区域经济国际化程度的重要力量。国别特色模式的优势在于：

1. 引资目标明确

国别特色模式从确立之初就突出了国别特色、地区特色和产业特色，它把"盯着项目转，围着项目干"作为园区建设发展的主线，并采取多种有效的形式与措施，有针对性地开展对外招商。如荣成日本工业园启动仅一年的时间，就汇聚了星野果袋、东方宣志电子、五大力装饰、精诚缝纫等日资项目8个，而后又依托精诚缝纫、恒茂食品引进了日本丸红和日本阪和兴业两个世界500强企业；台儿庄开发区的台湾工业园利用台儿庄籍台胞台属众多的优势，仅2007年就引进了8个3000万元以上的台资项目。

2. 特殊的优惠政策

国别工业园除享受所在经济园区的全部政策外，还享有部分特殊的优惠政策和服务。如北京开发区的日本工业园，入园企业可以在国家级经济技术开发区和国家级高新技术产业园区（如中关村科技园区）的双重优惠政策中任选其一；株洲高新区的欧洲工业园，入园企业除享受国家级高新区所有优惠政策外，还能享受到国家"中部崛起"的扶持政策；沈阳高新区的新加坡工业园，除享受国家级高新区所有优惠政策外，还能享受到东北振兴优惠政策。

3. 配套设施较为完善，承载能力强

国别工业园为了增强其承载能力，在基础设施建设方面一直都是按照高起点规划、高标准建设要求进行的。如2007年，山东省30家国别工业园共完成基础设施投入75亿元，基本实现了"八通一平"；荣成日本工业园为了建设一流的精品园区，聘请专家对1平方公里日本工业园进行了控制性详细规划和专业规划，累计投入配套资金6500万元。

但是，在具有显著优势的同时，国别特色发展模式也有其先天的缺陷，最主要的缺陷就是投资来源国过于集中，降低了经济园区抵抗风险的能力。特别是受政治方面的影响比较大，一旦我国与其投资来源国交恶，国别园区就会面临投资整体撤离的危险。因此，目前国别特色模式最主要的方式是在园区内建立多个不同的国别工业园，最大限度地降低风险。

案例5-4 海阳经济开发区日本工业园

2006年7月11日，海阳经济开发区日本工业园设立，规划面积1.3平方公里。在设立初期，海阳日本工业园就明确了产业定位和发展方向，重点发展先进机械加工、新型材料、五金制造等产业，有重点有意识地引领、扶持吸引日本的企业和项目在区内集中布局，形成产业集群，提高规模效益。截至2006年底，，已有41户日资企业落户开发区，占区内外资企业总量的1/3。在加强日本工业园的招商引资方面，开发区管委会实施的针对性举措，值得借鉴。

1. 成立招商顾问团。

海阳经济开发区成立了由区内日资企业大凤混凝土、汉都金属、和光金属、谷口油墨等企业组成的招商顾问团，面向日本，靠"辐射效应"和"乘数效应"扩大影响，以吸引日商投资。以大凤混凝土为例，2006年这家企业吸引了300多户日资企业到海阳经济开发区考察。

2. 强化服务配套工作。

海阳经济开发区日本工业园在设立初期便推出了全新的日本工业园投资指南，把日商在园区投资应享受到的优惠政策一一罗列，十分具体，一目了然。这只是海阳开发区日本工业园深化、细化、优化"您只要来，剩下一切我来办"全程服务体系，为日资企业提供全方位、零距离、无障碍、全天候、亲情式的服务所采取的一个措施。与此同时，他们还组织相关部门积极开展ISO9000HE、ISO14000标准体系认证，以提高行政管理水平和服务水平，并启动日本风格的生活商贸区建设。

资料来源：根据山东外经贸厅资料整理。

(三) 国别特色模式新思路

虽然实施国别特色模式的园区经济发展较快、作用日益显现，但在发展过程中仍存在着不少问题，亟须解决。一是部分经济园区重申请、轻建设，没有利用好"国别特色"这个招牌和招商载体。如临沂开发区的日本、韩国工业园，胶州开发区的日本工业园，滨州开发区的韩国工业园等。二是产业发展定位不准确，招商引资针对性不强，致使招商效果不理想，影响了园区的发展。为此，有必要探索国别特色模式进一步发展的新思路。

1. 加强对"国别特色"的认识

经济园区应充分认识发展"国别特色"的作用，研究制订切实可行的国别工业园建设方案，特别是在国别的选择上，要立足园区实际，经过充分的考察论证之后再决定。力争以国别工业园的快速发展带动园区经济的发展，进一步促进区域经济的开放，在新一轮的对外开放竞争中抢得先机。

2. 加强对龙头企业扶持力度

具有国别特色的龙头企业，是国别工业园综合实力和竞争力的具体体现，也是国别工业园形成产业集聚的关键所在。因此，国别工业园要想做大做强必须通过健全服务体系、构筑服务平台等措施加大对园内具有国别特色的龙头企业的扶持力度。

3. 构建立体招商网络

经济园区应做好国别工业园的优势整合，为国别工业园的发展构建上下互动、信息通畅的招商网络和信息平台。特别是要专门组织招商团队到目标国实地招商，在充分了解目标国文化、习俗、偏好的基础上，有针对性地制定各种招商策略。

4. 促进产业集聚发展

国别工业园要形成独特的产业体系，就要瞄准大项目，通过大项目落户，带动配套产业发展，通过延长产业链条，形成优势产业集群。这就要求国别工业园结合各自国别、产业特色和规划，瞄准世界500强等行业龙头企业，集中精力招大项目、龙头项目。同时，国别工业园的产业发展要与所在园区的产业发展规划以及当地的区域经济发展规划相衔接，对区域经济发展起到"画龙点睛"的作用。

案例5-5 中国开发区建设楷模——中新苏州工业园

1994年，中新苏州工业园区开始启动。为了推进苏州工业园区的顺利发展，中新双方建立了三个层面的领导和工作机构。第一层面是中新两国政府联合协调理事会，负责协调苏州工业园区开发建设和借鉴新加坡经验工作中的重大问题。由两国副总理担任理事会共同主席。第二层面是中新双边工作委员会，由苏州市市长和新加坡裕廊镇管理局主席共同主持，苏州市政府和园区管委会及新加坡有关部门和机构负责人组成。第三层面是联络机构，由新加坡贸工部软件项目办公室和苏州工业园区借鉴新加坡经验办公室负责日常联络工作。

1. 在园区的管理方面。

中新园区开发建设实行政企分开的管理方式。园区管委会作为苏州市政府的派出机构在行政辖区范围内全面行使主权和行政管理职能；中新双方财团合资组建的中新苏州工业园区开发有限公司负责开发建设，主要是基础设施开发、招商引资、物业管理、项目管理、咨询服务、产业开发、风险投资等业务。

2. 在园区建设方面。

园区结合国情，自主地、有选择地借鉴新加坡经验，包括城市规划建设管理、经济发展和公共行政管理方面适用于我国的经验，从而加快建立起既符合社会主义市场经济要求，又与国际经济发展相适应的管理体制和运作机制。

3. 在园区经济方面。

通过中新合作双方的共同努力，中新苏州经济技术开发区走出一条新型工业化和城市现代化发展之路。开发建设一直保持着持续快速健康发展态势，主要经济指标年均增幅超过30%，累计上交各类税收超1027亿元（含海关收入），引进合同外资341亿美元、实际利用外资147亿美元、注册内资1306亿元，创造就业岗位51万个。2007年，全区共实现地区生产总值836亿元、地方一般预算收入76.3亿元，分别比开发之初增长了近100倍和300余倍；进出口规模从几百万美元增加到了569亿美元（其中出口285亿美元）；实际利用外资连续四年超过15亿美元，综合发展指数跃居全国国家级开发区第二位。目前，园区土地和人口分别占全市的3.4%和5%，SO_2和COD排放总量分别占1%和2%，但完成的GDP、地方一般预算收入和固定资产投资则占到全

> 市的15%左右，注册外资、到账外资和进出口总额占到25%左右，已成为苏州市经济社会发展的重要增长极。
> 资料来源：摘自中新经贸合作网：2008年9月11日。

四、经济园区发展模式创新

随着内外资企业所得税统一、增值税转型进一步推进、金融体制改革不断深化、国家加强土地管理等一系列政策措施的实施，经济园区优惠政策的空间越来越有限，经济园区发展模式转型创新已经势在必行。

（一）发展模式创新的必然性

胡锦涛总书记在党的十七大报告中指出："加快转变经济发展方式，推动产业结构优化升级，是关系国民经济全局紧迫而重大的战略任务。"随着全球产业转移出现新特点，汽车、粮食深加工、现代服务业等产业发展出现新趋势，我国经济园区在发展过程中也不断出现新问题，经济园区发展模式的转型创新已经迫在眉睫。

1. 增长方式的落后需要园区模式创新

以往经济园区发展主要得益于优惠政策和要素驱动，进入新的发展阶段后，随着体制的完善和要素成本的增加，要素驱动已经不再适合经济园区的发展，经济园区的增长方式将主要依靠知识创新、技术创新、体制创新和机制创新。加大技术创新的鼓励扶持力度，完善支持企业自主创新的政策体系，重点支持研发机构建设、孵化器发展、产学研合作、自主知识产权创造等，鼓励技术要素参与分配，通过技术股权等手段调动技术创新者的积极性，这些都要通过园区模式创新来实现。

2. 资源配置的新要求需要园区模式创新

以往经济园区发展主要依靠吸纳生产要素，通过要素集聚实现产业发展。进入新的发展阶段后，经济园区产业集群将成为提高要素配置效率的主要手段。虽然产业集群大都是在市场无形之手驱动下自发形成的，但是，政府可以通过有形之手为产业集群的成长创造有利的外部环境，而这就需要进行园区模式创新。通过协调解决经济园区内企业间产业关联度低的问题，促进外来企业与本地企业合作，扶植本地企业为经济园区跨国企业配套，促进企业与研发机构之间的交流与互动。

3. 产业结构的不合理需要园区模式创新

以往经济园区发展主要依托制造业和加工贸易来实现园区经济的发展。进入新的发展阶段后，加快发展专业服务业，重点发展物流、研发、中介、教育、培训和分销等现代服务业，已成为经济园区发展的客观要求。尤其在当前全球产业结构调整的机遇下，利用园区模式创新的契机，积极承接国外服务业外包和转移，吸纳跨国公司设立研发中心、技术服务中心、培训中心、采购中心、财务中心，是转变经济园区产业结构的有效途径。

4. 环境建设的新要求需要园区模式创新

以往经济园区建设重点是投资硬环境，特别重视水、电、路、通讯等基础设施和园区配套设施建设。进入新的发展阶段后，改善创业的软环境、提高管理机构的办事效率和服务水平、提高政策透明度、降低交易成本、保障投资者的利益已成为经济园区发展的基本要求，而园区模式创新是实现这种要求的最佳途径。

5. 发展动力的转变需要园区模式创新

以往经济园区主要依靠招商引资和外部生产要素实现发展，自我发展能力不强。进入新的发展阶段后，经济园区需要从单纯引进资金向引进人才、技术、知识和管理相结合的方向发展，并使招商引资与培育内生发展动力结合起来。通过园区模式创新，一方面可以有效地吸引各种生产要素在园区集聚；另一方面能够充分培育园区的内生发展动力，实现园区发展动力的转变。

经济园区发展指导方针

对于我们这样发展中的大国来说，经济要发展得快一点，不可能总是那么平平静静、稳稳当当。要注意经济稳定、协调地发展，但稳定和协调也是相对的，不是绝对的。发展才是硬道理。这个问题要搞清楚。如果分析不当，造成误解，就会变得谨小慎微，不敢解放思想，不敢放开手脚，结果是丧失时机，犹如逆水行舟，不进则退。

——邓小平

（二）园区发展新模式

保税港区和滨海新区是近年来园区发展中的创新，是国家为拓展园区的发展空间、促进园区进一步发展从而带动区域经济持续增长而进行的有益尝试。其中，保税港区是将保税区、保税物流园区、出口加工区和港口进行整合，而滨海新区不仅包括保税区、保税物流园区、出口加工区和港口，还进一步将行政区和开发区整合进来，可以说，滨海新区是比保税港区覆盖面积更广、改革程度更深的区域，是国家综合配套改革试验区。下面分别对保税港区和滨海新区的模式创新进行探讨。

1. 保税港区

保税港区是在整合保税区、保税物流园区、出口加工区等多种外向型功能区后，以最为优惠的政策、最齐全的功能和最大的开放度，迅速积聚资源并发展壮大起来的。它是在港口作业区和与之相连的特定区域内，集港口作业、物流和加工为一体，具有口岸功能的海关特殊监管区域。

（1）保税港区的设立。自1991年保税区设立以来，国家赋予保税区"国际贸易、保税仓储、出口加工、国际商品展示展销"四大基本功能，但一直很不完善，存在许多不足。近年来，随着改革开放的深入、国际经济一体化和全球贸易自由化进程的不断加快，保税区已明显不适应中国市场准入进程不断加快的要求，不能反映积极参与国际竞争、吸引更多外资、扩大对外贸易的国家政策取向。与此同时，入世使国内关税水平普遍下降，保税作用日趋减小，保税区的功能优势日益消减。现代物流业在我国的迅速兴起，要求保税区拓展功能，突破创新。在这种形势下，保税港区应运而生，成为中国进一步深化改革、扩大开放、带动区域发展的试验基地。从2005年至今，国务院先后正式批准设立上海洋山保税港区、天津东疆保税港区、大连大窑湾保税港区、海南洋浦保税港区等11个保税港区，中国保税港区的发展建设格局已基本形成。

（2）保税港区的作用。保税港区是对保税区与港口在产业规划、产业布局和产业联动等方面的功能整合，实现了海关监管模式的突破，对港口和保税区的发展有重要的意义。同时，保税港区还具有巨大的开发开放价值，除了保税区原来所能发挥的各项功能外，更强调其开放的质量、效益、外部效应、示范性和制度创新价值。

一是保税港区作为国际物流和航运中心，可以通过推动区港联动，实现一体化运作，在保税港区内提供现代的、专业化的物流服务，适应现代物流和供应链管理发展的需要，帮助跨国公司降低经营成本，产生的聚集效应能带动区内仓储业、运输业、海运服务业、贸易业、金融业、保险业、信息业等多种服务业的发展。二是保税港区作为贸易自由化与便利化的先行区，与其他区域相比具有更大的开放度、在免关税上更加完善、在实施贸易与投资自由化方面更能率先与 WTO 的规则全面接轨。三是保税港区是区域经济的"增长极"和"发动机"。保税港区作为对外开放和参与国际分工的平台，通过与区内区外进行的垂直专业化或水平专业化，形成产业间的前后相联系，积极融入全球供应链中，并在区内区外形成特定的产业集群、产品链或是产业链，通过乘数作用，成为区域经济的增长极或发动机。[①]

随着保税港区的市场化、自由化和便利化的不断加强，以及与全球网络化和信息化的不断融合，保税港区将从最初的"政策飞地"逐渐形成区域经济发展的增长极，通过国际商务活动的拓展，服务和辐射周边区域，创立综合性功能区的"区域品牌"，并通过以对外开放为主的各项制度创新，成为我国综合改革配套的前沿。

（3）我国保税港区存在的问题。保税港区是我国海关监管特殊区发展的高级形式，是促进国际物流发展比较理想的特殊监管区制度模式。但是，从保税港区目前的发展状况来看，还存在一些问题，制约了保税港区功能的充分发挥。

首先，制约国际中转的一些关键因素还没有得到有效突破。由于保税港区不具有"境内关外"的地位，按照国内现行的航运管理和海关监管等规则，在一些与国际中转相关的关键环节上还存在障碍。一是在吸引国内出口货物中转方面，无法实施"启运港退税"政策。二是在吸引国际航班集装箱中转业务上，无法开放"外轮捎带"的市场。三是对国际集装箱拆拼集拼中转业务，海关备案的程序还比较繁琐。对保税港区内货物不能像国际自由港那样以非常简便快捷的方式进出，增加了国际中转的成本和时间。

其次，保税港区本身存在财力上的可持续发展问题。由于保税港区的特殊政策和运作模式意味着区域内基本上没有增值税这一地方税收的主要来源。保税港区刚开始运作，其区域投入产出的状况目前尚难以用数据来说明，但是从税收结构与保税港区相类似的出口加工区和保税物流园区的情况来看，情况不容乐观。这一类型的海关特殊监管区域虽然外部效益是明显的，但对地方政府来说通常意味着财政收支的入不敷出，长期投入却直接效益很低。这会造成地方政府财政负担过重，影响可持续发展的

---

① 曹艳文、吴蓉：《我国保税港区发展现状及展望》，载《中国物流与采购》，2008 年第 8 期。

动力。

最后，保税港区的政策优势没有得到充分落实和发挥。保税港区的优势在很大程度上体现在保税政策的落实执行上，而这又与海关监管制度和海关监管的技术水平直接相关。在近年保税港区的建设与发展中，还存在着海关管理法制建设不健全、海关通关手续繁杂等问题，严重影响了保税政策优势的发挥。[1]

从目前我国保税港区试点总体情况看，保税港区已逐步取得了良好的经济和社会效益，起到了积极的示范作用。虽然还处于起步发展阶段，存在一些需要解决的问题，但发展保税物流的各种内外部环境越来越好，建设区域性物流中心、承接现代国际服务业转移的条件也越来越成熟，同时相关部门的管理制度也在日趋完善，这一切都使得进一步发展保税港区成为可能。

（4）保税港区的发展思路。保税港区的设立与发展是在我国不同阶段开放政策的演进与区域战略安排的指导下，在渐进开放思路和经济体制转型背景下，充分考虑到区域性发展战略的前提下提出来的。保税港区成为我国对外开放中最重要的门户，其实质是各类海关特殊监管区域的功能整合和政策叠加。基于此，中国保税港区的发展，今后需要重点考虑以下的问题：

一是建立法律保障和促进政府管理体制创新。保税港区已成为我国先行先试对外开放和制度创新的重要平台，但是当前我国关于保税港区的立法缺失，尚没有出台全国统一的保税港区法律、法规。法制不健全是制约保税港区发展的重要问题。由于缺乏以国家名义的立法，致使我国保税港区在现实管理中存在着体制不顺，多头管理的现象，与自由贸易区的规范管理存在着相当大的差距。建议尽快推出全国统一的保税区法规，对保税港区功能、地位从法律上加以确定。有了统一的法规，有关保税港区的政策才能如出一辙，这也是保税港区持续稳定发展、提升区域竞争优势、增强国际竞争力的需要。

二是加强海关监管制度创新。保税港区在海关管理上能否真正做到"一线放开、二线管住"是实现"货物进出自由"的关键。尽管各保税港区海关都采取了各种措施来提高通关效率，但由于保税港区海关监管模式不明确，贸易便利化难以从本质上实现。建议海关进行海关监管制度创

---

[1] 杨建文：《中国保税港区：创新与发展》，上海社会科学院出版社 2008 年版。

新,将监管重点放在"二线"(即自由区与非自由区之间的隔离线)卡口上,海关设在区外办公,加强巡察,一般不入区查验货物;货物入区向计算机备案,出区核销,真正做到了货物入区自由,生产经营自由。

三是强化带动区域经济效应。按照中央的设区目标,保税港区作为高度开放的自由贸易区域,不仅是母城经济的重要增长点,而且是腹地经济与国际接轨不可多得的通道和驱动器,其发展有着重要的区域和宏观经济意义。建议有关政府部门尤其是地方政府,既要重视保税港区在招商引资、产业发展、国际中转等方面的经济绩效,也要关注其宏观和区域经济带动作用。保税港区是国家的保税港区,它不仅仅是可以为地方政府所利用的开放资源,更是国家开放经济的促进器。各保税港区管理部门应积极配合中央和地方政府,主动为腹地利用保税港区创造有利条件。①

案例5-6 上海洋山港保税港区

洋山港保税港区是经国务院批准设立的国内首个保税港区,由规划中的小洋山港口区域、东海大桥和与之相连接的陆上特定区域组成,其中,小洋山港口区域位于杭州湾口东海海上的崎岖列岛,距上海南汇的芦潮港27.5公里,距国际航线仅104公里,可以全天候满载靠泊第五、第六代集装箱船。封关面积2.14平方公里,是集装箱装卸、中转的功能区。陆地区域位于芦潮港地区的东海大桥登陆点西侧,已封关面积6平方公里。分为口岸查验区、港口辅助区、仓储物流区、国际中转区、采购配送区、加工制造区、商贸服务区等功能区。主要发展和提供集装箱港口增值、进出口贸易、保税仓储物流、采购配送、出口加工、展示交易、航运服务等产业和服务功能。区内"七通一平"基础建设已经到位,区内总长约30公里的18条市政道路全部建成。截至2008年5月底,已建成仓储面积31.9万平方米,年内将形成79万平方米的仓储规模。洋山保税港区周边已经建成了完善便捷的集疏运体系,形成了水路、铁路、公路和航空多位一体的交通运输格局。预计到2010年,小洋山深水港区规划开发的10多公里深水岸线、30多个集装箱泊位全面建设,可形成1500万标准箱以上的吞吐能力。洋山保税港区也将同步发展成为口岸航线物流设施体系完备,集装箱增值服务和航运服务产业

---

① 刘辉群:《中国保税港区发展及其功能创新》,载《国际商务研究》,2008年第3期。

发达，国际中转、采购配送和转口贸易功能突出，辐射服务和经济贡献能级强大，体现上海国际航运中心发展和国际竞争力水平的核心区域。

洋山保税港区实行出口加工区、保税区和港区的"三区合一"，更凸显区位优势和政策优势。洋山保税港区的设立和洋山海关的开通，对于充分发挥洋山港区的区位优势和功能作用，大力发展国际中转、配送、采购转口贸易和出口加工等业务，拓展相关功能，实现港口经济与产业经济的联动发展，全面提升上海港的国际竞争力，进一步确立上海国际航运中心的地位和提高我国对外开放的水平具有十分重要的意义。洋山保税港区港口区域两年多来运作情况良好。依托一流的港区发展资源和科学的码头运作管理，港口区域业务快速成长，大进大出的集装箱航运枢纽功能日趋成熟。目前已经开通集装箱远洋航线9条，每周60多个航班。2007年，保税港区港口区域靠泊干线和支线集装箱船舶10070艘次；集装箱吞吐量达610.8万TEU，比2006年增长85.7%；进出口货物总值765.84亿美元；海关税收189亿元。集装箱国际中转比例达到10%，水水中转集装箱比例将近50%。从洋山海关转关进出口的货物直通全国海关20个直属关区、109个隶属关区，洋山保税港区港口集聚能力不断增强，服务辐射作用正在迅速扩大，枢纽港地位日益凸显。

资料来源：摘自洋山保税港区网站。

2. 滨海新区

滨海新区位于天津东部沿海，包括塘沽区、汉沽区、大港区三个行政区和开发区、保税区、天津港以及东丽区、津南区的部分区域，规划面积2270平方公里。可以说，滨海新区是目前我国最广意义上的经济园区，它不仅包括传统的开发区、保税区等经济园区，还包括了行政区和港口。滨海新区虽然目前只是一个个例，但它却展示了经济园区未来发展的一种方向，是园区发展的一种新模式。

（1）滨海新区的设立。在国家"十一五"发展规划中，中央已经明确要使环渤海区域成为带动中国经济新一轮发展的第三增长极。环渤海地区是一个圆心在渤海且弧度较大的半圆形地带，是一个以辽东半岛、山东半岛、京津冀为主的环渤海经济圈。天津滨海新区位于天津市区与海滨之间，恰好位于渤海半圆形地带的中心位置。这里地理环境优越、资源优势明显、土地面积广阔、工业基础十分雄厚，具有超越浦东新区的发展潜力，因此作为环渤海核心的滨海新区的建设与发展至关重要。一般认为，环渤海地区缺乏一个具有聚集、辐射和带动作用的"龙头"，将滨海新区纳入国家发展战略，正是在环渤海地区确定一个类似浦东那样的"龙头"，先带动京津冀进而辐射环渤海。

（2）滨海新区的优势。滨海新区除了具有良好的区位、交通、资源等优势以外，体制创新优势是其快速发展的根本所在。滨海新区充分发挥各类开发区和港口的比较优势，通过分工协作、功能整合、政策叠加，在一定区域范围内实现多个区港之间的空间联动、功能联动和信息联动，从而提高效率，增强区域竞争力。具体来说主要表现在两个方面：一是区区联动。滨海新区拥有国家级开发区、保税区、海洋高新区、出口加工区等一批功能经济区，这些区域政策各不相同、功能各有侧重，将它们结合在一起可以充分实现政策叠加和功能整合，从而使滨海新区成为一个具有多重优惠政策和功能优势的区域。二是区港联动。港口与保税区之间简化相关手续，实行"无缝对接"，多种运输方式有效组合，货物快速流入流出，促进港航产业、仓储产业和物流产业发展，从而带动港航产业联动发展。这种联动实际上也就是保税港区给滨海新区带来的优势。

（3）滨海新区的作用。滨海新区的作用主要表现在对区域经济发展的促进方面，包括集聚辐射、结构转换和体制示范等作用。

一是集聚辐射作用。从世界范围来看，经济全球化浪潮日益高涨，一体化发展速度加快；从国内方面看，经历了三十多年的改革开放，社会经济取得了巨大成就。但是，目前中国改革总体上进入了攻坚阶段，经济园区的发展也需要探索新的思路。建立滨海新区，正是要通过特殊的政策和优良的发展环境，利用经济势能的运行规律，逐步使其成为资本、信息技术、高级人才和现代经营管理集聚的核心。同时，从周边区域来看，通过滨海新区"先行先试"产生的示范效应，展示其蕴涵的市场潜力、资源潜力和经济潜力，从而吸引外部的优势资源，聚集于滨海新区，又辐射到周边区域，带动区域经济加速增长和发展。

二是结构转换作用。滨海新区的结构转换功能表现在两方面：一方面是通过自身的结构调整使其产业结构、产品结构不断适应国际市场和国内市场的要求，提高出口创汇产品、高精尖产品、名牌产品在整个产品结构中的比重，不断增加产品的附加值，扩大产品的市场占有份额。另一方面是通过产业关联和扩散效应带动和促进周边区域经济转换。滨海新区的产业结构是以主导产业为核心的具有区内外投入产出关联性比较强的产业群落。因此，新区产业结构、产品结构的转换，也是周边地区产业结构、产品结构的助推器。通过生产要素向周边地区的流动、生产能力向周边地区的转移、市场信息向周边地区的传播，以此来推动区域经济的发展。

三是体制示范作用。滨海新区的一个重要功能，就是让其作为改革的一个试验场，先行探路、超前探索、积累经验，在实践中不断总结完善，并将其中已经被证明是行之有效的、比较成熟的有益经验逐渐推广。通过滨海新区所进行的探索和实践，一方面将使新区初步走上在国家宏观调控下以市场调节为基础的经济运行轨道，率先探索进一步改革的成功经验和做法；另一方面也为整个区域体制改革的不断深化和整体推进发挥有益的示范作用。

案例5-7 滨海新区——中国经济发展第三极

1994年，天津市委、市政府审时度势，做出成立天津市滨海新区的重大战略举措，希望以此为突破点带动整个天津市的经济社会发展。新成立的天津滨海新区由天津港、开发区、保税区三个功能区及塘沽、汉沽、大港三个行政区组成，其中以开发区和保税区两个经济功能区为核心。天津滨海新区的功能定位是：依托京津冀、服务环渤海、辐射"三北"、面向东北亚，努力建设成为我国北方对外开放的门户、高水平的现代制造业和研发转化基地、北方国际航运中心和国际物流中心，逐步成为经济繁荣、社会和谐、环境优美的宜居生态型新城区。

天津滨海新区地处华北平原北部，濒临渤海。对内，天津滨海新区紧紧依托北京、天津两大直辖市，拥有中国最大的人工港——天津港，以及最具潜力的消费市场和最完善的城市配套设施。对外，滨海新区雄踞环渤海经济圈的核心位置，与日本和朝鲜半岛隔海相望，直接面向东北亚和迅速崛起的亚太经济圈，置身于世界经济整体之中。天津滨海新区拥有海岸线153公里，海域面积3000平方公里，规划陆域面积2270平方公里，区域内自然资源丰富，有大量开发成本低廉的荒地和滩涂，拥有丰富的石油、天然气、原盐、海洋资源等，同时有着雄厚的工业基础，是国内外公认的发展现代化工业园的理想区域。

天津滨海新区建立十多年来，经济快速增长，外资大量进入，现已成为带动天津和环渤海地区发展新的经济增长极和继长三角、珠三角之后我国经济发展的第三极。新区生产总值由1993年的112亿元增长到

2006年的1960亿元，年均递增20.6%，人均生产总值达到1.7万美元。工业总产值由213亿元增长到5200亿元，增长23.4倍。财政收入由23.6亿元增长到380亿元，增长17倍。外贸出口由5亿美元增长到226亿美元，增长44倍。2006年，天津滨海新区国内生产总值虽然只有上海浦东新区的80%，但其工业总产值和工业增加值都超过了浦东5%～10%的幅度，而且，经济的增长速度高于浦东和深圳。

基于天津滨海新区自身所具备的发展基础和发展优势，在天津市委、市政府的积极争取和努力下，2005年10月，党的十六届五中全会通过的《中共中央关于制定国民经济和社会发展第十一个五年规划的建议》中指出，"继续发挥经济特区、上海浦东新区的作用，推进天津滨海新区等条件较好地区的开发开放，带动区域经济发展"，天津滨海新区被正式列入国家发展战略。2006年5月，国务院下发了《国务院关于推进天津滨海新区开发开放有关问题的意见》，批准天津滨海新区进行综合配套改革试点，天津滨海新区成为继上海浦东新区后中国第二个国家综合配套改革试验区。

资料来源：摘自当代广西杂志社调研组：《关于天津滨海新区的考察调研报告》，载《当代广西》，2007年第13期。

（三）发展新模式的创新点

广义上来讲，保税港区和滨海新区属于经济园区的范畴，是新形势下园区发展模式上的创新，下面就分别对这两种模式的创新点进行探讨。

1. 保税港区模式的创新

保税港区可以说是在保税区、出口加工区和保税物流园区基础上的进一步模式创新，目的是在保税区优势不断弱化的形势下，通过创新实现其升级转型，继续保持较快的发展速度。保税港区使港口与特殊监管区实现了真正意义上的"区港融合"，由一个海关统一监管，区位优势十分明显。同时，保税港区在功能、政策和监管模式上也实现了创新。

（1）功能创新。保税港区在区域功能上兼具仓储物流、加工制造、国际采购、国际中转、港口作业等功能。保税区具有仓储物流、加工制造、国际采购等功能，但不具有港口作业和国际中转功能；出口加工区具有国际采购、加工制造等功能，但不具有仓储物流、国际中转、港口作业等功能；保税物流园区具有仓储物流、国际采购、港口作业等功能，但不具有加工制造功能。而保税港区将保税区、出口加工区和保税物流园区三者的功能和港口功能集于一身，即在上述三个区域内可以开展的业务，在保税港区内都可以进行。详见表 5-1。

表 5-1　保税港区、出口加工区、保税物流园区与保税区的功能比较

功能优势	出口加工区	保税区	保税物流园区	保税港区
仓储物流	×	√	√	√
对外贸易	×	√	√	√
国际采购	√	√	√	√
分销配送	×	√	√	√
研发、加工、制造	√	√	×	√
港口作业	×	×	√	√
国际中转	√	×	√	√
检测和售后服务维修	√	√	×	√
商品展示	√	√	√	√

资料来源：刘辉群：《中国保税港区发展及其功能创新》，载《国际商务研究》，2008 年第 3 期。

（2）政策创新。在区域优惠政策上，保税港区集中了保税区、出口加工区和保税物流园区所有的优惠政策。保税区享受国外货物入区保税、保税加工等政策，不享受国内货物入区退税政策；出口加工区享受国内货物入区退税、保税加工等政策，不享受国外货物入区保税政策；保税物流园区享受国外货物入区保税、国内货物入区退税等政策，不享受保税加工政策。而保税港区享受上述的所有优惠政策。详见表 5-2。

表 5-2　保税港区、出口加工区、保税物流园区与保税区的政策比较

政策优惠	出口加工区	保税区	保税物流园区	保税港区
国外货物入区保税	×	√	√	√
国内货物入区退税	√	×	√	√
区内货物内销需报关并征税	√	√	√	√
区内货物允许加工	√	√	×	√
区内货物交易不征增值税和消费税	√	√	√	√

资料来源：刘辉群：《中国保税港区发展及其功能创新》，载《国际商务研究》，2008 年第 3 期。

（3）监管模式创新。在监管模式上，保税港区实行"一线放开、二

线管住、区内自由"的监管模式，真正实现便利、高效的运营环境。具体来说，保税港区内货物可以自由流转；对保税港区与境外之间进出的货物，不实行进出口许可证件管理；对诚信等级高的企业所申报的危险货物，可视为内陆直接装船，不再开箱查验；对境外进入保税港区的货物，检验检疫部门只检疫不检验；对进入保税港区的国际航行船舶，实施电讯检疫或者码头检疫，一般不再实施锚地检疫。

可以说，保税港区是经济自由区的一种表现形式，向国际先进的自由港、自由贸易区迈出了积极的一步。保税港区是世界自由港在中国的一种特殊表现形式，是"中国化"的自由贸易港。

2. 滨海新区模式的创新

滨海新区可以说是比保税港区更进一步的园区模式创新，因此除了具有保税港区的创新点以外，它在模式上的创新还突出表现为：

（1）理念上的创新。滨海新区是我国经济活动改革的实验区，它本着实验的理念，更加注重实验的过程。试验完成后，其正确的、适应区域发展的制度创新才能向全国相关地区推广实施。

（2）自主权上的创新。滨海新区的改革不再仅仅依靠国家的具体优惠政策，而侧重于自己的制度创新，在经济、政治、社会等各个领域有较高的自主权。这种高度自主权使得滨海新区的地方政府可以根据本地区的特色在更广阔的空间来发展区域经济，从而提高了经济发展效率。

（3）发展观的创新。滨海新区在发展的同时特别侧重区域协调和城乡一体化的概念，以不侵犯其他地区利益为原则，通过较强的辐射作用带动和影响周围地区共同发展，从而实现区域一体化和城乡一体化的宏伟目标。

滨海新区作为一个新生事物，是中国改革开放进入攻坚阶段提出的一个具有深刻时代背景的特色发展形态，是中国"渐进式"改革发展之路的必然选择，也是适应经济全球化和区域经济一体化现实需要的区域经济发展的新模式。滨海新区的建立必将对未来园区发展和区域经济发展产生深远的影响。

第六章 经济园区发展的机制

> 知识的获取途径、人口密度、资本等都不是导致某些国家富裕而另外一些国家贫穷的根本因素,根本的因素是制度和政策。
>
> ——[美] 曼库尔·奥尔森

随着我国社会主义市场经济的不断发展与深化,制度与机制创新紧随技术创新被提上重要日程。制度高于技术,机制优于环境在我国经济园区已经形成共识,而经济园区也正是在区内各种促进机制的相互影响、交互作用下实现发展的。经济园区的促进机制大致由动力机制、管理机制、政策机制等几方面构成,它们贯穿于园区系统运行的全过程,表现为不同的作用力与激励效应,又体现了相互之间的联系性,共同营造了园区生机勃勃、和谐一致的发展局面。

一、经济园区的动力机制

经济园区的动力机制是园区内部构建的机制,是园区促进机制体系建设的重要组成部分。它关系到园区不竭的内在动力源泉挖掘问题,决定着园区的活力与发展后劲,是园区发展的关键性因素。选择什么样的动力机制取向,构造什么样的动力机制体系,实现什么样的动力机制建设目标,决定了园区的总体发展方向、发展速度与发展质量,从而决定了园区的生存与发展,以及参与国际竞争的整体实力。因此,打造一个优良的动力机制,给予园区注入更多的生机与活力就成为园区建设所致力于的任务。经济园区的动力机制主要体现为园区创新机制、园区服务机制、园区网络互动机制以及园区文化机制等,这些机制的自身完善和协同互动效应,可为园区开发出极大的创造热情和发展动力。

(一) 园区创新机制

当今世界发达国家、新兴工业国家经济园区发展实践表明，园区创新决定社会资源的利用效率，进而影响社会的资源配置方式，从而产生了任何其他因素难以比拟的对于社会经济增长的推动力。从经济园区未来发展来看，园区创新能力将成为提升园区发展层次的重要力量，成为增强经济园区竞争力的动力源泉。园区创新机制主要从产业创新、管理创新、环境创新的有机协调发展中体现。

1. 产业创新

产业发展是一个国家、一个地区经济和社会发展重要的决定因素和支撑力量。经济园区的产业发展目标选择，代表着园区的未来和方向；经济园区产业发展的速度和质量，代表着园区发展的整体水平；经济园区的产业创新能力，昭示着园区的生命力和竞争力，因此说，产业创新是园区最重要的动力源泉。产业创新机制的构建，产业内部各要素良好地衔接与互动效应的强化是实现园区发展最根本的要求。多年来，我国经济园区通过产业技术的不断创新，不断开发新产品、新品种，提高产品的质量和附加值，形成一批拥有自主知识产权、具有竞争优势的高新技术产业，引导园区产业进入快速发展轨道，增强了产业科技创新能力、市场竞争能力和抵御风险能力，并使产业集群不断涌现，打造了相对完整的产业链，大大提升了园区主导产业的国际竞争力，进而促进了园区经济结构优化和产业升级，为园区的快速发展奠定了良好的产业基础。经济园区是我国改革开放的先行区和示范区，其产业发展状况从一个侧面代表着我国产业整体水平。要缩短经济园区产业与发达国家的差距，就必须大力优化产业创新机制，提高其产业技术层次，推进园区产业创新和全面升级。在新的发展阶段，经济园区传统的"外资主导、出口依赖、制造为主、劳动密集、成本导向、资源消耗"产业发展模式面临着严峻的内部瓶颈制约和外部挑战，园区必须向"流程主导、服务出口、知识密集、技术导向、环境友好、资源节约"型的产业创新发展模式演进（见图6-1），推动经济园区由制造业为主向研发、销售及服务业等价值链上下游延伸，提升园区产业的可持续发展能力。

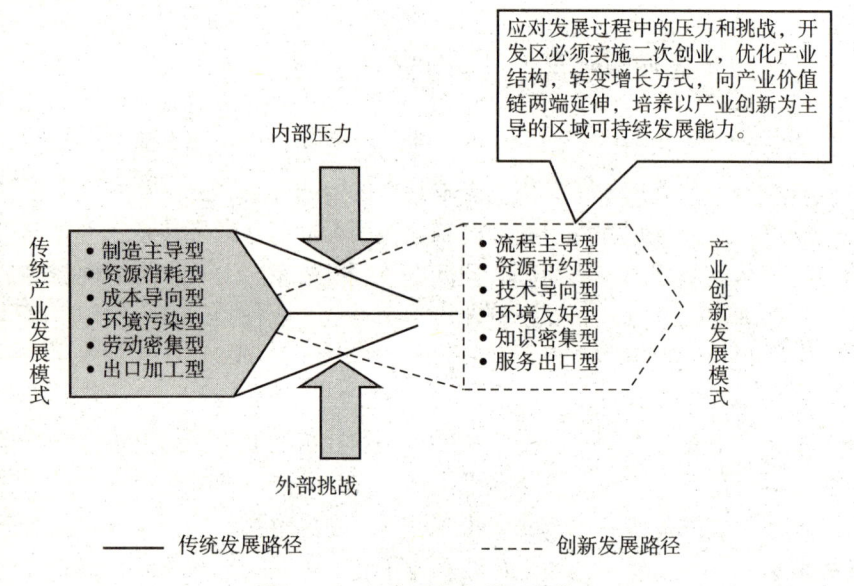

图 6-1 经济园区产业创新模式

传统产业发展模式：
- 制造主导型
- 资源消耗型
- 成本导向型
- 环境污染型
- 劳动密集型
- 出口加工型

产业创新发展模式：
- 流程主导型
- 资源节约型
- 技术导向型
- 环境友好型
- 知识密集型
- 服务出口型

内部压力、外部挑战

应对发展过程中的压力和挑战，开发区必须实施二次创业，优化产业结构，转变增长方式，向产业价值链两端延伸，培养以产业创新为主导的区域可持续发展能力。

—— 传统发展路径　　----- 创新发展路径

2. 管理创新

园区的诞生是管理体制与模式创新的结果，园区的发展也必须依靠不断的管理创新。二十多年来，我国经济园区通过管理组织、模式、方式、内容的不断创新，使园区管理更为符合市场经济规律、更为适应当地产业发展需求、更为有机高效。园区管理作为园区的宏观引导手段，既有上级政府授予的一定的行政管理职能，又通过市场机制运作为企业的发展服务，促进了园区经济持续、快速、稳定的发展；企业管理作为微观管理形式在园区的发展中不断优化，并随着利用外资的扩大，国外先进的管理理念和方法的引入及影响，其自身在借鉴中得到不断更新与完善，为园区企业的发展增添新的动力。由此看来，管理创新是经济园区不断获取新的发展契机和培植新的经济增长点的基本条件，这既是一个上下互动的过程，也是一个不断演进提升的过程。现代管理体系是保障园区高效运转的基本保障，创造和建立起一套既适应社会主义市场经济体制又符合国际惯例；既切合我国国情又充分体现园区特色；既突出经济管理职能又兼容社会管理，功能齐全、办事高效、运转协调、行为规范的新型管理体系，是经济园区管理创新方向，也是新时期园区管理的核心内容，更是经济园区持续发展的重要动力。哪一个经济园区抓住了潜在的机遇，对管理创新进行了主动大胆的尝试，使其新的管理内容与机制更具时代性、应变性和适应性，它就能突破自身发展过程中的管理瓶颈，通过管理创新，将园区发展导入一个管理互动与效率领先的良好境界，从而对一个更广大区域范围内的经济产生巨大的辐射带动作用。实践也证明，园区管理从摸着石头过河开始，经过不断探索，形成今天的管理模式多样、管理手段科学、管理职能完善、管理效能显著的有机管理体系，正是创新的结果，而园区管理要实现新的发展，仍旧要依赖于创新。

3. 环境创新

良好的投资环境特别是软环境，是吸引外来投资的重要手段，也是经济园区实现持续发展的重要保证。当前，各级各类经济园区之间的投资竞争战，已经由着重提供优惠政策为主要手段转变为全面营造优良的投资环境，环境成为决定和影响园区竞争力的关键因素。对于经济园区，特别是中国的经济园区来说，投资环境就是第一生产力，是园区在产业发展和招商引资过程中的核心竞争力，也是园区活力的直接体现。中国经济园区建设二十多年的经验和教训证明：只有创造良好的投资环境才能吸引到高质量的投资者，才能促使入区企业不断发展壮大，才能使园区不断向更大规模、更高规格、更强实力发展。经济园区的投资环境是一个十分庞杂的系统，这个系统当中包含着诸多个子系统，包括基础设施与基础条件、对外开放的政策和领域、地理和资源环境、市场容量和市场环境、金融环境、教育和智力环境、法律环境、技术服务支持环境，等等。它们之间的相互作用形成环境综合合力，不仅为企业的发展提供强有力的保证，为投资者营造方便舒适的生活空间，同时也完善了经济园区的功能，形成了园区发展与投资环境不断完善的良性循环，推进了园区各项事业的发展。因此，园区未来发展中，打造优良的、有机的环境体系与机制，发挥园区环境动力仍旧是未竟的事业和要务。

(二) 园区服务机制

优化服务机制，为园区企业提供多方面的优质服务是园区层面的最主要功能，也是经济园区整体实现又好又快发展的根本要求。提供优质服务留住企业是经济园区建设的出发点，使投资者满意，调动他们的积极性是园区服务的最终目的，只有这样才能为企业注入做大做强的激励与动力因素，给经济园区带来更大的经营利润和发展空间。优化园区服务机制主要在于不断完善园区行政服务、中介服务、生产服务、生活服务，打造多种服务并驾齐驱、有机互动的服务体系。

1. 行政服务

这是园区管理层面的主要功能。园区管理就是服务，为企业经营提供便利和条件。随着国内经济园区市场化程度的加深、竞争的加剧，已有不少园区为了规范服务，成功地将国际质量管理体系（ISO9000）引入园区的管理，并不断推行经济园区"一个窗口"对外、"一站式"办公、"一条龙"服务的工作模式，集中审批服务，简化了办事手续，在服务理念、服务内容、服务手段、服务水平和服务质量上得到明显转变和提高，构成了良好的服务体系与机制，展现了园区软环境新的风貌和魅力，不仅获得园区企业的好评，还形成了对外良好的口碑，对于营造园区整体形象，吸引外来资金起到了很好的回波效应与扩散效应，增强了园区活力和核心竞争力。如果说园区二十多年来的发展得益于服务机制建设的话，那么园区未来发展仍要不放弃、不抛弃服务机制建设。

2. 中介服务

日照经济开发区加快银区合作，创新投融资机制

为进一步消除资金瓶颈制约，山东日照开发区成立金融办公室，出台相关扶持金融发展的政策，争引银行、保险等金融机构来区设立分支机构，目前四大银行、商业银行、农村信用社都在园区设立了分支机构。园区还成立了3家国有资产经营管理有限公司，以此为融资平台，先后与工商银行、中国银行、建设银行、商业银行、农村信用社进行信贷合作。依托建设银行和国托公司，利用双方业务平台，以传统代理资金信托计划、资金收付业务为基础，积极开展龙信融资通业务，已融资8000万元。园区还建立了项目企业储备信息库，详细登录每个项目和企业建设进度、经营规模、发展前途，每年都把全区发展方向、重点工程、重点项目等信息及时提供给各金融机构，邀请他们考察重点项目，了解建设进度，从而保证所推荐承贷项目的可靠性、可行性和成功率。在争引投资4.9亿美元韩国威亚发动机项目中，中国银行山东分行参与招商全过程，多次到韩国现代集团考察论证，最终承诺信用额度2亿元，用于该项目基础设施配套。

资料来源：根据山东省外经贸厅资料整理。

中介服务机构是园区发展的服务支持体系，是保证园区企业经营顺利

运转的润滑剂。园区日益健全的财务、融资、咨询、法律、信息、信用评级等中介服务机构为园区企业提供了相对完备的专业化服务，为园区企业的生产经营提供了强大的支持力。如果说，企业作为园区一线作战部队，那么中介服务则是园区的后勤力量，是企业强大的后盾。因而，优化服务机制必须重视这一环节，打造完善的中介服务体系。

3. 生产性服务

工欲善其事，必先利其器，经济园区产业的持续发展依赖于持续的创新能力，而持续的创新能力和竞争力必须以同步发展的生产性服务业为保证。多年来，我国各经济园区依托制造业集群，积极推动发展生产性服务业，立足园区企业及周边市场需求，建设专业化物流配送服务节点，举办专业化技术和管理培训学校，发展专业化质量检测中心，提供专业化行业供需信息，多重措施并举，提高制造业集群效应，形成了经济园区无可比拟的核心竞争力。

4. 生活配套服务

经济园区经济实力强大、开放性强、吸纳能力强，高素质人才多，园区大力建设写字楼、商场、酒店等生活配套设施，发展完备的配套生活区，形成与工业发展相适应的生活氛围，提高了园区的服务标准，实现了就业与居住的就地平衡，大大消除了园区人生活的后顾之忧，提高了园区的内部创造力和外部吸引力。

（三）园区网络互动机制

经济园区虽然是国家为了经济发展的特定目的而规划出来的一个特殊区域，但这个区域内的微观主体之间、微观与非微观主体之间并不能独立存在和发展，它们同属一个区域里的有机组成部分，必须融入到园区网络体系之中，同其他企业、部门进行不间断的信息交流、知识的传递和资源的共享。这种网络互动机制产生的效应冲击波是广泛的，要远远大于同样独立个体的总和。因此，构建园区企企互动网络、政企互动网络、产学研政互动网络既是园区发展的需要，也是园区发展的方向，是园区实现可持续发展的重要动力条件。

1. 园区企企互动网络

企企互动网络是园区互动网络体系中最内层的网络，也是网络核心。企业是园区主体，既是重要的动力源头，又是动力直接作用对象。企企网络互动机制带来的动力效应是最为可观的。园区内企业大多由多行业构成，上下游企业比较多，企业间存在着物质和能量的关联，容易形成互换和互动关系，通过交流与合作而构成园区企业联系网络。企业互动网络的构建有利于园区资源整合与共享，实现集约化发展；有利于减少企业内耗，改善成本，增加效益；有利于企业相互学习与思想碰撞，形成更多的创新思路与能力；有利于产业集群与品牌集群的形成，壮大园区经济实力，展示园区企企新型关系和共赢局面。因此，完善企企互动网络，加快区内上下游企业、不同产业企业实行企企合作、强强联手，不断扩大企业联系网络和互动能力，为存量资源和区域内资本嫁接打造宽渠道、高效率的合作平台，就成为园区企业扩大经营规模、促进区域经济快速发展的重要动力因素与条件。

2. 园区政企互动网络

企业与管理机构的互动网络较之企企互动网络是位于中观层面的网络，它形成的是融洽的政企关系和更大范围的联系与互动。园区管理机构作为市场外的另一只手，从战略高度审视和引导园区发展；作为园区服务的提供者又是园区企业经营不可或缺的外部保障条件。政企互动网络有利于政企活动的有机对接，激发两个积极性；有利于协调一致，防止园区运行缺陷和失衡发展，与市场更好地接轨；有利于增强管理为企业服务、企业为社会奉献的意识，实现园区经济社会共同繁荣和谐发展。因此，完善政企互动网络也是增强园区发展动力的重要任务。

3. 园区产学研政互动网络

产学研政互动网络位于园区网络的最外围，是园区大网络概念。它是园区所有单体的有机链接，形成园区全社会的合作与互动。产学研政互动网络有利于调动园区全社会的力量和积极性，形成园区的生产与研发互动、企业与政府互动、经济与社会互动、城市与农村互动的整体互动格局，从而形成动力社区统一、和谐社区的统一，这是我国园区发展的终极目标，也是优化园区动力机制的重要内容。

（四）园区文化机制

众所周知，一个民族的兴衰，与其信奉和倡导的民族精神密不可分；同样，对于一个经济园区的兴衰而言，它所取得的各项成绩，除了得到国家各项政策的扶持和经营管理者的努力之外，还来源于园区所形成的独特园区文化。良好的园区文化是提高园区核心竞争力的关键因素，是园区发展的灵魂，只有包括文化作用力在内的多种作用力在空间上的优化拟合才能推动园区向更高层次发展。

1. 园区社会文化

经济园区是我国对外开放的窗口，在发展开放型经济过程中，园区通过充分借鉴、吸收、学习在对外开放中接触到的各种文化的精华，并加以消化、创新，形成了具有经济园区特色的文化，并通过园区文化激励园区积极应对发展过程中的问题，用共同的行为规范和思想意识约束园区政府和企业的行为，促进了园区各项事业的和谐发展；同时经济园区充分利用其引进外资，与国外交流频繁的优势，既把优秀的中国文化和园区文化更多地介绍到国际市场，也使园区文化更多地融进了国外先进文化，以此为润滑剂和连接纽带，为经济园区的企业、产业和产品更多地进入国际市场，并被接纳奠定了更深厚的基础，推动了园区经济更好更快发展。通过园区的发展实践可以看出，凡是发展得较好、较快的经济园区，区内企业、组织和个体之间都已形成一种独特的文化空间。尤其是在韩资企业集中的青岛经济技术开发区和台资企业集中的昆山经济技术开发区，无论是政府、企业还是企业家，都强调社会文化联系在开发区发展中的重要作用，"以情招商"、"以诚招商"、"老乡联老乡"、"老外带老外"也已经成为很多园区成功的经验之谈。

2. 园区企业文化

经济园区以其特有的优势成为各地外资企业、合资企业和高新技术企业的聚集地，在引进外资和先进技术的同时，这些企业还带来大量的国外先进的管理思想、管理方法以及国内外领先的科学技术，成为中外文化交流的重要阵地，对于园区企业文化建设具有一定的先导和示范作用，促进了园区经济的发展。外资的进入，给园区企业带来了竞争意识、务实精神和效率第一的理念，并将恪守行业规范、诚信经营、对产品的极端负责，以及视顾客为上帝等职业道德引入我国，不少外资企业建立在高效率、快节奏的现代生产方式基础上的科学管理方法和管理制度使园区企业的生产方式发生了重大变革，园区的高新技术企业的发展还带动了创新意识、技术进步和人力资本开发等方面的建设，这些都在客观上促进了园区企业价值取向、企业道德观、企业行为规范等方面与国际接轨，也促进了企业理念、企业精神，企业文化特色的创新，展示了园区企业不同一般的精神风范和企业形象，提升了企业文化竞争力，从而促进了园区吸引力和园区经济的发展。

以上对于园区动力机制的分析与阐述充分说明了一个道理，一个园区的发展与壮大必须营造内部强有力的动力机制，而这一动力机制又反映在园区的多方面，取决于多要素。因此，园区内部动力机制建设也是一个系统工程，需要园区人从多角度审视、多渠道努力，为园区发展进入快车道提供更大的内源性动力。

青岛经济技术开发区：经济与文化同步

山东青岛经济技术开发区在潜心发展经济的同时，精心建设文化绿洲，实现了文化与经济的同步发展。他们在大力培育园区优势产业的同时，大力培植园区文化。如今，不仅家电电子、石油化工、汽车造修船、新型材料、高新技术、港口物流6大优势产业迈入了全国先进开发区行列，与此同时，园区文化也展现新的风采：开发区实施了"文化新区工程"等，建起了文化艺术中心，设立了图书馆、文物馆、历史馆，完善了区、街道办事处、居（村）三级基层文化阵地网络建设，90%以上的社区都建有自己的文化活动中心，荣获了省级文化先进区等称号；成立了文学艺术联合会，吸纳了各类优秀文艺人才2000多人。这些文艺人才创作的美术、书法、摄影等作品及表演的节目共获得国家级和省市级奖励百余件（次），扩大了开发区的知名度；指导各社区加强特色文化队伍建设，扶持培育民间文艺队伍，鼓励他们深入基层开展文艺活动，丰富了社区群众的文化生活；积极培育文化品牌，"金沙滩文化旅游节"、"广场大家演"、"同唱一首歌"等文化品牌声名远播。园区文化未来发展规划要在全力打造"帆船之都、音乐之岛、影视之城"的发展框架下，以凤凰岛为载体，将逐步建成一个融大海、绿树、沙滩与影视文化为一体的主题"影视岛"，园区文化将由此散发出更加迷人的魅力。

资料来源：中国开发区网：http://www.cdz.cn/www/NewsInfo.asp? NewsId=13178。

二、经济园区的管理机制

我国经济园区的管理机制是园区经济社会发展的主要指导力量与促进力量。园区所走过的每一步，都倾注着园区管理者的心血，都验证着园区管理机制的重要性。我国园区管理机制是从我国国情出发、从现有宏观管理体制特点出发、根据园区建设需要所设置的。主体内容为政府主导型管理机制，由政府派出机构——园区管理委员会负责园区建设的规划、指导、服务与协调，在一些特点比较鲜明的园区还设有部分公司制管理机制。在20多年的园区建设过程中，我国经济园区管理体制发挥了"小政府、大服务"的管理效能，在园区环境建设、招商引资、协调关系、行业组织管理、生产生活服务、失地农民妥善安置等方面起到了积极的协调推动作用。随着园区实力的壮大和国际国内形势的变化，尤其随着我国改革开放的发展和经济结构战略性调整，园区的功能作用也随之发生转变，建设新型园区、和谐园区，带动城乡一体化发展成为园区新的发展方向和发展任务。在这一背景下，原来意义上的管理外壳已经不适应日益发展的园区内核，园区管理机制创新被提上重要议事日程，区社合一、区政合一、新型行政区管理、城乡统筹一体化管理等新的管理模式出现，并焕发着新的体制生机。下面就园区管理机制的几种模式做出分析与探讨。

（一）园区政府主导型管理机制

1. 政府主导型管理机制的界定

政府主导型管理机制是我国大多数经济园区选用的模式。在这种模式下，一般成立以省市领导组成的领导小组负责经济园区发展重大决策和重大问题的协调，但不插手区内具体事务，让经济园区有个宽松的管理环境。园区管理委员会作为所在地市政府的派出机构，在园区内行使市一级经济管理权限和部分市级行政管理权限，包括项目审批、规划定点、房地产发展、人事劳资、审批入城户口等。在机构设置上，设工委（或党委）与管委会两套班子合署办公，下设直属机构和市属分支机构（主要是税收、公安、工商），实行"一栋楼办公，一个窗口对外，一个图章管到底"的责权配套、高效运转的管理体制。为适应市场经济体制的需求，经济园区对企业实行间接的法制化、政策化管理，主要职能是健全社会化服务体系，引进一些事业性、中介性机构，为企业提供各种社会化服务，克服企业办社会的弊端。我国台湾地区的新竹工业园、日本的筑波科学城、印度的班加罗尔等也采取了政府主导型管理机制。

2. 政府主导型管理机制的优势与劣势

（1）优势。政府主导型管理机制在我国经济园区发展初期发挥了重要作用，它可以充分利用我国强势政府特点办园区，其主要优势表现：一是有利于政府利用得心应手的宏观调控手段从园区战略发展高度对经济园区的产业及功能进行整体的规划、调整与布局，使得产业发展有一个良好的框架与秩序。二是有利于动用政府权威的力量协调园区与外部各单位、各部门的关系，在土地征用、项目审批行政审批、出口通关、居民安置配套设施等工作上能有效地疏通渠道，提高办事效率。三是有利于争取到更多的优惠政策，积蓄园区更多的资本实力与发展基础。四是在招商引资方面，由政府代表出面会提高园区信誉度，消除外商投资顾虑，提高项目落地率。五是服务型政府为园区带来的各项服务可以为园区发展排忧解难，提供更多的便利等等。因此说，在经济园区发展壮大过程中，政府主导型管理机制功不可没。

（2）劣势。政府主导型机制作用不可否定，但是，随着改革开放形势的深入和园区功能的扩展，政府主导型机制也表现出了明显的不适应：一是经济园区管委会定性不明确。从我国的现实情况来看，经济园区管委会的地位缺乏法律依据，尽管人们习惯于把管委会看做一级"政府"，但实际上我国行政机构设置序列中并没有经济园区，在法律上由于还没有一个全国性的有关经济园区的法律体系，管委会的性质在我国没有一个明确的立法界定，因而也就没有明确的法律地位和行政主体资格，容易造成管理上的混乱，不利于经济园区的长远发展。二是机构膨胀。我国的大部分经济园区在成立之初，都能大胆进行体制创新和管理创新，努力营造符合国际惯例的"小气候"，形成高效精干的"小政府、大社会"管理体制。但是近年来，政府各部门派驻经济园区的机构呈逐渐增多趋势，许多经济园区为了实现与上级有关部门的对口与衔接，管委会机构开始出现"返祖"现象，已逐渐脱离了建立经济园区的初衷。这种机构的膨胀，势必影响经济园区突出经济工作重点，影响管委会的工作效率和管理优势。三是政企不分。为了适应市场经济要求，融通资金和开发运作，大多数经济园区都成立了开发公司。但在管委会主导型管理模式下，还是政企不分，有的是管委会和开发公司一套人马、两块牌子，公司只是一个"壳"；有的虽有两班人马但管委会大权独揽，开发公司形同虚设，经营自主权难以到位。这种情况不利于公平竞争环境的形成，不符合市场经济的基本要求，更不符合国际惯例。四是干部人事制度落后。经济园区管理是一项专业化要求很高的工作，主要领导应当有稳定而持久的任期，以保证政策的连贯性。一般干部应当职业化、专业化。但管委会主导型的经济园区干部人事的任免，仍然是由当地组织和人事部门参照一般行政部门，按常规操作，忽视了经济园区的特殊性，不利于调动干部群众的积极性和提高整体素质。

3. 政府主导型管理机制的发展思路

上述分析看出，政府主导型管理机制适宜于经济园区发展初期，园区开发面积有限，经济总量小，管理职能与管理任务相对简单，采用轻型管理机构足以驾驭园区整体发展局面。但随着园区经济的迅速发展与膨胀，园区在土地开发、产业发展、人力资源、生产资料等方面的需求不断增长，园区已从单纯的经济功能区逐步向多功能、综合性、现代化的新城区转型，相应的园区管理职能也在不断扩展。园区不仅担负着经济发展的管理职能，还承担着大量社会管理事务，因此，园区管理体制的调整、改革与创新就成为必然。鉴于政府主导型管理机制有着它独特的优势，尤其是设立初期所形成的"小政府、大社会，小机构、大服务"特色符合我国体制改革的发展趋势，因此，还应发挥其作用，但需通过调整与创新，谋划新的发展思路。重点一是继续放权于园区，包括财权、人权等权力，实现园区事权的统一。借鉴烟台经济技术开发区经验，市政府给予园区充分重视和更多的权力，使得园区管理更有力度，更具权威性。二是继续给园区减负，打破条条对口和对等限制，实行对接不对口机制，以保持园区机构设置上的瘦型特点，上级政府部署的任务与园区关系不大的，可采取书面通知制，减少人力、精力与财力的支出，以保持机构的精简、效能、统一。三是实行特事特办方式，在有利于园区快速发展的问题上可以支小灶、开绿灯，减少繁杂事务对于园区中心工作的干扰。四是借鉴部分园区的做法，在国家没有出台园区立法的情况下，为园区制定地方性法规，明确园区的管理职能与管理权限。

案例 6-1　烟台经济技术开发区优化管理体制，在发展中不断创新

烟台开发区实行的是政府主导型管理模式。20多年来，园区在管理体制上不断进行大胆革新和有效尝试，始终保持了机构的轻型化。目前，全区行政编制仅120人，却在履行着13000家各类经济实体、近40万人口的行政管理、社会事务管理职能，表现出管理机制的优越性。

1. 机构精简。园区坚持精简、高效、统一原则，机构设置一口对多口。一个部门多种管理职能，基本是一人对一委、一人对几局。如经济发展与科学技术局向上对口22个部门。

2. 事权统一。园区的发展使得功能不断扩大，相应的权力需求也在增加。适应新的需要，烟台市政府在权力的"收"与"放"上，给予园区很多灵活变通的支持。一方面从园区效率和长远发展出发，进行了人员、机构、编制的理顺；另一方面对一部分机构予以授权，实行双重管理，组织、行政关系隶属上级主管，经费开支、业务开展归口园区，既保留了园区事权，又明确了垂管属性。

3. 服务至上。园区最大的成功之处在于管理思维的转变提升，走出一条"管制型"到"服务型"的路子。通过建立项目引进、建设、投产三大服务体系，设立"马上办"办公室等，使服务也是生产力观念得到固化，服务质量与效率不断提升。

4. 依法治区。经过20多年的努力，烟台制定颁布一系列法规与章程，初步形成了开发区的法规体系，并推行行政执法责任制，使权力实现了阳光操作。在商务部考核的依法行政中，烟台开发区始终位居前列。

5. 与国际接轨。管理体制的改革还体现在与国际惯例相吻合程度上。烟台良好的体制结构为与国际标准对接提供了制度保障。2005年9月，烟台开发区顺利通过英国劳氏认证公司认证，2006年成为山东首家通过环境（ISO14001）和质量管理体系"双认证"的区域，使园区行政管理进一步步入制度化、程序化、规范化轨道。

资料来源：根据烟台经济技术开发区资料整理。

（二）园区企业化管理机制

1. 企业化管理机制的界定

企业化管理机制是指完全由独立的经济组织——开发总公司管理经济园区的一种模式，也叫公司化管理。也就是说，管理机构的主体是营利性的公司，公司不仅要承担园区的规划建设、基础设施建设、对外招商，还要承担土地征用、人员安置、资金筹措、园区管理、日常工作协调等多种职能，负担着管理与开发双重职能。企业化管理机制是与市场经济要求最为贴近的园区管理模式，在国际上较为流行，如新加坡裕廊工业园区就由裕廊开发公司（JTC）负责园区开发管理。我国的一些园区也实行企业化管理与经营运作的方式。如上海虹桥经济技术开发区由开发区联合发展有限公司统一负责开发建设和经营管理、漕河泾新兴技术开发区由开发区新经济园发展有限公司控股、闵行开发区由中外合资的上海闵行联合发展有限公司（简称闵联公司）负责闵行经济技术开发区的开发建设和经营管理，等等。

2. 企业化管理机制的具体分类

根据参与主导管理的企业性质不同可分为三类：

（1）国企管理模式。虽设立管委会，但仍以公司为主进行经营管理，并进行社区一般性事务管理。管委会与国营大企业的党委会有类似的功能。这种经济园区一般属国家所有企业，赋予了较多的管理权限。这种模式可使开发管理工作实现集中化和专业化，但弊病有：一是由于开发公司不具有政府职能，对区内的协调、规划管理和对区内企业的管理比较难；二是企业承担部分社区管理职能，由企业办社会给企业背上沉重的社会包袱；三是由区外政府行使行政管理职能，在现有管理体制下，很容易使管理手段陷入老框框，与经济园区的国际化要求相矛盾；四是企业基础设施投入大，开发成本高，无税收返还，不利于开发区发展。

（2）外商管理模式。不设管委会，只指定区外主要管理部门协调，如上海漕河泾微电子高技术开发区，这是由港商投资新办的；或只驻派办事处，如福建省的泉州安平开发区等。

（3）联合管理模式。以国有企业为主，由中外企业参股组建联合公司对经济园区进行经营管理。上海的经济园区大都是采用此种管理模式，如闵行经济技术开发区，就是由上海闵行虹桥开发公司（65%）与中银香港（25%）、中国银行（10%）三家共同出资成立的具有中外合资性质的闵行联合发展有限公司负责开发与管理；再如浦东金桥出口加工区先由市政府投资，注册金桥开发公司，之后与交通银行等合作为内联企业，再与招商局等合资成立中外合资公司，然后成为上市股份公司。金桥将管理层和经营层分开，即将招商引资和社区管理与专业公司的经营管理分开，这种形式内部管理体制上相对比较精简合理，较能适应经济发展要求，并逐步走上与国际惯例接轨的路子。由此我们可以看出这种模式有利于集团公司的发展，有利于运用经济杠杆进行高新区的开发，但弊端也正由此而产生。由于经济园区没有行政管理机构，在征地、规划、项目审批和劳动人事等方面没有行政职能，行政协调能力不强，使经济园区在发展过程中受到多方面限制，而要克服这种弊端，授予总公司部分行政职能是必需的。同时总公司的发展本身也需要政府部门的支持。

3. 企业化管理机制的优势与劣势

（1）优势。一是有利于将政府从大量行政事务中解脱出来。二是可使经济园区的开发管理工作实现集中化和专业化，提高运作效率。三是开发公司融资主体明确，成本效益核算科学，运用经济杠杆进行园区管理，有利于提高开发建设效益。四是有利于提高管理机构对市场信息的敏感度，使园区获得的信息与市场对称。此外，企业化管理模式还有四个特点：开发公司是迅速聚集资本最有效的财产组织形式；开发公司可以引入包括非国有的多家股东，有利于企业将目标集中于经济效益；开发公司提供了投资者有效监督的体制框架，在所有权与经营权分离的情况下保障投资者权益；公司制度可以使投资者、经营者和管理者各自发挥所长，实现动态最佳组合，有可能创造良好业绩。

（2）劣势。一是由于开发公司不具有政府职能，缺乏必要的政府行政权力，给区外的协调、区内的规划与管理带来一定的难度，容易影响其整体管理能力的发挥。二是由于园区管理是企业行为，其管理活动必然遵循利益最大化目标，其经济行为时常会偏离开发区应有的定位和职能。三是企业承担部分社区管理职能，由企业办社会将给企业背上沉重的包袱。四是一旦经济园区的土地都出售完毕，再欲扩大经济园区的规模难度将会很大。

4. 企业化管理机制的发展思路

企业化管理机制仅适宜于特定园区，一般是应用于园区功能相对单一、园区覆盖范围相对较小、园区主营业务与市场联系密切、园区管理职能以经济为主、管理对象以企业为主的一些专业化园区。诸如一些高新技术开发区、工业园区、出口加工区、旅游度假区、农业科技示范园等。因此，在未来发展中，一是要根据园区特点选择管理机构，对于上述能够尽可能剥离社区与农村管理职能的园区，要使它们逐步走向企业化管理的轨道，由专门的企业进行管理，使园区发展能紧扣市场脉搏，紧跟市场走向，在原有的土地存量的基础上将这些园区企业与产业做大做强，提升其结构优势和特色优势。二是注重国外园区企业化管理经验的学习与借鉴，以此充实与完善我国现行的企业化管理，实行开放式办园区，尽快与国外成熟的管理模式接轨。

（三）园区区政合一管理机制

1. 区政合一管理机制的界定

对于发展较快、规模较大、带动能力较强的园区，我国大多采取区政合一的管理方式，即园区实行一套班子、两块牌子，统一开发，统一管理。管委会主任既担任园区领导职务，同时又兼任区政府领导职务；区内既有园区管委会机构设置，又有一级政府机构设置；既承担经济园区的开发建设任务，又承担区政府行政管理和社会职能；既不同于一般的经济园区，也不同于一般的行政区。随着园区自身发展加快、所占有的土地面积越来越大、转换身份的失地农民越来越多，园区承担的社会功能和社会责任也越来越多，需要与当地政府协调解决的问题也不断增加，在这种形势下，原来的政府派出机构的管理机制已经不适应发展了的园区实际，"小政府、大社会、窄机构、宽职能"模式已经涵盖不了快速增加的园区管理任务，要求实现园区与政府的协同管理，以减少摩擦，提高园区经济社会发展效率与带动能力。因此，园区与所在地政府的合署管理就成为一个良好的选择。我国实行区政合一管理体制的有苏州工业园区、青岛经济技术开发区、宁波经济技术开发区等。在山东的省级经济园区大多数都实行了由政府主导型向区政合一型管理机制的转换。

2. 区政合一管理机制的优势与劣势

（1）优势。一是拓宽了园区对外开放与发展的空间，形成了集行政、经济、社会于一体，工贸农等产业完整的综合发展区域，具有一般开发区和行政区不可比拟的特殊优势，有利于园区的长期规划，放开发展。二是园区与政区同属一个经济开发区域且重叠布局，合并开发管理有利于精简组织机构，理顺关系，减少矛盾，提高区域经济发展效率。三是有利于政策集成为统一体系，可以扩大政策效应，增强地区吸引力，满足不同类型、不同需要的各类投资者的需求。三是更有利于整合、发挥园区与政区的资源与创新优势，在人才、劳力、土地、基础设施、招商引资等方面实现优势互补，为园区经济提供更多发展机遇和发展动力，更有能力兼顾经济与社会全面发展，加快由单一经济功能区向综合现代化新城区发展步伐。四是能够及时、有效地解决由分治形成的管辖范围、征地拆迁、农民安置、土地价格、财税分成、基础设施补偿等议而难决的问题。五是可以充分利用大园区的政策效应、产业效应、品牌效应和国际影响力带动整个区域的发展。

（2）劣势。一是两区合并使管理任务增加，新旧体制的矛盾碰撞，园区为主体的管理机构需要一定时间的适应。二是两区有机对接需要较长的磨合，管理成本和难度增加。三是管理分工细化、办事环节增多，运行机制和管理方式容易出现运转不协调的现象，导致园区政策贯彻到位速度减慢。四是管理覆盖面广泛，容易干扰和冲击园区的经济开发管理的主要功能，使发展目标偏移，弱化园区的示范带动效应。四是体制复归现象显现。经过一段时间的实践，园区管理表现出了明显的体制行政化复归迹象，机构对口设置，人员编制增多，而权限随着区政合一却更多地表现为条条管理，原来下放的权利逐渐回收或分解，园区管理的力度与灵活性受到限制。

案例6-2　青岛经济技术开发区区政合一管理体制变革透视

　　青岛开发区是以两区体制合一为基础、以开放为主要特征的特殊区域，体制的合一开了全国沿海城市把经济区与行政区融为一体的先河，标志着新区进入了第二次创业的新阶段，为推进新区的可持续发展提供了强劲动力。体制合一前，两区的职能和管理体制各不相同，两区之间的利益取向有很大的差异，很多社会事务难以协调，司法管辖、公交线路断档等问题冲突不断，造成内耗非常严重；同时，由于对土地、港口、旅游等资源的分割，造成区内新进大项目难以合理安排，使得开发区的开放资源和功能优势，黄岛区的区位优势、港口等资源优势，都不能得到集约化利用，这对两区的发展都有着极为不利的影响。两区合一后的体制使开发区对外开放的空间扩大了，两区在人才、劳力、土地、基础设施、招商引资等方面的优势得到了互补，减少了区域摩擦，提高了行政效率，两区的优势得以有机结合，整个新区已经初步成为一个集多项政策、功能于一体，行政事务、经济事务、社会事务于一身，贸工农等门类齐全的综合性区域，具有一般开发区和行政区不可比拟的特殊优势，为建设现代化国际新城区创造了必要条件。一个开发区能否成功，关键取决于对生产要素的吸引能力和优化配置能力如何，归根到底取决于体制，青岛开发区与黄岛区的体制合一，在实践上是成功的，加上其在全国开发区的首创性，还为青岛开发区构筑了对外开放的又一独特优势。

　　资料来源：冷静：《青岛开发区管理体制变革透视》，载《决策》2005年第2期。

3. 区政合一管理机制的发展思路

区政合一管理机制带来的最大制约是机构增加与人员膨胀，以及权限制约与权力之间的不协调性，大大弱化了园区管理体制的活力，园区"小政府、大社会、机构精、效率高"的优势受到严峻挑战。为保持园区管理机制的创新性、高效性和优越性，在未来发展中，园区应进一步调整和优化区政合一管理机制，扬长避短，锐意创新，不断修正体制缺陷。一是合理划分事权。在这方面要勇于探索，大胆改革，一切以有利于发展为原则，给予园区更多的经济与社会管理权限。尤其在发展规划、工商税务、技术监督、社会保障等方面，给予园区不同于其他区域的权力，以保持园区优势。二是转变政府职能，按照市场经济规律和国外园区管理模式，大力依托社会中介等非政府组织，将更多的社会事务与企业服务事项移交给它们，以减轻政府压力与负担。三是要进一步突出园区在管理机制创新中的核心作用与先行先导作用，从国家到地方要给予园区体制创新的大力支持与促进，使其能在探索中寻求更好的发展路径，防止体制回归，保持园区优势。

（四）园区新型行政区管理机制

1. 新型行政区管理机制的界定

新型行政区管理机制是当经济园区的工业化带动城市化能力不断增强，而区政合一管理机制已经不适应新的变化的条件下形成的新的园区管理模式。它是指以园区管理机构为核心，将所辐射带动的行政区划并入园区内，成立一级区政府，形成有别于一般行政区政府的新型行政区政府，主要在管理园区发展同时，管理所辖区域的社区发展与农村建设，园区建设的方向目标从过去以工业发展为中心转移到工业、农业、服务业协调发展，城市农村统筹发展上来，比较典型的属广东经济技术开发区从区政合一模式向新型行政区管理模式的转变。另外，成渝全国统筹城乡综合配套改革试验区管理模式，既可视为更大范围意义上的园区管理，也或可称之为新行政区管理。目的是为了探索改变中国城乡二元经济结构，通过形成统筹城乡发展的体制机制，促进城乡经济社会协调发展。

2. 新型行政区管理机制的优势与劣势

（1）优势。新型行政区管理机制的建立是园区作为改革探索者与先行者使命的又一体现。经济园区发展到今天，历史所赋予的功能已经远超过对外开放带动，新城区带动、新农村带动、城乡一体化协调发展带动作用凸显。在这种形势下，继续扩大和发挥园区功能作用，必须首先改革创新园区管理体制，使其与园区发展新要求相匹配，因此，新型行政区模式应运而生。它的优势主要表现在：一是它以园区管理为核心，由园区主导和谋划区域发展，较之传统的行政区管理更具活力和带动力。二是集中两权于园区，从合一走向统一，从分权走向集权，进一步调动了园区率先发展、带头发展的积极性。三是更进一步理顺了园区与政区的事权关系，实现了区政联系的密切性和有机性，使得管理机制更为润滑、顺畅、无障碍，更具效能。四是有利于高起点、宽领域推进全局发展，实现更大范围的资源整合、产业整体布局和区域协调互动发展。五是有利于形成城乡统筹发展长效机制，园区管理的视野不仅在于产业发展，在于城区建设，还更多地投向广大农村、农业和农民，加大农业高新技术示范工程和都市型现代农业工程建设，扶持农村集体经济发展，迅速培育起园区工业化带动城市化、城市化带动新农村的新型发展格局。

（2）劣势。新型行政区管理机制是园区机制创新的探索和尝试，是否是园区发展的方向，是否符合科学发展观要求，是否能造福广大区域百姓，还需要实践的检验和公众的认可。它可能会产生的问题和制约一是体制膨胀问题，由于职能的扩大，管理权限与管理任务的增加，相应的管理机构与管理人员也不断增多，如果没有优良的制度规范相配套，容易产生行政管理体制的通病：因人设事、因人设权，导致机构膨胀，行政效率降低。二是区域面积的扩大尤其是农村建设任务的增加，容易造成了财力分散，园区带动力不足，等等。

（五）园区管理机制的未来发展

随着我国对外开放的深入，园区作为开放先导区与国际规范接轨更为密切，不仅在经济活动上要顺应全球化趋势与规则，在园区管理上也要有新的发展；并且随着园区特殊优惠政策的优势减弱，园区已经进入转型升级新时期，也要求在园区管理机制方面作出改革与调整。无论是何种管理方式，都需要不断消除自身劣势，克服障碍性因素，不断增强园区管理机制的促进力量，激活园区各要素，并促使它们有机结合，为园区科学化发展、集约化发展、可持续发展提供源源不断的动力。

案例6-3 广州开发区（萝岗区）的"五合一"管理体制

广州开发区（萝岗区）的"五合一"管理体制实行的是"统一领导，各有侧重，优势互补，协调发展"的新型行政区管理体制，采取的是大部制管理模式，将开发区的管理模式延伸至整个行政区，既保持了开发区管理机构精简高效的特点和优势，又扩大了开发区的发展空间。"五合一"是由1984年成立的广州经济技术开发区、1991年成立的广州高新技术开发区、1992年成立的广州保税区、2000年成立的广州出口加工区和2005年成立的萝岗区整合而成的，是国内唯一集开发区、高新区、出口加工区、保税区和行政区（萝岗区）的党政管理机构为一体的综合性区域。"五合一"管理体制的优点：一是功能整合。"五区合一"实现了四种类型国家级开发区和行政区的功能整合，使开发区拥有了依法对社会事务进行管理的权力和行政执法权。二是工作效率整合。"五区合一"使开发区拥有一套机构，人员编制没有增加，公章全部保留，各职能部门全面覆盖，实现了新型行政区体制下组织机构的高度精简，依法享有市级经济管理权限，极大地提高了行政工作效率。三是政策资源整合。"五区合一"使广州开发区拥有四个国家级经济功能区的牌子和一个行政区，实现了四种类型经济功能区和行政区政策资源的综合集成，在招商引资中，能够满足各类投资者的政策需求，吸引各类项目来区内投资发展。四是招商资源整合。"五区合一"后，避免了过去各区之间的相互竞争，由过去"各自为政"变为一个整体，五个区的招商网络、招商人才、招商渠道统一在一起，实行产业化招商，形成了招商合力。同时，功能分区更加明确，高新技术项目、一般工业项目和第三产业项目，可以相对分开摆放，可根据各类产业对环境的不同要求，进行开发建设和配套。五是区域整合。"五区合一"实现了区域、城乡发展的统筹兼顾，加快了经济功能区向现代化新城区转型的步伐。

资料来源：车晓蕙：《广州探索开发区"五区合一"》，载《经济参考报》2007年8月10日。

园区管理机制改革与创新：
1. 继续解放思想

园区管理体制本身就是改革的产物，是创新尝试，在未来发展中，管理机制如何走？向左向右？都未有既定的模式和明确的参照物，还需要探索前行。而作为开拓者，首要的前提是解放思想，敢想才能敢做，敢于突破思维定式的束缚，才能走出一条崭新的路径。

2. 赋予管理体制的法律意义

由于经济园区是我国改革开放催生出的新事物，对它的发展规律、关系结构、可确定矛盾等方面还缺少足够的认识，难以就园区作出法律调节规范。仅有一个中共中央、国务院关于批转《沿海部分城市座谈会纪要》的通知，经济园区体制的性质在我国现行法律、行政法规中找不到明确依据。因此，园区管理体制至今还未上升到法律高度来界定，这对于园区继续发展带来了许多疑惑与困难，缺少必要的法律保障。因此，加快园区法制化、规范化建设呼声日趋高涨。为此，在未来发展中，首先要以立法的形式确定园区性质、功能与作用；其次要给予园区独立的行政执法资格，使管委会对经济园区的统一领导和管理纳入法制化轨道；再次在法规中明确经济园区的组织管理体系，主要管理职能、权限以及发展的政策，从而确保经济园区组织管理的有效性、权威性以及经济园区发展的稳定性和连续性。将园区建设纳入法律保护、促进和规范的轨道。

3. 理顺园区管委会与企业的关系

也就是理顺政企关系。一方面调节好管委会与公司的矛盾；另一方面调节好管委会与投资园区企业的关系。前者主要针对政企合一管理体制而言，需要从权利划分上做好工作，管委会重点做好协调与服务工作，与市场相联系的事情交给公司，充分调动它们的积极性，激发企业活力，并在企业有能力的情况下，逐步退出园区管理，实行管理市场化运作；后者是管委会与投资企业的协调，需要从管理手段上做好工作，要以服务为主、以经济手段为主管理企业，要尊重市场经济规律，不要采取干预手段，影响企业自主经营，保障企业健康发展、顺利发展。

4. 培育社会中介组织的园区管理能力

社会中介组织作为政府、企业、市场之间联系的纽带和桥梁，具有政府行政管理不可替代的服务、沟通、协调、自律、公正、监督等方面的职能和作用，是保证经济园区经济社会健康发展的必不可少的重要组织。也是未来园区管理的主要力量，借鉴国外园区发展经验，它们有很大一部分的园区管理职能是由成熟的社会组织机构担当的。鉴于目前我国园区社会组织发展滞后，存在小而散，性质模糊不确定，职能作用发挥不利现象，官气浓厚，远未走向规范。因此，要将政府从园区管理中解脱出来，形成创新型、符合国际惯例的园区管理机制，充分调动全社会力量加入园区建设之中，必须要加快我国园区社会中介组织的建设，按照市场经济要求，在机构设置、功能定位、组织结构、行业标准、发展规范、人才素质、监督体系等各方面加大建设力度，使其更快适应形势发展，提升园区管理能力，为园区管理机制创新奠定良好的后备基础。

三、经济园区的政策机制

政策机制是园区发展重要的外部推动力量。我国经济园区作为特殊区域，是在特殊政策摇篮里生长起来的，也可以说园区与政策是相伴而生的。因此，政策机制对于园区的促进作用是不言而喻的。园区的政策促进机制主要体现在两个方面，即政策扶持机制和政策导向机制。园区政策扶持机制为园区的发展创造了投资环境优势和利益保障，使得园区从蹒跚学步到逐渐强壮；园区政策导向机制则为园区的发展明确了道路与方向，引领园区走向光明的前途。

（一）园区政策扶持机制

园区政策扶持机制是指政府通过给予园区特殊的利益支持政策，让利于园区，形成对园区的输血机制，使得园区保有更多的资金实力；使得区内企业有迅速壮大的条件。尤其在园区建设初始，这种政策扶持是不可或缺的。园区从杂草丛生的荒野上开拓出第一条道路，到今天的"九通一平"的崭新硬环境；从第一座厂房的封顶到高楼林立与厂房蜿蜒聚集；从小心翼翼的引进外资到世界 500 强的纷至沓来；从传统的作坊到高科技流水线；从改革开放的试验田到中国经济增长的引擎力量，无不闪动着政策扶持机制的身影。如果说园区二十多年的发展是令人瞩目的，那么政策扶持作为奇迹创造的主要力量是毋庸置疑的。政策扶持机制主要由土地政策扶持、税收政策扶持、进出口政策扶持、信贷政策扶持等机制所构成。

1. 税收政策扶持机制

税收优惠政策是园区政策扶持体系的重要组成部分，对促进园区经济发展有着重要影响。向投资者提供税收优惠必须遵从我国现行的法律法规，这些国家法律法规包括：《指导外商投资方向暂行规定》、《中华人民共和国外资企业法》、《中华人民共和国外资企业法实施细则》、《中华人民共和国中外合资经营企业法》、《中华人民共和国中外合作经营企业法》，等等。目前大多数的经济园区，尤其是国家级经济开发区都能在国家法律规定的范围内给予投资者税收优惠，这项优惠政策涉及的税种包括企业所得税、增值税、营业税、消费税、关税及地方税等。比如企业所得税优惠是指生产性外商投资企业，根据其技术先进水平、出口状况、是否属特定行业、项目、企业收入是否再投资等不同标准，依照国家优惠政策，可享受从获利年度起二免三减半征收企业所得税待遇，或10%~24%的企业所得税优惠（两税合一后统一为25%的税率）。地方政府在国家规定的范围内，可以给予企业期限不等的企业所得税减免优惠。

2. 进出口扶持政策

我国设立经济园区的最终目的是以经济园区为载体扩大我国的对外开放的水平，而经济园区的进出口政策则成为能否发挥经济园区载体作用的一个重要要素。我国对经济园区的进出口扶持政策表现在对进出口货物的关税优惠上。(1) 出口保税。国家对出口加工区、保税区、保税仓库提供保税业务服务，凡出口产品原料、成品可办理保税。(2) 出口增值税退税。涉及出口的经济园区普遍实行出口增值税退税，具体的有：机械及设备、电器及电子产品、运输工具、仪器仪表四大类机电产品的出口退税率17%；农机出口退税率13%；纺织原料及制品、钟表、鞋、陶瓷、钢材及其制品的出口退税率13%；以农产品为原料加工生产的工业品及其他货物退税率9%。(3) 关税。对符合《外商投资产业指导目录》鼓励类和限制乙类，并转让技术的外商投资项目，在投资总额内进口的自用设备，除《外商投资项目不予免税的进口商品目录》所列商品外，免征关税和进口环节增值税；外国政府贷款和国际金融组织贷款项目进口的自用设备、加工贸易外商提供的不作价进口设备，除《外商投资项目不予免税的进口商品目录》所列商品外，免征关税和进口环节增值税；对符合《当前国家重点鼓励发展的产业、产品和技术目录》的国内投资项目，在投资总额内进口的自用设备，除《国内投资项目不予免税的进口商品目录》所列商品外，免征关税和进口环节增值税；对符合上述规定的项目，按照合同随设备进口的技术及配套件、备件，也免征关税和进口环节增值税。(4) 进口许可证。在高新技术产业开发区内开办的高新技术企业为生产出口产品而进口的原材料和零部件，免领进口许可证，海关凭出口合同以及高新技术产业开发区的批准文件验收。

3. 信贷扶持政策

经济园区的发展离不开资金的支持。在我国经济园区发展的初始阶段这一方面的表现尤为突出。良好的信贷扶持政策能够为经济园区的发展提供坚实的资金支持。我国对经济园区的信贷扶持政策主要表现为提供金融服务及金融政策上的支持。（1）低息贷款或者贴息贷款。有些经济园区从正式落成起的几年内，就向银行争取，每年安排一定数量的低息贷款，以扶持中小型企业的快速发展；有些地方由政府出面向银行贷款，向来园区内投资的企业提供资助，而风险由本地政府承担；还有些地方甚至由当地政府出面为企业担保贷款。（2）债券及风险基金。国家有关政策规定，银行可给高新技术产业开发区安排发行一定额度的长期债券，向社会筹集资金，支持高新技术产业的开发；有关部门可在高新技术产业开发区建立风险投资基金上，用于风险较大的高新技术产品开发；条件比较成熟的高新技术产业开发区，可创办风险投资公司。（3）金融政策支持。鼓励国家政策性银行、商业银行对符合条件的国家级经济技术开发区区内基础设施项目及公用事业项目给予信贷支持，支持符合条件的区内企业通过资本市场扩大直接融资等。

4. 土地扶持政策

土地是经济园区存在和发展的基础。正确有效的土地政策是经济园区向更高层次发展的重要保证，我国经济园区多年的持续快速发展与园区始建阶段的土地扶持政策是密不可分的。我国对经济园区的土地扶持政策主要包括：（1）土地有偿出让。园区土地部门可办理国有土地使用权有偿出让和转让业务，鼓励中外投资者成片开发建设，中外投资者可依法取得土地使用权，进行土地成片开发，使用经济园区内土地，土地使用权最长为农业用地、住宅用地70年，工业用地60年，商业用地50年，期满后可以依法申请延长，其土地使用权在使用期内可以依法转让、出租和抵押。（2）土地出让金、使用费免缴。有的园区规定在园区内成片开发荒地滩用于农业林业项目，免征土地出让金；成片开发荒地滩兴办工业小区，减半征收土地出让金，土地出让金在规定期限内可记账分期缴纳；开发成片荒地荒滩兴办第三产业的投资者，土地出让金在规定期限内可记账分期缴纳；投资企业在基建期间（2年内）免缴土地使用费，经营期10年以上、投资额300万美元以内的企业，免交土地使用费10年，500万美元以内的企业免缴土地使用费15年，500万美元以上的企业免缴土地使用费20年。

(二) 园区政策导向机制

从20世纪80年代我国第一个开发区设立至今，经过起步、快速发展、竞争分异等几个阶段，目前进入了科学的、规范化的发展阶段。随着我国劳动力成本的提高、土地价格的上涨、技术水平的提高、关税与非关税壁垒的消除，经济园区优惠政策优势日益淡化，以土地政策、税收和信贷扶持为骨干的优惠政策扶持体系，并不能成为园区科学发展的根本决定性因素，而只是一种辅助性的手段。在科学发展阶段，经济园区的政策促进机制应该主要体现在政策导向方面，通过政府各项政策的引导，推进园区经济社会全面发展，打造园区发展的综合竞争优势。

1. 土地政策导向

我国自1984年创建经济技术开发区以来，经济园区建设取得了蓬勃发展，在基础设施建设、利用外资、发展经济、扩大出口、培养人才、改革试点等方面取得了明显成果，对地方和区域经济发展起到了带动和辐射作用。但是，由于园区开发建设初期一般都是走外延扩张、数量增长的道路，因此在土地利用与管理上不同程度地存在着土地利用粗放、土地管理体制不顺和制度尚不完善等问题。随着新一轮经济建设热潮的兴起，各地刮起了"圈地"热，不少地方政府违法授予园区土地供应审批权，园区用地未批先用、非法占用、违法交易的现象严重，这严重影响了经济的平稳运行和社会的可持续发展。根据国土资源部对24个省份的不完全统计，其各类经济园区规划占地面积达到3.6万平方公里，超过现有城镇建设用地的总量，同时对10个省市的上报数据进行统计，在3054平方公里园区实际用地中，未经依法批准的用地达2097平方公里，占68.7%。[①] 针对经济园区建设用地存在违法违规占地等现象，国家加强土地政策方面的引导是必需的，也是迫切的。2003年4月29日，国务院发出《关于深入开展土地市场治理整顿严格土地管理的紧急通知》，要求全国暂停农用地转用审批，暂停新批的县改市（区）和乡改镇的土地利用总体规划的修改，暂停涉及基本农田保护区调整的各类规划修改；2005年3月12日，商务部、国土资源部、建设部联合发布《关于促进国家级经济技术开发区进

[①] 黄焱：《文化挖掘：弥合土地开发利用的伤口》，载http://www.mlr.gov.cn/zt/2007 tudiriluntan/huangyan.htm。

一步提高发展水平的若干意见》，要求严格执行土地利用年度计划，按照法律规定的程序审批和供应土地；建设用地必须以现代制造业、高新技术产业和承接服务外包业为主，不得擅自改变土地用途，不得用于大规模的商业零售，不得用于房地产开发；严格执行占用耕地补偿制度，切实做好被征地农民的安置工作。通过园区各类土地政策的引导，各类开发区在项目准入、单位土地面积投资强度、容积率及生态环境保护等方面的标准明显提高，突出了产业特色，优化了布局，为经济园区下一步规范发展营造了良好环境。

（1）引导经济园区加强土地利用的规划管理与调控。国家和地方要根据经济园区发展的要求，科学编制区域发展规划和经济园区的土地利用规划，确定经济园区发展的目标定位、发展步骤，在土地供应、设施建设等方面作出明确部署。按照有利于经济园区发展的目标，在科学论证的基础上，提出土地供应的中长期计划，并根据变化的形势和发展情况制定年度土地利用规划，强化对经济园区土地利用规划的动态管理。对于发展趋势好、潜力大、土地紧张的经济园区引导其及时调整土地规划，增加土地供应；对于发展形势不好、土地闲置的经济园区也要及时调整规划，推迟或停止供地；同一个经济园区不同发展阶段情况不同，也要适时调整供地计划。各经济园区要严格按照园区内不同功能区的规划要求配置项目，对于不合时宜的功能分区要及时调整，进行功能整合，实现土地资源的优化配置和合理利用。

（2）引导经济园区内企业做大做强，鼓励企业增资扩股，努力提高单位面积产出。企业做强做大、扩大经济规模，是节约用地、提高园区土地使用效率的有效途径。捷安特自行车（中国）有限公司在昆山开发区投资取得丰厚回报以后，通过两次增资扩产，投资额从最初的2950万美元增加到1亿美元，自行车年产量也从15万辆猛增到250万辆，而用地却没有增加一分。昆山经济技术开发区在招商引资过程中，积极倡导和大力推进在不新增用地的情况下，走增资扩产之路、走打造"航母"之路、走做强做大主导产业之路，使电子信息产业、汽车零部件和高档轻工、纺织产品在全国乃至全球占有一席之地，成为重要的生产基地之一。

（3）引导经济园区用市场机制提高土地利用率。在土地资源的优化配置中，市场机制起着基础性作用。各经济园区政策导向注重发挥市场机制的作用，加强了一级市场的管理，搞活了二级市场，提高了土地使用效率。一是根据土地利用总体规划的要求，确定投入市场的增量土地供应量,按照限量供应原则并根据项目需求和产业倾斜,每年确定土地增量供应量。二是实施最低限价制度。在对土地定价时,可以综合考虑绝对地租、级差地租、开发成本和市场需求,根据不同地段、不同用途、不同项目确定最低保护价,规定土地出让时只能高于最低保护价,否则不予供地。三是引入市场机制。引导各经济园区对经营性用地一律实行招标、拍卖和挂牌出让,建立公开、公平、公正的市场机制,提高土地资产市场化运作程度。四是用市场机制盘活存量土地。对于经营不善的土地,园区土地分局可以引导其通过市场办法购回闲置土地,再批租给好的项目。

> **山东荣成经济开发区探索"零土地招商"模式**
>
> 2008年以来,面对国家地根紧缩的实际情况,山东荣成经济开发区解放思想,积极探索创新招商模式,大力实施以租赁、合作、购并园区闲置厂房为主要手段的"零土地招商"模式,不仅有效地提高了园区内闲置厂房的利用率,而且实现了集约化利用土地的目的。经济开发区投资促进局组织相关人员深入调查,摸清园区及周边村庄闲置的厂房、仓库、堆场的实际情况,落实专人整理汇编并不断更新完善收集到的信息,按照地理位置、规模等进行分类,定期在网站上公布,吸引外来投资者。在此基础上,他们主动出击,有的放矢地搞好宣传推介,南非来威玩具、韩国德远塑业、日本奥意希食品、威海百货大型商城等新批企业和韩国山水竹盐、日本 NEAT(株)医用塑料加工、烟台大宇物流等再谈项目都准备相继落户。预计租赁总面积达5万平方米,总投资2亿元。在"零土地招商"模式效应的带动下,仅1~4月份,荣成经济开发区引进内外资项目19个,实际利用内资4.7亿元,同比增长21.7%,实际利用外资3294万美元,同比增长21.5%。
>
> 资料来源:中国招商引资网;http://www.zsyzw.cn/news_show_532.htm 2007-6-26。

(4)引导经济园区挖掘潜力,努力增加土地供应。一些沿海经济园区如大连、青岛、温州、天津等开发区采取填海造田办法,增加了不少土地;一些中西部经济园区将小山削平,将洼地填平,形成了很好的建设用地;还有一些经济园区利用农民动迁,建设农民社区,集中居住,节省了不少农民宅基地,为经济园区发展提供了土地。经济园区应该突出政策导向,因地制宜,引导各地园区根据自身情况,创新土地形式。昆山经济技术开发区采取"货币补偿"和"拆一补一"办法安排农村居民住宅,在规划区内建造多层次农民公寓小区来安置农民,建立新型农民社区,取代自然村，既改善了农民居住条件、提高了生活质量，又加快了城市化进程，而且节约了大量住宅用地。

(5) 引导经济园区建设向空中和地下要空间，最大限度提高土地利用率。目前，除个别经济园区外，大部分经济园区尚处于平铺式建设状态。厂房多是一层、二层，很少有高层，办公楼、住宅也基本上属于低矮型建筑，大多数经济园区也没有地下建筑。国家或地方政府出台相应导向政策，引导园区建设拓展新的空间，不断提高土地利用效率。

2. 税收政策导向

为进一步完善社会主义市场经济体制，适应经济社会发展新形势的要求，为各类企业创造公平竞争的税收环境，2008年1月1日我国开始实行的《中华人民共和国企业所得税法》（以下简称新税法）。新实施的企业所得税法结束了外商投资企业超国民待遇，彻底统一了多元化的企业所得税制，取消了外资企业的优惠政策，取消地域的优惠，变区域优惠为产业优惠。新税法给经济园区的发展带来了新机遇和挑战，新的税收政策鼓励和引导经济园区率先在发展高新技术产业、节能环保和现代服务业等方面发挥示范和带动作用，客观上推动经济园区产业结构的转变和发展模式的调整，指引并促进了资源节约型、环境友好型经济园区的建设。

(1) 引导公共基础设施建设、环境保护、节能节水项目建设。企业从事符合规定的国家重点扶持的公共基础设施项目的投资经营的所得，从事符合规定的符合条件的环境保护、节能节水项目的所得，自取得第一笔生产经营收入所属纳税年度起，第一年至第三年免征企业所得税，第四年至第六年减半征收企业所得税。

(2) 引导科学技术发展。对国家需要重点扶持的高新技术企业，减按15%的税率征收企业所得税。对开发新技术、新产品、新工艺发生的研究开发费用可以在计算应纳税所得额时加计扣除。

(3) 引导和资源综合利用。企业综合利用资源，生产符合国家产业政策规定的产品所取得的收入，可以在计算应纳税所得额时减按90%计入收入总额。

(4) 引导和推动东西部园区协调发展。根据《关于实施企业所得税过渡优惠政策的通知》和《财政部、国家税务总局、海关总署关于西部大开发税收优惠政策问题的通知》的规定，西部大开发企业所得税优惠政策继续执行。在2010年前与其他东部城市相比西部经济园区的企业还能享受如下优惠：对设在西部地区国家鼓励类产业的内资企业和外商投资企业，在 2001 年至 2010 年期间，减按 15% 的税率征收企业所得税。对在西部地区新办交通、电力、水利、邮政、广播电视企业，内资企业自开始生产经营之日起，第 1 年至第 2 年免征企业所得税，第 3 年至第 5 年减半征收企业所得税；外商投资企业经营期在 10 年以上的，自获利年度起，第 1 年至第 2 年免征企业所得税，第 3 年至第 5 年减半征收企业所得税。

第七章 经济园区发展的环境

> 国家级经济技术开发区要充分发挥自身优势，提高吸收外资质量、优化外商投资结构，吸引更多的跨国公司到开发区内投资设立地区总部和研究开发中心。努力改善投资环境特别是投资软环境是开发区吸收外资工作中一项长期而艰巨的任务，要下硬功夫改善投资软环境。
>
> ——吴仪

跨入21世纪，中国经济将在更大范围和更深程度上融入全球经济，国家突出产业政策、淡化区域政策将成为必然趋势，各类经济园区原有的政策优势将逐渐消失。在这一新形势下，经济园区更要注重发挥自身为企业服务的有效机制，努力以差异性塑造投资环境新优势，增强园区核心竞争力，来实现园区从依靠政策优势向依靠投资环境综合优势的转变。

一、经济园区的硬环境建设

经济园区的硬环境是园区发展的基础，也是改善园区投资环境工作中的首要环节。本书所讨论的经济园区硬环境主要包括园区基础设施环境和园区生态环境，下面就分别从这两个方面对经济园区的发展硬环境做一探讨。

（一）园区基础设施环境

经济园区基础设施包括供水、能源、交通、通信、环境、防灾等子系统，它是园区实现工业生产和居民生活的先决条件，在开发区建设中一般称之为"七通一平"。园区基础设施除了与城市基础设施具有相同的特点以外，还具有其独特的作用。它是连接园区与母城之间的物质纽带，是对外交流的载体，是园区招商引资、改善投资环境的必备硬件。随着城市化进程的加快，各种经济园区规模的增大，园区基础设施投资的需求相应扩大，各经济园区都必然遇到同样的问题：如何解决基础设施的建设资金问题？如何改善基础设施建设管理现状？如何保证基础设施的正常运营？以下就分别从这三个方面来论述园区的基础设施环境建设。

1. 园区基础设施投资

经济园区是改革开放的产物，是改革的试验田、开放的前沿阵地，因此，从某种意义上说，是所在城市率先与国际惯例接轨的先行区和示范区，理应成为所在城市、周边地区以及中国中西部中心城市投融资体制改革的先导区。中国经济园区自1984年相继创立以来，在投融资体制改革方面进行了大量的不懈探索，积累了一些宝贵的经验，但由于受计划经济体制的惯性作用以及政治体制改革相对滞后的影响，园区的投融资体制依然存有诸多旧体制的弊端，依然成为园区与国际惯例接轨的障碍，依然影响着园区市场经济体制的建立与完善，特别是随着我国加入WTO、市场经济体制基本框架的逐步确立，在经济转轨和发展过程中，经济园区原有的政策优势日渐萎缩，体制优势日益成为决定竞争成败的首要因素，进一步深化园区投融资体制的改革与创新也就显得更为迫切。

(1) 园区基础设施投资体制的发展历程。随着改革开放的不断深入，工业化和城市化区域的扩展，经济园区必然会由最初的单纯工业区向新型经济区或新兴城区的方向发展，与此相对应，经济园区投融资体制所涵盖的领域必然会由原来的少数几个领域向众多领域延伸，必然由单纯地为工业项目提供配套，延展为大工业领域和日益扩大的整个社区企业和居民提供公共产品，以满足日益增长的社会公共需要。纵观全国经济园区，特别是国家级经济园区的"两次创业"历程，其投融资体制的改革也大致经历了两个阶段。第一个阶段是从1984年到1992年。这一阶段全国经济园区的投融资体制改革基本上处于探索发展的时期。基于对园区地位与作用的认识、期望和要求，各园区的投融资体制在建立与改革初期即与传统体制有所区别，主要是按照"政企适当分离、管委（政府）大额投资、业主小额融资"的思路，设立了由管委会出资设立并直接控制的经济开发总公司，总公司再下设工业、城建等投资公司，投资资金全部来自区财政和银行贷款。但文化、教育、卫生等公益事业几乎全部由管委（政府）直接拨款，指定有关职能部门直接负责建设、经营与管理。这一阶段的投融资体制依然带有浓厚的计划经济色彩。① 第二阶段是从 1992 年至今。这一阶段的投融资体制改革在总结以往经验教训的基础上，逐步探索出"政企分离、多元投资、稳步融资"的改革思路，提出了"经营城市，市场运作"的全新理念，主要做法是城建公司和其他公用事业经营公司逐渐与政府财政脱钩，建立了独立核算、自负盈亏、自我经营、自我发展的法人实体，投资主体开始由单一走向多元，不少经营项目由管委财政全包改为企业运营、管委补贴。在社会公益性项目和城市基建项目运营过程中，实行了"六项制度"，即"政府采购制、招投标制、项目法人制、监理制、审计与责任追究制"。② 这一时期，各经济园区都对其投融资体制的改革进行了积极的探索，其中广州、天津等开发区将基础设施某些项目包装上市，大连、北京等开发区实施的一些创新举措，都是较为成功的范例。

（2）当前园区基础设施投资体制存在的问题。经过多年的理论探索和实践创新，经济园区的投融资体制改革取得了一定成果，但总的来说，缺点与不足之处依然存在，有的环节甚至越来越成为园区进一步优化综合投资环境、加快发展的障碍和阻力。概括各经济园区投融资体制所存在的问题和弊端，不外乎以下几个方面：一是投资需求缺口日益增大，而投资主体市场准入代价太大。随着经济园区项目的增多、园发面积的扩展、居住人口的增加，特别是城市化进程的加快，园区的基础设施建设需要越来越多的投资；同时，随着各种公益和公用设施数量的增多，维护和管理的费用支出也在不断增加。这样仅靠管委财政拨款已难堪重负。与此同时，由于市场准入标准模糊，审批耗时费力，因而很多社会资本难以进入上述领域。二是社会公共需要日益增长，而管理服务水平提高乏术。园区外来投资者和就业者的不断增加，势必要求政府提供越来越多的公共产品和服务。但由于投资主体的单一，投资决策、项目经营、管理主要依赖政府，而且长期垄断经营缺乏市场竞争力的推动和市场风险机制的约束，从而既不利于调动全社会特别是提供公共产品企业的积极性，又进而影响管理服务水平的提高。三是投资决策"暗箱"操作，而社会监督难以奏效。主要表现为：当投资大量地集中表现为政府财政性直接投资，并由一个或几个政府部门主持操作时，就必然会使招投标失去有效监督。政府的各种"寻租"行为也必然会随之产生，与此对应，开发商为了以低价打败竞争

---

① 董明慧：《天津开发区基础设施投融资体制改革研究》，天津大学硕士学位论文 2004 年。
② 叶大华：《开发区基础设施建设研究》，重庆大学硕士学位论文 2001 年。

对手或为谋取暴利,就必然会对"寻租"行为给予积极配合,进而导致腐败。

(3) 园区基础设施投资体制的改革和趋势。经济园区基础设施建设的投入体制改革总的思路,就是要在对基础设施向民间投资开放的基础上,以实现投资主体的多元化、资金来源的多渠道化和经营方式的多样化为目标,并辅之以价格体系的理顺,调价听证制度的完善,分以下四种类型具体推进:一是盘活开发区土地,以土地来融资。土地是开发区最重要的资产,也是国有资产的重要组成部分,土地经营也是各类开发区运用最多的融资方式。通过优化开发区土地资源配置,建立公开、公平、公正的土地市场,保证国有土地资产的保值增值和合理使用,为开发区的开发建设提供强有力的资金支持。二是对于城市供排水、供热、污水处理、垃圾处理等准经营性项目,改革的取向是特许经营、企业运作、以副补主、保本微利。此项目投资主体可以是"企业法人+股民+境外投资者+政府",投资的方式可以是"厂网分离、厂地分离",政府投资输配管线或场地使用权,民间投资水厂或热源厂、垃圾处理厂,具体的投资方式可以是合作、合资、独资、股份制等。[1] 三是对于区内敞开式道路、广场、公园、路灯、城市公共绿地等非经营性项目,投资主体只能是管委会,权益也全部归属管委会。在运作方式上,一般可以考虑"所有权与经营权相分离","建设与管理相分离"的原则,引进项目法人制及建设和经营权招投标的竞争机制,通过竞争择优选定委托对象,由受托的项目法人作为业主,实施建设、管理和经营,政府则按委托协议履行支付义务,主要是拨付城维费。四是运用"BOT"等项目融资建设方式。对于管道燃气、蒸汽、公共交通等经营性项目,投资主体可以是包括外资在内的全社会投资者,坚持"谁投资,谁收益"的权益归属原则,在运作方式上要采用拍卖、招投标、包装上市、建设－经营－转让模式(BOT)、移交－经营－移交模式(TOT)、公共部门与私人企业合作模式(PPP),资产担保证券(ABS)等方式。[2]

2. 园区基础设施规划建设

(1) 园区基础设施规划的作用。基础设施规划是经济园区城市规划的组成部分,它具有城市规划的作用,从理论上看,它主要有四点作用:第一,为了从园区的整体和长远的利益出发,合理有序的配置园区空间资

---

[1] 梁运斌、邹勇:《关于我国城市开发区初步研究》,载《城市规划》,1996 年第 4 期。
[2] 左小德:《城市基础设施的特点及投资》,载《经济与发展》,1998 年第 2 期。

源。第二，通过空间资源的配置，提高园区的运作效率，促进经济和社会的发展。第三，确保园区的经济和社会发展与生态环境相协调，增强园区发展的可持续。第四，建立各种引导机制和控制规划，确保各项建筑活动与园区发展目标相一致。从现实意义上看，因为基础设施工程具有整体运行的系统性、服务对象的公众性、工程建设的整体性、配套建设的超前性、经营管理的垄断性等特征，客观上对基础设施规划提出了独特的要求，在基础设施的规划中，不仅要考虑空间布局的合理性，也要考虑分期开发建设的可操作性，近期和远期之间的协调性，还要考虑投资开发的具体运作模式，所以基础设施规划的现实意义十分明显。第一，基础设施规划是园区进行开发建设的最基础依据，是进行后续开发工作的先期准备。第二，基础设施规划也是基础设施建设资金筹集的重要依据，是各项基础设施项目进行可行性研究的基础资料。基础设施规划是进行投资决策资金调度计划编制的基础。

（2）园区基础设施规划的内容。基础设施的范围大致应包括以下六大系统：能源系统、水资源及给排水系统、交通运输系统、邮电系统、环境系统、防灾系统。因此，基础设施规划主要是上述各系统的总体规划、分区规划和详细规划。总体规划阶段，综合协调并确定园区给水、排水、防洪、供电、通信、燃气、供热、消防、环卫等设施的总体布局。标明管线的主要走向，水源、水厂、污水处理厂、供热厂、调压站、变电站、电信中心、邮电中心等站点的位置。分区规划阶段，在总体规划的基础上，对园区土地利用、人口分布和公共设施、基础设施的配置作出进一步安排，以便与详细规划相衔接，确定基础设施工程管线的位置、走向、管径、服务范围以及工程设施的位置和用地范围。详细规划，以总体规划或分区规划为依据，详细规定建设用地的各项控制指标和其他规划管理要求。在控制性详细规划中，确定各级支线的红线位置，控制点坐标和标高；根据规划容量，确定工程管线的走向、管径和工程设施的用地界线。修建性详细规划，主要包括各种管线的规划设计、竖向规划设计、工程量估算及造价估算。[①]

（3）园区基础设施规划的原则。在经济园区建立完整的基础设施体系，使园区道路交通、信息、能源、供水、排水、环保等设施先进、畅通、安全可靠，为园区的发展打下坚实的基础。在对园区现状充分调查研

[①] 朱宏智：《开发区基础设施建设与管理研究》，东南大学硕士学位论文2004年。

究与分析的基础上，充分考虑规划方案整体的合理性。基础设施规划应符合国家现行规范、规定和行业技术标准，在借鉴与参考国内外相类似区域基础设施建设经验和指标体系的基础上，结合我国的国情、国力和园区的具体条件，选择适合本园区特点的指标体系，制订技术先进、经济合理的规划方案。在园区建立现代化的交通网络和先进的通信、能源、给排水、环保、绿化等综合体系的同时，各专业规划要充分体现节约能源、保护环境、注重社会效益和经济效益的目标。结合招商引资的实际，有步骤，有计划地实施。

（4）园区基础设施规划的评价。规划方案是经济园区基础设施规划建设的依据，规划方案的评价直接关系到园区基础设施建设水平、能源利用程度、城市化水平、区域生态环境等各个方面，可以说基础设施规划方案的评价是园区取得良好经济效益、环境效益和社会效益，实现可持续发展的关键性决策问题。因此，积极探寻一种相对完备的规划方案论证方法，确保基础设施建设的可行性是一个重要课题。具体的评价方法主要有加权评分法、几何平均值法、权重评析法等，这里不再详细介绍。

3. 园区基础设施维护管理

（1）维护管理的重要性。所有的基础设施都会逐渐损伤直至毁坏，这一点是不可避免的，基础设施维护便是控制这个过程的速度的技术。维护的目的在于使得建筑物在其生命周期内，在一定的安全性和经济性的前提下，发挥令人满意的功效。做好这些工作，需要有一定的技术实践和判断力，而这些是从实践经验中而非理论中获得的。但是实际中维护很少受到应有的重视。推迟投入维护基础设施的资金在当时一般不会看出明显的损失和不良影响，而正是这一点使人们不去认真注意基础设施早期出现的损伤迹象。这样，用于早期维护的资金就被用于较明显的而其实不过是外观上的维修。然而早期的疏忽会导致日后所需费用的急剧上涨，从而无法最大限度地、最经济地使用这些资金。

（2）维护管理的职责划分。根据基础设施的不同，其维护管理的责任单位可划分为两种，一种是园区供排水、供热、污水处理、公共交通、垃圾处理等经营性项目，这种项目由负责运作此项目的实体对其进行维护管理，维护管理的资金来源于经营收入。另一种是区内敞开式道路、广场、公园、路灯、城市公共绿地等非经营性项目，基本上是市政设施项目，其维护管理由园区基础设施的建设管理部门负责，其维护管理的资金来源于财政拨款，它的实施组织可分以下两种：一是日常维护和小修项目。此类维护通常由经济园区常设的基础设施维修部门来完成，其平时的工作是按照"预防为主、防治结合"的方针，进行"未损先防、小损即修"，以确保基础设施的正常运转，具有较强的灵活机动性和维修的及时性。二是大中修项目。此类维护任务可采用发包形式向社会招标，通过招标，可取得两大效果：一方面节约投资和提高科技含量。投标的养护专业队伍通过竞标，必然以较少的养护费用中标，从而减少了园区基础设施管理部门对维修方面的投入，因此，具有一定的经济性。另一方面由于招标面向的是社会，社会上有先进技术力量的养护专业队伍就有机会来参与投标，通过竞争，就使得园区基础设施的维修技术得以提高，从而进一步达到以最小投入获得最好维护效果的目标。

（二）园区生态环境

广义的生态环境概念是指以人类为中心的各种自然要素和社会要素的综合体，而本节所要论述的是狭义的生态环境，即由各种自然要素构成的自然系统。经济园区出现二十多年来，对园区生态环境的认识从无到有、由浅入深。但是，很长一段时期内对园区生态环境认识的不够到位，使得现在的经济园区面临各种各样迫切需要解决的问题。

1. 园区生态环境与经济发展

生态环境是经济发展的物质基础，生态环境的优劣决定了经济开发的深度和广度。而经济增长方式的转变，产业结构的优化，将会使污染排放减少，生态环境压力减轻。通过推行清洁生产，发展循环经济，生态环境质量将会得到明显提高。因此，生态环境与经济发展是相互制约，互相促进的。

（1）产业结构调整。合理的产业结构是优化生态环境的必然需要，产业结构的调整应包括三方面的内容：一是第一、二、三产业比例的调整。学习发达国家的经验，逐步降低第一产业在三次产业结构中的比例，把产业发展的重点转向发展高新技术产业和第三产业。二是优化工业结构。要通过外引内联引进先进技术，改造机械、纺织、服装等传统行业，并引进和发展一些技术含量高、附加值高而能耗低、污染小的高新技术工业。如电子、仪器仪表、新型建材等，使本区的工业结构由劳动密集型产业转向知识技术密集型产业；同时也要注意调整和优化出口商品结构，实现三个转变：由主要出口初级产品向主要出口工业制品转变，由主要出口粗加工产品向主要出口精加工产品转变，由主要出口低档产品向主要出口高技术产品转变。三是在经济园区实现产业结构优化升级过程中，要注意各园区的合理分工与协作，合理地进行产业替代与转换，避免园区间的产业趋同化与重复建设，发挥专业特色和地区优势，缓解各园区争夺原材料、分割市场的矛盾和冲突。

（2）积极推进清洁生产。清洁生产的目的是为了节约资源、削减废物的产生、促进非产品物质的循环，从而实现生态环境质量的改善。各级政府和有关部门要转变观念，充分认识清洁生产在园区实施可持续发展战略中的重要作用，切实加强对清洁生产工作的组织指导，逐步建立政府组织推动、政策扶持引导、企业自觉实施的清洁生产机制。在企业内部，积极鼓励企业采用新原料、新工艺，通过工艺改造、设备更新、淘汰关闭浪费资源、污染环境的落后工艺、设备，实现"节能、降耗、减污、增效"，提高资源利用效率，减少或者避免污染物的产生和排放，降低生产成本，提高企业的综合效益。尤其在冶金、化工、炼油、建材等流程工业行业中重点推行清洁生产，并通过行业自愿承诺的方式更有力的推行循环经济的实施。

（3）大力发展循环经济。循环经济是以资源的高效利用和循环利用为核心、可持续发展的经济增长模式。发展循环经济是落实科学发展观的核心内容，是实现经济、社会、环境协调发展的必经之路，也是改善园区生态环境的必由之路。发展循环经济，首先要建立法制保障。要使法律真正成为新经济模式保驾护航的强大武器，充分发挥法律至高无上的权威，规范循环经济法律关系主体的权利和义务。法制建设包括法律的制定、修正、整理、实施、监督、教育等诸多环节。其次要研发循环经济开发利用技术。循环经济中减量化、再利用、再循环的每一个环节都离不开先进的处理和转化技术。可见，科学技术是建设循环经济的决定因素。

2. 园区生态环境与社会进步

生态环境的可持续发展对社会进步起基础性的决定作用，环境与社会之间相互制约，相互促进。生态环境可以改善人类居住环境，提高居民生活质量，并利于建设环境友好型社会。反之，环境污染问题的加剧使得人类的生存环境受到极大的挑战。而和谐的社会建设会极大的促进生态环境的持续发展，人口总量下降，生态环境承受的压力将趋于减小，人们环保意识的加强和环境友好型社会的日趋成熟，为环境可持续发展奠定了基础。

（1）提高人口素质。保护生态环境是全民参与的一项活动。在诸多措施之中，最重要、最根本的是提高人口素质这一环。这是解决环境问题，实施可持续发展的"瓶颈"所在。目前，大部分生态退化和环境问题的出现很大程度上是人之所为，而人的素质是影响人的行为的主要因素，所以提高人口素质应该放到重中之重的地位上来。

（2）倡导绿色文明。利用各种方式开展持久的绿色文明教育，从而从整体上提高园区民众的生态意识，向世人展现良好的园区风貌。人与自然和谐观是人类面向未来的一种生态文化的价值导向，需强化教育才具有可行性。为此，可以通过进行课堂教育，利用影视广播、报纸杂志、学术活动、科普知识等方式，营造浓厚的生态文化氛围，培养社会大众的生态责任感。

（3）创建绿色生活区。硬件方面，绿色生活区建设要充分考虑利用园区内的自然生态环境特征，生活区整体布局要与园区布局相协调，生活区内各功能区功能设施布局要合理，要积极修建园林，加强绿化，使生活区尽显自然与协调。建筑用材不仅要考虑建成后房屋的使用条件和性能，还应考虑对环境的制约，了解建材对环境的影响等因素。要选用那些无毒、无害、无污染以及容易回收、可重复使用、易降解，对生态环境污染少，有益于人类健康的绿色材料。软件方面，环保知识教育是建设绿色生活区中不可缺少的环节。每个人都是环境的一部分，每个人日常生活和消费都在影响着周边环境，所以筹建绿色生活区过程中，应经常开展相关宣传教育活动。其次，要把环境保护理念贯穿于整个生活区的管理活动中，把环境保护作为生活区决策要素之一，将生活区建设与环境保护作为具体管理目标，使其按照绿色生活区的标准运转。

3. 园区生态环境与环境管理

随着经济园区的快速发展，已经出现了许多影响园区发展的重大区域生态环境问题，如水资源短缺、结构性污染等。这些问题的解决需要进行环境管理，通过行政、法律、经济、技术等手段来实现。

（1）提高水资源的开发程度和利用效率，实施节水战略。一是提高现有水资源的开发利用程度，通过完善已有的供水工程以及新修水库和塘坝来提高地表水可供水量；二是提高水资源的利用效率，实施节水战略，通过产业结构调整，逐步建立节水型产业体系。采取中水回用等节水措施，在居民楼、办公室等设置小型污水处理系统，或用海水代替部分淡水，分级、分质使用水资源，减少对淡水的使用量。在工业方面，发展节水产业，限制高耗水产业，优先发展机械、电子、电气等低耗水行业，限制火电、造纸等高耗水行业的发展。

(2) 优化结构，加强产业政策引导，解决结构性污染。产业政策调整，必须转变以大量消耗资源能源为特征的传统发展模式，把经济增长的立足点转移到以内涵扩大再生产的轨道上来，使结构调整、体制改革同环境保护紧密结合起来。一是改变能源消费结构，提高能源综合利用率。改变原有的以煤炭为主的能源结构，加快引进开发天然气、太阳能、风能等能源的进程。通过提高能源利用效率及能源的再利用，降低污染物的排放量。二是按照《环境保护法》的要求，尽快出台和颁布限期禁止采用的严重污染环境的工艺名录和限期禁止生产、禁止销售、禁止进口、禁止使用的严重污染环境的设备名录。三是合理布局工业生产力。根据优化资源配置和有效利用的原则，制定工业发展的地区布局规划，促进资源的合理配置和地区经济的协调发展。

生态工业园区——我国工业园区发展的新形态

生态工业园区（Eco-Industrial Park）是一种通过物流或能流传递，把不同的企业连接起来，形成共享资源和互换副产品的产业共生组合，以寻求物质闭合循环、能量多级利用和废物产生最小化为目标的企业地域分布形式。生态工业园区概念的提出，既是对工业活动反思的逻辑结论，也是工业发展与环境理论演变到当代的产物。

生态工业园区是继经济开发区、高新技术产业开发区发展后的第三代产业园区。生态工业园区是依据生态工业学原理和循环经济理论而设计的一种新型工业组织形态，是生态工业的聚集场所。生态工业园区遵循循环经济的减量化（reduce）、再利用（reuse）、再循环（recycle）的3R原则，其目标是尽量减少区域废物，将园区内一个工厂或企业产生的副产品作为另一个工厂的投入物或原材料，通过废物交换、循环利用、清洁生产等手段，最终实现园区的"污染物"零排放。生态工业园区是实现生态工业的重要途径，是经济发展和环境保护的大势所趋，是循环经济的重要形式。

目前，我国正处于工业化发展中期，主要是依靠工业发展拉动经济增长。大力发展工业，必定会大量增加资源和能源的消耗，转变经济增长模式就成为我国经济发展的必然选择。因此，建设生态工业园区，对于保护资源环境，改变经济增长方式，带动整个循环经济的发展和循环型社会的形成，实现经济、社会的可持续发展意义重大。

资料来源：薛德升：《生态工业园：理论基础、发展阶段与竞争优势》，载《城市规划》，2006年第8期。

案例7-1 硬环境建设典型
——杭州经济技术开发区

近年来杭州经济技术开发区认真贯彻落实科学发展观，围绕建设国际先进制造业基地、新世纪大学城和花园式生态型城市副中心的目标，紧扣"城市、人与环境"和谐发展主题，大力实施可持续发展战略，始终坚持开发建设与环境保护的协调发展，加强政策引导和环境综合整治，积极构建生态产业链，逐渐形成了区域可持续发展体系。通过ISO14000国家示范区创建工作。开发区生态环境不断优化，综合环境质量稳步提高，有力带动了经济社会的又好又快发展。

（1）坚持产业发展导向，大力发展生态产业。一是坚持规划引导。围绕生态开发区建设编制完成《杭州下沙生态副城建设规划》和《开发区工业循环经济发展规划》，进一步推进开发区生态建设和工业循环经济发展工作。二是强化产业发展导向。按照科学发展观的要求，编制区域产业导向目录，从源头上保证经济发展和环境建设的良性互动。严格把好进区项目的审核审批关。大力促进从"招商引资"向"招商选资"转变。三是调整优化产业结构。出台系列奖励政策，积极培育"三高两低"的企业。四是发展工业循环经济。编制完成《工业循环经济发展规划》，倡导和鼓励企业走循环经济的发展之路。

（2）大力实施环境综合整治，提升区域环境质量。杭州开发区牢固树立"环境重于政策"、"环境也是生产力"的理念，强化"环境立区"的核心战略。一是加大财政投入力度。在编制建设项目计划和安排基本建设资金时，优先考虑生态开发区建设资金的落实。二是实施环境综合整治与建设。三是突出抓好大气污染防治。

（3）建设绿色新农村，努力创建新型生态社区。全面实施撤村建居工作，以改变农民的居住方式和生活方式为重点，努力解决农村存在的生态环境问题。一是发展生态农业。二是建设新型生态社区。

（4）提高公众环保意识，全面创建生态绿色工程。一是加强环保宣传教育。形成全社会共建共享生态开发区建设成果的格局。重视加强企业环保培训工作，提高基层企业参与生态开发区建设的自觉性。二是提高环保管理水平。重视发挥政府的主导作用，将生态区建设和环保工作纳入年度目标绩效考核，形成全区各部门合力推进生态开发区建设的浓厚氛围。

资料来源：虞付月：《坚持以科学发展观为指导，大力推进生态开发区建设》，载《浙江经济》，2007年第22期。

二、经济园区的软环境建设

随着各地园区对招商引资的普遍重视和投资资源的相对短缺，招商引资的竞争已趋于白热化，而归根到底，招商引资的竞争实际上是园区投资环境的竞争。投资环境中，硬环境方面由于"入世"和改革开放的深入，基础设施日益完善而变得难分伯仲，竞争重点已日渐表现为软环境的竞争。良好的投资软环境，是一个地区文明程度的重要标志和经济发展的有力保证，也是国际竞争力的重要体现。软环境是园区环境中高层次的部分，包括政策环境、服务环境、法律环境、文化环境等方面，软环境建设是一项长期的工作。

（一）园区政策环境

优惠政策有力地促进了我国经济园区载体开发和招商引资等工作的开展，在园区的发展初期发挥了非常关键的作用。目前，我国经济园区已进入新的发展阶段，其所面临的外部环境发生了很大变化；我国的改革开放已由重点突破阶段转入全面发展阶段，我国经济正加速融入经济全球化进程。在新的国际国内环境下，我国应根据形势发展的需要对现行园区政策做出必要的调整，以更好地促进园区的发展及其增长极作用的发挥。

1. 园区优惠政策的历史

从很大程度上说，我国经济园区的发展得益于大量的优惠政策，其中主要是优惠的财政政策和税收政策。这些优惠政策在园区发展初期发挥了至关重要的作用，其中财政政策在各园区的载体开发（主要是基础设施建设）方面，税收优惠政策在招商引资方面做出了不可磨灭的贡献。目前，各园区享有的财政优惠政策已经结束，现行的税收优惠政策也受到了来自各方面的挑战。

（1）财政政策。国家对经济园区的起步建设提供了巨大的财政政策支持，在创办开发区之初，中央财政将各开发区新增财政收入全部返还给开发区（或开发区所在地方政府），用于开发区的建设和发展。首批设立的14个国家级经济技术开发区在财政收入上享受了两个"5年期的全额返还"和一个"3年期的递减返还"政策。第二批设立的18个国家级经济技术开发区在财政收入上享受了一个"5年期的全额返还"和一个"3年期的递减返还"政策。14个国家级边境经济合作区，以1995年比1993年增加的"两税"应上缴中央财政部分为基数，在1996～1998年3年内实行定额返还政策。除了财政收入留用政策之外，在开发区建设初期，国家财政还向各开发区提供了少量的为期15年的贴息贷款。

（2）税收政策。为了促进经济园区招商引资工作的开展，国家对入区企业采取了相应的税收优惠政策。国家级经济技术开发区内的生产型外商投资企业，减按15%的税率上缴企业所得税。其中，对于经营期在10年以上的，从开始获利的年度起，第1年和第2年免征企业所得税，第3年至第5年减半征收企业所得税。按照国家规定的"免一减三"税收优惠期满后，对于被确认为出口企业的生产型外商投资企业，当年出口产品总值达到总产值的70%以上的，减按10%的税率征收企业所得税，对于被确认为先进技术企业的生产型外商投资企业，可以延长3年减半征收企业所得税。国家级高新技术产业开发区内经有关部门认定的高新技术企业，从被认定之日起减按15%的税率缴纳企业所得税。对于出口产品的产值达到当年总产值70%以上的高新区企业，经税务部门核定，减按10%的税率征收企业所得税。[1]

2. 园区政策的现实选择

2008年1月1日起，在中国的外资企业与内资企业按25%的统一税率交纳企业所得税，并将与内资企业平等享受更侧重于产业结构优化的优惠税率政策。属于国家需要重点扶持的高新技术、基础设施、环境保护等领域的企业，减按15%的税率征收企业所得税。原鼓励外资企业使用国产设备、利润再投资等而给予外国投资者和外资企业的相关优惠政策都将停止执行。今后将形成以产业优惠为主、区域优惠为辅的税收优惠政策新格局。为了加快这一格局的形成，需要进一步消除区域间各经济园区政策的差异，规范政策体系建设。

（1）明确优惠政策的制定主体。经济园区政策优惠制定主体属中央、地方和依法授权的较大市，并且下一级政策不得与上一级设定内容相抵触，授权地方的一些市依法制定的政策优惠实施细则和办法，需报经地方政府批准后方可实施；取缔一些市、县、乡甚至村制定的优惠政策，净化

---

[1] 马海敏、武克华、张召堂：《新时期我国开发区的宏观政策选择》，载《经济前沿》，2004年第10期。

园区优惠政策制定主体环境。

（2）明确优惠政策的适应条件。严格执行国家和地方政策优惠的适应范围和条件；地方政府不得以园区级别高低或成立时间先后为条件，实施不同的优惠政策；未经依法批准的市级优惠政策，不得作为执行依据。

（3）土地使用政策。土地征用实行"一次报批，分步实施，分期付费"的办法；鼓励国家级和地方级园区对其他园区进行战略整合，优先依法审批因战略整合而需要增加的土地，对一些园区长期闲置不用的土地，由其他园区进行整合，在整合过程中减免土地转让费，简化整合手续；对落户园区的各类新建项目，实行土地使用权出让、租赁等多种用地方式，用地期限可在国家规定的各类用地最高限额内。为纠正通过降低地价进行的不正当竞争现象，研究制定《地方园区土地使用优惠政策指导参数》，确定各地园区统一的土地出让和出租优惠基准价格，并区分优惠政策比率级次。

（4）财税政策。国家级和省级经济园区应设立一级准财政，其他园区由所在市、县乡财政部门代理或委托财务公司管理。园区财政应坚持公共财政改革取向，建立经济税收增长的财政收入机制和保障、约束及监督三位一体的财政支出机制，取消一切收费制度。

（5）金融政策。为有效建立经济园区融资机制和风险防范机制，真正体现"政府规范、引导，企业投资开发、建设"的新型关系，地方应制定《地方经济园区申请发行建设债券暂行规定》和《地方经济园区信用等级评定暂行办法》，提升园区信用等级和融资能力，按核准制条件要求，允许并鼓励发行园区建设债券，促进园区上市融资；启用政府贴息贷款，加强与地方商业银行合作，充分利用地方商业银行或国内其他银行贷款，并积极争取国外政府贷款，特别是无息或低息贷款；鼓励园区通过剥离有效资产，连同项目经营权出让给外商，加快投资回收速度，以及利用BOT或BT的方式，引进国外资本参与可收费的城市基础设施项目的建设与经营。①

---

① 施用斌：《开发区发展新阶段的政策取向》，载《决策咨询》，2003年第11期。

印度软件技术园区优惠政策

印度软件产业的迅速壮大和蓬勃发展，与政府出台"软件技术园区计划"息息相关。印度电子工业局（现信息技术部）在1989年制定了"软件技术园区"（STP）计划，包括六个方面的配套优惠政策，其中的税收优惠政策包括：

1. 关税政策。1999年2月28日印颁布对计算机软件进口实行"零关税"政策。特别附加税不适用于IT软件。因为对IT软件不征关税，所以也不征收其他附加费。1998年9月25日宣布对进口有关图书、杂志和期刊的光盘制品免征关税。对进口具有教材性质的图书、期刊和报纸的光盘制品免征关税或特别附加税。

2. 所得税政策。根据印《所得税法》，对各种形式的软件出口收入（包括部分由IT带动的服务业出口收入），免征所得税。免税期为3年，到2003年结束。每年的免税额以20%的比例递减。通过互联网、离岸或现场软件开发出口的所得，免征第80HHE章所含条款的所得税；根据印1998年第2号《财政案》，对承接二级合同的企业同样适合《所得税法》第80HHE章规定的免税范围；根据《所得税法》，对软件园区成员企业给予所得税"假日"；1998年9月4日印财政部通告，对计算机折旧最大幅度可按60%计算；对风险基金企业的激励政策：依照《所得税法》，风险基金企业投资任何项目的所得，包括利息收入，均免除所得税。

3. 货物税和劳务税政策。1999年1月28日印财政部公告，软件园区企业从国内保税区采购货物时免征货物税；1995年1月4日印财政部公告，对软件服务企业免征劳务税。

资料来源：陈冰：《印度软件技术园区政策初探》，载《全球科技经济瞭望》，2001年第9期。

（二）园区服务环境

用政策来推动产业发展是有限度的，优惠政策只能在企业初创阶段有吸引力，产业发展的关键是产业发展所需要的一些其他要素的可得性。因此，在推进产业发展的进程中，政府的主要作用应体现在为企业的服务上，也就是积极发挥政府的主导作用，创造有利于产业发展的服务环境。

1. 园区服务环境的重要性

园区服务体系的健全与否直接决定园区服务环境的质量。所谓园区服务体系，是促进园区建立以及促进园区高效运行和发挥效益的支撑系统，它又有广义和狭义之分。广义的服务体系包含政策法规、管理体制、投融资系统、咨询中介系统、教育培训系统、司法服务系统、社会保障系统、物业管理系统等。因为本篇将政策环境、法律环境等单独阐述，所以这里讨论的服务体系是一个相对狭义的概念。

园区服务体系的主要功能有：（1）孵化器功能。主要是为创业阶段的企业提供全方位的孵化服务。服务内容包括提供场所、组织管理、策划、销售、技术创新咨询、贷款、培训、专利申请、资产评估等。（2）纽带功能。服务体系的纽带功能可以降低风险，加快科技成果向现实生产力转化的速度与效率。各种技术咨询公司、技术推广站、技术交易市场等就起了中介的作用。咨询公司为企业提供技术信息、创造交流机会、进行技术创新评价、帮助企业进行决策。（3）人才培育功能。利用各类高等院校及培训基地，培养高素质的科研、管理和技术人才，尤其是培养既懂科研、又会经营的复合型人才。（4）资金支持功能。信贷担保基金、产业发展基金等为中小企业提供了资金支持。（5）制度创新功能。经营管理体制等方面的创新。

2. 园区服务环境建设

园区服务环境包括科技服务体系、人才服务体系、信息服务体系、销售服务体系等多个方面，下面就这几种体系的建设做一探讨。

（1）科技服务体系。经济园区企业往往以生产加工企业为主，企业的技术研发能力较弱，有的企业甚至没有自己的研发机构，只是依托母公司的技术研发支持。而园区所在地有一定的技术研发机构，但是往往很难与园区内的企业建立联系，两者之间形成割裂。要提高园区及所在地企业的核心竞争力，就要整合两者之间的资源，按照发展产业集群的思路，联手建立技术服务体系，以不断增强企业的自主创新能力。要充分发挥政府的桥梁作用，积极沟通科技界和企业界的联系，使高等院校、科研院所成为高新技术企业坚强的技术后盾。通过建立一条龙服务的技术中介服务体系，各部门协同作战，多渠道、多形式地为企业和大专院校牵线搭桥。同时，要大力推进体制改革，积极引导企业逐步成为科技活动的主体，积极推动全社会科技投入体系的建立。政府在积极增加科技投入的同时，通过政策引导，鼓励企业加大对科技开发的投入，逐步形成一个以政府为导向、以企业为主体、以银行为后盾的多层次、多渠道的社会化科技投入体系。[①]

（2）人才服务体系。推动人才管理机制的改革，建立开放式的人才

---

① 江德森：《论开发区的软环境建设》，载《北华大学学报》（社会科学版），2001年第12期。

大市场，形成公平竞争、择优录用的用人机制。人才服务体系首先需要一个服务更专业、资源更集中的人才服务机构，整合原有分散的人力资源，以高层次科技人才为切入点，从加强舆论宣传、健全评价体系、完善资源共享、提供网络服务等多个层面入手，将多种功能多种服务有机结合在一起，通过促进科技人才的有效流动带动技术流、信息流和成果流，达到改善区域整体服务环境的目的。

（3）信息服务体系。经济园区要发挥产业基础好、门类齐全的优势，结合园区与所在地的实际情况，密切跟踪区内企业的经济动态，为会员企业提供及时有效的信息资讯，使企业有更多的时间和精力专注于自身的主营和关键业务，从而降低运营成本和风险，提高企业的核心业务竞争力。并且，通过筹办各类产业发展论坛、新技术新设备推介会、展览会等形式，将园区与园区所在地生产企业、研发机构、配套企业、销售客户等连接起来，共享相关信息。

（4）销售服务体系。经济园区建立的初期主要以出口为主，因此其销售网络不在本地，主要依靠母公司既有的销售网络开拓境外市场。而园区所在地在长期发展的基础上，形成了自身的销售服务网络，并且这种销售服务网络以本地为主。如果经济园区与所在地之间的企业能够形成产业集群，就需要两者联手营造相关的销售服务网络，以提高市场占有率和竞争力。例如，经济园区与所在地可以联手建立产品的集散中心和物流中心等。

（三）园区法律环境

1. 园区法律环境的重要性

法律环境是经济园区发展环境中的一个重要组成部分，它同其他环境因素一起影响着园区的持续健康发展。法律环境主要通过影响园区内的企业和投资这两方面来影响园区的发展。

（1）法律环境与投资。投资是影响经济增长的重要因素，经济园区内法律制度是否完善会对投资环境产生多方面影响。首先，投资者平等待遇的法律制度缺失会对投资环境产生消极影响。对平等地位和公平待遇的期待是投资者的基本需求，而投资者间的不平等待遇会严重影响中小企业投资者的生产积极性，降低他们投资的欲求。其次，法律制度缺漏会对投资环境产生消极影响。法律制度健全并不代表法治的实现，但法治首先要以完善的法律制度作为基础和前提。面对一个出现纠纷找不到法律解决途径的投资环境，不确定性的风险将使理智的投资者停滞不前。最后，完善的财产权法律制度会对投资环境产生积极影响。投资以获取商业收益为最终目标，对投资者财产权益的法律保障制度是否健全，直接关系投资者的最终收益是否安全。在一个财产权受到严密的法律制度保障的环境里，投资者可以安心地获得财产的收益，使投资者安心地投资。

（2）法律环境与企业。企业是经济园区经济发展中的主体，企业的发展是园区经济发展的基础。符合企业利益的经营环境会促进企业的发展，也会因此促进园区经济的发展。在企业所面临的经营环境里，法律环境至关重要。法律环境会从以下几个方面影响企业发展：一是影响企业的设立。在各国的企业立法中，企业设立的实质条件和程序条件都是主要内容，但是，各国在企业设立法律制度上或严格或宽松的差异，事实上造成了国家间企业设立成本的差别。企业设立成本低廉，会激励投资、促进区域经济的发展；相反，繁杂耗时的企业设立法律制度将会阻碍经济的发展。二是政府是否能够做到依法行政。区域内的政府能否做到依法行政是企业判断法律环境是否稳定、是否适合投资的重要因素。依法行政的政府可以为企业的经营提供受法律保障的政府服务，可以使企业相信政府不会任意干预企业的经营。三是依法创造竞争环境有利于企业发展。企业的生存和发展从来都不是孤立的，它需要依赖市场条件和竞争机制来实现利益，企业本质上的趋利特征决定了单纯依靠企业的自律完成有序市场竞争局面的形成不太现实，有序的市场竞争局面需要法律制度的保障，完善的反不正当竞争法和反垄断法是企业经营和区域经济发展不可缺少的法律环境因素。

2. 园区法律环境建设

大力推动和实施以知识产权的创造、利用和保护为核心的一整套法律法规的建立和完善工作，为区内企业的发展创造良好的法律环境。要制定并完善产业政策和科技法规，促进以保护和利用知识产权为核心的政策法规体系的形成。要建立无形资产的评估制度，完善技术入股的法律规范，对技术开发人员实施奖励和持股，促进科技成果的转化。我国深圳从 20 世纪 90 年代初就开始在实践中探索技术入股的理论、可行的实现途径，较早地实施了科技人员持股制度，并于 1998 年发布了《深圳经济特区技术成果入股管理办法》，促进了科技成果的转化。同时，要依法保护企业的技术秘密，防止技术成果流失，建立人才有序流动的法制环境。为保护技术秘密和拥有者的合法权益，保证企业科技投入的积极性，维护社会主义市场经济秩序，推动企业技术进步，政府应颁布实施相应的保护条例法规，建立高效率的知识产权执法制度，构筑完整的政策法规体系。[1] 应该看到，建立一个高效、完善的知识产权执法体系是保证有关政策法规得以实施的关键，也是完善的知识产权保护体系不可缺少的主要环节，这是各经济园区应该研究实施的一项重要工作。

（四）园区文化环境

经济园区要向纵深发展，仍沿外延式发展道路无疑是行不通的。应该看到，政策和体制的边际效益在不断下降。园区如果不能突破"依赖"思想的瓶颈必然滑向普区的行列。因此，园区只有开发自有资本——文化，才能不因外在因素的改变而无所适从。

1. 园区文化的重要性

没有园区文化与精神的经济园区等同于没有灵魂的躯壳。因为文化是园区的推动力、导向力、凝聚力和核心竞争力，它使区内各企业朝着园区的共同目标努力奋进。这种共同奋斗目标既是各企业期望的"中观"环境，又是园区指导各企业协调发展的有效载体。首先，经济园区自身优惠政策的逐步减少，需要通过开发文化优势来求得持续发展。其次，国内外竞争的加剧，需要通过建立特有的区域文化优势来迎接挑战。再次，园区国内外大商社、大企业的聚集，需要营造兼容并蓄、互助互进的整体文化氛围来培育各企业茁壮成长。最后，园区建立现代化、外向型工业城区的目标，需要通过优化文化底蕴来保证。

2. 园区文化环境现状

对于目前的大多数经济园区来说，仍然是狠抓经济发展有余，文化问题重视不足。因而从总体上来看，经济园区的文化环境建设不容乐观。

（1）经济园区以经济为中心，大力引进外资，发展大型企业项目是必要的，但正因为如此，人们往往认为，经济园区只是对"经济"的开发，只是对先进技术的引进，没有充分认识到还存在一个文化开发的问题，没有认识到先进技术与社会文化如何融合的问题。致使大多数经济园区经济发展的高速度与文化现状相对滞后的问题较为突出，这势必成为制约经济园区向高层次发展的一个瓶颈。

---

[1] 阎文圣：《关于我国高新技术产业开发区环境建设的思考》，载《齐鲁学刊》，2003年第2期。

（2）经济园区在文化建设问题上，存在着不少的误区。经济园区是新兴城区，根据各自的特点，深挖具有地方特色的文化资源，对扩大城市的知名度，扩大招商引资的规模，意义重大。但是，如何利用好特色文化资源，树立园区的文化形象，坚持不懈地提高当地人民的文化素质，是应当认真思考，并付诸行动的问题。

（3）经济园区的人口构成，基本上来源于两部分，一是外来移民，二是本土居民。就外来移民看，成分复杂，文化素质参差不齐。各地居民带来各地的风俗习惯，不可避免地会产生文化上的冲突。经济园区汇集的各种文化，外来的和本国的、乡土的和商业的、进步的和落后的、积极的和颓废的，相互激荡，有吸纳又有排斥。这些都对经济园区的文化建设提出了高要求，树立先进文化的主导地位，已显得非常迫切。[1]

3. 园区文化环境建设

说到底，文化是一定社会的政治、经济在观念形态上的反映。对经济园区先进文化的培育，应清醒认识到任重而道远。

（1）要充分认识到先进文化建设的长期性和艰巨性，树立科学技术与社会文化并重的观念。经济园区的发展要有大局、整体观念，不能只盯住技术，而要切实认识到"掌握科学技术的是人，是一定社会环境中的人"。如今，许多经济园区已开始认识到这个问题，因而加大了高素质人才的储备。对新兴经济园区而言，应当发挥开放、进取、向上的创业精神，建设先进文化、提高文化品位、注重科学技术与社会文化系统的平衡，并考虑其对人们的思想、感情及整个社会心理发生的影响。树立经济与文化并重，技术与人文同行的大局意识和整体观念，将是否建成先进文化作为现代化的一个重要目标。[2]

（2）利用品牌企业、高等院校的文化资源，加强向周边地区的文化辐射。经济园区是改革开放的产物，是技术产业发达的地区，同时也有许多高校来此寻求发展空间，这是一笔宝贵的、可资利用的文化资源。一方面，很多品牌企业都有自身长期积累形成的企业文化，要充分利用这些资源，将其融入到园区文化之中，进而扩大园区文化的影响力；另一方面，高等院校深厚的文化底蕴无疑会提升园区的文化层次，要利用各种方式将这种提升作用发挥到最大限度。

---

[1] 储佩成、刘浩春：《中国开发区文化建设》，立信会计出版社1999年版。
[2] 王怀豫、丁士军：《区域经济发展环境中的文化因素》，载《理论月刊》，2003年第8期。

案例7-2 软环境建设典型
——长春经济技术开发区

近年来，长春经济开发区大力完善服务体系，建立新型的政企关系，实行最佳服务，受到了企业的交口称赞。开发区以体制改革为契机，遵循"精简、统一、效能"的原则，合理设置管理机构，科学地构筑新型管理体系，加快了"学习型、服务型"机关建设，形成了"行为规范、运转协调、公正透明、廉洁高效"的管理体制。

建立新型的政企关系，是搞好服务的首要一环。长春开发区努力为所有企业创造一个平等的市场竞争环境，让企业真正获得高度自由，实现企业的自主经营、自负盈亏、自我约束、自我发展。开发区各个行政执法部门转变观念，坚持做到"企业不违法不管，企业不需要不去，企业若是需要就主动热情服务"。开发区党工委成员建立了联系企业制度，成立了大项目服务组，对大项目实施跟踪服务，实施全方位、全过程、全天候服务。

开发区人才中心实施了"十、百、千"服务工程。中心领导服务于开发区的10户重点企业；业务科室服务于100户重点企业；整个人才中心服务于1000户企业。开发区地方税务局改革税收征管办法，推行《税收管理员制度》，实行科学化管理、精细化管理。他们对集贸市场全部实行代扣代缴，对服务行业和小型工商业户实行核定征收，减少了征收难度和征纳双方的矛盾，受到业户的欢迎。开发区国家税务局进一步完善了首问负责制、首办责任制、预约服务、提醒服务、网络服务、叫号服务、延时服务、值班局长"一支笔审批"服务等一系列服务措施，促进了税收工作的开展。开发区科学和安全生产管理局不满足于企业来机关办事，而是主动服务、上门服务、预约服务。对于复杂的工作，企业有可能多次往返于管委会的工作，他们都要现场指导，进行现场办公，以此提高业务的办结速度和效率。开发区规划环保局把高效管理与高品质服务很好地结合起来，提出"寓管理于服务之中"的口号，在工作中实现了"三个转变"，即"变监察员为技术员，变管理员为服务员，变收费员为宣传员"，不断提高文明执法能力和依法行政水平。

资料来源：摘自中国经济网：2005年6月28日。

（3）建立有效机制，加大对先进文化建设的投入。经济园区是中外企业集聚之地，也是中外文化交融的前沿，应正确对待中外文化的关系。

建设先进文化,应具有民族的、开放的、创新的精神,必须反对全盘西化与固守传统的观点。随着经济实力的增强,对文化教育也应当加大投入,从物质技术到社会文化,都要统筹兼顾。

三、经济园区的产业配套环境建设

在当前各类经济园区的发展建设中,产业配套发展与集聚效应日益成为园区做大做强的制胜法宝,而产业整体布局与协作互动发展是经济园区运行到一定阶段的必然趋向。因此,加强经济园区的产业配套环境建设,是园区工作的重中之重。

(一) 园区产业的合理布局

我国的经济园区在取得巨大成绩的同时,也暴露出了诸多问题,例如:不经科学缜密的可行性研究论证,便盲目地圈地开发;各园区不能突出自己占有优势的产业特色,盲目追随新兴产业,雷同现象十分严重;单纯突出某一类型企业,而不能以其为龙头,形成上下游相衔接的产业链,严重缺乏可持续发展能力。诸多实践操作中出现的问题直接反映出经济园区产业布局方面严重缺乏理论探讨。理论准备不足,实践操作中便会产生诸多盲目性,进而导致园区的非健康运转。

1. 园区产业布局的原则

园区的产业布局要从一个整体的视角出发,要遵循三个原则:一要坚持共同发展原则。要摆脱小区域局限,树立大园区思想,从区域整体的发展大局出发,以增强区域整体国际竞争力为目标,注重园区建设的统筹、同步推进,谋求园区的共同繁荣。二要坚持利益共享原则。科学发展观的要义在于可持续性,而实现园区可持续性发展必须确立合理的利益分配机制,消除利益偏向和利益剥夺,坚持互动共赢原则,这既是园区合作互动发展的目标,也是其长久发展的动力源。三要确立科学的评价原则。将经济增长不等于经济发展、发展的活力在于集约和效益等理念引入园区建设,确立科学的经济与行政绩效评价原则及体系,变数量指标考核为质量考核,变外资外贸个项指标评价为财政税收、投入产出、生态环境、就业水平等体系指标评价。①

2. 园区产业布局的策略

(1) 科学实施"政府主导"。在我国经济园区的设置与管理中,"政府主导"成分大大高于国外,而以企业为主体的"市场导向"作用尚未得到高度重视与充分发挥。当然,"政府主导"是由我国国情决定的,尤其是在经济园区初期开发与建设阶段。这是由于我国长期实行计划经济体制,经济活动都是围绕政府需要而运转,而非市场经济体制国家是以企业为主体的运转模式。但是,"政府主导"也必须建立在市场经济规律基础上,符合产业发展规律。参照先进国家经验,"政府主导"应体现在创造良好的政策环境与构建优良的服务平台上,充分发挥与外界技术、资金、人才的桥梁与纽带作用。目前,经济园区存在"盲目圈地",土地使用不够合理,对市场经济体制下带有政府性质的管理部门应有职能认识不够清晰,对国际惯例不熟悉等问题。这些都需要提高"政府主导"质量来解决。就现实而言,"政府主导"质量决定着经济园区的发展前景,服务水平直接关联着产业链的形成与产业聚集程度以及企业能否享受到空间聚集的好处。

(2) 突出产业特色。目前全国各地的经济园区的产业布局趋同现象严重。为了最大限度地冲出这一恶性竞争的局面,各园区的产业布局规划都应突出产业特色原则。基于所依托的区域历史与不同的地理空间条件以及现时产业发展拥有的优势,在规划中应明确强调发展哪几类产业,甚至是某一类中的某一个环节,做到"有所为、有所不为"。如果没有遵循这一原则,一定时期内没有形成规模化的产业优势或特色化的局部优势,就不符合园区最基本的条件与标准。换言之,一定时期内没有若干个具有自身特色的重要产品在国内达到领先位置,园区产业布局先进性的概率将大大减少。

(3) 实现产业聚集。产业聚集优势一是专业化分工模式可带来规模经济与分工细化双重好处;二是零部件与总装厂之间减少了合作风险;三是大量采购与销售有助于实现规模经济;四是有利于技术、管理知识的交流与人才资源的培养与利用;五是有利于专业性外部服务与配套设施的发展。依此原则,经济园区应明确确定重点发展产业或某一重点产业的重点环节。其紧迫性在于,虽然各个园区目前产业仍有很大的增长空间,但这

---

① 荀克宁、王爱华:《山东经济园区产业布局与协作研究》,载《山东社会科学》,2006年第12期。

种增长机会是否属于自身具有很大的不确定性，较大程度上将取决于园区自身是否具备相关产业集聚的条件，集聚的进程是否开始，已经达到了何种水平等。对此，如果缺少足够的认识与准备，园区将处于明显不利的地位①。

（4）坚持可持续发展。可持续发展有两个含义，一是经济园区经济上的可持续发展潜力；二是经济园区可持续发展的生态环境。国内外经验证明，没有可持续发展能力的园区是先天不足的。前一种可持续发展能力一般是由知识创新系统、技术创新系统、知识传播系统、知识应用系统构建成一个体系。衡量一个园区可持续竞争能力如何，主要是由前两个系统的建设程度决定。就现实情况而言，国内各个经济园区必须付出艰辛努力，获得可持续发展能力，否则产业布局就有变成空中楼阁的危险。后一种含义的可持续发展能力也应切实落实，循序渐进，持之以恒。

（二）园区主导产业定位

随着各类经济园区的迅猛发展，各地园区在招商之前都会遇到这样一个难题，那就是如何为园区进行产业定位。下面就从经济园区产业定位的思路、策略，以及主导产业的选择三个方面展开探讨。

1. 园区产业定位的思路

结合中国经济园区的发展历史以及理论界的研究，笔者认为常见的经济产业园区产业定位思路主要有两种，即：强势决策思路和顺势决策思路。

所谓强势决策，是指地区领导基于经验、资源与价值取向（偏好）确定产业发展方向，一般表现为开创性的产业发展思路，属于"由无到有"的定位方法。强势决策思路的成功存在一定的偶然性，单纯的强势决策在实施的过程中往往会遭遇一系列的阻力，因此学术界普遍认为强势决策与顺势决策结合将会取得更加显著的效果。所谓顺势决策是指应用区域经济发展理论及研究产业发展规律，结合当地的产业基础，基于产业升级与产业链延伸的思路，遵照产业簇群成长的要求，提出区域产业发展的突破口，属于"从弱到强"的定位方法。一般来说，影响顺势决策的因素有两个：一是顺应大趋势。就目前国际形势和中国的具体情况来看，国内产业园区的发展遇到了前所未有的机遇。改革开放30年来，随着我国

---

① 王洋：《高新技术开发区产业布局原则问题探讨》，载《辽宁行政学院学报》，2004年第2期。

经济持续快速发展和产业结构的调整，越来越多的农业劳动力向非农产业转移，农村人口向城市转移，工业化、城市化进程加快的趋势越来越明显，各类经济园区各显神通。此外，基础设施民营化的趋势也加速了经济园区发展的进程，民营资本的加入减少了政府在资金、管理以及与外商谈判的障碍。二是考察当地的产业基础，分析产业定位的资源与能力。顺势决策最核心的思想就是要和当地的传统产业或者新兴产业的集聚雏形结合起来。这种雏形可以为园区的发展提供良好环境和便利条件，容易吸引龙头企业入驻。[①]

2. 园区产业定位的策略

从产业链企业集群与经济园区关联机理分析，园区产业发展方向应定位于建设具有集聚效应的特色产业园区，或者说专业化产业园区。特色产业园区内企业有明显的产业关联性，企业间能较好地形成专业化分工与协作，建立起彼此间基于信任与承诺的非正式联盟。同时，关联企业的竞争与合作又推动着园区内企业的创新，形成产业发展的"自我强化机制"。在特色产业园区内，每个企业都因与其他关联企业相互接近而享受集聚经济的效应。因此，园区产业定位的目标，就是培育和发展富有效率的专业化产业集群。

特色产业园区具有五个方面的优势：一是市场竞争优势。在园区内，中小企业"扎堆抱团"，使企业在外部经济、集体效率和优胜劣汰的自然选择机制作用下，形成强大的国际竞争力。二是区域品牌共享优势。基于人文历史或者专业化市场等因素而形成的区域品牌，是园区内企业可以共享的无形资源。三是招商引资区位优势。信息搜寻成本低和经济变量的集聚，构成了园区特有的招商引资区位优势。四是要素集聚优势。特色产业园区可促进"低、散、小"企业的集约化进程，形成专业信息、专业人才、资本等要素的聚集。五是"弹性专精"优势。在特色产业园区内，企业具有较强的资源整合能力和新陈代谢能力，对外界的刺激反应灵敏，能够迅速将市场需求信息或者新技术转化成产品或服务并推向市场，具有"弹性专精"优势。

3. 园区主导产业的选择

经济园区主导产业应同时具备如下条件：（1）能够依靠科技进步或创新，引入新的生产函数；（2）能够形成持续高速的增长率；（3）具有

[①] 周晖：《中国高科技园区的产业和区域定位》，载《中国科技论坛》，2000 年第 6 期。

较强的扩散效应，对其他产业乃至所有产业的增长起着决定性的影响。主导产业的这三个条件是有机整体，缺一就不成为主导产业。从实践和理论两方面来看，主导产业的选择基准有以下几种：（1）需求弹性基准。这一基准要求主导产业要有充足的市场需求，要求对主导产业的产品需求能够有效扩大，以推动主导产业的产出，为主导产业的迅速增长打下基础。（2）生产率上升基准。这一基准要求该产业要有较高的劳动生产率。具体来说，主导产业要具有技术进步的条件和能力，包括能够进行及时的、足够的技术创新。（3）投资率基准。这一基准要求投资主体要有足够的资本积累和投资，要求净投资率，即投资额在 GNP 中的比重从 5% 左右提高到 10%，同时还要求与对外开放和引进外资结合起来。（4）产业关联基准。这一基准要求主导产业的产业关联质量要好，即产业关联程度要密切、产业关联水平要高、产业关联规模要大、产业关联数量要多等。产业关联质量较好的主导产业，其扩散效应才能更有效地发挥作用。（5）机制创新基准。这一基准要求主导产业的发展要有相配套的运作机制，包括市场机制、人才机制和科研机制、投资机制和人才培训机制等。这些运作机制要有利于技术、管理等各方面人才发挥才能，要有利于投资资金的筹集，要有利于先进技术的应用与推广等等。一句话，机制创新是为了更好地发挥主导产业扩散效应的作用。[①]

（三）园区产业链条的延伸

产业链又称产业集群链，是指产业集群中处于上、下游层次的企业，由于投入产出关系所形成的垂直供需链和横向联合协作链。垂直关系是产业链的主要结构，即把这种垂直分工划分为产业的上、中、下游关系；横向协作关系则是经常提到的产业配套问题。产业链的优化对经济园区可持续发展至关重要，已经成为投资环境和核心竞争力最重要的因素。首先，经济园区内形成完备的产业链条，企业生产成本可以大幅度降低，生产效率明显提高；如果链条出现缺失，那么整个产业中相关企业将付出较高的成本，弥补自身不足。其次，一个完备的产业链能够产生很大的吸附作用，吸引新的企业不断加入；如果产业链上、中、下游企业在技术水平、管理水平上不匹配，就会对产业链造成消极影响。最后，产业链各个节点

---

① 吴兴华、周崎：《区域主导产业的定位方法探讨》，载《中国集体经济》，2008 年第 12 期。

上应当有适当数量的企业，以此平衡产业链之间的供求关系；如果企业富集程度过大，就会造成恶性竞争，并破坏产业生态关系。

1. 园区产业链发展现状

长期以来，我国许多经济园区在项目引进上，对产业链没有足够的重视，很多园区企业之间的产业关联度很小，甚至没有。很多园区在招商引资时，只重规模不重门类，大量下游标准化生产厂家的引入，导致众多毫无联系的企业聚集在一起，形成不了相互之间的分工与协作，也产生不了有序的竞争和创新机制。目前，从产业链的角度看，我国经济园区在发展过程中主要存在以下问题：

（1）许多经济园区企业间的关联度低。这些园区往往不进行产业定位就开始招商引资，造成大量产业不相关的企业在区内聚集。我国大多数园区是以税收、土地等优惠政策以及区位优势来吸引企业进驻园区而形成空间聚集的，甚至有的企业是政府直接投资兴办的，由于这种企业的空间聚集不是以其内在的机制和产业的关联为基础的，因而缺乏强烈的根植性。随着改革的深入，市场经济的进一步推进，地区政策上的差距日益缩小，区位优势也在逐步地消失，这种空间上的聚集就会表现出很大的脆弱性。

（2）园区企业的产业网络化尚未形成。经济园区企业各自为阵无法形成产业网络是园区建设中的又一问题。由于一些园区在开发过程中允诺，只要企业进入园区就可以获得优惠，加之建设初期存在引进项目的"饥渴症"，使得一些低档次的企业趁机而入，造成了不少园区产业结构的低度化，产业关联度不强，无法形成相互支撑、相互依存的专业化分工协作的企业网络，因此园区企业的产业网络也就无法形成。[1]

（3）园区企业的自我造血机制缺乏。由于我国的经济园区企业大多数是"政策性诱致"而从外部植入的，因而企业间产业技术属性和产品结构方面的差异太大，难以形成相互支撑的"共生状态"而不能进入最佳的"生态位"，也难以建立专业化分工与协作的网络体系。国外成功的经济园区具有很强的自我繁殖机制，从而不断地衍生出新的企业，这些企业不仅存在产权关系，而且还存在着长期的信任与合作关系。

（4）很多园区在设计时主要定位于如何利用外资，而没有考虑所处的区域背景；产业定位与周边地区相脱节，不能实现园区与所在区域的产

---

[1] 王发明、邵冲、应建仁：《基于产业生态链的经济技术开发区可持续发展研究》，载《城市问题》，2007年第5期。

业联动。特别是不少在园区内投资的外资企业，仅从事生产链的某一环节，缺少与当地企业的联系，这种生产特点使得当区位条件发生变化时，跨国公司有可能转移投资，从而对区域发展产生不良影响。由于区域经济空间相互作用的微观主体是企业，所以如何通过与跨国公司建立生产链的联系，纳入其全球生产运营的体系，将有助于本地企业从跨国公司获得知识和技术转移，从而缩小与国际先进技术的差距，这也是当初开办经济园区的目的之一。

2. 园区产业链发展策略

（1）明确产业发展目标，诱导产业依次向园区集中。经济园区除了引导域外企业进入外，还应向域内企业敞开大门，为国内外不同所有制、不同规模的企业提供相互接触、相互学习、共同利用外部资源、开展专业化分工的机会和条件。在产业链条的发展过程中，要始终确保区域政策的主体性，要分析包括园区在内区域的现有软硬件资源、产业基础并对区域经济的波及效应及市场的成长性进行预测，进而制定产业发展目标。

（2）产业高加工化和本土化结合起来。以吸收外资企业为主的开发区，应主要考虑产业的专业化集聚和产业链延伸，推动外资企业扩大与当地产业的关联度和本土化发展，防止外资企业向比较成本低的地区再转移。关注"产业的根植性"，把吸引外来要素、加快产业高加工化与本地特色优势结合起来，加快产业规模扩张和技术升级，培育产业集群的形成并逐步提高集群的总体水平。[1]

（3）培育园区的核心竞争力。经济园区的核心竞争力是园区在发展过程中所形成的独具特色的、持续超出同行的能力。越是在市场成熟的经济条件下，具有核心竞争力的园区越是容易在竞争中生存和发展。第一要引进那些产业科技含量高、技术水平高的企业；第二引进关联度强的企业，以引入大型跨国企业为突破口，带动相关行业的其他企业跟进，注重对引进企业的集聚和规模经济的培育，使区内的企业有较强的关联度，形成产业链；第三要注意引入无污染行业的企业，因为注重生态环境的绿色企业不仅会给园区带来经济活力，更能产生使之持续发展的动力。

（4）政府在引进新的项目、发展新的产业时，应从增强区域产业创新能力的角度出发，开发和扶持有竞争力的产业，并注重企业联系和企业

---

[1] 刘宝发：《工业园区的产业链优化路径探讨》，载《重庆科技学院学报》（社会科学版），2006年第6期。

横向结网，增强区域的内生发展力量；在引进外资和技术时，应着眼于增强区域产业结构的层次和水平，鼓励资金投向创新能力强的产业和企业，而不能仅关注于开发了多少个新的产业部门和项目、创造了多少个新的就业机会，因为没有持续的创新和学习能力，现有的产业和企业优势就会随着国际竞争的发展而出现衰退。

(四) 园区产业的集群化发展

产业集聚是同类企业或有关联的上下游企业在一定范围的地理区域内的群聚和共生现象。企业间可以彼此共享资源、技术、信息等要素，获得规模经济和外部经济的双重效益。世界各地一些成功的经济园区的发展经验表明，发达的经济区域都是高技术综合体或柔性生产综合体，是大、中、小企业群体在地理区域上的集聚。

1. 园区产业集群发展的作用

产业集群超越了传统的产业组织形式，打破了规模经济和垄断弊病的不可调和的矛盾，即所谓的"马歇尔冲突"。产业集群不但享有大企业组织的规模经济效益，而且克服企业一味追求规模经济而产生的管理边际成本递增和垄断现象。产业集群的主要优势表现在以下三个方面。

（1）有利于获得专门化的生产要素。集群内企业可以就近获取所需的高度专门化的技术、人才、商务服务、资金等投入资源，节约交易成本；而集群外企业获得生产要素只能从外部获得，大大增加了运输费用、谈判费用等交易成本。在人力资源方面，产业集群可谓是高度专门化人才的蓄积库，这种优势可使企业在短时间内、以较低的费用找到适用的人力资源。从资金资源来看，高新技术产业发展最重要的是风险投资，产业集聚容易使风险投资家了解产业的发展动态，判断拟投资企业的发展前景，从而降低投资风险。从技术资源来看，完善而集中的产业体系强化了对相关产业领域的研究力度以及对新技术的快速反应能力。知识溢出效应也使得企业更容易获得相关技术。[1]

（2）有利于提升技术创新能力。技术创新和技术进步是产业演进的基本推动力，产业集聚对创新和技术进步的作用表现在学习效应和竞争效应上。一是学习效应，在集群内，短距离的信息沟通频繁，知识学习更加

---

[1] 夏晓军：《建设集群产业园区以增强区域创新能力研究》，载《工业技术经济》，2007年第12期。

便捷，先进经验、技术和能力的外溢更为迅速。产业集聚减弱甚至消除了知识溢出的各种阻碍，促进了企业之间的知识学习，从而促进了整个产业的技术创新和进步。二是竞争效应，高度集聚的产业系统类似集聚在一起的生物个体，为了抢占生存空间彼此竞争，系统内成员间的竞争非常激烈。相互竞争的企业在地理上的集中，刺激企业不断创新以获得持续的竞争优势。①

(3) 有利于企业的共生发展。在集群内，各企业成为高新技术产业价值链上的链接点，高新技术企业在地理空间上的集中优势在于将高新技术产业价值链的各个环节有机地联系在一起，进而使价值链上下游的开发商、供应商、制造商以及销售商之间形成一个相互合作、竞争、学习的整体，从而使各个企业、价值创造的各个环节互相协调，使成本不断降低，促进技术创新。正是这种隐性的价值增值给企业以及整个集群带来了竞争优势。②

2. 园区产业集群发展的策略

经济园区产业整体布局与互动发展要求园区发展必须走集群化发展道路，构建多层次集群发展新格局。首先，大力发展产品集群，创园区品牌优势。根据产品的优势度、市场占有率以及发展前景等条件确定园区核心产品；采取有效的引导、鼓励和推动措施，激发产品生产企业的集群意识和协作要求，培育产品集群的主体能动性和积极性；做好产品集群的区域规划和政策协调，推进产品的集中，尽快形成产品群区；注重细化产品生产内部分工，搞好同一产品不同流程的衔接，提高区域内的专业化程度和有机联系性。③ 其次，大力发展产业集群，创园区产业优势。培育鲜明的产业集群意识，根据园区特点和优势确定园区主导产业，并加强对其的关注力；加强园区产业规划，积极引导和推进企业向主导产业靠拢，在引进产业项目时主动考虑其与主导产业的配套程度，使项目尽快融入到主导产业网络中；根据集约与效率原则实行积极的产业上下游分工，并形成良好的产业链接和有机互动；确立产业衔接的标准化体系，形成产业活动的网络化和无障化。最后，大力发展园区集群，创区域经济优势。园区经济的活力不仅来自园区产业和产品的集

---

① 王萍、刘思峰：《基于产业集群的高新园区自主创新优势与能力研究》，载《企业经济》，2008 年第 5 期。
② 徐菱涓：《产业集群：园区经济发展的战略选择》，载《中国科技论坛》，2004 年第 5 期。
③ 夏英祝、吴卫锋：《产业集群理论基础上的我国开发区可持续发展探索》，载《经济纵横》，2004 年第 12 期。

群，也取决于园区间的产业集群。这种园区集群表现为园区之间的产业配套与链接，属于更大空间范围的产业联系与互动，是集群发展的高级阶段。园区集群较之产品和产业集群有更大的难度，一方面要求在产业上应具有互补和衔接性；另一方面要求有一个共识的价值取向和协调利益关系的良好机制。后一方面是园区集群的关键因素。因此，首先要根据园区间产业协作的可行性确立园区集群的思路与协调机制，营造适宜的氛围与推进条件，其次要强化观念，借鉴新思维，突破行政区划界限，加强与其他园区的交流与合作，谋求更大范围的产业协作与集群，参与更深程度上的经济技术合作与互动。

案例7-3 产业配套环境典型
——大连经济技术开发区

大连开发区为消除企业配套能力相对滞后对投资环境造成的直接影响，进一步提升综合配套能力、为外商创造低成本的产业运行环境，近几年一直下大力气从政策、资金、人才等多方面入手，积极调整产业结构，努力为配套企业入区发展提供有利条件，使大连开发区配套企业尤其是中小配套企业进入了前所未有的高速发展时期。自2001年以来，大连开发区企业配套园相继建成，较大规模的有管委会投资1.12亿元、占地9万平方米的高标准北方企业配套园、私企创建并经营的光伸发展园。

目前，两个配套园共引入中小配套企业130家，企业入驻率达到100%，其中半数以上为外资企业，并初步形成了电子元件、机械加工、印刷、铸造、模具、汽车配件、建材等多种类型的中小配套企业生产基地。目前，在管委会的引导和支持下，湾里街道的金港企业配套园、海青岛街道的海青商贸中心标准厂房等4家街道、企业建设的新的配套园正在崛起，并已初见成效。为了加强对配套园的管理，管委会专门指定大连开发区外国企业服务公司为外企服务供应商，为入驻企业提供项目审批、登记，员工招聘、培训和人事管理、税务、通关、财务代理、货物仓储、企业后勤管理等全程服务以及国际标准的物业管理服务。为企业提供十分周到、便捷的生产条件，缩短项目实施周期，使企业降低成本、顺利落地建厂，免去了企业自己搞建设的麻烦和先期的资金压力。

中小企业的入驻为大企业提供了便利的零部件采购条件,降低了企业生产成本。良好的投资环境助推了入驻企业的快速发展壮大,如日资企业浅间模具入驻光伸发展园初期时,仅租用了一个900平方米的厂房,一年后,该企业生产规模和租用厂房面积倍增。日资企业日新工机是一家给佳能提供电子元件配套的企业,2002年12月刚开工时,企业仅上了21台成型机,2003年成型机发展到50台,在不到一年的时间里,企业投资额就突破1000万美元,2003年实现产值7000多万元,客户也从大连佳能公司发展到上海、苏州等地,准备继续增资。截至目前,在光伸发展园入驻的76家企业中,有50%实现了增资;北方企业配套园内的54家企业,2003年实现产值4亿多元,安排就业2000多人。随着一系列中小企业配套园、汽车零部件工业园、模具工业园、佳能工业园、东芝工业园、三洋工业园等园区的规划建设,大连开发区正在朝着扶强做大配套产业的发展目标稳步迈进,大连开发区新兴的配套产业孕育着巨大商机。

资料来源:摘自《大连日报》:2006年9月22日。

第八章 经济园区发展的整体效应评价

> 20多年来，开发区取得了令人瞩目的成效，已成为改革开放的试验田和先行区，成为现代制造业集中、产业集聚效应突出、经济高速增长、带动力强的外向型工业区，成为安排就业的重要渠道，成为我国土地集约利用程度最高的区域之一。
>
> ——吴仪

经济园区是一个集人口、经济、科技、文化和信息等多要素构成的复杂的社会大系统，这个大系统由多个子系统组成，而且各个子系统不是简单的迭加，而是相对独立，具有自身的功能、机制、目标、结构以及约束条件，同时各个子系统之间又紧密联系。所以，要准确地反映这个复杂系统的运作状况，就必须分离出多种影响因素，从多个侧面科学和客观地反映其运行、发展状况，从而进行综合评价。

一、经济园区评价指标体系

利用指标体系对经济园区进行综合评价是园区建设和发展的内在需要。一方面，通过园区指标体系的建立来评价园区的发展状况，既能反映出园区整体发展状况，又能反映出园区系统中各个子系统的发展状况。这样，既能有利于把握经济园区的整体，通过指标的分离，又能有利于把握各个子系统，进而有利于决策者了解园区整体以及各个子系统内在的运行状况，了解自身在园区建设和发展中的优势、特点和不足，以及与其他园区的比较优势。另一方面，通过建立园区评价指标体系来测试和反映园区的发展状况，可及时掌握园区的发展动向，有利于决策者掌握科学的分析方法，对制定园区的发展战略和调整政策提供可靠的依据。同时，通过对不同园区的对比，也可以揭示各自差异，对进一步发展有一定的启发作用。

（一）园区评价指标体系概况

国内很早就开始了对经济园区评价指标体系的研究，也从不同角度设计出很多侧重点不同的评价指标体系，目前影响较大的是商务部的国家级开发区投资环境综合评价指标体系和科技部的高新技术产业开发区评价指标体系。

自1999年开始，商务部开展了对国家级经济技术开发区的投资环境综合评价工作，该项工作旨在指导国家级经济技术开发区按照"三为主、二致力、一促进"指导方针健康发展，促进国家级经济技术开发区完善投资环境，不断提升发展水平。投资环境综合评价指标体系一共分为八大类80项指标，即综合经济实力指标（225分）、基础设施配套能力指标（90分）、经营成本指标（85分）、人力资源及供给指标（90分）、社会与环境指标（100分）、技术创新环境指标（150分）、管理体制建设指标（100分）和发展与效率指标（160分），总分1000分，对国家级经济技术开发区的投资环境进行综合评价。

自国家高新区建立以来，由科技部火炬中心先后于1993年、1999年、2004年和2008年四次制定和修改国家高新区评价指标体系。1993年的指标体系，主要从经济、资本、建设、企业、创业中心人才、外企、工业产值八大方面进行了系统评价，共包含27个二级指标；1999年的评价指标体系主要涉及技术创新、创业环境、发展、贡献、国际化五大指标体系，共包含24个二级指标；2004年科技部对高新区进行的评价更为全面，突出动态性，一级指标层次缩减为3层，分别为技术创新能力、经济发展和创新创业环境，共包含10个二级指标和34个三级指标。2008年，科技部在已有指标体系的基础上制定了新的《国家高新技术产业开发区评价指标体系》。新的评价指标体系由国家高新区评价指标体系和区域环境测度指标两大部分组成。国家高新区评价指标体系由知识创造和孕育创新能力、产业化和规模经济能力、国际化和参与全球竞争能力、高新区可持续发展能力4个一级指标构成，下设44个二级指标。区域环境测度指标由经济支撑、知识支撑、环境支撑3个一级指标构成，下设13个二级指标。

此外，国内很多学者和研究机构也对经济园区的评价问题展开探讨，设计出各具特色的园区综合评价指标体系。1998年，我国学者顾朝林对高新区发展现状和发展前景进行了综合性评价，对发展现状评价采用了

13个评价指标，涉及空间规模、经济实力、人才实力、开发效益四个方面；对发展前景评价采用了8个指标，分别为接近机场、高速公路、市场等情况。张克（2004）按波特菱形竞争架构系统，从供给要素、需求环境、支撑产业条件、区域综合实力、运行机制等五个方面选择了23个原始指标或生成指标，组成园区竞争力评价指标体系，考虑到不同类型园区的特点，该指标体系所提出的仅仅是一个框架，各类园区可以根据承担功能的差别做适当的调整。许光洪（2004）从区位优势、生产要素价格、管理效率、政策落实、生活环境、人力资源等方面设计出开发区投资环境评价指标体系。中国科学院科技政策与管理科学研究所结合高新区"二次创业"的战略部署，设计了高新区五大指标体系，分别是技术驱动指标、内生动力指标、创新集群指标、服务环境指标和国际竞争指标。

总体上讲，这些指标体系在特定的历史时期适应了经济园区建设和发展的需要，但是，在新的形势下，各种不同类型的经济园区被赋予了新的功能和使命，需要有针对性地设计新的评价指标体系，来满足经济园区持续健康发展的需要。

（二）评价指标体系的设计原则

1. 系统性原则

从系统论的观点出发，系统是一个包含多要素相互作用、相互联系的有机整体，各部分并非孤立存在。要准确地评价经济园区的综合竞争力，根据系统运行质量的评价要求，必须把握系统的本质特征。经济园区是一个复杂的大系统，而评价指标体系也是一个系统，因而在建立评价指标体系这个系统的过程中，必须从系统的观点出发来构建这个系统。在注重整体目标的同时，可将系统逐层分解，既可体现系统的总体目标，也可以体现出系统的层次性和各子系统的独立性和相关性。

2. 层次性原则

根据整体和局部的关系，按层次划分原理来构筑经济园区综合竞争力评价指标体系。在各层次密切的联系中，各指标独立存在，又相互形成各层次的统计指标体系及整个园区综合竞争力评价指标体系。在进行分层次评价时，不仅能得到总的评价结果，而且能了解到每个层次的评价状况。

3. 动态评价与静态评价相结合的原则

经济园区作为一个系统一直处于不断的发展变化之中，因此，评价指标体系的设计既应反映现实的结果及发展状况，也必须反映园区进行活动的发展过程。结果状态是检验园区发展水平的主要标准，然而，由于园区对整体社会经济影响的滞后性以及其他多种影响因素，不易在较短时间内取得真实值，这一结果可能是前期某一时间段的结果。所以，在设计评价指标体系时，既要有反映园区发展的现时指标，又要有园区发展过程的指标，从动态和静态两个方面进行综合评价。

4. 完备性原则

评价指标体系必须能全面、完整地反映经济园区综合竞争力，保证评价指标体系的信息量既必要又充分。但是在实际构筑指标体系的过程中，很多重要甚至关键的构成影响因素的指标，在现实中缺乏正式的统计数据。为解决这一问题，国际上流行的采集评估数据的做法是：结合使用官方和权威组织的标准统计数据和专门设计主观问卷获得数据。对于调查获得的数据可以通过计算机程序对问卷结果数据信息进行反复、精妙的量化、变换、抽分和提炼，去伪存真，变无序为有序。

5. 可比性原则

指标系统的构建应该通过借鉴和吸取国内外的研究经验和成果，便于国内各个地区对比，又能经过适当的调整而方便国际比较，又可以进行动态对比。这就要求在选择指标时，必须考虑到指标的历史延续性，同时考虑支撑分析和预测的可能性。因此，为了加强各个园区发展整体效应的可比性，必须准确地分析和研究统计资料及其含义，参考统计年鉴和其他相关年鉴及文献，选用范围和口径相对一致的相对指标和平均指标，同时也选用一些总量指标。一方面可以确保因素变量不会因为经济规模、人口多寡或面积大小等因素的影响而使分析结果产生偏差；另一方面也可以增加指标体系的综合性和关联性。

6. 适用性、科学性与可行性相结合的原则

建立评价指标体系，要求指标概念明确、直观、计算方便、资料易于收集且指标数量适当。经济园区系统是由许多要素构成的统一体，应当使用的指标很多。多选择一些指标，虽然可以提高评价的精确性，但却容易陷入庞杂的统计和计算当中，操作难度也较大，因而只能选择有限的指标进行评价，这就要求指标的选择和设置必须抓住园区发展过程中的主要方面和本质特征，使所选择的指标具有科学性。当然，所选择的指标也不能太少，因为指标太少则有可能漏掉反映评价对象的特征的重要因素，缺乏适用性。总之，在设置指标时，应注意适用性与科学性、可行性的结合，

尽量提高评价指标体系的实用价值。

(三) 评价指标体系的总体框架

根据设计评价指标体系的原则，本着可持续发展的目的，在参照国内现有园区评价指标体系的基础上，建立了经济园区发展评价指标体系，分别从发展水平和发展能力两个测评维度，区分目标层、准则层和方案层三个层次设置了相应的指标，其中准则层包括经济、社会、资源、环境、科技五个子系统，下面分别加以阐述。

1. 经济运行

经济是可持续发展系统的重要组成部分，是实施可持续发展战略的基础。可持续发展首先是经济的发展，它能为资源的开发与环境的保护提供资金和技术，所以说是其他子系统可持续发展的物质保障。同时，经济的发展也是社会可持续发展的前提，只有保持快速的经济增长，才能增强园区的综合实力，提高生产力和科技发展水平，从而在国际竞争中处于有利地位。

2. 社会融合

社会子系统包括人口、居民消费、社会服务、社区等，它的质量是人口、经济、资源、环境和科技创新发展的关键。合理的政治制度和分配机制，良好的社会伦理道德和历史文化以及稳定的社会环境因素是实现可持续发展的保证。社会发展的宗旨是促进人民生活质量、人口素质和社会文明程度的不断提高。所以说社会的发展是可持续发展的最终目标。

3. 资源利用

可持续发展是以资源的可持续利用为基础，没有资源的可持续利用就没有经济的可持续发展。进驻园区的技术应该是以高、精、尖为特点，但是由于中国某些开发区在落实具体评价政策时存在着一些缺陷，致使进入区内的一些企业仍然是以大量消耗自然资源为基础的。另外，随着园区的扩建以及区内人口的增长和区内工业的发展，园区将逐渐加大对资源的需求，这样将对园区本身的可持续发展乃至整个社会的可持续发展产生不利影响。

4. 环境建设

经济园区内经济的可持续发展是以良好的环境系统（包括生态环境和社会环境）平衡为前提的。环境是园区内企业生存和经济持续发展的物质基础和保障，它是资源和政策法规的载体，为可持续发展提供了可持续利用资源和顺利落实政策的可能。

5. 科技创新

科技创新子系统是园区可持续发展的灵魂,提供了可持续发展的动力。它是地方行为主体(大学、科研院所、企业、地方政府等机构及其个人)之间在长期正式或非正式的合作与交流的基础上所形成的相对稳定的系统,为区内企业的成长提供了空气和土壤。如果没有科技创新,整个园区就像一潭死水,缺乏活力,最终将由兴盛走向衰退,也就谈不上可持续性了。

经济园区综合评价指标体系(见表8-1)。

表8-1　　　　　　经济园区综合评价指标体系

经济园区综合评价指标体系	经济运行	地区生产总值
		工业总产值
		综合税额贡献率
		出口贸易额
		实际利用外资金额
		合同利用外资金额
		GDP增长率
		出口贸易额年增长率
		人均税收额
	社会融合	区内就业人数
		劳动报酬水平
		就业人数增长率
		人口就业率
		区内从业人员参保率
		居民满意度
	资源利用	区域项目聚集密度
		土地产出效率
		土地产出强度
		单位GDP能耗
		资源再生利用率
	环境建设	基础设施投资占总投资的比例
		环保投资占总投资的比例
		绿化覆盖率
		国家级生态示范区
		交通状况
	科技创新	R&D支出占产品总收入的比例
		高新技术企业孵化率
		专利批准数
		R&D投入年增长率
		科技人员占员工总数的比例
		高新技术行业产值占GDP比例
		本科以上学历占员工总数的比例

资料来源:作者整理。

(四) 评价指标的选择与解读

1. 经济运行

经济运行子系统共包含9个指标，分别是地区生产总值、工业总产值、综合税额贡献率（年缴纳综合税额/年销售额）、出口贸易额、实际利用外资金额、合同利用外资金额、GDP增长率、出口贸易额年增长率和人均税收额。其中，GDP、工业总产值、出口贸易额、实际利用外资金额、合同利用外资金额属于绝对指标，反映的是经济园区在生产、出口和利用外资等方面的总量水平；GDP增长率、出口贸易额年增长率和人均税收额属于相对指标，反映的是园区经济的增长速度和人均水平。

2. 社会融合

社会融合子系统共包含6个指标，分别是区内就业人数、劳动报酬水平、就业人数增长率、人口就业率、区内从业人员参保率和居民满意度。其中，前五个指标是定量指标，可以通过统计数据获得，最后一个居民满意度是定性指标，可以通过问卷调查的形式获得指标值。在社会融合子系统中重点选取了就业和收入水平两个方面的指标，而其他诸如社会服务、社区等方面的评价则一并包含在居民满意度这一指标中。

3. 资源利用

资源利用子系统包含5个指标，分别是区域项目聚集密度（项目数/km^2）、土地产出效率（每平方公里工业用地的工业增加值）、土地产出强度（每平方公里工业用地的地区生产总值）、单位GDP能耗（吨标煤/万元产值）和资源再生利用率（再生利用量/污染排放量）。其中，重点选取了反映经济园区最宝贵的资源——土地利用效率的指标，同时还有能耗指标和再生利用指标。

4. 环境建设

环境建设子系统包含5个指标，分别是环保投资占总投资的比例、绿化覆盖率、国家级生态示范区、基础设施投资占总投资的比例和交通状况。其中，前三项指标反映园区的生态环境，后两项指标反映园区的基础设施情况。国家级生态示范区是一个两项选择指标，指标值"是"或"否"；交通状况指标通过园区与机场距离、园区与高速公路距离以及园区内公路建设情况来衡量。

5. 科技创新

科技创新子系统共包含 7 个指标，分别是 R&D 支出占产品总收入的比例、高新技术企业孵化率、专利批准数、R&D 投入年增长率、科技人员占员工总数的比例、高新技术行业产值占 GDP 比例和本科以上学历占员工总数的比例。除了专利批准数指标，其余 6 个指标全都是相对指标，使得不同规模的经济园区之间更具有可比性。

（五）评价指标权重的确定

本书采用层次分析法来确定园区评价指标体系中各指标的权重。层次分析法是一种定性分析与定量分析相结合的多目标决策分析方法，它将决策者的经验判断予以量化，在目标结构复杂而且缺乏必要数据时尤为适用。用层次分析法作系统分析首先应该把问题层次化，根据问题的性质和所要求达到的总目标，将问题分解为不同的组成因素，并按照因素间的相互联系、影响及隶属关系将因素按不同层次聚集组合，形成一个多层次的分析结构模型，利用结构模型最终把系统分析归结为最低层相对于最高层（总目标）的相对重要性权值的确定或相对优劣次序的排序问题。

在排序计算中，每一层次因素相对于上一层次某一因素的排序问题又可简化为一系列成对因素的判断比较。并将这种比较定量化，形成判断矩阵。通过计算判断矩阵的最大特征根及其对应的特征向量，计算出该层次相对于上一层次各个因素的单排序权值后，再用上层因素本身的权值加权综合，即可计算出该层因素相对于上一层整个层次的相对重要性权值，即层次总排序权值。这样，依次由上而下即可计算出最低层因素相对于最高层的相对重要性权值或相对优劣次序的排序值。本书采用层次分析法正是通过将开发区发展整体效应这个不甚清晰的概念进行层次剥离，利用判断矩阵分析其中 5 个子系统共 32 个指标的相对重要性，从而确定各指标的权重值。

1. 层次结构模型的设计

本阶段主要工作是设计出完整的指标层次，指标层次呈现递阶层次，同一层次的元素作为准则，对下一层次的某些元素起支配作用，同时又受上一层次的元素的支配。这种从上到下的支配关系形成了一个递阶层次。表 8-1 的综合评价体系就符合这种层次结构。

2. 专家咨询工作

这一阶段的目的是获得层次结构模型的分析判断矩阵群。由一定数量各个方面的专家组成专家咨询小组，对所设计的综合评价指标体系的各个指标进行专家赋值，打分标准主要参照表8-2，按照两两比较结果构成矩阵A，$A = [a_{ij}]$，A为判断矩阵，易见$a_{ij} > 0$，$a_{ii} = 1$且a_{ij}与a_{ji}互为倒数，即A是正反互矩阵。其中指标两两对比时的重要性等级及其赋值（见表8-2）。

表8-2 指标两两对比时的重要性等级及其赋值

序号	重要性等级	A_{ij}赋值
1	ij两指标同样重要	1
2	i指标比j指标稍重要	3
3	i指标比j指标明显重要	5
4	i指标比j指标强烈重要	7
5	i指标比j指标极端重要	9
6	i指标比j指标稍不重要	1/3
7	i指标比j指标明显不重要	1/5
8	i指标比j指标强烈不重要	1/7
9	i指标比j指标极端不重要	1/9

注：$a_{ij} = \{2, 4, 6, 8, 1/2, 1/4, 1/6, 1/8\}$表示重要性等级介于$a_{ij} = \{1, 3, 5, 7, 9, 1/3, 1/5, 1/7, 1/9\}$相应值之间。

资料来源：王莲芬、许树柏：《层次分析法引论》，中国人民大学出版社1989年版。

3. 层次单排序

本书主要采用根法进行单排序，第一：计算判断矩阵每一行元素的乘积M_i，$M_i = \prod_{i=1}^{n} a_{ij}$，$i = 1, 2, \cdots, n$；第二，计算$M_i$的n次方根$\overline{W_i}$，$\overline{W_i} = \sqrt[n]{W_i}$；第三，对向量$\overline{W_i} = [\overline{W_1}, \overline{W_2}, \cdots, \overline{W_n}]^T$正规化，$W_i = \overline{W_i} / \sum_{j=1}^{n} \overline{W_j}$，则$W = [W_1, W_2, \cdots, W_n]^T$即为所求的特征向量；最后计算判断矩阵的最大特征根$\lambda_{max} = \sum_{i=1}^{n} \frac{(AW)_i}{nW_i}$，其中$(AW)_i$表示向量AW的第i个元素。

4. 判断矩阵一致性检验

在进行完层次单排序之后才进行一致性检验。判断矩阵A构建成功之后，利用$Ax = \lambda x$，其中λ_i是满足上式方程的A的特征根，并且对于所

有 $a_{ii} = 1$，有 $\sum_{i=1}^{n} \lambda_i = 1$。显然，当矩阵具有完全一致性时，$\lambda_i = \lambda_{max} = \lambda_n$，其余特征根均为零；当矩阵 A 不具有完全一致性时，则有 $\lambda_i = \lambda_{max} > \lambda_n$，其余特征根 $\lambda_2, \lambda_3, \cdots, \lambda_n$ 有如下关系：$\sum_{i=2}^{n} \lambda_i = n - \lambda_{max}$。由上述结论可知，当判断矩阵不能保证具有完全一致性时，相应判断矩阵的特征根也将发生变化，这样就可以用判断矩阵特征根的变化来检验判断的一致性程度。因此，在层次分析法中引入判断矩阵最大特征根以外的其余特征根的负平均值，作为度量判断矩阵偏离一致性的指标，即用 $CI = (\lambda_{max} - n)/(n-1)$，检验决策者判断思维的一致性。显然，当判断矩阵具有完全一致性时，CI = 0，反之亦然。从而有 CI = 0，$\lambda_i = \lambda_{max} = \lambda_n$，判断矩阵具有完全一致性。

另外，当矩阵 A 具有满意一致性时，λ_{max} 稍大于 n，其余特征根也接近于零。不过这种说法不够严密，必须对于"满意一致性"给出一个度量指标。衡量不同阶判断矩阵是否具有满意的一致性，还需引入判断矩阵的平均随机一致性指标 RI 值。对于 1~9 阶判断矩阵，RI 的值分别列于表 8-3 中。[①]

表 8-3　　　　　　　　　　　RI 的值

1	2	3	4	5	6	7	8	9
0.00	0.00	0.58	0.90	1.12	1.24	1.32	1.41	1.45

资料来源：许树柏：《实用决策方法——层次分析法原理》，天津大学出版社 1988 年版。

其中，对于 1, 2 阶判断矩阵，RI 只是形式上的，因为 1, 2 阶判断矩阵总是具有完全一致性。当阶数大于 2 时，判断矩阵的一致性指标 CI 与同阶平均随机一致性指标 RI 之比称为随机一致性比率，计为 CR。当 CR = CI/RI < 0.10 时，即认为判断矩阵具有满意的一致性，否则要调整判断矩阵，使之具有满意的一致性。

5. 层次总排序及其一致性检验

计算各层元素对系统目标的合成权重，进行总排序，以确定结构图中最底层各个元素在总目标中的重要程度。这一过程是从最高层次到最低层次逐层进行的。这一步骤结束之后，根据计算结果进行相应的排序和分析。

经层次分析法分析之后，得出经济园区综合评价指标体系各指标的权

[①] 许树柏：《实用决策方法——层次分析法原理》，天津大学出版社 1988 年版。

重（见表8-4）。

表8-4　　　　　　　经济园区综合评价指标体系及权重

经济园区综合评价指标体系及权重	经济运行 0.41	地区生产总值	0.043
		工业总产值	0.038
		综合税额贡献率	0.042
		出口贸易额	0.048
		实际利用外资金额	0.053
		合同利用外资金额	0.037
		GDP增长率	0.046
		出口贸易额年增长率	0.052
		人均税收额	0.051
	社会融合 0.12	区内就业人数	0.015
		劳动报酬水平	0.021
		就业人数增长率	0.016
		人口就业率	0.017
		区内从业人员参保率	0.019
		居民满意度	0.032
	资源利用 0.21	区域项目聚集密度	0.034
		土地产出效率	0.044
		土地产出强度	0.046
		单位GDP能耗	0.040
		资源再生利用率	0.046
	环境建设 0.10	基础设施投资占总投资的比例	0.021
		环保投资占总投资的比例	0.018
		绿化覆盖率	0.020
		国家级生态示范区	0.022
		交通状况	0.019
	科技创新 0.16	R&D支出占产品总收入的比例	0.023
		高新技术企业孵化率	0.027
		专利批准数	0.022
		R&D投入年增长率	0.023
		科技人员占员工总数的比例	0.018
		高新技术行业产值占GDP比例	0.024
		本科以上学历占员工总数的比例	0.023

资料来源：作者整理。

二、经济园区的经济效应评价[①]

经济效应始终是经济园区发展中最重要的方面,以下分别从土地使用状况、招商引资状况、生产经营状况、进出口贸易状况、科技创新状况五个方面着重对国家级经济技术开发区的发展进行评价。

(一) 土地使用效应

自1984年以来,开发区在推动区域与城市经济发展,发挥窗口与辐射作用等方面收到了良好的效果。但另一方面,各类开发区也不同程度地存在着土地利用粗放和闲置现象,不利于资源节约型社会的建设。2004年国家采取土地紧缩政策,经济开发区成为清理整顿的重点,这势必影响以土地投入、总量扩张带动的各类园区的开发与建设。因此,提高经济开发区土地集约利用的程度就成为必然的选择。目前,实现开发区土地的集约利用已经成为各级政府的任务和目标,为了实现这一目标,国内对经济开发区土地采取了规划控制、指标控制和政策控制等手段进行集约化管理,取得了显著成效。

1984年后首批建立的14个国家级经济技术开发区首期工程用地为21平方公里,划定的起步区仅为15平方公里。截至2007年底,国家级开发区经国务院批准的规划用地面积约880平方公里,已建成工业用地面积664平方公里。国家级开发区以不足全国千分之五的建设用地,在2007年创造了约占全国5.15%的GDP,4.1%的税收,15.2%的进出口总额,吸收了23.2%的外商投资。

1. 每平方公里地区生产总值(GDP)

2007年,54家国家级经济技术开发区平均每平方公里地区生产总值(GDP)11.16亿元。其中:东部32家经济技术开发区平均每平方公里地区生产总值(GDP)11.69亿元,排在前三位的依次是虹桥、昆山和闵行经济技术开发区;中部9家经济技术开发区平均每平方公里地区生产总值(GDP)11.89亿元,排在前三位的依次是长春、武汉和南昌经济技术开发

[①] 本节中的数据均来自中国开发区网 (www.cadz.org.cn) 统计公报,其中部分数据由作者计算得出。

区；西部13家经济技术开发区平均每平方公里地区生产总值（GDP）6.97亿元，排在前三位的依次是西安、重庆和成都经济技术开发区。

2. 每平方公里工业总产值

2007年，54家国家级经济技术开发区平均每平方公里工业总产值33.77亿元。其中：东部32家经济技术开发区平均每平方公里工业总产值36.81亿元，排在前三位的依次是昆山、闵行和南京经济技术开发区；中部9家经济技术开发区平均每平方公里工业总产值32.66亿元，排在前三位的依次是长春、哈尔滨和武汉经济技术开发区；西部13家经济技术开发区平均每平方公里工业总产值15.59亿元，排在前三位的依次是西安、重庆和呼和浩特经济技术开发区。

3. 每平方公里税收收入

2007年，54家国家级经济技术开发区平均每平方公里税收收入1.79亿元。其中：东部32家经济技术开发区平均每平方公里税收收入1.93亿元，排在前三位的依次是闵行、虹桥和昆山经济技术开发区；中部9家经济技术开发区平均每平方公里税收收入1.62亿元，排在前三位的依次是武汉、哈尔滨和合肥经济技术开发区；西部13家经济技术开发区平均每平方公里税收收入1.06亿元，排在前三位的依次是重庆、西安和乌鲁木齐经济技术开发区。

4. 每平方公里实际使用外资

2007年，54家国家级经济技术开发区平均每平方公里实际使用外资0.15亿美元。其中：东部32家经济技术开发区平均每平方公里实际使用外资0.16亿美元，排在前三位的依次是虹桥、昆山和闵行经济技术开发区；中部9家经济技术开发区平均每平方公里实际使用外资0.15亿美元，排在前三位的依次是武汉、长春和哈尔滨经济技术开发区；西部13家经济技术开发区平均每平方公里实际使用外资0.08亿美元，排在前三位的依次是西安、重庆和银川经济技术开发区。

5. 每平方公里出口额

2007年，54家国家级经济技术开发区平均每平方公里出口额达到1.57亿美元。其中：东部32家经济技术开发区平均每平方公里出口额达到1.98亿美元，排在前三位的依次是昆山经济技术开发区、漕河泾新兴经济技术开发区和福清融侨经济技术开发区；中部9家经济技术开发区平均每平方公里出口额为0.38亿美元，排在前三位的依次是哈尔滨、长沙和太原经济技术开发区；西部13家经济技术开发区平均每平方公里出口额为 0.23 亿美元，排在前三位的依次是乌鲁木齐、呼和浩特和西宁经济技术开发区。

总体来看，2007 年 54 家国家级经济技术开发区在单位面积上创造了极高的价值，在集约用地的水平上又向前迈进了一步。其中，东部和中部开发区在单位面积 GDP、工业总产值、税收收入和使用外资方面基本处在同一水平，但是在单位面积出口额上中部开发区远落后于东部，这主要是东部开发区的区位优势所致。西部开发区在各方面均落后于中东部，仍然应该是国家未来政策倾斜的方向。在 54 家国家级经济技术开发区中，昆山、闵行、武汉等开发区在集约用地方面走在了全国前列，一些省级经济园区也创出了新的举措，取得良好成绩。

案例 8-1 滕州经济开发区突破土地制约，发展空间不断拓宽

国家宏观调控力度加大，土地成为制约项目落地的最大瓶颈。为破解土地制约，滕州开发区按照"用好已批土地、盘活存量土地、整合现有土地"的思路，有效做好开发区用地文章，确保项目引得进、落得地、建设快、发展好。一是争取用地指标向开发区倾斜。抓住省确定的"农村建设用地减少与城镇建设用地增加相挂钩"试点的机遇，将有关镇街挂钩指标全部用于开发区，化零为整。同时，抓住新一轮城市整体规划编修的机遇，将开发区规划纳入城市总体规划，争取更多的建设预留地指标。二是坚持节约用地、集约用地的原则，严控投资强度，同时出台优惠政策，鼓励企业建设高层、多层厂房。管委会规定所有项目投资强度每亩不低于 200 万元、建筑容积率不低于 60%、建筑密度不低于 35%、绿化率不高于 15% 等四项刚性指标，确保不浪费每一寸土地。三是加大土地整合力度。围绕"整合一个企业、盘活一块土地、引进一个好项目"，深化挖潜，积极盘活存量土地。2008 年，滕州开发区对不按期开工、投资强度、建筑密度、容积率、建设进度达不到要求的正旺工贸、龙鑫建材、滕鼎电子等 7 家企业进行了整合，盘活土地 590 亩，全部用于新项目安置。全面推进村庄整合工作。投资 9000 万元，建设了 11 万平方米的善国苑小区，将善南街道四个村居 789 户居民进行了整体搬迁，整合出土地 360 亩，拓展发展空间 2.4 平方公里。

资料来源：根据山东省外经贸厅资料整理。

（二）招商引资效应

开发区招商引资是我国利用外资的一个平台和载体，对我国扩大利用外资发挥了重要作用，占据了突出地位。但是，在竞争日益激烈以及优惠政策优势趋于弱化的形势下，开发区招商引资面临挑战。近年来，各地开发区都积极拓展思路，寻找招商引资新的突破点，其中包括软环境招商、产业链招商、并购招商、民资招商、孵化器招商等，取得了很好的效果，使开发区招商引资得以持续快速发展。

2007年，国家级经济技术开发区实际吸收外资173.21亿美元，完成外资工业产值（现价）18312.86亿元，实现外资工业产品销售收入18420.56亿元，创造涉外税收764.72亿元。截至2007年底，国家级经济技术开发区实有外商投资企业19966家，累计吸收外资1327.32亿美元，世界500强在区内投资企业达到1308家。

1. 外商投资企业数量

一瞥"捡"来的大项目

说起烟台开发区的浪潮LG，山东人并不陌生，但这个年产值数十亿元项目的落户却是由不经意的一瞥引发的。2000年5月9日深夜，上海某宾馆，忙碌了一天的开发区投资促进局负责同志正要休息时，无意中瞥了一眼摆在床头上的一份《解放日报》，一条新闻顿时让他眼前一亮：世界500强LG集团欲在中国追加投资4.3亿美元！职业的敏感让他立刻意识到这是一个难得的商机。近几年来，烟台开发区一直着力于高新技术产业的发展，以信息化带动工业化。为此，该区专门出台了《加快全区电子信息产业发展的实施意见》，但因迟迟没有觅得合适的合作对象而一直没能实现大的突破。现在，机会来了！几分钟后，这一消息就通过长途电话汇报给了开发区管委负责人。第二天一早，管委就调集有关人员兵分数路，赴韩进京，搜集相关信息。20天后，LG集团的有关情况及其在中国投资合作的全部信息都摆在了决策者的案头。一个月后，LG情报通讯株式会社社长应邀来访，开发区良好的投资环境给他留下了深刻的印象。回国后不到一个月，由他发起的LG集团下属19个分公司的董事长组成的代表团再次赴烟台，考察尚未结束，代表团就正式表态：在开发区建立CDMA手机生产基地。2000年8月，投资协议正式签署，2002年投产。

资料来源：宋鹏程：《大项目背后的小故事》，载《烟台日报》，2003年10月13日。

2007年，国家级经济技术开发区新设立外商投资企业2747家，截至2007年底，国家级经济技术开发区期末实有外商投资企业19966家。其中：东部32家国家级经济技术开发区2007年期末实有外商投资企业18095家，同比增加了1138家。外资企业数量排在前三位的依次是苏州工业园区、大连和天津经济技术开发区。中部9家国家级经济技术开发区2007年期末实有外商投资企业1208家，同比减少了10家。外资企业数量排在前三位的依次是哈尔滨、合肥和长春经济技术开发区。西部13家国家级经济技术开发区2007年期末实有外商投资企业663家，同比减少了211家。外资企业数量排在前三位的依次是重庆、西安和呼和浩特经济技术开发区。

2. 实际利用外资情况

2007年54个国家级开发区实际使用外资173.21亿美元，同比增长17.77%，高于全国增幅（13.6%）4.17个百分点，占同期全国实际使用外资金额（748亿美元）的23.16%。东部32个国家级开发区吸收外商投资继续保持增长。实际使用外资140.47亿美元，同比增长18.28%，高于全国增幅（13.6%）4.68个百分点，东部32个国家级开发区实际使用外资占全国国家级开发区实际使用外资总额的81.1%。东部32个国家级开发区中实际使用外资超过5亿美元的有11家，排名前5位的是天津（19.31亿美元）、苏州工业园区（18.18亿美元）、大连（10.74亿美元）、青岛（9.98亿美元）、昆山（8.79亿美元）。中部9个国家级开发区实际使用外资金额21.32亿美元，同比增长3.16%。有3个国家级开发区实际使用外资超过2亿元，长春（7.05亿美元）居首位，同比增长26.59%，合肥（3.53亿美元）、太原（2.86亿美元）位居其后。西部13个国家级开发区实际使用外资11.4亿美元，同比增长48.37%。高于全国增幅（13.6%）34.77个百分点，西安居首位，达3.2亿美元，同比增长32.88%。

3. 历年累计使用外资情况

截至2007年底，国家级经济技术开发区累计实际使用外资达到1327.32亿美元，在2006年的基础上增长了15.22%，占全国累计使用外资金额的16%，平均每平方公里累计外商实际投资金额为1.53亿美元。东部32家国家级经济技术开发区累计使用外资达到1072.90亿美元，占全部国家级经济技术开发区的87.35%，在2006年的基础上增长了9.60%，排在前三位的依次是天津经济技术开发区、苏州工业园区和广州经济技术开发区。中部9家国家级经济技术开发区累计使用外资达到156.57亿美元，在2006年的基础上增长了20.19%，排在前三位的依次是武汉、长春和哈尔滨经济技术开发区。西部13家国家级经济技术开发区累计使用外资达到97.85亿美元，在2006年的基础上增长了25.67%，排在前三位的依次是西安、重庆和银川经济技术开发区。

总体来看，2007年国家级经济技术开发区在招商引资方面继续保持增长势头，特别是西部开发区实际利用外资实现了48.37%的高速增长，而中部开发区相比东西部稍显后劲不足，增长率只有3.16%。其中，天津、苏州、青岛等开发区在招商引资方面处于领先地位，值得其他地区学习和借鉴。

案例8-2　招商引资新理念
——青岛开发区

过亿美元的外资大项目因污染环境和高能耗被婉拒，投资只有百万美元的研发中心却顺利入驻；投资数千万美元的夕阳产业被电子票决制否决，每年政府投入3000万元去扶植民营高科技企业发展；抛弃全民招商的旧思路，成立专业对口的招商部门培植产业链发展。这就是青岛开发区的招商引资新理念。

(1) 新理念一：科学发展观招商。

青岛开发区的每个招商专业人员都知道，要想让自己的招商项目能成功地落户，不能再从项目的大小或投资收益出发，首先考虑的第一条是该项目是否符合科学发展观的要求，是否能给这个区的可持续发展带来后劲。一项统计数字表明，青岛开发区2006年被否决的投资项目达到20余个，其中既有过亿美元和数千万美元的大项目，也有众多中小项目，而引进的149个项目全部是符合节能环保和具有强劲的发展潜力的项目。

(2) 新理念二：产业链招商。

青岛开发区在新世纪之初就确立了自己的产业链发展方向，形成了完整的家电电子、石油化工、机械制造、新型材料、高新技术、仓储物流"六大产业集群"。在围绕产业集群和产业链招商活动中，青岛开发区注重对"大、高、强"项目和世界500强、国内100强项目的招商活动，先后引进了总投资4.89亿美元的青岛丽东化工项目、总投资1亿美元的晓星钢帘线项目和总投资 2.6 亿美元的浦项制铁等 11 个过亿美元的大项目，更注重对有发展前景和高科技环保项目的招商活动，引进了高科技豪雅光电子、民营企业科瑞特和美光机械等。

(3) 新理念三：专业化招商。

2001 年，青岛开发区率先在青岛市成立了第一个招商促进局，开始进入专业化招商时期。一批与产业链相对应的项目不断被引进，SK、丽东化工、积水树脂等世界 500 强项目引进来了，石化产业链越来越明晰。2003 年以来，一个招商促进局演变为 4 个招商局，分别对应日韩、欧美、港澳台和国内等领域。针对专业化招商，青岛开发区对招商人才进行大力引进和培养。4 个专业招商局聚集了一批会外语、懂外经贸、熟悉国际惯例的专业人才，这些平均年龄不足 32 岁的年轻人成为青岛开发区招商引资工作的业务骨干。

资料来源：摘自人民网青岛，2007 年 12 月 15 日。

（三）生产经营效应

近年来，开发区的工业生产继续保持快速增长势头。2007 年 54 个国家级开发区完成工业总产值（现价）38426.28 亿元，同比增长 27.28%。东部 32 个国家级开发区完成工业总产值 31720.94 亿元，同比增长 25.81%，占全国国家级开发区工业总产值的比重为 82.55%。产值超过 2000 亿元的有 5 家，分别是天津、苏州工业园区、昆山、广州、北京，天津开发区居首位，达 3350.67 亿元，同比增长 10.58%。中部 9 个国家级开发区完成工业总产值 4595.32 亿元，同比增长 30.46%，高于东部 32 个国家级开发区增幅（25.81%）4.65 个百分点。工业总产值超过 600 亿元的有 5 家，依次是长春、武汉、芜湖、哈尔滨、合肥，长春开发区居首位，达 821.66 亿元，同比增长 25%。西部 13 个国家级开发区实现工业总产值 2110.02 亿元，同比增长 42.21%，高于东部 32 个国家级开发区增幅（25.81%）16.4 个百分点，高于中部 9 个国家级开发区（30.46%）11.75 个百分点。产值超过 400 亿元的有 2 家，重庆 522.28 亿元居首位，同比增长 44.79%；西安为 485.96 亿元，同比增长 40.67%。

2007 年 54 个国家级开发区完成工业增加值 9199.70 亿元，同比增长 24.1%。东部 32 个国家级开发区完成工业增加值 7334.37 亿元，同比增长 22.58%，工业增加值超过 300 亿元的有 10 家，排名前 5 位的是：天津

(764.85亿元)、广州(723.14亿元)、昆山(553.76亿元)、苏州工业园区(537.10亿元)、大连(406.80亿元)。工业增加值增幅最快的是海南洋浦,为122.40%。中部9个国家级开发区完成工业增加值1269.76亿元,同比增长25.74%,高于东部32个国家级开发区增幅(22.58%)3.16个百分点。工业增加值超过200亿元的有2家:长春(237.74亿元)、武汉(227.74亿元);太原增幅最快,同比增长70.79%。西部13个国家级开发区完成工业增加值595.58亿元,同比增长41.76%,高于东部32个国家级开发区(22.58%)19.18个百分点,高于中部9个国家级开发区(25.74%)16.02个百分点。工业增加值超过100亿元的有2家,西安(142.36亿元)、重庆(111.20亿元)。

总体来看,2007年54个国家级开发区生产经营状况良好,东部开发区依然占据了全国工业总产值的绝大部分,而西部开发区的增幅要高于东部和中部。其中,产值位于前列的是苏州、天津、昆山等开发区,增幅位于前列的是重庆、西安等开发区。可以看出,西部地区的工业正在快速发展壮大,而东部地区正在进行产业结构调整。

(四) 进出口贸易效应

作为拉动区域经济发展的三驾马车之一,出口的持续增长,无疑为开发区的经济发展做出了重要贡献。2007年54个国家级开发区进出口总额达3309亿美元,占全国进出口总额的15%,同比增长17%;其中出口1781亿美元,同比增长19.32%,低于全国出口额增幅(25.7%)6.38个百分点;进口1528亿美元,同比增长14.18%,低于全国进口额增幅(20.8%)6.12个百分点。其中:东部32个国家级开发区实现进出口总额3150.26亿美元,同比增长16.48%,占全国国家级开发区进出口总额的95.20%。出口额1695.87亿美元,同比增长18.81%。东部32个国家级开发区中出口额超过100亿美元的有5家,依次是苏州工业园区(285.09亿美元)、昆山(276.70亿美元)、天津(185.00亿美元)、北京(119.58亿美元)和漕河泾(105.16亿美元)。中部9个国家级开发区实现进出口额108.17亿美元,同比增长28.8%,出口额53.57亿美元,同比增长32.08%,高于全国出口增幅(25.7%)6.38个百分点。出口额超过10亿美元的开发区有2个,分别是长沙(10.27亿美元)、武汉(10.23亿美元)。西部13个国家级开发区实现进出口总额50.36亿美元,同比增长 18.86%，其中出口额 24.39 亿美元，同比增长 28.75%，高于全国国家级开发区增幅（25.7%）3.05 个百分点。乌鲁木齐出口额居第一位，达 11.57 亿美元，同比增长 21.51%，西宁、西安居第二和第三位，出口额分别为 2.72 亿美元和 2.33 亿美元。

出口是开发区发展的一项重要内容，从以上数据可以看出，东部地区仍然是进出口贸易的主要阵地，占了全国进出口总额的 95%，其中，苏州、昆山和天津开发区位居前三位。中西部地区虽然也实现了较快增长，但同东部的差距仍然巨大，如何实现中西部地区进出口贸易的快速发展，成为推动中西部地区经济发展的重要课题。

案例 8-3　外贸带动的成功典型
——昆山开发区

昆山经济技术开发区自 1985 年创办以来，始终贯彻项目以工业为主、资金以引进为主、产品以出口为主、致力于发展高新技术产业的开发指导思想，经过艰辛努力，走出了一条外贸带动的成功之路。昆山开发区发展对外贸易，主要抓了三个重点：

1. 办好出口加工区。2000 年 4 月 27 日，经国务院批准，昆山开发区在区内办了一个占地 2.86 平方公里的出口加工区，并于当年 10 月 8 日率先封关运作。出口加工区由海关实施封闭式监管，实行"一次申报、一次审单、一次查验"的管理模式，对区内企业不实行银行保证金台账制度，取消"登记手册"，并享有"免税、保税、退税"的优惠政策，最适合产品面向国际市场、以出口为主的加工型企业，特别对 IT 产业有很强的吸引力。至 2003 年，昆山出口加工区累计批准进区企业 60 家，总投资 13 亿美元，其中电子信息类企业 46 家，占 76%。2003 年该区进出口总量达到 58.71 亿美元，其中出口 32.57 亿美元，占开发区总出口量的 51.60%，在全国出口加工区中名列前茅。

2. 抓好重点出口大户。2003 年，开发区共有出口企业 15 家，其中出口额超过 100 万美元的企业有 70 家，共完成出口额 56.98 亿美元，占全部出口额的 90.3%。在这些企业中，出口额超过 5000 万美元的企业有 20 家，出口额达到 42.72 亿美元，占开发区全部出口额的 67.70%。工作中着重抓了这 20 家出口大户。一是搞好优质服务。牢固确立服务是第一投资环境的理念，努力实现亲商、安商、富商工程，对20家重点出口企业，经常进行跟踪调研，及时了解掌握情况，实行契约式服务，尽力帮助企业解决生产经营中的实际问题，推动企业扩大产能，增加出口。二是加快出口退税。开发区与国税部门紧密配合采取改进退税申报方式、简化退税申报程序、提高退税办事效率等措施，优先为出口重点企业办理退税，兑现政策。

    3. 创建私营外贸企业创业园。2000年，昆山开发区、昆山市政府和江苏省外经贸厅，在紧靠上海（安亭）汽车城的花桥镇，创办了一个融国际贸易、会展会销、仓储物流、商贸休闲于一体的江苏国际商务中心，并在园区内建立了一个私营外贸企业创业园。为鼓励民营企业发展对外贸易，开发区还向江苏省政府争取到了三年内对落户在私营外贸创业园企业的出口退税实行单列，在退税进度上予以适当倾斜的扶持政策。至今已有80多家私营外贸企业落户区内，50多家开始运作。2003年，创业园完成进出口总额7474万美元，其中出口5000多万美元，成为开发区外贸出口的一个新的增长点。

资料来源：摘自宣炳龙：《积极发展对外贸易努力推进出口带动》，载《苏南科技开发》，2004年第8期。

（五）科技创新效应

    围绕落实"三为主、二致力、一促进"的发展方针，国家级经济技术开发区大力发展高新技术产业，已经成为现代制造业集中、产业集聚效应突出、经济高速增长、带动力强的外向型工业区和高新技术产业发展的重要基地。

    1. 高新技术企业的数量

    2007年底，54个国家级开发区经认定的省级以上高新技术企业4093家，同比增加了771家。其中：东部32家国家级经济技术开发区期末实有高新技术企业数量3127家，同比增加了621家，高新技术企业数量排在前三位的依次是北京、沈阳和天津经济技术开发区。中部9家国家级经济技术开发区期末实有高新技术企业数量583家，同比增加了96家，高新技术企业数量排在前三位的依次是长春、郑州和哈尔滨经济技术开发区。西部13家国家级经济技术开发区期末实有高新技术企业数量383家，同比增加了54家，高新技术企业数量排在前三位的依次是重庆、西安和成都经济技术开发区。

2. 高新技术企业工业产值

2007年，国家级经济技术开发区高新技术企业实现工业总产值18898亿元，同比增长32.47%，高于国家级开发区工业总产值增幅2.19个百分点，占国家级开发区工业总产值的49.2%，比上年提高了2个百分点。其中：东部32家国家级经济技术开发区高新技术企业2007年实现工业产值15651亿元，同比增长30.75%，占东部工业总产值的49.33%，高新技术企业工业产值排在前三位的依次是天津、北京和南京经济技术开发区。中部9家国家级经济技术开发区高新技术企业2007年实现工业产值2414.06亿元，同比增长41.86%，占中部工业总产值的52.53%，高新技术企业工业产值排在前三位的依次是长春、哈尔滨和长沙经济技术开发区。西部13家国家级经济技术开发区高新技术企业2007年实现工业产值832.90亿元，同比增长33.82%，占西部工业总产值的39.47%，高新技术企业工业产值排在前三位的依次是重庆、呼和浩特和西安经济技术开发区。

3. 高新技术企业产品销售收入

2007年，国家级经济技术开发区实现高新技术企业产品销售收入10887.55亿元，占全区工业产品销售收入（23376.88亿元）的47.07%，同比增长24.48%。其中：东部32家国家级经济技术开发区高新技术企业2007年实现工业产品销售收入9208.97亿元，同比增长23.90%，占东部工业产品销售收入的47.36%，高新技术企业工业产品销售收入排在前三位的依次是天津、北京经济技术开发区和上海金桥出口加工区。中部9家国家级经济技术开发区高新技术企业2007年实现工业产品销售收入1250.66亿元，同比增长28.52%，占中部工业产品销售收入的47.27%，高新技术企业工业产品销售收入排在前三位的依次是长春、哈尔滨和长沙经济技术开发区。西部13家国家级经济技术开发区高新技术企业2007年实现工业产品销售收入427.92亿元，同比增长25.78%，占西部工业产品销售收入的41.06%，高新技术企业工业产品销售收入排在前三位的依次是重庆、呼和浩特和西安经济技术开发区。

4. 高新技术产品出口

2007年，国家级经济技术开发区实现高新技术产品出口1150.91亿美元，占出口总额（1780.84亿美元）的64.63%，同比增长14.14%。其中：东部32家国家级经济技术开发区2007年实现高新技术产品出口

1117.13亿美元，同比增长13.64%，占东部出口总额的68.87%，高新技术产品出口排在前三位的依次是昆山经济技术开发区、苏州工业园区和天津经济技术开发区。中部9家国家级经济技术开发区2007年实现高新技术产品出口29.57亿美元，同比增长35.23%，占中部出口总额的55.19%，高新技术产品出口排在前三位的依次是长沙、合肥和武汉经济技术开发区。西部13家国家级经济技术开发区2007年实现高新技术产品出口4.20亿美元，同比增长27.25%，占西部出口总额的13.38%，高新技术产品出口排在前三位的依次是呼和浩特、重庆和贵阳经济技术开发区。

5. 科技研发资金投入

（1）研究与发展经费（R&D）投入。2007年，国家级经济技术开发区研究与发展经费（R&D）投入总计151.74亿元，达到全区地区生产总值GDP（8195.20亿元）的1.85%。其中：东部32家国家级经济技术开发区研究与发展经费（R&D）投入总计123.74亿元，达到东部开发区地区生产总值GDP（6647.71亿元）的1.85%，R&D投入排在前三位的依次是苏州工业园区、天津和广州经济技术开发区。中部9家国家级经济技术开发区研究与发展经费（R&D）投入总计22.13亿元，达到中部开发区地区生产总值GDP（1053.38亿元）的2.1%，R&D投入排在前三位的依次是长春、武汉和长沙经济技术开发区。西部13家国家级经济技术开发区研究与发展经费（R&D）投入总计6.48亿元，达到西部开发区地区生产总值GDP（494.12亿元）的1.31%，R&D投入排在前三位的依次是重庆、呼和浩特和成都经济技术开发区。

（2）历年累计支持科技发展资金。2007年，国家级经济技术开发区共投入支持科技发展资金36.69亿元，同比增长34.97%，占国家级经济技术开发区可支配财力（633.33亿元）的比重为5.79%，截至2007年底历年累计支持科技发展资金达到141.62亿元。其中：东部32家国家级经济技术开发区2007年投入支持科技发展资金为28.78亿元，占可支配财力的6%。截至2007年底，历年累计支持科技发展资金达到101.32亿元，排在前三位的依次是天津、青岛和烟台经济技术开发区。中部9家国家级经济技术开发区2007年投入支持科技发展资金为2.71亿元，占可支配财力的3.5%。截至2007年底，历年累计支持科技发展资金达到28.68亿元，排在前三位的依次是武汉、芜湖和哈尔滨经济技术开发区。西部13家国家级经济技术开发区2007年投入支持科技发展资金为5.2亿元，占可支配财力的 6.68%。截至 2007 年底，历年累计支持科技发展资金达到 11.62 亿元，排在前三位的依次是重庆、成都和呼和浩特经济技术开发区。

（3）外资研发中心数量和创业投资服务中心（孵化器）面积。2007 年，国家级经济技术开发区外商投资企业设立研发中心达到 653 个（均指投资总额 200 万美元以上的研发中心），建成创业投资服务中心（孵化器）总面积达到 369.84 万平方米。平均每个国家级经济技术开发区拥有 11 个外资研发中心和 6.85 万平方米的创业投资服务中心（孵化器）。其中：东部 32 家国家级经济技术开发区拥有 541 个外商投资企业设立的研发中心，漕河泾新兴经济技术开发区、广州和天津经济技术开发区依次位居前三位；建成创业投资服务中心（孵化器）总面积为 236.82 万平方米，广州、天津和青岛经济技术开发区依次位居前三位。中部 9 家国家级经济技术开发区拥有 73 个外商投资企业设立的研发中心，长沙、武汉和合肥经济技术开发区依次位居前三位；建成创业投资服务中心（孵化器）总面积为 90.87 万平方米，郑州、哈尔滨和合肥经济技术开发区依次位居前三位。西部 13 家国家级经济技术开发区拥有 39 个外商投资企业设立的研发中心，重庆、西安和呼和浩特经济技术开发区依次位居前三位；建成创业投资服务中心（孵化器）总面积为 42.15 万平方米，重庆、昆明和呼和浩特经济技术开发区依次位居前三位。

案例 8-4　科技创新的典型
——烟台经济技术开发区

置身烟台经济技术开发区，就俨然置身于滚滚创新潮流之中：

山东首家跨国公司研发机构、首家软件出口企业设立在这里；

中国首个实施临床研究的中药治疗艾滋病药物、世界首例血管内皮抑制素抗癌新药诞生在这里；

91 家高新技术企业、421 家自主知识产权企业集聚在这里……

近几年来，烟台开发区以尖端项目为合作平台，鼓励引导企业不断扩大与高等院校和科研院所的合作开发与交流，借此提高企业的科技创新水平。通过与清华、北大、中科院等一大批科研院校密切合作，全区累计开发新产品、新技术 800 多项，占全区总数的 55%。与此同时，开发区还注重抓好研发机构的引进和建设，努力引进研发中心，并帮助有条件的企业建立自己的研发中心，自主开发新产品，改进生产工艺，提高产品技术含量。开发区规定：凡引进科研开发机构的，财政给予50万元的开办费或补助，对新建科研机构，土地使用费在现在工业项目基础上给予50%的优惠，支持企业走研发—中试—产业化的路子。目前，全区有200多家企业设立了研发中心，从事研发的技术人员达到13000人，独立研发机构达到50多家，正海、氨纶、华润等6家企业研发中心进入国家和省技术中心行列，构成自主创新的主导力量。

科技创新离不开资金支持。近年来，烟台开发区充分发挥政府投入的导向作用，用于支持企业自主创新的科技经费突破6亿元，有力地引导了企业加大技术研发投入。全区规模以上工业企业平均研发投入达到销售收入的3%，高新技术企业则达到5%。与此同时，为克服中小高新企业融资难问题，开发区组建了全市首家信用担保公司，目前资本金已达到1亿元，其中财政出资7000万元，累计为114家企业提供担保7.1亿元，相当于把财政出资放大了10倍，形成了企业融资的"绿色通道"，有力支持了企业科技创新。全区初步形成了轿车及零部件、电子信息、新材料和生物医药四大高新产业体系，累计科研攻关和新产品开发1478项，取得科技成果648项。

资料来源：摘自胶东在线网络。

总体来看，国家级经济技术开发区在高新企业数量、工业产值、销售收入、产品出口和科研资金投入五个方面均有显著进步，其中北京、天津、重庆等开发区在科技创新方面优势明显，成为各自区域科技创新的龙头，发挥了较强的带动作用。从区域来看，中部开发区在高新技术企业工业产值、产品销售收入、产品出口等方面的增幅均高于东部和西部地区，可以看出近年来中部开发区在科技创新方面发展迅速。

三、经济园区的社会效应评价[①]

经济园区的社会效应是反映园区发展状况的另一个重要方面，以下分别从就业带动、城市化发展、人才培养三个方面对国家级经济技术开发区

---

① 本部分中的数据均来自中国开发区网（www.cadz.org.cn）统计公报。

的社会效应进行评价。

（一）就业带动效应

经济开发区作为企业集聚地，客观上需要大量的劳动力资源，这就使开发区具有了良好的就业带动效应。国家级经济技术开发区不断优化投资环境，不仅吸引了大量投资，也吸引了各方面优秀的人才，形成了高新技术人才的聚集地。2007年，国家级经济技术开发区期末从业人员达到535万人，同比增加了12.77%。其中，大专以上就业人数146万人，占全区从业人员的27.34%；中级职称以上就业人数50万人，占全区从业人员的9.35%。其中：东部32家国家级经济技术开发区2007年期末从业人员达到409.39万人，同比增长13%，期末从业人员排在前三位的依次是苏州工业园区、天津和昆山经济技术开发区。中部9家国家级经济技术开发区2007年期末从业人员达到68.49万人，同比增长15.95%，期末从业人员排在前三位的依次是长春、南昌和武汉经济技术开发区。西部13家国家级经济技术开发区2007年期末从业人员达到57.15万人，同比增长8.09%，期末从业人员排在前三位的依次是贵阳、重庆和成都经济技术开发区。

案例8-5 就业带动典型
——连云港开发区

随着临港产业链的不断延伸，近年来，连云港经济技术开发区已经形成了以产业带动就业的良性互动。据调查统计显示，近3年来，该区的6个产业集群已经带动了3万人就业。其中，区内农村劳动力就地转移人数超过了7成，而就业的前景将随着一大批工业项目的集群化发展呈几何级数增长。

统筹城乡发展，加快农村劳动力、盐转工人员和社会新增人员的就业，给连云港开发区带来可喜成果。全区原有2万多农村劳动力中，从事二、三产业的人数已占到劳动力总人数的70%以上，特别是近3年来，该区劳动部门每年办理就业登记、实现稳定就业人数达到了3200人，加上企业自主招用、定向培训使用和深入院校订单式选用劳动力，总人数已经达到了10000人，不仅为促进全市充分就业作出了贡献，而且成为连云港市首个实现零就业家庭向双就业家庭转变的先进区。

随着产业集群的发展，连云港开发区充分延伸就业链，把劳动力培训和就业列入各部门和镇街考核的重要内容，实行"一助一"对口帮扶，管委会除投入就业再就业资金给予安置就业人员的企业经济补偿外，每年还拨出专项经费 100 万元，设立培训基金，鼓励和支持农村劳动力免费参加岗位就业培训，实行就业岗位与劳动力有效衔接，加快农村劳动力转移就业。

　　为使项目建设同就业有机地衔接起来，该区积极推行项目建设"三同时"制度，即项目建设可行性分析与就业需求预测同时进行，项目建设与岗位需求培训同时进行，项目建设运行与提供就业服务同时进行。笔者在开发区人力资源服务中心了解到，该区已建立了全覆盖的就业服务网络，对进区项目提供立体式、全方位服务。去年以来，劳动保障部门已组织 30 多家大中型企业举办各种招聘会 9 场，现场达成就业协议或签订就业合同 2000 多份。

　　该区除加快农转非人员、盐转工人员和社会新增人员的就业外，还面向市内外招聘高层次人才和紧缺工，就业市场呈现出供需两旺的势头。近 3 年来，开发区引进的项目呈高端化、规模化和品牌化发展，引进人才的层次和规模也有了明显提高，全区 50 家重点企业引进的 2000 多名大中专生，思想素质较高，专业对口，成了产业高地的急需人才和岗位精英。专家分析，开发区业已形成从博士、硕士、本专科生到普通技工的一条完整的人才链，对于推进自主创新，加快产业升级，无疑将起到巨大的推动作用。

　　资料来源：摘自《江南时报》，2008 年 5 月 8 日。

（二）城市化发展效应

　　经济园区建设的过程本身就是城市化的过程。首先，经济园区地域上的农村人口失去农业用地，从户籍上转化为城镇人口，而随着园区经济的发展也使这部分人口的生活方式迅速向城市生活方式转变。其次，园区的基础设施建设遵循的是高起点的城市建设标准，划入园区的土地在硬质空间上已不可逆地转变为城市化地区。第三，也是最重要的，园区经济结构以二、三产业为主，传统的第一产业几乎没有，具有标准的城市经济的特征，而由于园区是产业聚集区，它必然会引起外部人口的聚集，使城市化在人口规模上迅速扩大。因此，经济园区的建设无论从量上还是质上都是不可逆的城市化过程。

1. 城市化的跳跃性和快速性

中国的经济园区一般是在城市外围划定一定面积的区域，并从户籍上将其上的农村人口转化为城市人口，这就使园区驱动的城市化在城区扩张和人口规模上往往表现出跳跃性的特征，这一特征在开发初期及扩展期表现尤为明显。以苏州新区为例，1994年枫桥镇的并入使新区的面积从16平方公里调整到52.06平方公里，人口从2.14万人猛增到7.39万人。又如成都市拥有11个不同类型、不同级别的开发区，其用地规模大多在5平方公里以上，最大的达21.6平方公里，每一个开发区的设立都使该市的面积呈现一次跳跃性增长，而开发区的规划总面积共达105.7平方公里，比成都市目前的建成区面积92平方公里还要大。

经济园区优越的发展条件和高速度的经济发展也决定了城市化的高速度特征。首先，经济园区一般设在省会城市、地区经济中心城市或交通枢纽地带，所在地区经济发达，工业基础雄厚，工业生产门类齐全，交通便利，区位优势明显，发展潜力大。其次，经济园区以兴办高新技术企业和出口创汇企业为主，并且具有良好的科技创业和科技生产环境，一些园区建立了科技创业"孵化器"、"科技创业中心"，设立了科技风险基金等，以扶持高新技术项目的开发和研究。根据增长极理论，这些具有创新能力的行业及其空间聚集使园区成为强大的增长极，经济增长率先发生在增长极上，然后通过各种方式向外扩散，对整个经济发展产生影响。最后，优越的投资政策和良好的法律环境也使园区对各经济要素产生了巨大的吸引力。根据城市增长的循环累积因果原理，工业城市发展到资源接近充分利用时，其增长就决定于它聚集资金、劳动力等生产要素的能力。因此，经济园区得天独厚的条件决定了其经济增长和城市化的高速度。

2. 城市化的外驱性和不稳定性

经济园区的启动并非区域内部自发动力作用的结果，而是在相关政策引导下，主要依托外部资金等要素投入而驱动。其发展的过程也强烈依赖于外来资金、技术、人才等要素的集聚，而这些经济要素的主导权往往不在园区的内部，它们的流动也受许多外界因素的干扰。因此，伴随园区发展的城市化过程也带有鲜明的外驱性特征。这种外驱性同时也带来了城市化过程的不稳定性。例如，部分园区由于不注意培养产业的内部增长点，发挥区域内部动力和社会资源，在短暂的辉煌之后迅速衰落，快速集聚起来的城市经济要素以更快的速度流失，城区从空间上虽仍保留城市的形式，但从人口规模、产业构成等方面却产生了倒退现象。

案例 8-6　城市化发展典型
——天津滨海新区

　　作为滨海新区的重要组成部分，目前，津南区葛沽镇正在加紧推进滨海新区综合配套改革示范镇、天津市中心镇试点镇建设，将尽快改善群众居住条件，增强经济实力，增加就业机会，加快城镇工业化、城市化进程。

　　目前，葛沽镇各项事业正蓬勃发展，极大地改善了民计民生。据统计，2007年上半年葛沽镇已有717人次按规定报销住院医药费161.1万元，同比分别增长55.2%和59.5%。卫生院门诊报销8589人次，报销金额达16.5万元，新型农村合作医疗真正施惠农民。投资近150万元奖励优秀教师队伍，改善教育水平；投资670万元用于专项环境清整。此外，葛沽镇卫生院即将竣工，预计10月份可投入使用，改善群众就医环境。全镇路灯改造也已全部竣工，实现全镇亮化。

　　"要确保示范镇建设上水平，不但要建好，关键还是要管理好。"该镇负责人在接受记者采访时表示，提升城镇管理水平更为重要。比如葛沽已建起葛龙湾公园、西三角绿地广场等，如何有效管理维护公建设施则是需要解决的问题。对此，葛沽镇将组建专业的物业管理队伍，按照市场化运作模式管理。下一步还将对陆续建成的还迁社区实施物业管理，并免收还迁户5年物业管理费。

　　2007年8月6日，天津市委市政府发布《关于推进城乡一体化发展战略　加快社会主义新农村建设的实施意见》。《意见》提出，滨海新区2008年力争基本实现城市化。根据《天津市2005~2020年总体规划》内容，天津确定了30个重点发展中心城镇，滨海新区中有汉沽区的茶淀、杨家泊，大港区的太平镇、小王庄，津南区的葛沽5个镇入选。此外，还确定大港、汉沽、咸水沽、杨柳青、杨村、芦台、宝坻、蓟县、静海和京津、团泊11个新城，滨海新区中大港、汉沽入选。

　　葛沽的发展建设是滨海新区加快推进城乡一体化发展战略、加快社会主义新农村建设的一个缩影。通过葛沽镇的建设，将推动整个滨海新区村、镇、乡的建设，使滨海新区的城市化进程不断加快，实现工业向园区集中、居民向城市集中。

　　资料来源：摘自人民网天津视窗，2007年4月2日。

（三）人才培养效应

开发区是现代产业的集聚区，开发区的发展需要一支具有持续创新能力的科技、研发、经营、管理与服务人才队伍，开发区在积极从外部引进人才的同时，还非常注重对人才的培养，因此在开发区的快速发展过程中，还造就了一大批专业技术人才。国家级经济技术开发区非常注重教育和培训的投资，兴办职业技术学校培养专业人才。2007年，国家级经济技术开发区教育经费支出42.40亿元，同比增长23.37%，占可支配财力（633.33亿元）的6.69%。其中：东部32家国家级经济技术开发区2007年教育经费支出达到31.29亿元，占当年可支配财力（479.00亿元）的6.53%，同比增长18.51%，教育经费支出排在前三位的依次是青岛、天津经济技术开发区和苏州工业园区。中部9家国家级经济技术开发区2007年教育经费支出达到6.74亿元，占当年可支配财力（76.50亿元）的8.80%，同比增长57.30%，教育经费支出排在前三位的依次是合肥、武汉和芜湖经济技术开发区。西部13家国家级经济技术开发区2007年教育经费支出达到4.36亿元，占当年可支配财力（77.83亿元）的6.53%，同比增长5.6%，教育经费支出排在前三位的依次是重庆、成都和贵阳经济技术开发区。

案例8-7　构筑人才"强磁场"
——威海高新区

近年来，威海火炬高技术产业开发区立足于"发展高科技、实现产业化"，大力实施人才战略，通过创建载体、搭建平台等多种形式，全方位、多层次聚集吸纳高层次人才。全区聚集各类专业技术人才19249人，占全区人口的12.57%；其中具有硕士以上学历的硕士生、博士生1207人，具有高级专业技术职务的1542人。技能工人16468人，占全区从业人员的23%。全区具有大专以上学历的13636人，占全区总人口的7.4%。

一、创建聚才载体，打造人才"磁场效应"

早在1999年，高区与中国留日同学总会共同创建了"威海海外学人高科技创新园"，在国内外具有强大的影响力。此外，高区还成立了高新技术创业服务中心，通过完善配套设施，强化服务，不断加速科技成果产业化进程，使中心发展成为高校、科研机构研究开发的外延基地、科技成果的转化孵化基地、技术信息的反馈基地。目前，创业中心已成为吸引电子信息、机电一体化产品、生物医药技术、新材料等高科技领域人才的重要载体，汇集了本科以上专业技术人才4000多名。

二、搭建研发平台，提高人才"聚集效应"

近年来，高区充分利用国家有关政策，积极引导和帮助企业建立博士后科研工作站，吸引大批博士、硕士和海外留学人员等高层次创新人才来区从事课题研究和项目合作。目前，全区共创建2家博士后工作站，3家博士后企业工作分站，已有200多名来自全国的科研人员在这里参与开发区课题研究开发。同时，高区充分利用辖区4所大学和40多家科研院所的人才、技术和智力资源优势，在进行科研开发的同时，大力培养企业的自有人才。

三、开辟引才捷径，加速人才"裂变效应"

近年来，高区不断创新招才引智理念。在人才引进机制上，高区以解决高新技术领域、骨干企业关键技术难题为重点，采取课题招标、项目对接、成果转让、联建实验室等方式，通过市场化运作模式"借脑"引智。几年来，高区先后申报国外智力项目50多个，引进各类专家70多人，培训专业技术人才和经营管理人才2000多人次，解决技术难题近200个。先后有两名外国专家获省齐鲁友谊奖，3名外国专家获市威海友谊奖。

四、畅通"绿色通道"，营造人才"环境效应"

高区以项目为载体，全面落实人才引进政策，通过优惠的政策、完善的服务和良好的激励机制，不断打造良好的人才环境，以此来吸引和留住人才。政策扶持上，在积极贯彻落实国家、省市鼓励创新创业和高新技术产业发展的各项法规和政策的同时，高区研究出台了一系列配套扶持政策，每年用于支持创业服务中心发展和企业创新的资金都近千万元。激励机制上，高区积极探索新的激励机制，让一流人才创出一流业绩、获得一流荣誉，经济上高收入、政治上有地位。

资料来源：摘自威海新闻网，2008年9月19日。

第九章 经济园区发展的服务支持体系

> 硅谷之所以有如此的竞争力,最为重要的一点就是它营造了一个打破高技术公司之间以及高技术公司与金融、教育、法律服务公司等各类中介服务机构之间界限的社群网络。
>
> ——[美] 安纳利·萨克森宁

工欲善其事,必先利其器。经济园区的服务支持体系是经济园区发展的基石,园区的快速发展离不开高效成熟的服务支持体系。经济园区服务体系主要包括社会中介服务体系、物流服务体系、人力资源服务体系、信息服务体系等组成部分,每个服务体系有各自的特点和职能,共同构成经济园区发展的重要推动力。建立完善园区服务支持体系,为企业提供高质量、低成本的专业化服务是园区管理部门应有的责任。

一、经济园区的社会中介服务体系

社会中介服务体系是指那些介乎于政府与社会、企业与企业之间,以其专业知识和专业能力依法为社会提供服务的社团机构或企业组织的总和。社会中介服务体系是经济园区发展的重要支撑,它自始至终贯穿于经济园区发展之中,把经济园区发展的各个环节紧密地联系在一起,是经济园区发展的重要外部推动力。经济园区中的中介服务体系主要包括财务经营服务体系、融资服务体系、信用评级体系、法律服务体系。

（一）园区财务经营服务体系

财务经营服务体系是指为园区内企业提供会计、审计、资产评估、土地评估的机构，这些机构主要是以注册会计师、资产评估师为主体的各种会计师事务所、咨询机构等。随着园区经济的不断发展，入住企业数量的不断增加，对会计、审计等相关会计服务的需求量越来越大，因此，识别并吸引高质、高效的会计服务进园就显得尤为重要。

1. 目前我国经济园区会计服务行业发展现状及存在问题

（1）会计服务业的规模小。在我国，拥有上百名注册会计师的事务所为数寥寥。2005年，全行业的业务收入达到了183亿元人民币，但年收入超过2000万元的，只有一百多家，拥有注册会计师超过一百名的，也只有五十多家。园区或园区企业要聘请适合园区发展规模的会计师事务所缺少足够的选择对象，尤其是缺少具有高水平和国际服务经验的会计师事务所。（2）业务单一，获利水平低，很难满足经济园区的发展需要。目前会计服务业主要包括审计、咨询和代理记账业务，很多新型会计服务都没有开展。作为中国改革开放的试验田、最先与国际接轨的经济园区，对于会计服务的要求和业务范围也是多种多样的，尤其是对于内部控制、管理咨询、业务流程、经营战略调整等非主营业务的需求量比较大。（3）人员素质低，专业化程度不足。目前，中国的会计服务业从业人员数量不少但整体素质不高，特别是知识面窄，职业判断能力差，难以适应市场经济对会计服务的要求。据财政部统计，在全国120万会计人员中，具备大学学历的占2.32%，研究生以上学历的只占0.07%。这样的人员素质容易带来不确定性和风险性，难以保证高质量的园区会计服务。（4）园区经济发展中对会计服务重要性认识不足。从目前调查来看，园区对于会计服务业的职能定位认识还不到位，即使对会计行业有所了解，也将会计服务的核心落脚于会计核算工作，而忽略了会计服务业的决策支持和外部服务等功能，对于会计功能主要依靠外部机构来完成的策略更是知之甚少。

2. 加快园区会计服务行业发展的政策建议

（1）制定与完善法规，规范园区会计服务。目前中国会计服务中急需的审计具体准则、实务公告和执业规范指南还不是十分完善，没有统一的从业标准，整个会计服务市场比较混乱。因此，当务之急就是要加快制定、完善相关法律法规的步伐，避免因为规则"真空"而带来的潜在市场损失。(2) 加大跨级专业服务机构的发展力度。随着园区的数量不断增加，对会计服务的需求量越来越大，单纯靠国外优秀的会计师事务所已经远远不能满足园区经济发展的需要。随着中国市场机制的不断完善，政府将逐渐减少直至取消对会计服务的行政干预，市场集中度将逐步提高，应建立中国本土的规模化经营的会计服务机构或会计公司。[①] (3) 服务品种多样化。会计服务业必须基于国民经济价值转移的价值链来开拓新业务，实施产品多元化战略。随着经济形式的不断发展，入驻园区的企业在求生存、求发展的过程中，产生了一系列新的会计服务需求。加强企业的内部财务管理和优化企业的投资决策，是增强企业竞争能力的重要手段，由此产生了管理咨询、投资服务等会计服务的需求；市场经济，优胜劣汰，企业兼并、破产产生了合并审计、破产服务等会计服务需求。这就要求会计服务机构要有开拓未来市场的远见，能根据市场需求变化及时调整业务结构，积极拓宽服务领域形成自己的经营特色。

(二) 园区融资服务体系

经济园区自成立以来，有力地推动了科技产业化进程和区域经济的发展。为完成"招商引资"的任务，政府和园区管委会必须通过各种渠道筹集资金，以便为投资者提供良好的基础设施；而众多的园区企业也需要大量的资金支持为经营前提。园区在发展初期所普遍采用的靠财政资金和政策性贷款的方式，如今已显得单一。紧随投资体制改革的步伐，拓展融资渠道、丰富融资手段才是进一步发展园区经济的关键。根据市场主体的不同，理论上可将融资分为企业融资和项目融资两大类。两者之间既有差别，又有联系。企业融资筹集的资金主要被用于项目的建设；项目融资、建设和运营获取的收益，则会成为企业扩大经营规模的资金积累。下面分别介绍两种主要的融资方式。

1. 企业融资方式中适用于园区的有以下几种：

(1) 内源融资，即企业的内部资金积累。具体而言，园区在项目的经营中获取利润，不断积累资金，开发新的项目，扩大生产和经营的规模。(2) 租赁融资。企业可购买设备，再将其出租给其他企业获取租金。

---

① 马秋玲、张荣刚：《论中国会计服务业现状与发展》，载《西安建筑科技大学学报》，2007 年第 6 期。

这种可作为园区长期经营的方式,在管委会资金很充裕的情况下可以采用。(3)抵押(或质押)贷款。以固定资产抵押,或以土地所有权质押获取银行贷款。(4)政府担保贷款。作为政府的重点扶持对象,可争取由政府担保申请贷款。(5)商业信用贷款。通过与有实力的大企业建立良好关系,以其信誉为担保,争取向银行贷款。(6)放大基金效应贷款。可与商业银行建立合作关系,将一定数量的发展基金存入银行,取得贷款指标,成倍放大基金效应。该发展基金作为向银行贷款的保证金,不断积累,不得挪用,为企业提供担保或贴息的资金来源。(7)股权融资。园区实行公司化运作,可通过增股来吸纳资金,甚至可以寻求上市。(8)发行债券。债券是指依照法定程序发行、约定在一定期限内还本付息的有价证券。企业可发行企业债券,政府则可发行政府债券,包括国债和地方政府债券。[①]

2. 项目融资方式中适用于园区发展的主要有以下几种:

(1)特许经营,如 BOT 方式。对于部分大型的营利性基础设施项目,如电厂、高速公路、污水处理厂等,可由政府与私人投资者签订特许协议,由私人投资者组建项目公司,实施项目建设,并在运营一定期限之后再移交政府的方式,称为 BOT(build-operate-transfer)模式。这种方式的优点在于能节约财政资金,减轻政府负担,并分散政府风险。其实施必须具备两个条件:一是项目必须是营利性的;二是政府必须提供足够的支持,包括服务、担保等。(2)公私合营,如 PPP 模式。由政府与私人企业共同投资建设,或私人投资,政府提供配套条件的建设模式,称为 PPP 模式(public-private-partnering)。这类方式也能有效地减轻政府部门的资金压力。(3)施工承包商垫资,并交付履约保证金。目前,垫资承包已逐步获得国内建筑业的认可,成为一种有效的融资手段。由承包商预先垫付资金,并交付履约保证金,也是一种减轻园区管委会资金压力的方法。但必须挑选真正具备垫付资金实力的施工单位,否则会导致拖欠工程款等社会问题。同时,园区管委会也应恪守信用,在项目完成之后如期付款。[②] (4)使用者预付费。对于一些服务型设施的建设,如供水、供暖等,如有可能,可向用户预收一部分费用作为建设资金。

3. 做好经济园区融资的建议

园区经济的发展离不开资金的支持,完善园区的融资服务体系,做好

---

① 张伟、朱宏亮:《经济技术开发区的融资模式》,载《程式问题》,2007 年第 2 期。
② 戴国强:《融资方式与融资政策比较》,中国财政出版社 2002 年版。

融资工作对园区发展意义重大。

(1) 利用好两块牌子。以政府机构的名义,园区能获取政府拨款或特殊资助,能有偿出让广告权等无形资源,甚至能获取政府债券或政府担保的贷款。以公司的名义,园区则可以实施一些营利性的项目,如出租厂房、设备以获取稳定的现金流入,可以通过抵押、质押、企业信誉担保、政府担保、基金放大等多种方式获取银行贷款,可以进行股权融资和债券融资,甚至可以包装上市。各园区应结合实际情况,采取有效、可行的融资策略,如中关村科技园以争取政策性贷款为主,苏州高新技术园区则以发行债券、股票上市等作为主要的融资手段。

(2) 规范公司制运作。目前,园区的运作还是以政府运作模式为主,企业融资、项目融资的各种方式在园区融资中得到的应用还很有限。随着园区运作更加规范,应由政府运作为主逐步转变为以市场运作为主。管委会的行政管理职能与投资公司的运营职能应逐步分开。与此对应的是,园区的融资也将由政府拨款为主的形式,转为市场融资为主(如贷款、发行债券、股票上市)。园区应减轻对政策性资金的依赖性,通过有效利用各种市场融资手段筹集建设资金,并通过合理经营获取收益来偿还。[①]

(3) 明确各类项目的性质。在园区内基础设施及其他配套设施的建设过程中,有各类大大小小的项目,如修路、平整土地、供水、供电等。各类项目都不相同,其中最大的不同就是项目的盈利能力不同。如在园区内修建道路是没有任何收益的,私人不可能来修建。而供水、供电系统,在建成后要向区内用户收取水费、电费,是可以盈利的,可以委托给私人企业来实施。

(4) 以企业融资为主。企业融资的途径主要有贷款、发行债券、股权融资三类。其中,在有效利用贷款方式的同时,还应尽可能尝试发行债券、股权融资的方式,注重吸收社会上的闲散资金。

(5) 做好园区的风险投资建设。风险投资(venture capital),在我国是一个约定俗成的具有特定内涵的概念,其实把它翻译成创业投资更为妥当。广义的风险投资泛指一切具有高风险、高潜在收益的投资;狭义的风险投资是指以高新技术为基础,生产与经营技术密集型产品的投资。根据美国全美风险投资协会的定义,风险投资是由职业金融家投入到新兴的、迅速发展的、具有巨大竞争潜力的企业中的一种权益资本。从投资行为的

---

① 商务部网站, http://www.mofcom.gov.cn。

角度来讲，风险投资是把资本投向蕴藏着失败风险的高新技术及其产品的研究开发领域，旨在促使高新技术成果尽快商品化、产业化，以取得高资本收益的一种投资过程。从运作方式来看，是指由专业化人才管理下的投资中介向特别具有潜能的高新技术企业投入风险资本的过程，也是协调风险投资家、技术专家、投资者的关系，利益共享，风险共担的一种投资方式。[1] 发达国家的经验表明，没有风险投资就没有高新技术产业发展，风险投资是经济园区发展的一条重要途径。风险投资活动由专职的风险投资家运作，他们精通专业技术知识和金融贸易知识，具有娴熟的管理技能，是高科技产业发展的"引路人"。

山东省临沂经济开发区优化安商服务体系

近年来，临沂经济开发区围绕解决企业"融资难"、"贷款难"、"担保难"问题，加快了园区融资服务体系建设，吸引了华夏银行、民生银行等8家金融机构入驻开发区。近期，面对国际金融危机的严峻形势，为保护和帮助园区中小企业安全"过冬"，园区设立了中小企业互助担保协会，利用企业互助共同体，"抱团取暖"，着力破解中小企业资金瓶颈。

资料来源：根据山东省外经贸厅资料整理。

(三) 园区信用评级服务体系

信用评级（Credit Rating，也有人称之为资信评级、信用评估、信用等级）就是独立中立的专业评级机构或部门，受评级对象的委托，根据"公正、客观、科学"的原则，以评级事项的法律、法规、制度和有关标准化的规定为依据，采用规范化的程序和科学化的方法，对评级对象履行相应经济承诺的能力及其可信任程度进行调查、审核和测定，经过同评级事项有关的参数值进行横向比较和综合评价，并以简单、直观的符号（如AAA、AA、BBB等）表示其评价结果，公布给社会大众的一种评价行为。随着我国加入世贸组织，诚信这一原则越来越深入人心，园区企业和园区本身已经越来越重视通过诚信经营来发展。因此，公正客观的信用评级服务对于

---

[1] 张克俊：《我国高新科技园区建设的比较研究》，西南财经大学出版社2005年版。

园区发展有着重要的促进和监督作用。① 作为园区管理部门要积极推进企业参与信用评级，加快园区形象的塑造和企业市场影响力提升。

1. 园区信用评级发展存在的问题

我国的信用评级行业起步较晚，而且从政府和园区企业来看对于信用建设重视不够，"信用园区，信用企业，诚信经营"的观念没有深入人心。没有需求，就没有相应的供给，因此专门从事信用评级的企业更是少之又少。随着中国加入世贸组织以及发达国家企业入驻园区，"信用"已经成为衡量园区建设的一个重要标准，园区越来越重视信用建设，相应的信用评级行业也逐步发展起来。但由于该行业刚建立不久，总体水平不高，在实际的评级过程中存在着不少问题，具体来说：

（1）园区信用评级意识不强，法制不够健全。第一，园区对信用评级的认识有待深入。园区对信用评级的重要性认识还不够，政府有关部门对评级结果利用程度不够，一些需要进行信用评级的机构、企业和个人对信用评级工作缺乏认识，不够重视，不愿参加信用评级，一些需要了解交易对方资信状况的机构、企业和个人还不懂得如何使用信用评级的有关信息或不把信用级别作为决策的主要依据。这些都使得信用评级的市场需求较弱。第二，信用评级的相关立法工作明显滞后，未能形成有效的监管体系。我国信用评级起步较晚，立法滞后，既没有成立行业协会，进行统一管理，又没有制定相应法规，规范业务活动。我国信用评级的对象或潜在对象分别由不同的监管部门监管，这就使得虽然存在众多的监管机构，但却缺乏一个对评级机构统一监管的部门，使信用评级的指标不统一，评估方法各异，导致园区企业在经过信用评级后得不到相应的认可，打击了园区企业信用建设的积极性。②

（2）园区信用评级机构的业务范围狭窄。第一，园区信用评级机构数量多、规模小、实力弱、业务范围狭窄。目前，我国的信用评级机构大约有几十家，大部分为地方性公司，获得中国人民银行债券评级资格的有9家，但规模普遍偏小，无法满足园区企业信用评级的需要。第二，信用评级机构的专业性不强。信用评级活动，是一项专业性、技术性很强的工作，它对人才素质的要求很高，而目前我国评级人员的知识结构不甚完备，不能适应评级业务的发展要求，水平不一的人员充斥市场，严重影响了园区信用评级机构评级的专业性。第三，信用评级机构的评级结果可信

---

① 林汉川、夏敏仁：《企业信用评级理论与实务》，对外经贸大学出版社2003年版。
② 金思嵘：《中国信用评级行业发展中存在的问题》，载《中国经贸》，2008年第2期。

度不高，利用率低，社会影响力小。我国的信用评级机构的评级程序缺乏科学性、严密性，难以做到公平公正客观地评价企业信用级别，造成评级信息可信度的降低及评级机构威信的下降。

（3）园区信用评级机构内部的管理制度不健全。第一，内部管理制度还不够健全。园区信用评级机构的内部管理制度不健全，公司章程也不规范，没有科学高效的管理和监督机构，管理制度和操作规程也不是很科学严密，内部管理没有得力的组织和制度保障。第二，园区信用评级机构内部评级标准不统一。目前我国的信用评级缺少统一的行业规范，没有一套统一规范的评级方法、标准和指标体系，造成评级结果差距很大，不具有可比性，因此也就不具有权威性，无法发挥降低园区企业筹资成本和增加企业无形资产的关键功能，这也是园区企业缺乏进行信用评级积极性的重要原因之一。第三，园区信用评级机构的机密性有待加强。信用评级的机密性是指对客户提供的有关评级资料应严守秘密。信用评级机构对于涉及被评级对象的专有技术、产权、重要的财务数据等内容，在调查报告书中都要慎重处理，使之不会对被评级对象造成不良影响[①]。

2. 促进园区信用评级发展的对策

为促进信用评级服务更好更快发展，为市场经济秩序提供保障，提出以下几点建议：

（1）加快发展信用评级机构的社会和制度环境建设。第一，努力增强园区各方面的信用评级意识。政府要在充分认识信用评级行业作用的基础上，对信用评级行业的发展给予足够的重视，进一步明确其发展方向与发展模式。今后国家对信用评级应有一定的强制性和约束性，把信用评级结果与园区企业获得信贷资金、经营信誉、经营业绩结合起来，成为考核、监管的一项指标，提高企业进行信用评级的积极性。第二，加快建立和完善相关法律法规，为评级机构的健康发展创造良好的法制环境。必须加强建立和完善相关法律法规，在推出新管理办法的同时，对一些过时的、不适应市场经济和信用评级行业发展的法规要及时予以废止或修订。第三，建立资信评级行业协会，加强行业自律。为了加强对信用评级工作的指导、监督和管理，应建立自律性的信用评级行业协会。其任务主要包括：组织各家评级机构交流工作经验，不断提高评级质量；协助各家评级机构规范评级方法和指示体系；协助政府有关部门搞好评级机构的资料审查和日常

[①] 唐明琴：《我国信用评级业的现状及发展趋势研究》，载《黑龙江金融》，2007年第9期。

业务管理；督促检察和加强各评级机构自律管理，建立起自我约束机制。

（2）加强园区信用评级机构的自身建设。第一，应重视培育专业性的信用评级机构。提高其信用评级水平和社会影响力，逐渐形成一两家全国性、权威性的信用评级机构。第二，加强园区评级机构内部管理制度的建设。信用评级机构应在遵守法律法规的前提下，结合实际情况，建立健全内部管理制度，制订规范的公司章程，设置科学高效的管理和监督机构，订立科学严密的管理制度和操作规程，使内部控制工作具有得力的组织和制度保障。第三，做好保密措施。信用评级机构和人员对于因工作需要而获得的被评对象未公开的财务资料、发展规划、投资组合及其他双方事先约定的保密事项，应当严格保守秘密，未经被评对象书面许可不得私自提供或泄露给第三方。[①]第四，注重培养专业性人才。信用评级人员必须具有良好的职业素质和道德素质。职业素质要求评级人员掌握管理、会计、财务、审计、金融等方面的知识，具有多元化的知识结构和较强的专业分析能力；道德素质要求评级人员具有公正、独立的立场和为客户保守秘密的品质。

硅谷经验

美国硅谷是全球科技园中最早的、也是最有成效的园区，它的成功带动了世界各地的科技园区建设。但所取得的成效参差不齐，原因是多方面的。其中，中介服务体系所发挥作用的差距是很重要的一个因素。那种认为科技园就是模仿硅谷，建设一个园区，把大学、科研机构和风险资金等创新要素集中在一起就能成功的观点，实践证明是难以成立的，它还需要功能强大的中介服务体系。一个园区所能提供的综合服务的能力和品质、资源获得的难易程度和层次，以及所能营造的文化氛围的内涵与品位，决定了一个园区的吸引力，进而也决定了一个园区的核心竞争力和可持续发展能力，而中介服务体系是其核心所在。对于目前在我国普遍使用的科技中介概念，在美国难以找到对应的词，不过他们的支撑机构和我国的大部分相同，主要有专业服务机构、金融支持服务机构和科研支持机构。硅谷所谓的"中介机构"，一般指那些为高技术创新企业提供特殊服务的专业化机构，主要包括以下六类机构：会计、税务机构、法律服务机构、咨询服务机构、猎头公司、保安公司。

资料来源：曹绪亮：《美国硅谷中介服务体系的借鉴意义》，http://www.zjsme.gov.cn/newzjsme/list.asp?id=5424。

---

① 肖瑞婷：《国外信用评级认可制度的经验及启示》，载《西部金融》，2008年第2期。

(四) 园区法律服务体系

法律服务有广义和狭义之分。广义的法律服务是指具有法律知识的人接受委托为他人提供法律帮助的活动。狭义的法律服务是指司法行政机关主管的法律服务机构及其工作者，接受当事人委托，以法律知识和诉讼技能向委托人提供法律帮助，维护委托人的合法权益，保障和促进国家法制顺利实现的活动。经济园区的法律服务体系所指的法律服务，均指狭义的法律服务，也就是通过律师事务所、司法鉴定为主体机构提供的律师服务、公证服务、鉴定服务等法律服务。经济园区是一个专业人才聚集、外来务工者和流动人口多于常住人口、建设者人员结构复杂的经济发达区域，区域存在着群众维权诉求明显，法律援助机构提供的专业、无偿法律服务需求量大的特点。经济园区要实现良性运行，除了依靠立法、执法、守法、司法等环节的支撑外，及时有效的法律服务是不可或缺的，法律服务工作者通过执业活动参与整个法律制度的运作，不仅促进法律的正确实施，而且还从总体上提高法治运行的效率和效果，降低经济社会运行的成本。

1. 园区法律服务体系存在的问题

(1) 法律服务主体多元化，能提供高质量法律服务的机构数量少。目前，园区法律服务机构名目众多，服务主体多元化，主要有七类：在律师事务所执业的律师和律师助理；公证人员；基层法律服务所的法律工作者；各种社会法律咨询机构人员；专利、商标、税务等代理机构；各地离退休法官协会的"公、检、法"的离退休人员；从事诉讼代理的公民。另外还有司法行政机关的现职工作人员。其中不乏大量的"黑律师"、"土律师"，也就是根本没有法律服务资格，却以律师名义从事法律服务的人。这些非正规的律师们在职业道德与执业纪律上没有统一的标准，也缺乏统一的监督机构，由于缺乏基本的法律素养和职业道德意识，为了私利，他们在代理业务中往往依赖请客送礼，腐蚀司法工作人员，以期达到非法目的，而不像大多数律师通过认真收集证据、钻研法律来维护当事人的合法权益。他们的非法执业严重扰乱了法律服务市场秩序，妨碍了法律的正确实施，影响到园区法律服务的整体质量。

(2) 园区法律服务市场的行业分割严重。律师的服务领域是面向全社会的，因此，对律师执业不应有领域的限制和禁区的限制。而目前我国园区法律服务市场却被不同行业、部门所垄断,造成条块分割、行业分割,其主要体现在两个方面:一是不合理的职业准入制度。园区许多行业、部门为保护本行业法律服务市场的垄断地位,擅自设立进入该领域的资格考试,使得考试名目繁多。许多律师为了打入某一领域,为应付那些级别、水平、难度均低于司法考试的各种考试疲于奔命。即便是通过了考试,受部门保护的限制,很多律师也很难将业务顺利拓展进入相关的行业、领域。二是对与本行业没有渊源关系的律师从事本行业的业务,人为设置种种障碍,律师的执业范围因此而受到挤压。

(3)园区法律服务缺乏相应的规章制度和从业准则。由于没有统一的制度规范和从业准则,园区法律服务十分混乱,甚至出现同样的案例在不同园区有不同的处理方法和处理结果,园区法律服务缺乏说服力。

2. 加强园区法律服务建设,促进园区更好、更快发展的政策建议:

(1)加强园区法律队伍建设。加强园区法律队伍建设是做好园区法律服务工作的重要保障,必须常抓不懈。要认真做好四个方面的工作:一是继续在园区法律服务队伍中开展社会主义法治理念教育活动。二是加强园区法律服务队伍党建工作。重点是加强法律服务行业党组织和党员队伍建设,积极探索符合法律服务行业特点的党建工作机制,发挥好党员律师、公证员、基层法律服务工作者的先锋模范作用。三是积极开展律师文化建设。加强律师文化建设是律师队伍建设的继续和深化,是调动广大律师自觉加强自身建设的重要方法,是加强律师工作建设的基本载体,也是建立中国特色社会主义律师制度的重要组成部分。四是加强公证公信力建设。[1]

(2)加强园区基层法律服务建设。要继续下大力气推进律师事务所、公证处和基层法律服务所的建设,以强化其在园区法律服务管理工作中基础环节的重要作用,进一步明确加强建设的目标、重点和方法,努力取得新的进展。

(3)加强园区法律工作监管。要重点做好三个方面的工作:一是推动园区律师诚信档案建设。要从面上推动具备条件的园区加快建立律师诚信档案,加强律师队伍自身的诚信建设。二是推进园区公证信息平台建设。实现园区全面联网,运用现代化信息手段对公证业务进行全程监督,促进公证工作的规范化。三是规范园区法律服务执业活动。继续加大监督

---

[1] 郭俊峰:《法律服务管理工作探索》,河南人民出版社2006年版。

检查的力度，探索建立监督检查的长效机制，确保法律服务工作者严格依法执业，不断提高服务质量。

（4）开展园区行业互助。通过开展园区行业互助，由发达地区的园区对欠发达地区的园区进行扶持和帮助，有利于凝聚行业力量，振奋行业精神，促进法律服务行业的全面协调可持续发展。

（5）完善园区法律制度规范。根据目前工作的实际，要进一步健全完善法律服务工作的相关法律制度，主要做好三个方面的工作：一是配合立法机关做好《律师法》的修改工作，进一步完善律师制度。二是协商有关部门研究制定园区律师事务所、公证处财务或会计核算办法，进一步规范所、处的财务管理。三是完善园区法律服务工作规章体系。针对目前园区法律服务工作规章制度体系不够完善的问题，考虑制定或修改律师诚信档案管理办法、律师流动管理办法、公证机构考核办法、继承公证细则、遗嘱公证细则、招投标公证细则、基层法律服务工作者管理办法、基层法律服务所管理办法、乡镇法律服务业务工作细则等。[①]

二、经济园区的物流服务体系

"物流"作为一个专用学科名词，它包含了物质资料在流动过程中的技术和管理活动。因此，"物流"的含义可以表述为：物质资料在生产过程中各个生产阶段之间的流动和从生产场所到消费场所之间的全部运动过程，包括运动过程中的空间位移及与之相关联的一系列生产技术性活动。这个技术包括自然技术和管理技术。出于物流技术的提高，降低了物质资料、产成品在流转过程中的费用，提高了经济效益和社会效益，因此被喻为"第三利润源泉"。物流是园区经济的动脉系统，是园区经济的新的增长点，园区经济的灵活运转离不开高效的物流业的发展，同时高效物流的发展也可以推动园区经济更好、更快发展。

---

① 刘家胜：《我国法律服务市场存在的问题及规范化对策》，载《法制与社会》，2007年第3期。

（一）园区物流渠道建设

目前我国物流渠道主要有 5 种形式，即铁路、公路、水路、航空和管道运输。其特点如下：（1）铁路运输。铁路运输是陆地长距离运输的主要方式。（2）公路运输。汽车运输是最普及的一种运输方式。它最大的优点是空间和时间方面具有充分的自由性，不受路线和停车站的约束，可以实行从发货人到收货人之间"门到门"直达输送。（3）水路运输。船舶运输有海运和内河航运两种。（4）航空运输。航空运输因为时间短，货物损坏少，特别适合一些保鲜物品的输送。但航空运输最大的缺点是成本过高，不适合大宗货物运输。（5）管道运输。自来水和城市煤气的输配送是和人们生活最为密切相关的管道运输。[①] 我国开发区物流渠道主要以铁路、公路、水路为主，随着经济的发展和物流业务量的增加，航空和管道运输方式也不断被使用。对于经济园区来说，上述物流渠道对于园区的发展都具有重要意义，园区原材料与产品的进出都需要物流渠道的畅通与方便。就渠道建设来看，与园区关系最为密切的是海运与陆运，也就是说，铁路、公路、水路渠道的发展是最为主要的。随着园区经济的不断发展，航空运输也越来越多，因此，航路的建设也日趋重要。

1. 园区物流渠道设施建设存在的问题

（1）规划的宏观层次不够。第一，规划执行的主体局限。物流渠道规划由某个部门或行业牵头完成，往往会造成物流渠道设施局限于部门或行业范畴设施的发展，带有明显的行业和部门色彩，使规划缺乏一定区域物流设施整体角度的考虑。第二，缺乏全局的考虑。仅仅对物流基础设施的发展问题进行规划，存在为设施而设施的问题，缺乏物流发展的整体宏观高度，使物流基础设施失去了物流市场需求培育的支持。第三，发展的基础局限。物流渠道设施规划在指导一定区域的物流设施建设发展中的权威性不够，不能站在推进经济增长方式转变的高度进行物流基础设施的整体性建设，使设施脱离了宏观经济发展环境和战略的基础支持。

（2）园区与既有相关规划的衔接不够。物流管理存在于各类企业经

---

① 王健：《现代物流概论》，北京大学出版社 2005 年版。

营管理和社会经济活动的各个环节,其作为"第三利润源泉"是物流管理技术在上述经营管理和经济活动过程中的应用而产生的,物流渠道建设对这种应用提供了组织功能的支撑。因此,物流渠道的规划就应当体现相关设施对企业和社会物流活动的支持,能有助于企业和社会提高效率和效益。

(3) 空间布局不合理。第一,凭主观判断进行布局。在物流基础设施布局缺乏物流发展过程经验支持和规划方法支撑的条件下,设施规划成了"图上作业",往往人为确定在省、中心城市范围内的物流园区、物流中心和配送中心等设施的空间布局,缺乏与需求的配合,以及与物流企业和企业物流发展的衔接。第二,进行利益平衡布局。由于相关行业或地区政府部门认为投资建设大规模、专门化物流基础设施可以获得投资拉动、增加就业等好处,因此,在进行规划的过程中不能很好地根据本地区的实际情况和未来市场需求进行设施的合理布局,往往为了争夺利益而争取设施在本地进行规划建设,这在一定程度上造成了物流基础设施的规模和数量的失控,部分省、市动辄提出要建设几大物流园区、更多的物流中心等,均属于在此种背景下产生的基础设施布局不合理的问题。①

2. 关于园区物流渠道建设的相关政策建议

(1) 树立在物流渠道设施规划、建设和发展上的系统化思想。要从全社会物流基础设施系统建设的角度,完善物流基础设施发展规划的协调机制,协调好各类物流基础设施发展的规划,以体现资源的共享和提高资源的使用效率,达到降低社会物流成本的目的;要提高物流基础设施规划建设的决策层次,真正从全区域的角度综合考虑物流基础设施的空间布局和建设实施步骤,防止一哄而上;要将既有物流资源的整合作为发展现代物流基础设施的重要途径,减少土地的占用和投资的浪费,防止功能性的重复建设;要将物流基础设施的发展与交通运输设施的建设进行融合,既推动物流基础设施的发展,又能够发挥交通运输设施的功能,并推进交通运输设施的服务升级。

(2) 合理控制土地价格,降低基础设施的投资运营成本。积极借鉴日本、德国等国家的经验,对规划的物流基础设施区域范围内的土地实行专用政策,并规定一定年限内的租用与转让的合理价格,防止随意将

---

① 汪鸣:《当前物流基础设施建设和发展中值得注意的几个问题》,http://www.chinawuliu.com.cn/cflp/newss/content1/200704/922_22787.html。

土地转做其他非物流用途，以及炒买炒卖地皮问题的出现；特别是配合物流基础设施总体规划，对用于物流基础设施的土地实行总量控制，在尽可能少占土地的情况下，推进社会物流基础设施的整体升级和适应现代物流发展需要的改造，最终达到降低基础设施的投资和运营成本的目的。

（二）园区物流设施建设

物流设施主要是堆场建设，功用是货物仓储。仓储是现代园区物流的重要节点，作为园区物流的核心环节，发挥着整体物流协调的作用，并成为产品制造环节的延伸。仓储在整个物流过程中起到了运输整合、分拣组合、增值加工以及存货控制等作用。堆场是园区现代仓储中非常重要的一种方式，被各大物流公司、物流中心广泛应用，主要包括散货堆场、集装箱堆场两种形式。

1. 散货堆场

散货是指不加包装而呈松散颗粒状态运输、装卸和保管的货物。散货堆场的场面结构因堆存货物的种类而不同，有泥土、煤屑或水泥地面等。散货堆场在使用前必须平整夯实，四周开挖明沟，以便于排除积水。散货堆场上存放的货垛一般都比较大，分量较重，所以要选择比较坚固耐压的垫底材料，以隔地面的潮湿，便于通风，防止货物受潮、霉变等。大多数散装货场的货位布置形式采用分区分类布置，即对储存货物在"三一致"（性能一致、养护措施一致、消防方法一致）的前提下，将堆场划分为若干个保管区域；根据货物大类和性能分为若干类，以便于集中堆存。根据货物不同的性质，对各种堆存的货物进行合理的分类之后，即可按照堆场的货区进行分类堆存。堆场的货区布置形式主要有三种：横列式、纵列式和混合式。①

2. 集装箱堆场

集装箱是具有一定强度、刚度和规格，专供周转使用的大型装货容器。使用集装箱存放货物，可以直接以集装箱作为媒介，使用机械装卸、搬运，可以从一种运输工具直接方便地换装到另一种运输工具，或从发货方的仓库经由海、路、空等不同方式直接送达收货方，无需开箱检验，也

---

① 白世贞、刘莉：《现代仓储物流技术与装备》，中国物资出版社2007年版。

无需接触或移动箱内的货物，省去入库、验收、清点、堆垛等一系列储存作业。这样不仅装卸快、效率高，而且能尽量降低在仓储与装卸搬运过程中对各种商品的损伤，在一定程度上降低包装费用，对改变传统储存作业有重要的意义，是储存合理化的一种有效方式。

（1）集装箱物流优势在于：促使装卸合理化，有利于缩短装卸时间，降低劳动强度；促使包装合理化，可减少包装材料增强商品防护能力；有效利用运输工具和保管场地的空间，便于管理；集装最大的优势是以其为核心所形成的集装系统，可将原来分立的物流各环节有效整合，使整个物流系统实现合理化。

（2）集装箱堆场设计时应考虑的因素：一是土地使用。由于港口运输的需要，集装箱堆场通常设置在港口、码头附近，占用港口场地的费用比任何内陆地点都要高，并且现在对土地改良和对污染物联合治理的要求越来越高。因此，尽管集装箱堆场较一般的内陆仓库有很多的优势，但是，它的占地费用是必须要考虑的因素，在实际集装箱堆场设计中应尽量减少堆场的占地面积。二是单位操作和堆存成本。这是必须考虑的问题，尽管操作和堆存的真实成本很难精确确定，但还是要考虑各方面因素力争做到最佳操作。

3. 物流园区的建设

为满足园区物流的需要，不仅要疏通渠道，还需要合理科学地规划与建设货物堆场。目前由于我国体制设置关系，各自为战现象严重，铁路有自己的枢纽，有大大小小的货场，有不计其数的专用线；公路、内河、海运及航运业都有自己的线路、自己的枢纽，缺少有机的对接与联系，使得物流设施建设重复，渠道转换困难，造成物流速度不快，效率低下，成为园区物流环节的瓶颈。在这样一种情况下，物流园区产生。物流园区是指在物流作业集中的地区，在几种运输方式衔接地，将多种物流设施和不同类型的物流企业在空间上集中布局的场所，也是一个有一定规模的和具有多种服务功能的物流集结点。它以市场信息为基础、以产品配送为主业、以现代仓储为配套、以多式联运为手段、以商品交易为依托，将不同的物流枢纽联为一体，表现出了物流的集约性、专业性与社会公益性，它的特色不仅体现在多渠道、多种作业方式的集约，还体现在物流技术、规模与现代化管理上，它较之物流中心更具优势，更具效率，更具竞争力，因此也成为园区物流的主要依托和保障。

> **山东龙口经济开发区培育物流服务体系，拓展产业发展腹地**
>
> 龙口经济开发区以港口为依托，以交通路网为枝节，以道恩、胜通等物流企业为重点，加速构建起以保税库、陆上物流、海上物流、分销物流四大临港物流中心为辐射源的临港物流体系。目前，已有总投资 14 亿元的龙口港煤炭储配物流中心、总投资 2 亿元的中海油区域总部经济—期项目、济南合瑞达公司投资 1.5 亿元的 30 万立方储油罐区、香港阳鸿与新加坡来宝集团投资 2 亿元的 34 万立方保税油库以及环海石化罐区等项目相继入驻港口物流园区，为港口发展注入了新的生机与活力。公路方面，配合市级部门实施了滨海大道、疏港高速等重点工程；铁路方面，于 2007 年 9 月进港铁路建成并投入使用，2008 年龙口火车站将完成运量 300 万吨，占大莱龙铁路总运量的 80%，成为整个大莱龙铁路的运输主力；海运方面，龙口港已与世界 30 多个国家和地区及国内主要港口通航，今年又打通了至东北的集装箱"黄金航线"，运力比去年提高了 40%。
>
> 资料来源：根据山东省外经贸厅资料整理。

（三）园区物流企业建设

园区的物流企业发展情况决定了整个园区物流运行的顺畅与否，同时也就在很大程度上影响园区的整个经济运转，对园区发展有着重要的意义。物流企业是物流活动得以顺利进行的有机载体，没有物流企业的高效物流服务，也就没有物流业的健康稳定发展。园区物流业的发展不仅促进了园区经济的良好运行，而且现代物流业本身也提高了园区的经济效益。

1. 我国园区物流企业发展存在的问题

第一，物流企业的经营规模小，市场占有率低，致使现代物流技术在这些企业中难以得到有效发挥。园区各类物流公司数量多，规模小，发展水平参差不齐，资金、营运能力先天不足，妨碍了信息技术在物流领域的广泛应用，制约了电子商务的发展，影响了大型专业物流服务的进一步拓展。第二，不同的管理部门和管理层次多头管理，造成基础设施重复建设，区域结构不协调，难以形成规模经济效益。园区物流企业在流通体制转变过程中未能及时转变经营观念，致使一些物流企业的发展仍带有浓厚的计划经济色彩，存在着明显的条块分割现象，地方保护主义十分严重，某些市场业务仍然依靠政府行政干预，物流运作效率低下。第三，物流成本高，资金周转慢，运输效率低。这些是我国物流业发展中的通病，在经济园区中也有十分明显的表现，也是物流企业降低物流成本、提高服务质量迫切需要解决的问题。①

2. 推进经济园区物流企业发展的对策

第一，园区政府应在促进物流资源整合过程中发挥主角作用。要进一步解放思想，更新观念，充分认识目前园区物流市场发展不成熟的现实，合理运用与市场发展阶段相适应的手段和方法，解决物流市场通过市场方式难以解决的问题；充分利用政府宏观调控职能，促进园区物流市场持续、健康、协调发展。第二，建立符合园区发展方向的物流园区，进行有组织的开发和建设。一方面大力吸引国内外大型跨国物流企业入住园区，迅速提升区内物流企业运作质量和水平；另一方面，积极培育本地物流企业，通过兼并、联盟等方式整合区内现有物流资源，尽快形成具有一定竞争实力的物流集团。在发展现代物流的过程中，应把培育本地物流企业作为重点，至少也应与引进外来物流企业并重，二者不可偏废。第三，做好园区物流企业自身的发展定位。一方面，应走集约化经营的道路，形成具有一定抵御风险能力、主导行业发展方向的企业集团；另一方面，通过市场竞争，筛选出一批运作灵活的小型企业来满足社会不同的物流需求，形成以少数大企业为主导、大量小企业为补充的稳定的物流产业金字塔结构。② 第四，园区物流企业要重视提高管理水平和服务质量，加强行业信誉建设。园区的物流企业应先求生存，再图发展，树立以用户为导向的营销理念，开发和拓展物流需求，在现有的市场领域内做大做强，加强企业间的横向或纵向联合，进一步拓展市场业务范围，提高服务质量。第五，开拓国际物流，寻求全球性的市场空间。园区的物流企业要增强竞争和忧患意识，在抓住国内市场的同时，还要放眼世界，构筑全球化战略，以一体化的物流管理和供应链管理在全球进行资源采购、生产装配和产成品分销，参与国际市场竞争。在全球范围内，通过对顾客的快速反应，提高顾客服务水平，降低物流成本，提高园区物流企业在国际市场上的竞争力。

---

① 王双：《我国现代物流业发展战略初探》，载《商业经济》，2007年第12期。
② 董兴林、王立英：《青岛开发区物流企业运作现状及对策》，载《中国流通经济》，2007年第7期。

（四）园区物流服务效率

高效的物流系统是园区经济发展的生命线，要提高园区的服务效率，增强园区的竞争力，就要发展现代物流业，运用现代的组织方式和管理技术，对包括运输、仓储、包装、流通加工、信息、营销策划和顾客服务等物流环节进行一体化高效管理和经营。其核心是用系统的思想来优化企业的原料、产品的运输、仓储、配送等环节的资源配置，以达到在尽可能低的总成本条件下，实现既定顾客服务水平的目标，并创造价值。园区物流要向物流一体化、物流国际化、第三方物流、供应链管理一体化、实体集聚化和多区港联动的方向发展。

1. 园区物流一体化

所谓园区物流一体化，就是以物流系统为核心，由生产企业经由物流企业、销售企业直至消费者的供应链的整体化和系统化。园区物流一体化是园区物流发展的高级和成熟的阶段，物流业高度发达、物流系统完善，物流成为园区生产链条的领导者和协调者，并为园区提供全方位的物流服务。

2. 园区物流国际化

所谓国际物流，就是组织货物在国际间的合理流动，其实质是按国际分工协作原则，依照国际惯例，利用国际化的物流网络，物流设施和物流技术，实现货物的国际间流动与交换，以促进园区经济的发展和世界资源的优化配置。国际物流的总目标是为国际贸易和跨国经营服务，与国内物流系统相比，国际物流具有国际性、复杂性、风险性等特点。

目前，国际物流的概念和重要性已为各国政府和外贸企业所普遍接受，国际物流通过选择最佳的方式与路径，以最低的费用和最小的风险，保质、保量、适时将商品从某国的供方运到另一国的需方，实现其自身的时间和空间的效益，满足国际贸易活动和跨国公司经营的需求。

3. 发展第三方物流

园区物流发展到一定阶段必然会出现第三方物流，第三方物流的占有率与园区物流产业的水平之间有着非常紧密的相关性。所谓园区第三方物流，即物流的专业化，是指由物流劳务的供方、需方之外的第三方，去完成物流服务的物流运作方式。第三方，就是指提供部分或全部企业物流功能服务的一个外部提供者。园区第三方物流是一个新兴的领域，已得到越来越多的关注。从战略重要性角度看，园区第三方物流的活动范围和相互之间的责任范围较之一般的物流活动者有所扩大，通常建立关系的目的是为了发展战略联盟以使双方都获利。

4. 供应链管理一体化

在电子商务环境下，由于全球经济的一体化、网络化趋势，当前的供应链系统正向全球化、信息化、一体化发展，传统的商业渠道和模式正在向实现电子商务模式转变。电子商务为供应链管理开辟了一个崭新的世界，它全面采用电脑和网络支持企业及其客户之间的交易活动；电子商务帮助企业拓展市场，B2B、B2C的电子商务拉近企业与客户之间的距离；电子商务促进企业合作，建立企业与客户之间的业务流程的无缝集成。电子商务将会为企业带来更低的价格、更高的生产率、更低的劳动成本和更多的商业机会，更好地促进园区经济发展。[①]

5. 实体集聚化

物流业发展到一定阶段时所产生的新兴物流集疏方式就是物流园区。随着物流产业的兴起，原来相互分割、缺乏合作的仓储、运输等传统企业逐渐走向联合，专业性的物流配送经营实体及园区——货物配送转运中心应运而生。伴随着物流业的进一步发展，物流企业逐渐意识到配送转运中心分散建设、各自为战带来的资源浪费，政府也发现这种方式不利于充分发挥城市的总体规划功能。作为物流业发展到一定阶段的必然产物，物流园区的建设是大势所趋。

6. 实施多区港联动，提高园区物流服务效率

多区港联动是以园区、港口为联动载体，通过园区与港口的特殊经济带动和辐射作用，借助区区联动、区港联动以及港港联动等方式，加强区域经济合作，提高区域经济效率的一种独特的区域经济发展新模式。它既有别于以城市群为主体的区域合作，又不同于因地理邻近性而结成的地域经济合作，而是通过各类开发区、海港、空港之间多方式、多层次的联动，实现在更广阔范围内的灵活的区域经济联动。多区港联动可以充分发挥多个园区和港口的比较优势，通过分工协作、功能整合、政策叠加，在一定区域范围内实现多个区港之间的空间联动、功能联动和信息联动，促进区域经济一体化的过程。它通过点对点联动带动区域间面与面的联动，变"行政区经济"为"经济区经济"，从而提高效率，增强

---

① 孙业利：《开发区物流建设》，http://www.lunwentianxia.com/product.free.9479334.1/。

区域竞争力。

多区港联动是系统科学在区域经济合作领域中的特殊应用，属于协同的概念。多区港联动的空间联动或者说区域联动，是指通过港区和各经济园区资源的整合和集成，加快货物流、信息流、资金流以及商品流、人才流的流速，提高信息流、资金流和商品流的集聚和辐射作用。多区港联动的功能联动是指充分整合不同类型园区各具特色的园区功能，如国际贸易功能、保税仓储功能、出口加工功能、高新技术开发功能，并将不同园区功能与港口的口岸运输枢纽功能密切协调，在区港、港港、区区有机结合的基础上，实现相关港口、园区的一体化发展。多区港联动的信息联动，则是指通过实施多区港联动，达到政府服务部门、海关、检验检疫、国税、外汇、银行、企业、港口、代理公司之间的电子联网，实现不同区域行政单位、经济单元间的信息共享。[1]

多区港联动主要有三种方式，即区港联动、区区联动和港港联动。从目前的情况来看，区港联动、区区联动这两种方式都已经在青岛试行，而且都取得了不错的效果。规划面积1平方公里的青岛保税物流园区，于2006年1月正式封关运作，是国家批准的青岛区港联动试点区域。作为创建青岛保税港区的载体，青岛保税区管委会全力营造良好的投资、运营环境，从企业便捷通关需求入手，会同海关、检验检疫、国税、地税、外管等有关部门，设立一站式服务平台，并相继出台了一系列特殊政策和监管措施，积极打造便捷高效绿色服务通道。园区海关加快信息化管理建设步伐，建立了独立的现代化青岛保税物流园区信息系统，积极推进"分批进区、集中报关"模式，实现了企业联网报关、企业电子账册自动核扣、闸口实时监控三类功能和进出区货物的快捷通关、高效信息化运作，通关效率大大提高。目前，园区业务涵盖了"进口出区、出口入区、进境入区、出境出区"四种进出区基本业务类型和"简单加工、暂时进出区、区内转让、区间转入、区间转出、集中报关分批出区"等六项特殊业务。

"区区联动"是青岛保税区继实施"区港联动"之后又一次新的功能探索和创新。简单来说，就是利用青岛保税区和保税物流园区的政策功能优势，打破以行政区域为主导模式下的区域功能的分工和分割，与周边地区在功能、政策和项目上进行对接，沟通合作，促进生产要素无障碍流

---

[1] 阎兆万、刘庆林：《多区港联动》，山东人民出版社2008年版。

动、实现优势互补、共同发展、互惠共赢。"区区联动"是一次区域间协调发展的新探索、新突破,对于打破行政区域封锁,促进区域经济协调发展具有重要意义。"区区联动"正在使青岛保税区"跳出保税区、发展保税区"的思路不断深化,成为联动各方实现资源共享、拓展发展空间、壮大经济实力、降低商务成本、实施可持续发展战略的有效方式。这是引入"效益最大化"概念,打破以行政区域为主导模式下的区域功能分工和分割,促进生产要素无障碍流动的一大突破,由此使放大口岸现代物流功能、发挥"辐射带动作用",从理论走向实践,从概念变为具体的行动和模式,并得以最大化发挥。

三、经济园区的人力资源服务体系

面对科学技术的突飞猛进和知识经济的迅速兴起,园区如何保持快速发展势头和强大发展后劲,这是我们在今后发展中必须认真研究和解决的一个重要课题。先进地区的发展实践经验表明,从某种意义上说,拥有一批高素质、高水平的人才队伍、干部队伍和城市居民,是促进当地经济快速发展的最根本的环节。因此,加快人力资源的开发与优化,提高人口整体素质,已成为园区开发建设事业快速发展的关键。

(一)园区人才的引进服务

经济园区作为改革开放的产物,在二十余年的发展过程中,除了优化投资环境,加快招商引资外,各园区始终都把吸纳人才和培养造就一支高素质的开发建设队伍作为立区之本,积极实施"人才兴区"战略。

园区的竞争,人才是关键。人才引进是满足经济园区人才需求最直接同时也是效率最高、速度最快的一种手段,对园区的整个人才体系建设乃至长远发展有着重要的意义。虽然我国经济园区人才聚集的比例大大高于市区,但也普遍存在数量少、层次低、结构不合理的问题,园区缺乏吸引高素质人才的机制、政策和环境。另外园区吸引人才大多限于一时一事,缺乏"引进来、留得住、用得上"的机制,园区现在的人才储备难以满足经济全球化背景下园区竞争的长远发展需要。

为更好地引进人才,促进园区经济发展,笔者提出以下几点建议:

1. 深化人事制度改革，建立充满生机和活力的用人机制

拓宽园区领导干部选拔渠道，挑选充实一批年轻、实干，富于开拓精神，能驾驭经济国际化全局的行家；对中层及以下管理干部在全面实行竞争上岗的基础上，由园区管委会聘任，报当地组织人事部门备案；允许园区实行激励分配制度。

2. 做好人才资源规划，制定人才战略，加强政府对人才资源的宏观调控

政府人事部门应根据园区发展建设的需要，做好全区整体性人力资源规划，在普查摸清人才现状基础上，尽快制定人才资源开发利用和结构调整战略。同时应引导园区内各用人单位根据各自发展的需要，做好本单位的人力资源规划，制定相应的人才战略，纳入各用人单位的经营战略，以增强人才资源工作的预见性和计划性。

3. 按照市场经济规律，创造吸引人才、激励人才成长的环境

允许园区自行招聘区内需求的人才，并在工作、生活等方面实行特殊优惠政策，增强对人才的吸引力，特别是对于能带动开发区产业发展的尖端科技人才，做到一流人才，一流待遇。

4. 加大人才引进力度，利用经济园区政策优势，采取灵活措施，全方位引进人才

在人员招聘时要坚持公开、平等、竞争、择优、量才和效率的原则，做到任人唯贤、量才适用。同时成立人才评价中心，做好人才的知识、素质、业绩、能力的综合评估，为用人单位择人和人才个人就业提供比较客观和准确的依据。[①]

5. 加强园区人事部门自身建设，为人才工作提供强有力的组织队伍保证

人事管理干部队伍的建设是关系到园区人才高地建设成败的关键因素。加强人事干部队伍建设，着重要加强人事管理干部对园区经济环境下人力资源管理的认识和观念的转变，优化队伍的知识、年龄和人员结构，努力提高人事管理工作的适应能力、开发能力和管理水平。加快实现人事工作的职能转变，使人力资源管理工作适应园区的开发建设和经济发展。

6. 建立园区人才资源信息系统，提高人才资源配置和管理科学性

在展开园区人才资源普查，全面、系统、准确地掌握人才资源的现状

---

① 陶佃友：《对经济开发区人力资源开发与优化的思考》，载《东岳论丛》，1999年第7期。

的基础上，建设园区人才资源信息系统，及时汇集人才资源相关数据、信息，整合分散的人才资源数据，建立统一的园区人才资源信息库，并通过计算机和网络加强对市场宏观信息和微观信息、历史信息和预测信息以及定量分析等层面的信息开发和处理，使之更及时、更准确、更全面地反映人才资源变化，为园区决策和人才市场服务。

（二）园区人才的培养服务

在现代园区中，人力资源的素质决定着企业的素质。而人力资源素质的提高仅仅靠外部招聘是比较困难的。外部招聘一般只能解决最急需、最关键性的人才，园区企业所需的大多数人才则主要是依靠内部开发来解决。进行内部人力资源开发的核心，是对人员进行培训和教育。"经营及教育"是日本经营之神松下幸之助先生的一句名言。作为管理者，要对下属进行经常性的工作指导，以纠正偏差，提高水平，促进管理目标的实现。这种经常性的培训，贯穿了管理的整个过程，能有效地提高员工的工作技能。

针对目前经济园区企业人才资源紧缺、素质偏低的现状，单纯依靠引进人才难以及时满足园区发展的需要。因此，加大人才培养和培训力度，对企业现有人才加强培养，全面提高现有人才的层次和素质有着深远的意义。园区企业在人才培养工作中应努力做好以下两点：

1. 园区要进一步构建和完善企业多层次、多形式、开发性培训体系

根据园区企业发展规划和目标，大力开展合作培养和自主培训，积极实施现有人才的全面培训规划与计划，改善和提高员工的创新能力和学历层次，着力培养高层次人才，特别是企业急需的专门人才和专业人才，促进企业人才整体素质的提高，不断优化企业人才结构。

（1）充分认识，正确理解培训的深层含义。园区企业现在和将来目标的实现，绩效提升，皆来自于企业人力资源的发展，人力资源在企业中能够发挥作用完全取决于知识、技能、态度的培养，三者相互作用，缺一不可。园区企业多属初创和发展时期，在实施培训项目和培训内容上，不但要对员工进行业务知识和岗位技能上的培训，更要从源头上对员工进行创新能力的长期培养。（2）确定培训需求，建立完善的培训系统。员工培训是一项系统工程，其中任何一个环节都不能忽视。在日益重视人力资本投资的园区企业中，要使投资产生收益，即通过培训投资，获取由员工

技术创新、产品创新等各种能力所带来的绩效，就需要完善已有的培训体系，使之成为一套科学、有效、发挥作用的系统。园区企业要从组织需求、工作需求、员工需求三方面分析入手，最大程度地满足企业、员工在各自不同发展阶段内各自不同的培训需求，尤其要帮助员工完成职业生涯规划，如此才能实现企业现在和将来的经营目标。①（3）提供良好的培训成果转移环境。重视培训转移，提高培训有效性，增加培训投资，扩大人才收益是目前园区企业亟待解决的重点课题。良好企业平台的提供——培训转移环境是园区企业获得培训投资收益的主要途径。为了使企业环境更有利于培训投资成果收益的转化，首先，园区企业应该努力向学习型组织转变，在学习型组织中，全体员工都有学习、培训、创造与共享的理念，有适应外界环境与内部组织机构变革的能力；其次，应建立有效的激励制度和人才选拔、聘用、考评机制，调动企业员工参加培训的积极性，以保证培训的有效性；最后，园区企业管理者要为受训员工制定执行计划，鼓励受训员工运用所学知识，创新理念、创新技术、创新产品，按照计划实践培训所学内容。

2. 大力加强人员培训工作

首先，园区尤其是决策者必须树立人是企业所拥有的最宝贵的资源这一概念，必须以长远的眼光看待人力资源培训，依据园区长期的战略发展目标推动这一工作。其次，园区必须进行系统、完整的工作分析，明确工作描述及任职说明书，落实培训需求分析，建立起人力资源培训管理程序，进行客观的分析，拟订和执行培训计划并进行评估达到高效。最后，加强对管理人员尤其是高层管理人员的培训。在对员工进行培训时，除对工作上的要求以外，还要重视员工个人生涯的规划，制定人才规划，提前培养。②

3. 园区企业加强企校合作，培养企业适用对路的人才

建立高等院校与企业合作对接对话机制，推动企业与院校进行高层次和深层次的交流与合作，加强企业人才需求与高等院校专业设置的沟通，根据企业需要适时调整优化院校学科专业，有效解决供需矛盾，培养大批企业适用的高素质、复合型人才。同时，企业与高校可以建立委托培养机制，定制培养企业急需人才。

---

① 丑纪岳：《企业人力资源管理》，科学出版社2007年版。
② 赵波：《现代园区经济》，电子科学大学出版社2006年版。

> ### 青岛经济技术开发区打造人才高地
>
> 青岛开发区以人才资源是第一资源为理念,坚持人才立区,积极创新引进人才、经营人才、留住人才的种种体制和措施,通过加快人才资源向人才资本转变,进一步增强了经济发展的动力和活力,区域核心竞争力日益增强。1. 千方百计引进"外援"人才。为适应经济快速发展对人才的需求,青岛开发区相继出台了人才引进政策,对来区人才特别是高层次人才在各方面给予优惠倾斜。2. 下大力气盘活存量人才。在以各种方式加大人才引进力度同时,开发区发挥政府的宏观管理作用,加快人才结构的调整。3. "充电"造血培育当地人才。针对农村剩余劳动力资源丰富的实际,青岛开发区把开发农村实用人才作为解决"三农问题"、促进经济协调发展的重要手段。通过政府出资,各类初、中、高等职业学校对农村剩余劳动力进行专业培训,确保了农村剩余劳动力知识和技能的提高,并涌现出了许多技术骨干人才,这些人才基本都被当地企业吸纳。4. 创新服务模式充分利用人才。针对驻区企业现状,青岛开发区积极探索政府人事部门为企业服务的新路子,将人事人才管理服务延伸、渗透到企业运营的微观领域,先后开展了初级人才的"派遣"和中高级人才的"租赁"业务。
>
> 资料来源:宋学春:《青岛开发区加快人才资源向人才资本转化步伐》,http://news.yonghua.net.cn/htmldata/2005_02/2/3/article_253143_1.html。

(三) 园区人力资源的涵养与供给服务

园区的竞争,归根到底是人才的竞争,人才竞争的底蕴是园区文化的竞争,而文化的竞争归根到底取决于学习能力的竞争。人才是一个具有时间价值的概念,但随着时间的推移,知识的不断发展,科学技术的不断进步,人才终究会被淘汰,而保持人才竞争力的手段就是"终身教育"。只有不断的学习,才能保证人力资源的质量,更好地为企业、为园区服务。

中国历来就有"活到老,学到老"的古训,只有不断地学习,才能保证人力资源的质量,更好地为企业、为园区服务。园区在最初引进人才的时候往往是针对专业性人才进行引进,但随着经济的不断发展以及竞争的加剧,对复合型人才的需求越来越大。复合型人才是园区人才竞争的核心要素,众所周知,培养复合型人才需要一个长时间的过程,单纯靠引进根本不能满足园区发展的需要。另外随着科学技术的不断发展,专业知识、技术每年都会有新的变化，甚至每年都有新的学科、新的专业技术诞生，园区要想真正做到与时俱进，只有加强对人才的涵养工作，不断学习，才能跟上时代的步伐。

园区在做好人才引进工作的同时，更要关注人才以后的发展，如何保持和提高人才的能力，如何帮助人才不断突破，如何能留住人才，为人才提供一个学习、发展的良好环境是园区管理应着重考虑的问题。园区要做好人才涵养与供给服务需注意以下几点：

1. 建立完善、科学、规范的人力资源体系

园区业绩的提升和战略实现必须依赖与园区形成一套系统的人力资源管理策略和体系。这里包括从形成求才、选才、用才、育才、激才、留住人才的机制，到建立畅通、快捷的沟通平台，并融入到企业的文化、价值中，从而创造出持续竞争优势。

2. 建立合理的绩效评估制度

通过绩效考评可以强化工作要求，使园区企业员工责任心增强，明确自己怎样做才能更符合期望。通过考核可以发掘员工的潜能，让员工明白自己怎样做到更好，明确自己工作中的成绩和不足，使整体工作绩效进一步提高，同时也给予人才一个平等、公平的评价和礼遇，使其心态平衡，安心园区工作。

3. 建立切实有效的激励机制

激励是现代人力资源管理中的核心内容，切实有效的激励机制可以使园区企业充满生机和活力，而目前园区激励机制往往只重视外在报酬——薪资和晋升，忽视了内在报酬的作用。日常工作中的内在性报酬形式多样，如对员工的表现提供信息沟通和反馈，参与决策、授权负责，增加其学习、成长的机会等。内在成本不但是强有力的，而且是低成本有时甚至是无成本的，如何平衡这两类报酬，建立合理的激励机制对园区人才的不断发展也至关重要。

4. 帮助员工做好职业生涯规划

职业生涯管理是园区留住人才的良药秘诀，人是园区最重要的资源，在日益激烈的竞争中，拥有比对手更优秀、更忠诚、更有主动性与创造力的人，是构建园区差异竞争战略优势的最重要的要素，是园区立于不败之地的最重要的保证。进行职业生涯管理实际上是营造了一个培训人才、吸

引人才的氛围。①

5. 倡导终身学习的观念，不断开发人力资源个体和整体的效能

当今世界，市场竞争、素质竞争的竞争说到底是"学习力"的竞争，而不再是以前常说的人才竞争。因为今天人才是与"学习力"紧紧地联系在一起的名词，没有学习力的人才很快就会变成庸才，没有学习力的组织终究要被淘汰。高学历只能说是准人才，比具有低学历的人有更快成为人才的优势，园区要牢固树立"活到老，学到老"的观念，只有通过不断的学习才能在激烈竞争中立于不败之地。

四、经济园区的信息服务体系

新世纪如何获取或进一步保持园区的竞争力，如何走可持续高速发展之路是摆在所有园区面前的重大课题。结合园区发展的实际，通过信息化建立"数字化园区"是解决这一课题的重要答案。首先，信息化有利于园区产业结构的调整和主导产业快速形成发展；其次，由于很多园区目前仍然是以利用外资发展园区经济，特别是以利用外资发展制造业为特点的，而发达国家的制造业转移是以规模经营、精细化管理、低廉的成本和物流保障为特点的，这就要求本地化的采购、协作配套，要求最低的成本、最便捷的物流服务，解决这一问题就要借助于网上银行、网上采购、电子通关等信息手段，这些都离不开园区信息化的支持；再其次，这是由园区可持续发展的要求决定的，园区要实现可持续发展，科教兴区是制胜一招，而高科技的研发和孵化，现代教育手段的发展，都离不开园区的信息化；最后，这是由现代园区理念决定的，现代化的园区是"以人为本"的园区，为"园区居民"提供最美好的工作和生活环境，通过园区信息化营造良好的信息环境是重要一环。

（一）园区现代化信息服务平台的打造

园区信息化建设的目标是由园区、企业、客户等通过互联网连接在网络上组成虚拟区域，是由园区综合服务系统通过网络进行管理并提供服

---

① 纪岳：《企业人力资源管理》，科学出版社 2007 年版。

务，上网企业在互联网上进行全部和部分生产经营活动的数字化园区。数字化园区是指以空间信息技术（WEBGIS）和管理信息技术（WEB MIS）为主要技术，以互联网应用为中心的，以完备的电子商务模型和电子商务技术为基础的，以信息交互来实现的，基于现实状况的，具有强烈推动和辐射作用的，为园区自身和企业服务的，建立在广义电子商务平台上的数字化社区。数字化园区是联系园区与企业、园区各部门和下属机构、园区与全国及全世界的结点，是园区网上信息发布的平台、园区业务上网的导航、是园区企业导航，是数字园区的外在整体形象；数字化园区是信息交互性的中心，园区、企业、客户等主体集中在此交互平台进行办公、办事，从事商务活动；数字化园区是一个电子商务中心，没有完备的电子商务模型，网上的一切经济活动就会成为无源之水。[1]

1. 数字化园区建设步骤

要做好园区的数字化建设工作，必须做到高起点规划、高标准实施，组织保证、目标明确、统筹安排、循序渐进、措施得当。

（1）建设以宽带网为重点的园区基础网络平台。未来的数字应用必须有高速交换的信息网络的支撑，而宽带网建设是实现各种网上应用的前提。在整合区内所有网络资源的基础上，将园区、企业等主体实现高速联网，为打造数字化园区奠定物理网络平台。由于网络技术的飞速发展，园区的宽带网要坚持高起点规划、高标准建设、高强度投资，采用国际上最先进的技术，可能的情况下可与大型跨国公司进行合作，在相当一段时间内确保技术领先。

（2）实施电子政务系统。各类园区的管委会一般都承担大量的管理和服务职能，应适时上网，实施电子政务系统，适应未来社会的发展。由于目前政府部门掌握着大部分的有价值的信息资源，电子政务系统可以使这些数据资源得以最大程度的共享，充分发挥其社会效益和经济效益，推动经济的发展。

（3）实施全民培训计划、为数字园区实施提供内在动力。通过对园区各级各类人员进行信息技术培训，全面提高园区的信息技术应用水平，进一步推动园区的信息化建设。可以按照"边建设，边培训、边应用"的原则，以送出培训和自主培训相结合的方式组织抓好培训工作，帮助员工掌握必要的计算机及网络知识和应用技能，增强运用信息技术处

---

[1] 孙万松：《园区经济与城市核心竞争力》，中国经济出版社2004年版。

理和解决问题的能力,并运用到工作实践中,为全面打造数字化园区打下基础。①

2. 数字化园区建设应注意的问题

(1) 政府要为区内企业和居民提供更加良好的信息化服务环境。首先是制度的完善。园区要完善经济和社会信息化的近期和长远规划,确定信息化建设的目标、标准、进度和时限、管理和考核办法等,做到信息化建设有章可循。其次是政策的调整。为促进园区信息化进程,应出台一些优惠政策,鼓励信息产业和信息服务业的发展,以园区信息化带动园区产业的全面升级。最后是保证服务质量。园区各部门要增加一项专门职能或者说一项日常工作,就是进行信息的维护,如本部门网页、OA 等信息系统的维护工作。

(2) 企业要通过园区的引导,积极使用园区的电子政务、电子商务系统,节约成本,提高生产率和经济效益。这点主要是针对旧区拓展型的园区而言的,园区内原有的老企业大部分都未进入数字化园区的系统中,需要提高认识、转变观念,跟上信息化潮流,企业自身的信息化水平要不断提高,以保证与园区的信息化建设相同步,这样才能提高整体的国际竞争力。

(3) 如果园区内有居民小区,那么对于园区的居民,要创造条件,使大多数家庭都与园区宽带网连通,使电子社区的服务深入人心,使电子政务和呼叫服务中心等系统的服务能给他们提供切实的便利。

(4) 对于信息化设施的运营商,要加强监管,使其获得经济利益的同时,不断强化服务意识,提高服务水平,使园区的广大客户能真正体会到高标准服务品质。②

(二) 园区现代化信息服务手段的完善

目前园区信息化主要包括以下六个系统,信息化的发展大大方便了园区企业与外界的来往,以及园区与企业,企业与企业之间的业务来往,提高了办事效率,是数字化园区的重要保障。

1. e-Government 电子政务系统

这主要是针对我国的各级开发区、保税区等具有政府职能的园区而

---

① 姜涛:《关于开发区信息化建设的研究》,载《山东理工大学学报》,2004 年第 3 期。
② 李婉萍:《工业园区的竞争力分析》,中国纺织出版社 2005 年版。

言，这类园区的电子政务系统主要划分为四大部分，即园区政务网（管委会主站点及各部门网页等，包括（G2G、G2B、G2C）、后台内容管理系统、网上业务申报系统以及办公自动化（OA）系统。

（1）G-net 园区政务网。园区电子政务网是一个有机的整体，包括了 G2G（Government-Government）、G2B（Government-Business 政府对企业）、G2C（Government-Citizen 政府对公众）等。管委会主站点作为园区管委会对外发布信息和向企业、客户及居民等提供服务的综合平台，一般由园区概览、办事机构、投资项目等几大栏目组成，分别展示园区的地理环境、优惠政策、经济发展、先进设施等情况，让外界通过对这些版块的检索很清楚地了解相关领域的政策规定和办事程序、办事内容，使客户足不出户就能通过 INTERNET 方式实现与园区各部门的网上办公业务。

（2）G2B（政府对企业）业务申报系统。G2B 业务申报系统在整个政务网中占有举足轻重的作用，它囊括了园区所有能够通过网络来申报的业务。通过该系统可以实现各业务的网上申请、登记、审核、批复等办公流程。该系统一般由前台的业务申报和后台的业务审批两部分组成。

（3）CMS 后台内容管理系统。为了确保电子政务系统信息的新颖以及用户反馈和调查的及时，电子政务系统应包含一套后台内容管理系统，即 CMS，这套系统的最大的优点在于在管理过程中可以将信息的发布权交给任何人，只要他具有了发布信息的权限，便可以发布信息，这样能够使信息的来源更加广阔、更加全面，让更多的人参与到政务网络的维护工作中。

（4）OA 办公自动化系统。OA 办公自动化系统主要是 G2G 和 G2O（Government-Official 政府对公务员）系统，是电子政务系统的工作重点，它的推广和实现有利于提高园区内部的工作效率，实现办公无纸化。

2. P-GIS——园区地理信息系统

随着园区现代化和地理信息系统的迅速发展，地理信息系统（GIS）逐渐被用于园区规划和管理决策等方面。P-GIS 是一个综合系统，涉及计算机技术、系统工程、园区测绘、园区规划、统计和分析等诸多方面，该系统不仅可以取代园区地图册，作为路线向导，更重要的是利用统计分析功能，各级决策者可以迅速获得所需的园区地理信息和相关的经济属性信息，帮助决策者进行诸如园区规划、人口统计、企业厂址选择等决策活动，以改善决策的科学性和有效性，增强企业的竞争优势。

3. e-Logistics 电子物流系统

电子物流是指信息化物流，即数字化、网络化、智能化的物流。园区应在已有的管理信息平台如 ERP、CRM、SCM/LBS 大型管理软件平台基础上，针对园区物流的特点，开发专用船舶物流信息系统。

4. e-Business 电子商务系统

电子商务是指贸易全程电子化，是通过电子方式进行的商务活动，是园区与企业、消费者、供应商及合作伙伴通过一个商务网络平台（或称为电子虚拟市场 e—Marketplace）进行"零距离"、"零时间"和低成本的商务活动，该商务网络运作平台的构建有利于完善市场环境，加快产品进入市场的步伐。电子商务平台的内容主要包括在线交易市场（EMP）和在线企业应用（ASP for ERP）、网上支付网关和认证中心（CA）等。[①]

5. Call Center 呼叫服务中心

呼叫中心是指以 CTI（Computer Telephone Integration）技术为核心，将计算机网络与通信网络紧密结合，为用户提供电话、传真、电子邮件及 WEB 浏览等多种响应服务的信息系统。现在大多数呼叫中心，仍然以电话接入为主。

最早的呼叫中心是排队机加人工席，由人工以语音方式完成响应服务，如早期的一些电话号码查巡台；第二代的呼叫中心是在原来呼叫中心的基础上，用计算机提供辅助资料、辅助手段及统计管理；第三代的呼叫中心即现代化的呼叫中心，是将两网（通讯网和互联网）紧密结合，语音与数据同步转移，多种响应服务方式，数据库支持，智能路由与个性化服务，丰富的软件功能和痕迹管理等特点，因此被广泛地应用在营销、维修服务等商业领域。

6. IDC 园区互联网数据中心项目

概括起来说，互联网数据中心就是为满足网站系统托管外包服务需求而建设的基础设施，这个设施包括稳定可靠的宽带互联网接入和安全可靠的机房环境。数据中心以外包服务租用的方式将网络资源提供给用户，除了提供基础设施，还提供运营服务器系统所需的各种服务。

---

① 孙万松：《园区经济与城市核心竞争力》，中国经济出版社 2004 年版。

> **烟台经济技术开发区：运维新技术带来新商机**
>
> 在信息化建设过程中，如何确保信息化的工作环境稳定运行，为园区各项工作正常展开提供支持；如何确保园区多项政务系统良好运转，为企业生产、人民生活提供优质服务；如何确保信息化资源投入产出最优化，提供持续的信息化服务等。这些都是烟台经济技术开发区在新时期信息化建设中遇到的问题和困惑，而这些问题归结起来就是 IT 运维管理的问题。在明确了问题后，烟台开发区开始着手搭建 IT 运维管理平台。经历一系列的对比选型，最终选择了北京广通信达科技有限公司的 IT 运维管理解决方案，引进网络管理平台（Broadview NCC），加强对园区的 IT 系统的监管，全面提升 IT 运维质量，最大限度保证 IT 系统的无故障运行。Broadview NCC 是一款 IT 运维管理精品软件，旨在让网管工程师的工作变得轻松，通过简单的操作就能明确全网的设备运行状况、网络流量、故障出处等。烟台开发区正是应用了 Broadview NCC 运维新技术，建立了一系列的商务平台，实现了 IT 系统运行无忧，帮助各企业寻找到了更多的国际商机。
>
> 资料来源：烟台开发区管委会借力 Broadview 推进经济建设，http://www.enet.com.cn/article/2008/0305/A20080305174526.shtml。

最早所谓的 IDC 服务，就是主机拖放服务（主要提供电源、带宽，甚至机器重新启动都要自己来做）；随后，出现了主机托管服务（主要是带宽上有保证，电源上有备份，并且可以部分代为管理）；而后来一些大型客户要求更多的增值服务，包括一些关键性业务，如要求安全性、数据流的分析、资源的占用状况等等，需求越来越多。园区的 IDC 服务功能主要包括：服务器等设备出租、系统维护（如系统配置、软件安装、数据备份、故障排除等）、管理化服务（如带宽管理、流量分析、入侵检测、系统漏洞诊断、数据备份、负载均衡、Cache 服务等）、支持服务（如技术支持热线等）、运作支持服务（如操作间、会议室、设备工具出租等）等。[1]

（三）园区信息咨询服务体系的优化

信息咨询业是一种以高智力密集为显著特征的智力型产业，它以专门的知识、信息、技能和经验为资源，帮助咨询者对某一项目进行分析论

---

[1] 走进苏州工业园区网，http://www.sipac.gov.cn/zjyq/kjggfwpt/200807/t20080720_28735.htm。

证，提供方案及建议，降低风险，提高收益水平，因此被人们称为"防止跌倒的金拐棍"。

目前经济园区用户普遍对信息的意识不够，多数企业的用户普遍缺乏信息意识，没有认识到信息作为一种资源对社会经济发展所起的"倍增"作用，不少企业还是信奉"万事不求人"的传统观念，缺乏"借脑"、"融智"、"为我所用"和借助社会综合配套服务交流"助我发展"的"导入"意识。园区对信息咨询有需求的企业主要集中在民营企业、三资企业上，多数国有企业因为机制与观念的束缚，还很少关注信息咨询业。同时，用户缺少信息专业知识，不会使用信息检索工具，也限制了企业对信息的需求。[1]

1. 园区信息咨询服务存在的问题

（1）信息咨询市场不完善。园区信息咨询市场目前还处于初级阶段，在外部环境、自身条件等方面存在许多困难和问题。主要表现在：园区信息商品化意识差，市场需求少；信息处理手段落后，商品质量差；信息立法滞后，市场管理混乱；信息咨询服务人员素质偏低；市场运行机制不够完备等。（2）信息咨询业的手段现代化程度低。多年来，大多数园区信息咨询机构对信息的收集、加工仍然未摆脱传统手工为主的状态，咨询信息的提供没有从根本上摆脱非电子化的模式。从而在一定程度上既影响到信息咨询服务质量的提高和事业的进一步发展，又影响了信息咨询业的信誉度。（3）政府对信息咨询业的立法不健全。目前，市场上信息咨询机构良莠不齐，咨询协会的发展也不十分完善，还不能很好起到监督、管理和促进咨询业发展的作用，政府的宏观调控作用还十分薄弱。而且有关法规不完善，知识产权难于保障，严重地损伤了信息咨询工作者积极性和创造性，从而在很大程度上影响了信息咨询业的发展及科研成果的推广，阻碍着园区经济信息化的进程。[2]

2. 促进园区咨询业发展，优化信息咨询服务的建议

（1）实现信息咨询服务手段现代化和网络化。随着信息技术的不断发展，电子处理和现代通信手段的逐步建立，为园区信息咨询业的进一步发展创造良好条件。（2）提高信息咨询人员的素质。信息咨询业对人才的素

---

[1] 修文群：《信息化建设：开发区产业升级与可持续发展之路》，载《中国人口·资源与环境》，2005 年第 15 期。
[2] 滕永春、高正、叶春明：《面向 21 世纪上海市信息咨询业发展策略研究》，http://www.shk.gov.cn/shhkkw/infodetail/? InfoID = 7e716195 - 3d3a - 4994 - bad3 - 694616cee013& CategoryNum = 005。

质要求特别严格，总的要求是高标准、高品格、高层次、多面手、高智能，要求信息咨询人员具备渊博的知识、开阔的思路、较强的组织能力，只有高素质的信息咨询人员才能保证园区信息咨询的服务质量。（3）促进信息咨询业的立法建设。尽快制定信息产业法，用法律规定的条款规范他们的权利和义务，使信息咨询业的管理和发展做到有法可依。（4）加强信息咨询业联合经营。规模化经营是园区信息咨询业发展的趋势，也是市场环境对这一行业的客观要求。目前，园区的信息咨询业各自拥有局部的信息资源优势，但没有信息资源共享机制，因而无法满足市场需要高质量信息服务的需求。园区信息咨询业应在统一组织机构协调下联合，建立起大型的具有一定的规划、分布合理的综合性咨询公司，并且具有网络化的分公司和分支机构，把分散的力量形成整体优势，克服追求"小而全"、"大而全"所造成的资源浪费。这样，既有利于提高园区信息咨询业的服务质量，又有利于加快园区信息咨询业产业化进程，更有利于园区信息咨询服务业形成规模。

第十章 经济园区发展的比较借鉴

他山之石，可以攻玉。
　　　　　　　——《诗经．小雅．鹤鸣》

我国经济园区经过20多年的发展，取得了长足的进步，在国民经济中扮演了重要的角色。但我国园区在一些方面与其他国家的先进园区相比还有较大的差距，充分借鉴先进园区的经验，利用"后发优势"是我国园区赶超国外先进园区的一条重要途径，也是一条捷径。

一、中国与国外经济园区发展的比较

国外经济园区经过多年的发展已经取得巨大的成就，形成了自身的一系列发展特色。中国园区虽然在过去二十多年里取得了一定的成就，但与发达国家园区相比还有很长的一段路要走。我们只有通过不断地比较学习，才能缩小与发达国家园区的差距，建设世界高水平的经济园区，为我国的社会主义事业做出更大的贡献。下面我们重点从园区整体实力、产业发展模式、管理体制、发展特色等四个方面进行比较。

（一）园区整体实力比较

我国园区在取得突出成绩的同时，发展过程中也存在一些突出问题，整体实力与发达国家成熟的园区比较还有一定差距，下面我们从以下几个方面选取世界著名园区美国硅谷与中国的"硅谷"——北京中关村作为对象来进行比较分析。

1. 发展阶段比较

世界大多数园区的发展，大致可以划分为以下四个阶段：初创阶段、创业阶段、强化阶段、成熟阶段。我国学者周元博士把园区发展划分为要素聚集、产业主导、创新突破、财富凝聚四个阶段。第一，要素聚集阶段。产业发展的有关要素，如资金、技术、人口等要素在某一地区集中，但要素配置较低，企业处于初创阶段，规模不大。目前，世界上大多数园区都已突破了这一阶段，但有些发展中国家新建的园区还处于这一阶段。第二，产业主导阶段。一批企业在区内聚集起来，成长为一批发展较好的企业，产业轮廓清晰。目前大部分发展中国家和地区的园区，比如我国台湾新竹工业园和印度班加罗尔软件园就处在这一阶段。第三，创新突破阶段。随着产业的发展，有大量的研发成果产生，创新成为园区的主旋律和带动园区发展的关键。美国硅谷、美国128公路高科技产业带、英国剑桥科学园当属这一阶段。第四，财富凝聚阶段。有大量创新形成，各种有形和无形的财富聚集，包括资本财富、人力财富等等。这一阶段是更高层次的要素聚集，园区会由此螺旋式上升和发展。现在，世界上尚未出现这一阶段的园区。[1]

我国园区大部分已经走出要素群集阶段，进入产业主导阶段。少数发展好的正向创新突破阶段过渡，如中关村，以及上海、深圳等地的一些园区。

2. 创新资源与创新效率比较

北京中关村地区的科技、智力资源密集程度在世界上也是少见的，即使与美国的硅谷相比，也并不逊色。中关村地区拥有以北大、清华为代表的各级、各类高等院校68所，以中科院研究院所为代表的各级、各类科研机构213家，在校学生30万人，两院院士人数占全国的36%，技术人员有50多万人。然而，中关村的知识智力人才密集与硅谷相比又有自身的弱点，表现为：中关村的人才尽管有不少回国创业的留学生，但基本上来自国内各个地方，以中国人为绝对主体，又大多局限于技术领域；[2] 而美国硅谷则不同，不同国度的各类人才汇集于此，真正来自世界各地，种族多元化、文化多元化以及人才结构多元化是其显著特点。目前硅谷32%的人口是美国以外出生的，20岁至45岁的年轻人占了一半以上，其人口构成中49%为白人、24%为西班牙语系、23%为亚裔、4%为黑人。

---

[1] 黄志敏：《我国高新区管理体制改革与创新实践分析》，载《经济与管理研究》，2003年第5期。

[2] 吴敬琏：《中关村科技园发展的经验总结与改进建议》，载《中国科技产业》，2003年第11期。

亚裔员工中，51%为华裔、23%为印度裔、13%为越南裔，华人和印度人创办的高科技企业占硅谷总数的23%。外国移民源源不断地涌入，为硅谷输入新的人才、成果和创意。①

中关村科技园区与硅谷相比，更主要的差距体现在创新效率上，表现为：R&D投入密度不足。目前中关村 R&D 投入仅占技工贸总收入的 4.5%；R&D 支出增长过于缓慢；园区的拳头产品数量较少，特别是缺少拥有自主知识产权的国际名牌产品，在国际市场上占有率不高；技术层次不高，自主技术偏少，没有或者缺乏自己的核心技术，在一些关键性技术上，如芯片、网络等方面受制于发达国家；申请专利数少，尤其是在国际上申请的专利数更少。1996年硅谷地区注册的专利数量位居世界第四位，以每天几十项的高技术成果推动世界的科技发展，从而确立了世界上最大科技创新中心的地位。

3. 投资体制的比较

中关村科技园区与硅谷相比，投融资体制，尤其是支撑科技产业发展的风险投资体系与机制的差距十分悬殊。硅谷的风险投资经历了二三十年的磨炼已经非常成熟。在斯坦福大学附近沿280公路，有一个叫沙丘大街3000号之处，虽仅有几幢小楼房，但大约美国一半的创业资本公司都在这里，云集着300多家风险投资公司，每年投入近百亿美元的风险投资，而在其身后则是庞大的各类机构投资者和富裕家庭。1990年至1998年，硅谷风险投资额年均增长率达300%，1999年硅谷吸引的风险资金达130亿美元，占了美国风险投资总量的1/3、全世界风险投资的1/6，并且90%以上来源于民间。硅谷的风险资金为硅谷企业创新和创业提供了保障，从20世纪60年代的Intel到90年代的Yahoo，都能看到风险投资施展的魔力。硅谷的风险投资公司不仅仅是提供风险资金，而且要对高技术公司提供各种经济技术咨询服务。②

从我国中关村科技园区来看，目前对高新技术企业提供资金支持的主要有高科技创业基金、科技成果推广基金、专利实施基金、高新技术产业发展融资担保资金、北京市中小企业担保资金、北京高新技术企业担保风险金等，这些资金是以政府为主导成立的，不仅从数量上很难满足大量科技创新企业的需求，而且准确地说不是风险投资基金，根本缺乏一套风险投资的运作机制。中关村虽然已经成立了一定数量的风险投资公司，如由

---

① 张克俊：《中关村科技园区 VS 美国硅谷的比较》，载《开发区建设》，2005年第8期。
② 孙万松：《园区经济与核心竞争力》，中国经济出版社2004年版。

中美合资北京太平洋优联技术创业公司运作的风险投资基金，但真正的风险投资行为却极少。因此，进一步推进投融资体制改革，建立风险投资机制是中关村科技园持续发展的重要前提。

4. 企业制度与管理模式比较

美国硅谷之所以具有持续的竞争活力，在企业制度与管理方面形成的优势起到了突出作用。具体而论，这种优势主要体现在三个方面：第一，适应高技术产业技术变化速度快、产品生命周期短和开发成本高的突出特点，广泛采用了开放型、网络化生产结构。实践证明，这种新型生产组织形式有效地规避和降低了研、制、销集于一身的高昂成本与巨大风险，实现了成本和风险的社会化，提高了企业对多变市场和技术的应变能力，强化了企业间的横向联系和信息交流。① 第二，不失时机地推进企业内部激励机制与管理的创新，建立了股票期权、共同决策与管理、部门分权与平等化的制度，充分体现了以人为本和确认人力资本产权的核心地位思想。这种管理模式的典型代表是 Hevleo—PA 公司的管理模式，简称（HP）模式。第三，硅谷地区建立和培育了新型的产学研关系和非正式组织系统。硅谷的工业体系以这个组织体系为基础，各公司之间开展激烈的竞争，同时又通过非正式交流与合作相互学习，松散的班组结构鼓励公司内部各部门之间以及部门与公司外的供应商、消费者的交流。

中关村与硅谷相比，没有发育出成熟的企业制度，表现在：因传统文化的思想和计划经济的观念仍然存在，开放型、网络化生产结构并没有形成；股票期权、共同决策与管理、部门分权与平等化的制度只是在部分企业初步实行；新型的产学研关系因体制梗塞运行效果不佳；一套新的制度安排和规范的行业游戏规则还没有被企业广泛接受。值得注意的是，中关村至今还有不少企业被产权问题所纠缠，更不用说建立一套适应高科技企业发展的制度，这是严重阻碍中关村老企业向产业化、国际化迈进的核心问题。②

5. 专业化分工与服务体系的比较

硅谷能够诞生成千上万的高科技公司是与一系列专业化分工与服务体系的发达是分不开的。在硅谷，大小公司是互为平台的，大型企业会把许多业务打散交给小企业分别运作，而众多的小企业支撑着大

---

① 钟坚：《世界硅谷模式的制度分析》，中国社会科学出版社 2001 年版。
② 张克俊：《我国高新科技园区建设的比较研究》，西南财经大学出版社 2005 年版。

公司。在硅谷，发明家有了好的创意或技术，无须本人再去办企业生产经营的事项，从资金筹集、申请营业执照到战略计划、生产业务、财务管理、销售管理、公司上市等都有各种专业性公司来帮助运作，高技术企业的支持服务一应俱全，就像是用专业设备和流水线生产企业一样。这一体系主要有大学、研究机构、律师事务所、风险投资公司、会计师事务所、猎头公司、管理咨询公司、破产清算公司等。硅谷专业化服务体系的存在，极大地降低了创建新公司的门槛，刺激了创业者的创业欲望。[1]

中关村与硅谷相比，没有真正形成专业化分工和社会服务体系。企业要想把自己的技术变成钱，必须完全独立支撑，搭建所有发展平台，完成研究与开发、制造、流通、服务等所有环节。造成中关村专业化分工不发达的原因是：信息透明度不高、商业信息不充分、信息传递时间长，造成企业难以准确、及时地寻找到供应商、制造商、客商或服务商，相当部分专业化服务组织运作不规范、服务质量不高、短期行为突出，使企业产生不如"自己干"的想法；政策对大企业特别关照，而对如何解决小企业的创业问题却关心不足。更为突出的是，社会信用关系非常缺失，合作信任的基础和纽带很脆弱，也就是说社会资本非常贫瘠。企业与企业之间、企业与专业化组织之间为了取得信任，往往要花很大的功夫去调查对方的诚信度，从而在很大程度上抵消了分工带来的好处。[2]

6. 创业文化的比较

硅谷形成了一套有利于高新技术企业创业的独特文化，这是硅谷成功的精髓。美国学者安纳利·萨克森宁在其著作《地区优势——硅谷和128公路地区的文化与竞争》中认为，单纯从技术和人力资源角度，不能区别硅谷与128公路地区的优劣，它们之间的根本差异在于硅谷具有一种更适合高技术企业发展的机制和"文化氛围"。在硅谷，盛行着善于创新、敢冒风险的价值观念。硅谷有着成千上万的创业家在"游动"，他们以创业为工作，以创业为乐趣。硅谷人的生活和工作观就是"活着为了工作"。硅谷人是工作狂，他们把工作本身看作是乐趣。硅谷人不会放过任何一个出色的技术成果，能以最快的速度拉来风险投资，功成身退。许多硅谷的企业家和技术人员认为：只要抓住机遇，敢于冒险，机会将会永存。即使

---

[1] 曹绪亮：《美国硅谷中介服务体系的借鉴意义》，载《中国高新区》，2005年第1期。
[2] 钟坚：《世界硅谷模式的制度分析》，中国社会科学出版社2001年版。

失败了也没有什么关系。硅谷文化强调知识共享、相互学习和交流，特别是非正式的交流非常活跃，咖啡馆、俱乐部、舞厅、健身房、展示会、因特网都是交流的好去处。硅谷文化还对跳槽和裂变给予足够的鼓励和宽容。①

近年来许多回国的留学人员到中关村地区创业，也将西方的价值观念、道德规范、思维方式等文化带入中关村，各种文化相互交汇、碰撞、交流、融合，从而形成了中关村独有的区域文化。然而，在以中国文化为本源的中关村文化中，还不可避免地带有中国传统文化的糟粕，形成先进与落后、创新与守旧两种文化之间的矛盾与冲突，具体表现为高新技术企业要求的"以人为本"和网络化、扁平式知识管理，与以行政权力为核合、"官本位"、"等级制"的价值观念形成矛盾；高新技术企业发展所要求的团队精神、合作意识与"宁为鸡头，不做凤尾"、"一山不容二虎"的文化观念形成冲突；高新技术企业发展所要求的规范化、法制化的制度管理与"家族式管理"、"裙带关系"形成文化冲突。高新技术产业发展所要求的尊重知识、保护知识产权，与"缺乏诚信"、侵权盗版盛行等形成文化冲突；高新技术产业发展需要的不畏风险、敢于创新与传统文化中"枪打出头鸟"的守旧、中庸、惧怕冒险的文化观念形成冲突等等。这些说明，适宜于创新与创业，既吸收硅谷等世界先进科技园区的文化，又具有中国特色的中关村文化还需要进一步确立、弘扬和发展。②

通过以上比较可以看出，中关村科技园区与硅谷的差距基本上是全方位的，中关村要发展到硅谷那样的水平还有很长的路要走。但由于我国国情与美国不同，并不要求我国中关村以美国硅谷为模板进行"克隆"。与此同时，硅谷发展的成功经验又揭示了高新技术产业化与高新科技园区的一般规律，中关村在未来的发展中可以很好的借鉴。今后一段时期，中关村科技园区要在体制与制度创新、加强产学研合作与互动、风险投资等方面狠下功夫，核心是创建有利于人力资本发挥作用的环境。

---

① 杨春妮：《国外高科技园区的经验与启示》，载《云南财贸学院学报》，2001年第6期。
② 张克俊：《我国高新科技园区建设的比较研究》，西南财经大学出版社2005年版。

仙童公司——硅谷人才的摇篮

许多电脑史学家都认为，要想了解美国硅谷的发展史，就必须了解早期的仙童半导体公司（Fairchild Semiconductor）。这家公司曾经是世界上最大、最富创新精神和最令人振奋的半导体生产企业，为硅谷的成长奠定了坚实的基础。更重要的是，这家公司还为硅谷孕育了成千上万的技术人才和管理人才，它不愧是电子、电脑业界的"西点军校"，是名符其实的"人才摇篮"。一批又一批精英人才从这里出走和创业，书写了硅谷一段辉煌的历史。1956年，八位年轻的科学家从美国东部陆续到达硅谷，加盟肖克利实验室。他们是：诺依斯（N. Noyce）、摩尔（R. Moore）、布兰克（J. Blank）、克莱尔（E. Kliner）、赫尔尼（J. Hoerni）、拉斯特（J. Last）、罗伯茨（S. Boberts）和格里尼克（V. Grinich）。他们的年龄都在30岁以下，风华正茂，学有所成，处在创造能力的巅峰。他们之中，有获得过双博士学位者，有来自大公司的工程师，有著名大学的研究员和教授，这是当年美国西部从未有过的英才大集合。一年之中，实验室没有研制出任何像样的产品。八位青年瞒着肖克利开始计划出走。在诺依斯带领下，他们向肖克利递交了辞职书。肖克利怒不可遏地骂他们是"八叛逆"（The Traitorous Eight）。后来就连肖克利本人也改口把他们称为"八个天才的叛逆"。在硅谷许多著作中，"八叛逆"的照片与惠普的车库照片，具有同样的历史价值。"八叛逆"找到了一家地处美国纽约的摄影器材公司来支持他们创业，这家公司名称为Fairchild，音译"费尔柴尔德"，但通常意译为"仙童"。20世纪80年代初出版的著名畅销书《硅谷热》（Silicon Valley Fever）写道："硅谷大约70家半导体公司的半数，是仙童公司的直接或间接后裔。在仙童公司供职是进入遍布于硅谷各地的半导体业的途径。1969年在森尼维尔举行的一次半导体工程师大会上，400位与会者中，未曾在仙童公司工作过的还不到24人"。从这个意义上讲，说仙童半导体公司是"硅谷人才摇篮"毫不为过。现在鼎鼎大名的AMD和Intel就都出自当年"八叛逆"之手。

资料来源：亿芯网：仙童半导体公司沉浮，http://www.icbuy.com/info/news_show/info_id/4623.html。

（二）园区产业发展模式比较

由于世界各国和地区在经济实力、社会制度、文化传统等方面存在着较大差异，因而当今世界的经济园区发展模式各种各样，可以从不同的角度进行分类。经济园区本身的范围也比较宽泛，种类繁多，经济技术开发区、高新技术开发区、保税区、边境经济合作区、出口加工区、浦东新区都可以称为经济园区，各类园区的特点不同，模式也不同。在这里我们选取经济技术开发区、高新技术开发区这类高新技术园区作为比较分析对象。

1. 从发展优势的角度划分，可分为优势主导型、优势导入型和优势综合发展型三类

优势主导型模式是指以一个地区具有特殊优势，包括工业技术优势、学科专业优势、智力人才优势、地理位置优势、投资环境优势、资源优势和市场优势等为主导来谋求发展。该模式的特点是：扬长避短、重点倾斜、注重实力。这种模式常见于发达国家，如美国 I—270 高技术走廊依托的是几个联邦政府研究机构及其生物和信息技术，因而发展成为以生物技术和信息技术为主导的科技园区；犹他大学研究园，即"仿生谷"，依托的是犹他大学第一流的医学研究优势。[1]

优势导入模式是指该地区优势不突出，科技、工业技术基础薄弱，或原有产业失去优势，面临困境，通过创造条件谋取未来的优势。该模式的特点是：因势利导，通过"借他人之长，补己之短"来发展高科技产业。如法国索菲亚·安蒂波利斯科学城原来是一个旅游胜地，除一所普通的尼斯大学外，无其他科研机构，但通过创造条件在城内创办孵化器、新型研究机构等，从过去的以旅游、建筑业为主的地区发展成为高技术地区；日本九州"硅岛"原是面临困境的煤矿，通过积极创造条件，从而发展成为高科技园区；法国布列尼塔高技术园是在失去原有的船业优势后通过创造条件发展起来的。

优势综合发展模式是综合利用本地区的多种优势，如资源优势、科技优势、产业优势、人才优势、环境优势等发展起来的科技园区，如法国法兰西科学城、美国费城科学城、128 公路地区以及新加坡的裕廊工业区。[2]

2. 从性质和功能来看，主要有创新基地型模式、高科技产业基地型模式、区域经济辐射性模式或这三种模式的结合

以创新基地型这种模式发展的高新科技园区，一般依托的是智力人才资源密集优势，主要位于知识中心城市，靠近较好的大学和研究院，拥有最优秀的科技人才，具备完善的信息基础设施，是风险资本最活跃的地方。选择创新基地型发展模式的高新科技园区，其主要目的是组织研究开

---

[1] 孙万松：《园区经济与核心竞争力》，中国经济出版社 2004 年版。
[2] 安纳利·萨克森宁：《硅谷与 128 公路地区的文化与竞争》，上海远东出版社 1999 年版。

发,并不断输出新技术、新产品和新人才。英国剑桥科学园、前苏联西伯利亚科学城、日本的筑波科学城可算是这种模式。

以高新技术产业基地型发展模式的高新科技园区,一般依托的是生产比较成本优势。区内聚集了大量的全国性公司和一定数量的国际性公司,以生产高新技术产品为主,园区专业化达到比较高的程度,区内特色支柱产业已经形成,在国内乃至在世界都有一定影响,企业国际化意识较强,具有一定的研发能力。印度班加罗尔软件园就是这种发展模式。

以区域经济辐射型发展模式的高新科技园区,一般位于区域经济中心城市,它不仅是带动中心城市发展的核心力量,而且辐射到区域并带动整个区域经济的发展;区内企业以中小企业为主,生产型企业占不到绝大多数,还集聚了大批技工商贸型和服务型企业。如日本的技术城、韩国的光州和大丘技术城都是这种模式。[1]

世界上有些高新科技园区既是创新基地,又是高新技术产业化基地,还是区域经济发展中心,因而是几种模式的综合体,比如美国的硅谷、波士顿的128公路技术带、北卡三角研究园就是这种模式。

此外,世界高科技园区的发展从形成过程来看,可划分为自发型、政府计划型和自发与政府干预相结合的混合型三类;从经济活动的表现特征来看,可划分为外向型、内向型及兼有内向型和外向型特征的双向型三类;从投资主体的角度来看,可划分为政府投资型、民间投资型和混合经济型三类等。[2]

我国高新区如果按照世界高新科技园区性质和功能发展模式分类,目前除北京中关村努力向创新基地型模式发展外,大多数采取的是优势主导和优势综合发展模式,但也有采用优势导入模式的,并取得了相当程度的成功。例如,深圳严格说来是没有条件兴办高新科技园区的,自身基本没有大学和科研机构的支撑条件,通过体制创新、改善投资与创业环境来吸引外来大学、科研机构和大公司研发机构落户深圳高新区,使其成为我国著名的高新科技园区。

从我国高新区发展模式的走向来看,今后会更加注重区域特色,东部沿海与中西部内地、东北老工业基地与新兴工业基地、智力资源密集地区与对外开放条件好的地区之间所选择的发展模式会有很明显的区域个性,结合区域优势,走出一条适合自身发展的路子。

---

[1] 景俊海:《科技工业园创新之路》,陕西师范大学出版社2001年版。
[2] 张克俊:《我国高新科技园区建设的比较研究》,西南财经大学出版社2005年版。

(三) 园区管理体制比较

我国经济园区由于起步较晚，在建立时正处于宏观上的体制转轨时期，因而大多数园区选用的政府主导型的管理模式。世界上大多数经济园区也都有政府主导的因素在里面，但随着园区的不断发展，越来越多的园区开始呈现出"三元参与"的特点，即企业、大学（包含研究机构）和政府三方彼此合作和参与，这里我们同样选取高科技园区作为分析对象。

我国学者代帆将世界高科技园区的管理模式分为学校或民间非盈利机构管理型、政府部门管理型和政府、大学、企业组成的机构管理型。[①]

1. 园区企业化管理体制

学校办的高新技术园区大都采用这种方式，具体做法是由学校设立专门的机构和人员进行管理。如英国剑桥科学园由剑桥大学的三一学院领导，有两名专职管理人员进行管理。这种以学院为基础的结构削弱了系部这一层次的职能，鼓励个人资质的发展。优点在于消除了来自政府的一些不必要的行政干预，实行自主管理、发展自由度较大，对中小型投资者有较大的吸引力。缺点是大部分公司都是小公司，这些小公司得不到大公司或政府部门的支持，彼此间联络太少，协同性差，发展缺乏后劲，容易被大公司兼并而自动消失。

2. 园区政府主导型管理体制

完全由政府投资兴办的高新科技园区都采用这种发展思路。政府对高科技园区的建设和发展起到了主导作用，政府为园区提供大量投资、土地，主管其日常运营，负责园区基础设施和服务设施建设，必要的情况下，政府还直接参与工业生产，和私人资本一起建立合资公司。优势在于政府为园区提供了较为宽松的物质环境、治理环境和政策支持。缺点在于政府行政色彩过于明显，企业的依赖型较强，可能导致企业创新精神的丧失，从而不利于企业发展壮大。

3. 园区政企共管体制

典型例子为美国的北卡罗来纳三角研究园，该区由三角研究基金会管理，基金会则由政府、学校、企业各方代表组成理事会。这种"官、学、产"共同管理的模式，一方面利用政府力量弥补了企业发展

[①] 代帆：《世界高科技产业开发区管理模式比较研究》，载《科学学与科学技术管理》，2001年第3期。

后劲不足的缺陷,为企业的发展提供了良性的科研智力环境;另一方面,共同管理也避免了政府行政权力的过多干预,激发了大学和企业界的活力。①

比较国外高新区,我国高新区主要是政府主导型的管理模式,通过成立高新区管委会作为所在地市政府的派出机构,在区内行使市一级经济管理权限和部分市级行政管理权限。根据管理权限,实行的财政体制和政企关系不同,这种模式又有不同的具体形式:(1)政府派出机构型,即高新区不是一级政府,尚不能作为一个相对独立的行政区域来行使权利,有关管理方面的权利均由所在市政府和有关部门授予,而社会管理方面的职能主要由所在行政区承担。(2)与所在行政区合一型,即高新区与所在行政区实行"一套机构、两块牌子",既有区一级政府机构设置,同时又是对高新区进行管理的党工委和管委会班子,实行高新区与行政区合一的管理体制。(3)独立行政区型,其管理机构为新区管理委员会,全面负责新区的管理和建设,形式完整的一级政府权力。②(4)政企合一型,该类型是高新区管委会与建设发展总公司实行"两块牌子、一套人马",主要职能机构合署办公,既具有行政职能,又具有经济职能,管委会行使市级管理权限,负责对高新区实行统一领导。③

4. 中外园区管理体制比较

从上述分析可以看出,国外园区管理机构都很小,很少设政府管理机构。也就是说国外园区主要采取园区企业化管理体制和园区政企共管体制这两种方式,政府不直接干预经济园区的管理工作,而主要是通过企业联合或者企业与园区高校联合管理的方法。这种方式既节约了管理成本,又减少了政府这一层的行政干预,大大提高了园区的管理效率。即便是采用园区政府主导型管理体制这种管理方式,政府设在园区的办事机构规模也不大,人数非常少,大概10人左右,与此形成鲜明对比的是国外园区办事机构非常高的工作效率。

与国外园区相比,我国园区大都采用政府主导型管理体制,通过园区管理委员会对园区的正常运转工作进行管理。这种方式与我国当时的经济形势与现实情况紧密联系,而且在我国园区的起步和发展阶段起到了极大的作用。但随着经济形势的变化以及园区管理模式的不断创新,我国政府

---

① 白克明:《加快高新区的改革与建设》,北京师范大学出版社1993年版。
② 吴神赋:《世界科技园区体制比较与启示》,载《中国科技论坛》,2004年第3期。
③ 孙万松:《园区经济与核心竞争力》,中国经济出版社2004年版。

主导型管理体制表现出越来越多的弊端和不足。借鉴世界高新科技园区的管理经验，我国高新区管理体制的创新除了要明确高新区及管委会的法律地位，建立"管理法制化，服务多元化"的新型政企关系，在保持政府适度参与的前提下，加强企业与教育、科研机构的联合。充分调动各方面的积极性，让三者经过长期自然集聚与融合，形成自己独特的社会文化，实现资源的优化配置，更好地发挥整体的功能，真正把高新区建成基于高科技之上的产、学、研一体化的园区。[1]

（四）园区发展特色比较

目前世界上的园区发展已引起各国政府、教育界、科技界和企业界的高度重视，而且有了比较明确的规范和相似的构成要素，有共同的理论渊源和基本规律。然而，园区还是因地制宜，有不同类型的，不能强求一致，也不能千篇一律。园区作为一种经济形式，其发展模式是关系到园区建设兴衰成败的关键问题。园区从诞生到现在，既有获得巨大成功的典范，也不乏许多失败者。究其原因，发展模式的选择失误是其中的一个重要因素。园区发展要根据实际因素走适合自己的特色之路，只有这样才能保证园区具有比较优势和竞争力。下面我们来比较一下不同国家园区的发展特色。

1. 国外园区种类多样，按照是否以自由贸易或保税为标准可以分为以自由贸易或保税为主要特征的园区和不以自由贸易或报税为主要特征的园区

国外以自由贸易或保税为主要特征的开发区概括起来主要有两大类：即自由区和出口加工区，其中自由区包括自由港、自由贸易区、自由边境区、过境区和保税仓库区5种类型。不以自由贸易或保税为主要特征的园区是指有些园区虽然拥有相关保税的设施和条款，如经济开发区内的保税仓库等，但其整体功能和政策特征并不以保税或自由贸易为主要内容，主要包括各种科学工业园区。科学工业园是经济性开发区向高层次发展的一种新形式，在一些国家又称为科学城、科技园、高科技工业园等。其特点是以集中引进和开发新兴产业和尖端技术为目标。在园区内集中一批高科技的研究机构和高等院校，开展高、精、尖的科研活动，以及工程技术的开发和工业化生产活动，构成"科学—技术—生产"的综合结构体。科

---

[1] 张克俊：《我国高新科技园区建设的比较研究》，西南财经大学出版社2005年版。

学工业园的兴办，从20世纪50年代开始，到90年代已经形成热潮，它反映了开发区发展的新动向和新方向。科学工业园区与一般的自由贸易区和出口加工区的不同点主要在于：它必须具备专门从事尖端技术所需的工业基础设施，包括相应的工厂、能源、动力供应及服务设备；必须具备较集中的科研机构、高等院校以及相应的科技研究设备；必须具备为专家、科研人员提供良好生活条件的设施。

2. 区位优势突出，聚集效益明显

比如西欧国家科技工业园规模虽然都不大，大的约5至6平方公里，小的仅几公顷，但位置都设在交通便捷、科技文化先进与经济发达的城市近郊。如德国汉堡高技术园区设在经贸发达的港口城市，不来梅科技园则设在科技文化城市。园区集约化程度很高，只有100多公顷的汉堡高科技园，就拥有60家高科技企业。园区内道路畅通，绿树成荫，环境洁净优美，令人赏心悦目。

3. 管理机构精简，服务功能完善

国外园区管理机构都很小，很少设政府管理机构。园区除了由当地政府科技部（科）指派的"联系官"进行协调、联络外，日常管理工作主要由园区科技服务中心（公司）承担。服务中心（公司）对进区企业从向政府部门报批、办理各项手续，直至提供厂房、仓储、办公楼和会议厅，以及信息咨询、人员招聘等，进行高水准、全方位的服务。有些还要承担企业早期培育管理（孵化）服务工作。有的还开设餐厅，为区域企业提供服务。科技服务中心（公司）与进区企业完全是平等的服务与被服务关系，并不存在上下隶属关系，具体实施则通过双方签订协议的方式确立。科技服务中心（公司）人员一般只有10人左右，平均文化程度在大学本科以上，一人身兼多职，服务效率很高。

4. 政府重视园区发展，扶持措施有力

以高科技园区发展为例，高科技工业园是国家新的生产力的培育实验基地，因而为各国所重视。究其目的有两个：一是为了提高综合国力和参与国际竞争；二是为了减轻政府压力，提供更多的就业机会。这些国家和政府采取了一系列措施：一是加大对园区基础设施的投入。德国有100多个科技园区，90%的基础设施都由国家兴建。二是通过政策驱动，推动高科技产业群的建设。西欧国家政府对国家急需发展的高科技产业门类，从免税、信贷和经费补贴等多方面给予政策倾斜。德国不来梅市地方政府规定，如果新毕业的大学生自己创办公司，可得到投资额20%的政府补贴。外国人在不来梅开办科技公司，也可享受政府补助，最多的可达到投资额的28%。访问中，笔者见到不少一边读书研究、一边开业当经理的中国留学生。此外，地方政府还设置科技"代表处"和"联系官"，以便保持与园区企业、研究机构以及大学的经常性接触，从而加强了政府对园区的协调与指导。

5. 整体科技水平很高，产、学、研一体化机制完善

以德国这个工业化国家为例，园区内的高科技企业占80%以上。员工平均文化程度也较高，大部分员工学历都在大学本科以上，只有部分蓝领员工是职业技术学校毕业生。同时，国家的科技园都建在大学科技机构周边，加上有众多的高科技企业作支撑，产、学、研科技一体化程度普遍很高。园区的高科技企业为大学提供了最佳的教育实习基地，大学实验室则对外开放，有的大学实验室就设在园区内，有的则接受委托实验，这样，企业降低了开发成本，学校获得了经济效益，并丰富发展出新的研究项目和研究课题，学生也较早地了解了企业，为日后走向社会打下了基础。由此构成了一条大学科研机构与企业密切相连、良性循环的科技开发链。①

6. 中国园区的基本情况

改革开放以来，随着中国全方位对外开放和世界新技术革命潮流的推动，国家和地方政府及各类企业先后建立了许多不同类型、不同层次的园区。到目前为止，国务院共批准建立国家级经济技术开发区54个，国家级高新技术开发区54个，国家级保税区15个，国家级边境经济合作区14个，国家级出口加工区60个。②

自改革开放后，通过对国外园区的不断学习，我国经济园区已经取得了巨大的成就，成为我国经济发展的新增长点。2007年，全国54个国家级开发区实现地区内生产总值（GDP）12695.96亿元，工业增加值9199.70亿元（工业增加值占GDP的比重为73.14%），工业总产值（现价）38426.28亿元，税收收入2036.77亿元，出口1780.84亿美元，进口1527.95亿美元，实际使用外资金额173.21亿美元。依次分别比上年同期增长25.48%、24.1%、27.28%、29.73%、19.32%、14.18%和17.77%。地区生产总值和实际使用外资金额分别高于全国增幅14.02和4.17个百分点，工业总产值和税收收入略低于全国增幅0.5和1.8个百分点，出口和进口分别低于全国增幅6.4和6.2个百分点。另外，我国园区在学习借鉴外国园区先进经验的同时，也根据园区的现实情况，因地制宜，创造出

---

① 山东国际商务网：http://www.shandongbusiness.gov.cn/index/content/sid/41756.html。
② 孙万松：《园区经济与核心竞争力》，中国经济出版社2004年版。

了许多有地区特色的园区：大连金石滩国家旅游度假区以及苏州的太湖国家旅游度假区，天津和青岛的报税物流园区，洋山保税港区，珠澳跨境工业区，集美台商投资区，上海陆家嘴金融贸易区，东宁－波尔塔夫卡互市贸易区。①

近年来，经济园区虽然取得了巨大的成就，但在园区发展模式、管理体制、配套服务体系以及合理利用土地实现可持续发展等方面还存在许多不尽如人意的地方。随着经济全球化进程的加快以及我国加入 WTO、全面参与国际竞争，全球产业结构的调整和制造业的转移趋势，跨国公司的投资方式逐步转向股权式合资、非股权式合作、独资、跨国收购与兼并以及战略联盟等，我国的园区发展面临着新的发展机遇和严峻的挑战。新的形势对园区的发展提出更高的要求，园区必须在与时俱进中先行一步，按照应对经济全球化挑战的新要求，适时建设园区的创新体系，全面提升管理和服务功能，这已成为园区可持续发展的必然选择。

园区在以后发展中要做好以下几方面的工作：第一，政府要发挥在园区创新中的重要作用。政府可以通过积极的政策支持和良好的法律制度来促进园区的发展。我国在支持园区发展的政策方面已经采取了一些措施，提供了一定优惠，但园区发展的法律保护方面还需加强。第二，完善基础设施和管理服务，构建良好的体制条件和外部环境。积极借鉴国际经验，成立高效园区管理机构，根据高科技产业发展的特点尽可能提供各种优质的管理服务。同时，高标准建设园区的基础设施，构建良好的体制条件和外部环境，对科技园区的发展起到了很好的保障和促进作用。第三，积极构建产、学、研有机合作的平台。外国一流园区的发展得益于大学、研究机构与企业的合作，形成一种良性的互动机制。而目前我国园区的产、学、研关系比较松散，创新互动机制尚未形成。当前我国园区正处在转型升级时期，如何加强与科研院所的合作，推进企业的技术创新和产业的发展，将成为园区转型成功的重要因素。第四，传统产业升级和引进高新技术同等重要。外国工业园区采取相关措施使许多传统产业通过科技园区孵化再上新台阶的经验，使我们认识到在科学技术突飞猛进的今天，只有"夕阳技术，没有夕阳产业"。目前，我国园区正处于产业技术升级阶段，高新技术的研发和产业化不仅是发展新技术的需要，而且是提升传统产业和竞争力的需要。因此，高新技术产业政策的对象不仅是少数被界定的高

---

① 中国开发区网：http://www.cadz.org.cn/Content.jsp?ItemID=1570&ContentID=41283。

新技术产业，而且应包括促进高新技术在传统产业的应用。第五，园区管理体制创新和制度建设要因地制宜。建立园区是政府行为，园区管委会代表政府在规划、土地批租和开发、招商以及相关配套政策等各方面发挥重要作用。按照德国经验，管委会对园区的管理相当于对一个大型企业的管理，要有合理的治理结构，才能协调各方面的利益。我国园区目前有些设立了开发总公司，对开发总公司应尽快实行规范的企业化管理，营造"小机构、大服务、大网络"的管理格局，最大限度地减少中间环节，提高管理水平和办事效率。

二、山东与省外经济园区发展的比较

经过20多年的艰苦创业，经济园区已经发展成为山东发展速度最快、经营成本最低、产业层次最高、集约程度最强的经济板块，成为山东对外开放的主阵地、承接国内外产业转移的主要载体、促进区域经济发展的龙头和主要力量，在推动山东对外开放进程中发挥了重要作用。山东园区虽然取得了很大成绩，但与一些先进省市园区相比还有一定的差距。其他省份的先进园区为山东园区发展提供了宝贵的经验，山东应在学习借鉴的基础上不断缩小与国外、省外先进园区的差距，为山东经济发展做出更大的贡献。

（一）园区综合竞争力比较

目前，山东共有省级以上经济园区155家，其中有青岛、烟台、威海3家国家级的经济技术开发区，1家保税区，1家保税物流园区，青岛、烟台、威海、济南、潍坊、青岛西海岸6家出口加工区，145家省级开发区。截至2007年，全省经济园区规划面积为927.8平方公里，建成区面积为1294平方公里，各类企业3万多家，直接从业人员超过250万人。2007年，引进项目总投资6517.3亿元，实际到账外资40亿美元，占全省的53.8%；进出口642.9亿美元，占全省的52.4%；完成规模以上工业企业增加值3601亿元，税收总收入473亿元，分别增长27%和30%。[①]

---

① 数据来源：《山东对外经济贸易年鉴》(2008)。

第十章 经济园区发展的比较借鉴

山东经济园区虽然取得了很大成绩，但与一些先进省市园区相比还有一定的差距，下面我们通过数据来进行一下比较（见表10-1至表10-4）。

表10-1　　　　2007年部分东部国家级经济技术
开发区地区生产总值情况　　　　单位：万元

序号	开发区名称	2007年	2006年	同比
1	广州	9476571	7894384	20.04%
2	天津	9386985	7805585	20.26%
3	苏州工业园区	8360100	6795200	23.03%
4	大连	7031550	5625480	24.99%
5	昆山	6706160	5392960	24.35%
6	青岛	5969587	4700200	27.01%
7	烟台	5201167	3950003	31.68%
8	北京	4815104	3695526	30.30%
9	金桥出口加工区	4194608	4022705	4.27%
10	漕河泾	4164448	3810000	9.30%
25	威海	1201229	1002222	19.86%

资料来源：中国开发区网，http://www.cadz.org.cn/Content.jsp?ItemID=1570&ContentID=41283。

从表10-1可以看出，山东三个国家级开发区2007年GDP总值有两个排在前十位，分别是青岛第6位，烟台第7位，但威海开发区排在第25位。从GDP数值上来看，青岛为5969587万元，烟台为5201167万元，而排在第一位的广州经济技术开发区2007年GDP为9476571万元。青岛、烟台开发区分别仅为广州开发区的63%和54%，差距还是比较明显。另外排在前10位的有上海地区的金桥出口加工区和漕河泾开发区，江苏省的苏州工业园区和昆山开发区，天津开发区，北京开发区和大连开发区。值得一提的是烟台开发区2007年同比2006年增长31.68%，在前十位开发区中排名第一，青岛为27.01%，说明两个开发区发展势头强劲。

表10-2　2007年部分东部国家级经济技术开发区税收收入情况　单位：万元

序号	开发区名称	2007年	2006年	同比
1	天津	1981579	1694614	16.93%
2	广州	1861078	1666990	11.64%
3	苏州工业园区	1684493	1169069	44.09%

续表

序号	开发区名称	2007 年	2006 年	同比
4	北京	1211251	902492	34.21%
5	金桥出口加工区	1028862	848879	21.20%
6	南沙	767328	376924	103.58%
7	青岛	743107	563005	31.99%
8	昆山	711969	534603	33.18%
9	大连	710490	581080	22.27%
10	烟台	651769	452124	44.16%
26	威海	138346	123636	11.90%

资料来源：中国开发区网，http://www.cadz.org.cn/Content.jsp?ItemID=1570&ContentID=41264。

从税收情况来看，山东三个开发区分别为青岛 743107 万元，排名第 7 位；烟台 651769 万元，排名第 10 位；威海 138346 万元，排名第 26 位。天津开发区排在第 1 位，税收 1981579，山东三个开发区分别只占天津开发区的 37%、32%、6.9%，差距同样十分明显。

表 10-3　中国 2006 年部分国家级经济技术开发区投资环境综合评价分类指标统计（综合经济实力指标）

省市	综合经济实力指标数值					
上海市	上海金桥	漕河泾	闵行	虹桥	合计	
	108.88	70.45	42.85	22.50	244.68	
天津市	天津					
	203.01					
江苏省	苏州工业园	昆山	南京	南通	连云港	合计
	169.05	117.07	43.05	22.94	16.24	368.35
浙江省	杭州	宁波	萧山	宁波大榭	温州	合计
	57.49	55.05	20.43	14.72	14.67	162.36
广东省	广州	广州南沙	惠州大亚湾	湛江	合计	
	159.40	39.98	16.08	7.35	222.81	
辽宁省	大连	沈阳	营口	合计		
	83.87	51.90	16.80	152.57		
山东省	青岛	烟台	威海	合计		
	77.54	68.82	15.55	161.91		

资料来源：《中国开发区年鉴 2007》，中国财政经济出版社 2007 年版。

表10-3是东部主要发达省份和城市开发区的综合经济实力指标，其中山东省开发区的指标数值为161.91，仅比辽宁省的152.57高9.34。其中江苏省指标数值为368.35，上海为244.68，广东省为222.81，浙江省162.36。从单个开发区的情况来看，山东最高的是青岛77.54，相比较苏州工业园的169.05和广州的159.40还有很大的差距，没有起到龙头带动作用，而山东的其他两个开发区烟台为68.82，威海仅为15.55。

表10-4　　　中国2006年部分国家级经济技术开发区投资环境综合评价统计

开发区	得分	排名	上年排名
天津	726.49	1	1
苏州工业园	664.59	2	2
广州	589.49	3	3
昆山	558.61	4	4
青岛	516.83	5	5
烟台	510.86	6	7
北京	504.43	7	8
大连	496.76	8	9
漕河泾	470.55	9	6
上海金桥	452.61	10	10
威海	329.20	29	32

资料来源：《中国开发区年鉴2007》，中国财政经济出版社2007年版。

从开发区投资环境综合评价来看，山东三个开发区青岛和烟台排名比较靠前，在2006年分别是第五位和第六位，威海的排名比较靠后为29位，但同比去年的32位上升了3个位次。青岛、烟台的综合评价得分分别为516.83和510.86，与排在第3位的广州589.49和第四位昆山的558.61差距不是太大，但与天津的726.49和苏州工业园的664.59还有一定的差距。

通过上面的比较分析可以看出，山东经济园区在过去的20年中取得了快速的发展，但是与发达省份和地区相比还有一定的差距，今后的过程中应戒骄戒躁，学习发达地区的先进经验，不断提高自身水平，带动全省经济的发展。

（二）园区投入产出比较

投入产出分析从经济系统的整体出发，分析各个部门之间相互输入（投入）与输出（产出）的产品的数量关系，及企业经济系统，成为对错综复杂的技术经济联系进行定量分析的有效手段，是公共管理的重要分析方法之一。园区的投入产出是衡量园区发展效率的一个重要指标，下面我们从中国2006年国家级经济技术开发区投资环境综合评价分类指标统计（发展与效率指标）的部分指标来比较一下山东与其他省份园区的投入产出情况（见表10-5）。

表10-5　中国2006年部分国家级经济技术开发区投资环境综合评价分类指标统计（发展与效率指标）

开发区	单位土地GDP产出	单位土地税收收入	单位土地工业利润总额	单位土地工业增加值
闵行	3.08	10.00	10.00	10.00
漕河泾	1.98	1.44	3.23	7.56
上海金桥	1.35	3.55	5.51	5.24
天津	0.92	2.52	3.95	4.20
北京	0.68	2.17	5.75	6.13
南京	0.98	1.73	3.40	3.07
苏州工业园	0.73	1.55	3.29	3.74
昆山	0.79	0.88	1.89	3.03
宁波	0.73	1.49	1.68	1.70
宁波大榭	0.35	1.64	1.09	1.72
萧山	0.58	0.95	1.74	2.69
杭州	0.38	0.72	1.55	1.60
青岛	0.30	0.39	1.56	3.12
烟台	0.54	0.71	1.28	1.88

资料来源：《中国开发区年鉴2007》，中国财政经济出版社2007年版。

我们先来看单位土地GDP产出，青岛、烟台两地分别为0.30与0.54，而上海的闵行、漕河泾、上海金桥三个开发区最高分别为3.08、1.98、1.35，其中闵行开发区为青岛的10.2倍，烟台的5.7倍，差距十分明显。天津开发区为0.92、北京为0.68，也都高于山东的两个开发区，另外江苏开发区的指标数值都在0.7以上，浙江开发区有宁波和宁波大榭高于0.7，萧山和杭州分别为0.58和0.38，均高于青岛的数值。

从单位土地税收收入来看，闵行开发区最高为10，漕河泾和上海金桥分别为1.44和3.55，北京、天津数值也不低，分别为2.17和2.52。江苏和浙江的数值也都在1左右，而山东烟台为0.71，青岛则只有0.39。

从单位土地工业利润总额来看，闵行最高为10，接着是北京5.75，上海金桥5.51，天津3.95，南京3.40，苏州工业园3.29，漕河泾3.23。其余江苏和浙江开发区以及山东的青岛和烟台都在1和2之间。

最后来看单位土地工业增加值，最高的依然是闵行开发区，数值为10，上海的漕河泾和金桥分别为7.56和5.24，北京6.13，天津4.20。江苏省的南京、苏州工业园、昆山数值都在3以上，浙江省最高的是萧山2.69，其余的都在1.7左右。山东青岛较高，为3.12，烟台为1.88。

从上面的4个指标分析可以看出，山东在单位土地GDP产出、单位土地税收收入、单位土地工业利润总额、单位土地工业增加值4个指标数值上与上海、北京、天津这些发达地区的园区还有很大的差距。与江苏和浙江两省比较来看，山东与之也有一定的差距，虽然相比与上海、北京、天津的差距要小得多，但山东要追上江浙两省还有很长的路要走。

（三）园区发展特色比较

改革开放以来，我国经济园区发展取得了巨大的成就，无论在发展路径还是在发展模式上都为我国经济发展提供了很好的经验和启示，在原来传统园区的基础上不断创新，因地制宜，走出了一条特色之路。从不同省份来看，各省虽然都有不同程度的发展，但省与省之间差距还是很大，模式和路径也有所不同，下面我们通过几个著名园区来比较一下山东与其他省份园区发展的特色。

1. 提高吸引外资质量，加快园区产业结构升级

从苏州工业园区的情况来看，目前全区累计引进合同外资269亿美元，实际利用外资116亿美元，注册内资915亿元，形成了内资外资双轮驱动的发展格局。从地区结构看，来自欧美的项目占49%，日韩占18%，新加坡占6%，港澳台地区占22%。从投资规模看，投资上亿美元项目超过60个，其中10亿美元以上项目6个，区内项目平均投资额超3000万

美元，65家世界500强企业在区内投资了101个项目。从产业层次看，省级以上高新技术企业超过120家，尤其是在IC、TFT-LCD、汽车及航空零部件等方面形成了具有一定国际竞争力的高新技术产业集群。目前，园区以占全国十万分之三的土地，创造了全国约3%的IT产值和16%的IC产值，汽车零部件和软件外包销售收入分别占到苏州市55%和90%，高新技术产业利税总额占全市比重超过三分之一。

2. 完善科技创新机制，提高科技创新能力

苏州工业园区始终坚持走内涵式发展道路，把科技进步作为立区之基、强区之本，不断加大对技术创新的扶持力度。重点做好以下几点：第一，加快完善创新载体。先后组建了科发、创投等国资创新投资主体，累计投入130余亿元，启动建设了国际科技园（国家级软件园）、独墅湖高教区、生物纳米园、创意产业园、中新科技城等各类科技创新载体200余万平方米，构建了市场招聘、猎头招聘和上门招聘三大人才引进网络，引进中外一流高校10余家、各类人才中介机构50多家。第二，加速集聚创新主体。先后建成了火炬计划软件产业基地、火炬计划汽车零部件产业基地、国家电子信息产业基地、国家集成电路产业园、国家动漫产业基地、中国软件欧美出口工程试点基地等6个国家级产业基地，拥有各类研发机构60多家，并相继引进中科半导体所、计算机所等一批国家级研发机构，尤其是中科院纳米技术与纳米仿生研究所的建立，实现了苏州国家级独立研究机构零的突破。第三，持续优化创新氛围。先后建设了集成电路设计、软件评测和知识产权保护中心等一批创新功能平台；设立了总额超过30亿元的风险创投、人才培养、中小企业创业担保以及IC设计、软件研发与生物、纳米等领域的发展专项基金。率先在国内开发区中建立知识产权保护中心，目前正在创建国家知识产权保护示范区。[①]

3. 积极拓宽融资渠道，加强中外合作办区

以上海闵行开发区为例，临港园区是闵行开发区成长性最好的项目，也是"十一五"投资强度最大的项目。实行基础设施与土地开发分离的机制后，仍须拓宽融资渠道。一方面，要在临港开发大的政策框架下，积极争取相关投融资政策；另一方面，要主动探索市场融资途径、方法，运用BOT、BTO等多种渠道，缓解资金供应矛盾。同时，还要高度重视、切实防范资金风险。另外要加强中外合作办区，更好地吸收外国园区的先

---

① 新华网江苏频道：《苏州工业园区发展情况介绍》，http://www.js.xinhuanet.com/zhuanlan/2007-02/28/content_9380716.htm。

进技术和管理经验。苏州工业园区是中新两国政府间重要的合作项目，1994年2月经国务院批准设立，同年5月实施启动。园区地处苏州城东金鸡湖畔，行政区域面积288平方公里，下辖三个镇，户籍人口27万，其中，中新合作开发区规划面积80平方公里。作为中新两国政府间重要的合作项目，苏州工业园区的开发建设一直得到了党中央、国务院的高度重视和亲切关怀。十二年来，在合作双方的共同努力下，园区的开发建设一直保持着持续快速健康的发展态势，主要经济指标年均增幅达40%左右，累计上交中央和省市各类税收460亿元，创造就业岗位超过40万个。

4. 加快园区配套设施建设，完善园区中介服务体系

近年来，天津开发区逐步摆脱了以"工业为主"的单一发展模式，加快区内商业、金融等配套设施的建设速度。特别是滨海新区启动新一轮开发建设以来，开发更是向创造良好的人居环境，形成现代化国际港口大都市的标志区阔步迈进。据此，开发区下一步将重点规划中央商务区、学院区和新型社区，并加快建设区内的新交通体系。①

5. 坚持集约化，争创新优势

如上海闵行、上海金桥、漕河泾等开发区，根据集约化成为新一轮发展普遍标准的实际，按照国家有关部门的要求，以继续挖潜提高土地单位面积的产出效益为目标，以优化结构为抓手，以产业集群的发展壮大为载体，优化存量、集约增量、严控"容量"，更加自觉、系统地推进经济增长方式的转变。②

6. 山东省园区发展特色

园区是区域经济发展的龙头，是对外开放、招商引资的主要载体，是发展高新技术产业、壮大民营经济的重要基地。加快园区建设和发展，是山东实施科教兴鲁、经济国际化、城市化和可持续发展四大战略的有效途径。改革开放以来，山东各类园区相继建立并快速发展，已成为全省经济发展的重要支撑力量。主要发展特色有以下几点：

(1) 管理体制不断创新，成为改革开放的试验田和先行区。园区始终把体制创新作为发展的动力和保障，在充分借鉴国际上各种特殊经济区域发展与我国经济特区建设成功经验的基础上，创立了中国特色的管理体制。采取了"管委会"的"准政府"管理模式，提出并成功实践了"小

---

① 《滨海新区重点区域之一：天津开发区介绍》，http://tj.house.sina.com.cn/n/2006-05-19/153726606.html。

② 《闵行开发区"十一五"规划》：http://www.smudc.com/aboutus/gui.asp。

政府、大社会"、变"无限政府"为"有限政府"的管理理念，保持了政府的精简高效运转。积极营造投资软环境，高度对外开放，努力与国家惯例接轨，全力打造"服务型政府"，首创了"一个窗口"对外、"一站式"办公、"一条龙"服务，较早形成市场经济条件下的新型政企关系。园区在投资体制、经济运行机制、劳动人事制度、土地使用制度、行政管理体制、社会保障制度等方面也进行了积极探索和大胆创新，取得了很好的成效。

（2）积极吸收外资，大力发展高新技术产业，成为现代制造业集中、产业集聚效应突出、经济高速增长、带动力强的外向型工业区。经过多年招商引资，山东园区普遍构建起以制造业为支撑的产业框架，成为所在区域现代工业的核心区，走出了一条在开放条件下实现新型工业化的道路。

（3）注重集约经营和合理开发利用土地等资源，取得较大经济、社会和环境效益，成为我国土地集约利用程度最高的区域之一。从建区之日起，山东经济园区就高度重视土地的规划、管理和利用，始终坚持滚动开发、少占耕地、有偿使用和工业用地为主的原则，土地单位面积产出迅速增加，投入产出率明显高于省内其他地区。在集约高效开发利用土地的同时，园区十分注重妥善安置失地农民，并根据当地实际情况，创造了不少值得推广的经验。比如说，把土地补偿金变为不动产，依靠不动产出租收益安民富民，使"小钱"变"大钱"，"死钱"变"活钱"，确保农民失地不失利；通过政策安置、强化培训、开辟公益性岗位、鼓励自谋职业等多种措施，建立就业扶持机制，确保农民失地不失业。还有实施旧村改造，改善群众居住条件，确保农民失地不失居。再就是建立了包括养老、医疗、失业、最低生活保障等失地农民综合社会保障体系，确保失地农民无后顾之忧。对失地农民的妥善安置，促进了开发区的稳定健康发展。

（4）注重引进和培养高素质人才，就业规模不断扩大，成为安排就业的重要渠道。园区积极实施人才优先战略，为吸引国内外优秀管理、技术人才，制定了一系列政策。如：通过放宽户籍准入制度，建造青年和外商公寓，为大量入区先进生产型企业吸收人才创造良好条件；通过设立创业服务机构、留学生创业园等方式，鼓励高端人才进区投资创业；通过设立技术和技工学校，加强职业培训，吸引一批国内外知名高校到区内开办研究生教育，满足企业对高素质、高技能人才的需求等。

(5) 加强新型园区的建设，不断推出园区体制和模式创新。山东在原有园区的基础上，不断进行新型园区的建设，以适应经济环境不断变化的需要，比如各地根据自身实际情况建设物流园区，青岛的保税物流园区已经取得不错的效果。青岛保税区在国内同类区域中最早提出"区港联动"和向"自由贸易区"转型的理念，并为此进行了不懈的努力。他们先后多次组织国内外专家学者对青岛保税区"区港联动"进行全面研究论证，并于2002年、2003年连续两年成功承办两次"中国保税区发展高层论坛"，为实施"区港联动"作了充分的理论和实践的准备，有力地推动了以"区港联动"为突破口的保税区转型。

总的来讲，山东经济园区经过多年发展，特色优势不断扩大，但与国内先进省份的特色园区发展还有一定的差距。下一步应结合山东省的实际情况，不断在园区体制和模式上进行创新，适应经济形势不断发展变化的需要，更好地为山东经济服务。

三、启示与借鉴

通过前面的分析可以看出，山东经济园区不论是与国外经济园区相比，还是与国内发达省份的经济园区相比，都还有一定的差距。这些先进园区的做法和经验是山东经济园区发展的宝贵财富。山东经济园区在发展过程中要充分利用"后发优势"，积极学习它们好的做法与先进经验，加快发展步伐，逐渐缩小差距，积极赶超先进园区。

（一）国外与省外园区发展的主要做法

1. 充分发挥民间力量建设与管理经济园区，形成经济园区自我管理与发展的机制

国外发达国家的经济园区基本上都不设政府管理机构，全权由该园区的协同组合负责管理。园区协同组合设有理事会，是园区的最高管理机构，理事会成员分别由园区内每个企业的理事长担任。绝大多数的园区还设有事务局。这种园区的协同组合自我管理园区的形式，一方面极大地节约了政府管理成本；另一方面也有效地密切了园区内管理组织与企业的关系，促进了园区内事业的共同发展。

2. 高度重视园区布局规划，高度重视对土地资源的保护，合理利用土地，加强对农民问题的处理

以日本为例，日本是一个国土面积非常小的国家，所以对园区土地的限制格外严格，并通过法律的形式严格限定工业用地，严把园区用地的审批权限。在严格保护土地的同时，高度重视农民问题的处理，无论是兴办政府主导还是民间主导的园区，对农民土地的价格补偿，都要求政府、企业、协同组合与农民具体商谈。

3. 构筑以工业园区为基础、富有竞争活力的区域性都市，以富有活力的区域性都市来带动地方经济的发展

日本自20世纪60年代初就提出以工业园区为基础来构筑富有活力的区域性都市的设想，到1998年，在全国形成了一批以城市为核心的产业地域，大工业地带从原来的四个增加到九个，其产值占全国工业总产值的86.6%以上。

4. 在竞争中发展大企业，高度重视中小企业发展

园区要高度重视大企业，但不保护大企业。政府只有鼓励和引导某项产业发展的政策，而绝没有针对某个企业的特殊政策，对企业的发展基本上采取的是鼓励竞争的战略，创造良好的产业竞争环境，让其在竞争中发展壮大。

5. 提供良好的条件，吸引并留住高科技人才

园区要发展，人才是关键，目前世界上所有的园区都把人才作为园区发展最重要的要素。新竹科学园区在人才方面提倡两条：一是引揽，二是就地培养。为了保证引进人才的质量，专门制定有《科学技术及科学技术人才认定标准》，规定了人才的分类、资格、等级、评估、审定等。对于园区内科研人才的培养和科研开发，只要有利于人才的培养和高科技产业的发展，都尽量给予配合，并且制定了《奖励及辅导办法》，以使之顺利进行。印度的班加罗尔园区也十分重视人才培养，在班加罗尔园区周围，有10所综合大学、70家技术学院。每年培养出1.8万名计算机工程师，集中了印度科学研究所、班加罗尔大学、拉曼研究所、国家宇航研究实验室、国家动力研究所等国内一流的科研机构。这些是班加罗尔最珍贵的资产，是发展高科技的强大后盾。

6. 政府高度重视，给予大力支持

建立专门机构从事园区开发。1968年，新加坡裕廊集团从经济发展局独立出来，成为新加坡全权负责工业基础设施开发和管理的法定机构。

国家按照总体规划，将工业用地的80%出让给裕廊集团，由其全权负责工业园区的开发建设和管理。印度班加罗尔园区的成功也离不开政府的大力支持，首先，印度政府投入巨资加强软件产业发展的基础设施建设，创造投资环境；其次，实行零赋税政策，政府允许出口商保留出口收入的50%，免除进出口软件的双重征税，免除产品全产出口的软件厂商所得税；最后，采取倾斜式的资金政策，政府设立了软件产业发展风险基金，鼓励银行以低利率向软件业发放贷款。

7. 多元化的资金来源，大力发展风险投资

资金是经济园区得以正常运行的必不可少的条件，从目前的情况来看，单纯依靠政府以及贷款的传统方式已经难以满足园区发展的需要。因此，应拓宽融资渠道，采取多元化的方式筹资。印度的班加罗尔园区就是由政府结合企业力量共同发展。这个园区耗资60亿卢比，由卡纳塔克邦政府、印度塔塔集团与来自新加坡的资金合资建成，政府只占20%股份，其他两者各占40%。另外美国硅谷的巨大成功也离不开风险投资的发展，风险投资为高科技产业大发展提供了资金支持，解决了创业初期巨大的科技研发投入，为硅谷的高科技产业发展打下了良好基础。

8. 重视与投资者的沟通、切实解决客户反映的问题

如新加坡裕廊集团经常以多种形式（登门拜访、年度聚会、客户讨论会）征求客户意见，适时调整租金，维护和完善各种设施，提供高水平和超前的服务，和客户建立持久的合作关系，达到双赢的目的。

9. 加强园区中介服务体系

美国硅谷是全球科技园中最早的、也是最有成效的园区，它的成功带动了世界各地的科技园区建设。但所取得的成效参差不齐，原因是多方面的。其中，中介服务体系所发挥作用的差距是很重要的一个因素。硅谷所谓的"中介机构"，一般指那些为高技术创新企业提供特殊服务的专业化机构，主要包括以下六类机构：会计审计服务、税务机构、法律服务机构、咨询服务机构、猎头公司、保安公司。

（二）对山东经济园区发展的启示

国外与省外的先进园区为山东园区发展做出了榜样，山东应积极借鉴先进园区的经验做法，结合自身实际情况，突出抓好体制、管理和创新三个关键环节，推动园区建设上规模、上档次、上水平，继续发挥区域经济

发展的先导和带动作用，为全面建设小康社会，打造山东经济文化强省做出新贡献。

1. 必须把握经济园区的设立目的和建设目标

新加坡20世纪60年代初设立和发展裕廊工业区的主要目的是为了带动和促进全国的工业化进程，而不仅仅是为了发展裕廊这一地区，以后也一直根据这一目的来规划和管理裕廊工业区。由于裕廊工业区一直发挥着带动和促进全国经济发展的作用，这一地位又反过来促进它成为该国最佳的投资地区。因此，把握好规划的角度和目的，实质上就为整个工业园区的发展和管理奠定了良好的基础，这是裕廊工业区取得成功的重要原因所在。

2. 转变思路和观念，牢固树立可持续发展的思想，正确处理经济园区建设中的土地问题，做到经济建设与耕地保护的统一

过多地办"大园区"并不符合山东的实际情况，应提高土地的产出和使用效率，坚决打击各类大肆圈地、倒卖土地等投机行为，进一步健全法制和体制，实行严格的土地管理制度。要把园区建设的侧重点切实放到提高土地的投入产出效益上来。对机构不独立、职能不到位、管理不规范的经济园区限期整改；对长期无引进项目、发展无望、名存实亡的空壳园区坚决取消；对有实力、发展快、效益高、前景看好的园区加强领导，从政策上和资金、技术、人才等方面给予重点扶持，大力充实提高，使之更好地发挥示范带动作用。对农民的土地补偿价格一定要按照市场化的原则进行处理，让农民有一个对土地的要价权力。对失去土地后的农民，政府有责任通过组织培训等方式，切实解决好其就业问题。

3. 加快园区管理体制改革，建立符合国际惯例要求的经济运行机制

当前园区要抓紧有限时间，用足用活各项优惠政策，率先建立起与国际市场相适应、相衔接的新机制。要着重在以下几个方面实施创新和突破：一是在切实转变政府职能，建立现代政府管理体制上率先突破；二是在大胆采用一切反映社会化大生产规律的经营方式和组织形式，实现形式的多样化上率先突破；三是加快企业产权制度的改革，在建立现代企业制度上率先突破；四是在建立统一、开放、竞争、有序的市场体系上率先突破；五是在建立适应市场经济要求的人才机制上率先突破；六是在建立健全多层次的社会保障体系上率先突破。

4. 以推进科技创新为重点，切实增强企业的市场竞争能力

（1）把技术创新放在促进企业发展首位。政府要切实增加科技的投

入，深化科技体制的改革，充分动员大学、科研院所，集中优势力量，与企业一起对引进技术进行合作攻关，在引进当中逐步积累自主创新的能力。（2）大力提高企业的组织化程度。要抓紧选择一批主业突出、具有一定竞争能力的本地企业加以重点培养；积极推进中小企业围绕核心企业或龙头企业进行产业整合和产业组织创新；鼓励大企业通过控股、参股、品牌整合、建立战略联盟等多种方式与中小企业形成价值链分工协作体系上的规模经济。一个重要方面是要大力推进中小企业行业协会建设，形成上下协调、左右联结的网络体系。

5. 营造良好的投资环境，实现投资环境由重点建设向综合营造转变

既要重视园区内的环境建设，更要重视园区周边环境建设，协调好园区与周边地区和腹地的关系，既要继续完善硬环境建设，更要在改善投资软环境方面下功夫。加强法制建设，完善各项法规，严格依法行政，切实保障外商投资企业经营管理自主权，维护投资各方和企业的合法权益，依法保护劳动者的正当权益，切实加强对知识产权的保护，逐步营造出一种符合国际标准要求、让投资商满意的综合环境。

6. 完善配套政策，搞好人才队伍建设

要把建设一支高素质的人才队伍放在园区建设的首要位置。制定完善的涵盖生活、科研、政治待遇等方方面面的各项优惠政策，创造有利于专业人才充分发挥聪明才智的优良环境，吸引、凝聚大批高科技人才、复合型人才。采取灵活多样的方式，把人才引进和培养结合好，实现多引人才、快出人才，使园区成为人才荟萃之地，每个园区都具有一支富有创新能力的高素质专业人才队伍。[①]

7. 积极探索行之有效的现代化招商方式，重点引进"大高新"项目

加快实现新形势下园区招商引资工作的两个转变，即从依靠政策优势向依靠综合环境优势转变，从注重规模效益向注重质量效益转变，建立符合国际惯例的各项服务。采取多种现代化招商手段，积极探索项目定向招商、利用中介机构委托招商、组织对海外热点地区对口招商，项目上网招商和派出小分队上门招商等方式，提高招商引资的多样性、适应性和有效性，园区在吸引外资项目上要致力于吸引大项目、高新技术项目。根据国际资本流动的新特点，大胆地采取股权融资、特许经营权转让、项目融资等新形式扩大利用外资。通过发行股票、借壳上市等形式吸纳资本，扩

---

① 王强等：《我省开发区建设存在的主要问题及应采取的对策》，载《发展论坛》，2001年第9期。

大自身实力。要特别注重做好对现有外商投资企业的投资促进工作，积极引导外商投资企业进行增资改造或投资相关领域进行系列开发，带动相关产业的发展。

8. 扬优挖潜，推动产业升级和技术进步

经济园区要从本地的区位和资源条件出发，制定适合自身特点的经济发展战略，确定重点发展的主导产业和支柱产业，加速推动产业结构的优化调整，大力促进特色经济发展。对在产业上已经形成规模和特色的园区，要继续巩固发展成果，努力在提高发展水平上下功夫，尽快使产业规模和档次上一个新台阶。要加大对传统产业的改造，积极扶持具有较强经济实力和科技开发能力的优势企业，通过利用外资壮大自身实力，开展跨国经营，尽快形成一批开发型骨干企业群体。要大力促进科技进步，切实加强引进先进技术的消化、吸收和创新，加快自主科研成果转化为现实生产力的步伐，逐步形成一整套推动技术进步的机制和政策，使园区的发展真正转移到依靠科技进步、提高劳动生产率和走集约型发展的轨道上来。

第十一章 经济园区发展的新形势与目标选择

> 经济学教会我们正确决策的基本因素——弄清目标，认识到制约和机会成本，掌握不确定性，并知道如何根据新的观察得到最新的信息。
>
> ——[美] 阿维纳什·迪克西特

我国经济园区是在特定的历史背景和国内外形势下产生的，并且随着形势的变化不断更新和扩展着它的功能与作用，使得经济园区成为最具时代性和国际化的区域。新世纪的到来，引领我国经济园区进入了一个新的发展机遇期。置身于新的形势下，经济园区要开拓新的生存空间，打造新的优势，继续担当起区域经济增长极的角色，必须认清形势，并顺应形势要求，适时调整园区指导思想，转变园区发展方式，确立一个有活力、有发展前景的战略目标，以保持经济园区发展的可持续性，并不断开创新的发展局面。

一、经济园区发展的新形势及园区SWOT分析

进入21世纪，国际国内形势发生了很大变化，经济全球化的深入和区域一体化的发展，使得世界经济特征不断变幻，对经济园区发展产生着直接影响；而我国经济社会发展的战略性调整和转型，也对园区的空间拓展、产业升级、管理及发展模式创新等方面提出了新的要求。在正确把握形势变化的基础上，对经济园区进行科学的道斯矩阵模型（SWOT）分析，有利于清楚地认识园区发展面临的机遇与挑战，明确未来发展目标和方向，借助有利条件和机会，谋求新的发展，实现经济园区战略性转型升级。

(一) 园区发展的国际国内环境

1. 国际环境

随着经济全球化和区域经济一体化的深入,以及世界市场经济范围的不断扩展,国际化分工的日益细化和外贸依存程度的不断增加,加深了各国和各地区的经济融合度,使得国与国、地区与地区相互间的作用和影响也日益增大。这种发展趋势与态势既有利于全球范围内经济的优势互补和资源的优化配置,促进世界经济走入快速发展轨道,同时也使得各经济体的相互依赖性增强,经济风险的关联性也由此密切。世界任何风吹草动都会波及到处于这一经济体系中的各方,这就是经济全球化带来的双刃剑效应。在这样一种世界经济整体运行格局下,经济园区作为中国开放型经济发展的窗口和前沿,可以说它的生存发展是与世界经济同呼吸共命运的。对于国际经济形势和环境的变化,经济园区是反应最直接、是最敏感的区域。近年来,世界经济形势处于不断的发展变化之中,尤其是最近一段时期变化频繁,出现一些新的特点和势头。主要表现:

(1) 国际产业转移出现新动向。以跨国集团公司为主体的国际产业转移已经完成了原始积累,过去那种多为低层次的产业输出格局逐步被打破,越来越多的技术、资金密集度较高的产业和非制造产业尤其是服务业不断向海外输出。如果说过去跨国集团产业输出意在剥离饱和产业,腾出空间发展新兴产业的话,那么今天的产业输出,就已经上升到产业全球化布局的战略高度,成为跨国集团经济整体发展战略中不可忽视的组成部分,即产业输出不仅仅是跨国集团利用海外廉价资源,实现产品低成本订单加工和产品低成本国内回流,更重要的是通过这一方式为其开疆扩土,拓展属于自己的市场势力范围,增强和巩固国际竞争力。因此,产业输出的层级提升在为跨国集团展示新的竞争利益的同时,也为发展中国家的产业升级提供了良好的供给与带动条件。

(2) 国际资本流动继续增长。2007年全球FDI流动额为15380亿美元,达到2000年以来的历史高峰。其中美国达到1930亿美元,增长10.3%,为全球最大的流入国。欧盟仍是吸引FDI最多的地区,占2007年全球FDI流入额的40%。发展中国家吸引的FDI都增长强劲,中国实际使用外资金额 826.58 亿美元，同比增长 13.8%。① 同时，跨国并购继续升温，尽管信贷紧缩在一定程度上影响全球兼并与收购交易量，但 2007 年年比仍增长 21%，达 4.38 万亿美元，其中欧洲收购与兼并交易增长 35%，达 1.78 万亿美元，自 2002 年以来首次超过美国。并购主要集中在能源、矿产资源、金融、媒体及电信业等领域。② 跨国并购的有增无减成为带动国际资本流动的重要力量。

（3）世界经济增长速度趋于减缓。在经历了多年的经济持续增长以后，以美国为主导的全球经济增长的动力因素与资源释放已经开始疲软，出现了调整与停歇的迹象。由于受美国的次贷危机、美元持续贬值，以及各种投机性因素影响，全球上半年世界性通货膨胀明显。尤其是能源和食品价格上涨，导致大多数国家 CPI（居民消费价格指数）上升。据世界银行统计，世界平均 CPI 同比从 2008 年 1 月份的 1.9 上升到 3 月份的 4.4，美国的上涨在 4.4 左右。欧元区从 3.2 上升到 3.6。英国从 2.2 上升到 2.5。发展中国家 CPI 的上涨率从 7.6 上升到 8.4，韩国、新加坡、印度、巴西也在提升。③ 而到下半年，随着美国金融危机演变为国际金融危机，全球金融市场剧烈动荡，股市大幅下跌，并且已经波及实体经济，表现为市场需求萎缩，企业开工不足，全面衰退阴影笼罩全球。尽管各国政府采取大幅度降息、注资等积极干预手段，但收效甚微。经济专家预测，2007 年全球经济增长率已经放缓，2008 年将会继续调减，通缩局面加剧。受全球经济大势的影响，中国经济发展的速度也会呈现减弱趋势。但由于发展中国家经济整体上仍旧处于上升态势，基于这一支撑因素，世界经济未来走势将会表现为一段过程的下行状态，但形成长时期经济衰退的可能性不大。

透支——美国次贷危机的原因之一

透支已经成为举国皆然的流行文化。美国国家习惯透支打仗，国民则习惯透支消费。人们将贷款买房月供还贷的人称为"房奴"，用此法买车的人称为

---

① 北青网：《逾 1.5 万亿美元；去年全球 FDI 逆势创纪录》，http://www.bjyouth.ynet.com/article.jsp?oid=26927900。

② 李爽：《2007 年全球并购额年增 21% 达 4.38 万亿美元》，http://www.forex.com.cn/html/2007-12/795986.htm。

③ 新浪网："国家统计局副局长许宪春解读 08 年国内外经济形势"，http://book.sina.com.cn/2008-04-28/1105234430.shtml。

> "车奴"。中国这样的"奴"在总人口中所占的比例很小，而且其中绝大部分人都是有能力达到收支平衡的，很少有人因还不起月供造成银行坏账的。中国人皆有勤俭节约、未雨绸缪的情愫。而美国人则不然，牛仔气十足，即使晚饭没着落也要到酒吧喝上一杯。在美国，超过7成的家庭负债，其中房贷和车贷是大头。即使负债，这些家庭的日常消费也不会有丝毫的缩减，该下馆子还得下，该看电影还得看，该去拉斯维加斯还得去。他们总是指望着下一个季度在职场上能提职，能加薪，买的股票能上涨，能分红。一旦经济萧条，这些人所供职的公司业绩不佳就别谈加薪了，说不定还得裁员。再加上股市暴跌。于是，这些人指望着的意外的"还贷补贴"就成为泡影。于是，银行坏账就形成了，紧接着，金融界的次级贷款危机形成。
>
> 资料来源：《透支——美国次贷危机的原因》，载《山东商报》2008年12月13日。

(4) 不确定因素和风险性因素增加。一是美国金融危机。2007年7月底爆发的美国次贷危机导致银行信用链条脆弱甚至断裂，造成信贷市场紧缩，房市、股市连续下跌，投资者信心受挫，其影响已通过结构性金融产品市场扩大至全球，引发了全球金融市场激烈动荡，国际金融风险明显加大。二是汇率多变不定。尤其是美元。以一篮子货币加权计算，2002年以来美元汇率贬值了37%。受次贷危机的影响，2007年美元对16种货币的汇率全线下跌。国际汇率动荡不稳导致国际市场价格波动异常，全球能源、粮食和原材料价格跌宕起伏，尤其是国际油价，从2007年1月的每桶60美元上涨到最高的147美元，只经历了18个月，而从最高点重回50美元以下仅用了4个月。与此同时，各国大幅度减持美国国债，美国国债持有大户日本和中国减持速度创出5年最高，这就进一步加剧了全球经济的不稳定性。

(5) 新贸易保护主义抬头。在全球经济放缓和国际市场物价上涨的双重压力下，贸易保护主义以新的面孔和姿态频频活动，他们打出环保、健康、安全等旗帜，制定严格甚至苛刻的条款，设定多种技术壁垒和绿色壁垒，将贸易门槛不断升高。如前期日本推出的《肯定列表制度》，近期欧盟推出的REACH法规（关于化学品注册、评估、许可和限制制度）和EUP指令（用能产品生态设计框架指令）等，其约束的出口商品的种类越来越多，技术标准越来越高。新贸易保护主义以求利用这一手段弱化世界经济走低带来的影响，保护本国市场免受冲击。

(6) 发展中国家尤其是周边发展中国家经济发展势头强劲。随着世界物质文明的进步，有更多的发展国家选择了市场经济道路，且将本国经济并入了全球化的轨道。体制的更新和全球经济的带动使这些国家如虎添翼，迅速崛起。他们依靠不断完善的经济环境和拥有价格优势的生产要素，迅速扩张着资本吸纳力和产品出口量，在一定程度上对与他们有着经济同质性的中国形成了较大威胁和竞争。

2. 国内环境

2000年以来，在改革开放动力因素作用下，我国经济保持了快速增长势头，至2007年增速连续5年超过10%。在完成了GDP量的急剧增加和规模的扩张后，如何保持中国宏观经济健康平稳运行，保证未来经济又好又快发展总体目标的实现成为需要全社会共同思考和谋划的主题。在这一思路和方针的指导下，国内经济形势也出现了新的变化，主要表现：

（1）经济结构调整与升级提上重要日程。我国经历了改革开放30年的发展，国民经济实现了高速增长，物质财富大幅增加，市场从卖方转向了买方，人们已经彻底摆脱了短缺经济困扰，向小康社会迈进。但在实现了总量的扩张后，经济的结构性矛盾开始显现，包括产业结构、产品结构、分配结构、消费结构、企业组织结构、区域经济发展等结构的不平衡性状况加剧，面对这一局势，我国将经济结构调整和经济发展方式转变确立为未来时期的工作重点，以保证经济总量调控与结构优化关系的协调，增强经济发展的后劲和可持续性，更多地彰显了经济发展中的科学成分与和谐因素。

（2）宏观调控力度加大。近年来，我国经济长时期高位运行，面对投资过快、资源消耗过重、节能减排形势严峻、人民币升值压力增大、价格上涨趋势明显等问题，需要一个调适和消化的过程，同时，来自国际上的风险性影响也加大。因此，利用宏观调控手段，防止经济增长由偏快转为过热、防止价格由结构性上涨演变为明显通货膨胀，"二防"成为前一段时期的首要任务。为此，我们采取了稳健的财政政策和从紧的货币政策，特别是把控制物价上涨、抑制通货膨胀作为工作的重中之重，把握好促进经济增长与抑制通货膨胀的平衡点，收到了良好效果，宏观经济指标保持了可控性增长，国民经济基本面良好，呈现了一种平稳、较快的发展态势。近来，随着美国经济危机的加剧并形成国际性危机，全球经济走低已成定局。在外需市场急剧缩减、市场信心不足的情况下，我国作为外向度较高的国家不可避免会遭遇危机的冲击。在这一形势下，我国日前又对宏观政策作出调整，制定了保增长、扩内需、调结构的经济发展基调，通过实施积极的财政政策与适度宽松的货币政策，促进经济又好又快发展。这就为园区发展清晰了思路，明确了方向，坚定了信心。

"后泡沫世界"

美国摩根士丹利高管斯蒂芬·罗奇认为目前的世界是一个"后泡沫世界"。罗奇在香港出席"克林顿全球倡议"亚洲会议金融论坛时说，目前的经济危机始于美国房地产泡沫破灭，接下来破灭的是信用泡沫，再接下来是消费泡沫，这是最大的泡沫。2007年美国国内生产总值的72%归功于消费，这一比例是全世界任何国家和地区都不曾见到的高水平。受到"去杠杆化"和信用枯竭的压力，美国的消费已连续两个季度出现3%以上的萎缩，这在美国经济史上没有先例，从这一点也可看出这场危机的严重程度。他表示，虽然各界都在讨论美国的次贷危机、金融危机，但实际上这场危机的冲击远远超出华尔街，亚洲发展中经济体无一不面临经济放缓或衰退的压力，因为这些经济体对出口的依赖程度前所未有。罗奇认为，全球经济恢复过程不会是迅速的V型反弹，而是会经历缓慢的上升。

资料来源：《现在是"后泡沫世界"》，载《钱江晚报》2008年12月4日。

（3）政策法规体系大幅调整。我国2001年12月加入WTO后，经济发展进一步与国际接轨，更多的经济活动和政策法规都被纳入WTO规则框架之中，而我国的市场化、国际化的制度选择和战略实施，也要求我国一切和经济发展有关的行为都要围绕国际惯例和通用规范而进行。同时，也是为了适应我国产业结构战略性调整需要。近年来，我国在政策体系和政策规范上进行了大幅度调整，总的方向是逐渐弱化政策制度优惠，营造更为公平公开公正的竞争氛围和经济运行环境，促使我国经济发展和结构调整能顺应全球发展趋势，实现新的发展。对经济园区影响较大的政策调整主要是近年来出台的《外商投资产业指导目录》、两税并轨、出口退税、劳工政策、土地政策、环保政策等。2007年修订并于12月施行的新《外商投资产业指导目录》调整的核心在于从发展全局着眼，积极鼓励外商投资高新技术产业，严格限制投资"两高一资"（高耗能、高污染、资源型）产业，以达成促进产业结构升级、节约资源、保护环境、转换单

纯鼓励出口的导向、促进区域协调发展、维护国家经济安全之目的;[①] 两税并轨是指 2008 年 1 月 1 日起施行的《中华人民共和国企业所得税法》将外资企业与内资企业所得税合二为一, 变对外资企业税收的"普惠性"状态为以产业优惠为主、区域优惠为辅的税收优惠政策新格局, 实行统一的 25% 赋税标准, 使得外资企业实际税负在 11% 左右、而内资企业的实际税负在 22%~24% 之间的不平等状况被打破, 这一政策调整符合 WTO 规则, 顺应了市场经济要求, 但直接影响了外资企业的优惠收入; 出口退税政策调整自 2004 年以来我国进行了 15 次, 2007 年 7 月, 为了应对贸易顺差过大所造成的国内流动性泛滥, 以及国际贸易摩擦频繁等问题, 进一步促进出口产品结构的优化, 提高资源整体配置效率, 我国又对约占海关税则中全部商品总数的 37% 的 2800 多项商品的出口退税率进行了调整, 取消了 553 项"两高一资"产品的出口退税、降低了 2268 项容易引起贸易摩擦的商品的出口退税率、将 10 项商品的出口退税改为出口免退税政策, 受其影响, 山东出口产品平均退税率由 12.5% 下降到 10.1%, 至少减少退税约 100 亿美元; 2008 年 1 月施行的《中华人民共和国劳动合同法》从劳动合同的订立、履行和变更、解除和终止等多个方面, 进一步完善了劳动合同制度, 有效地规范了用工主体行为, 有利于保护劳动者的合法权益, 发展和谐稳定的劳动关系, 实现劳动力资源的有序流动和合理配置; 2006 年以来的土地政策调整主要强调了节约集约用地原则, 加大了土地规划管理和土地执法力度, 有利于保护耕地, 提高土地使用效率; 环保政策调整突出了节约优先精神, 强化了环保约束, 对于提高能源利用率, 保护和改善环境具有重要意义。以上政策调整对于经济园区发展来说, 既是动力也是压力。

(4) 企业经营成本压力增大。受全球性的通货膨胀因素和宏观政策性因素影响, 导致近期国内生产资料价格持续上涨, 尤其是劳动力成本提升、土地价格与节能减排环保支出增加, 加之更多一些社会性成本的转化, 多因素的叠加大大降低了企业的盈利空间, 加重了企业经营难度, 一些规模小、产业层次偏低的企业已经不堪重负。根据国家统计局发布的经济运行数据看, 2008 年第一季度工业生产增速减缓, 全国企业利润增幅回落。一季度, 全国规模以上工业增加值同比增长 16.4% (3 月份增长

---

① 国家发改委:《外商投资产业指导目录》(2007 年修订) http://mnc.people.com.cn/GB/6507545.html。

17.8%），比上年同期回落 1.9 个百分点。[①] 1~2 月份，全国规模以上工业实现利润 3482 亿元，同比增长 16.5%，比上年同期回落 27.3 个百分点。

（二）新形势下对经济园区的 SWOT 分析

新的发展形势给中国经济园区提出了新的挑战，尤其是美国金融危机的蔓延已经影响到了世界经济形势的稳定，风险急剧上升而发展环境不断恶化，对于以外向型经济为主的园区来说无疑是一种严峻的考验。如何应对不断变化的国际市场，在变化中寻机遇、求发展，首先必须清醒地认识形势，清醒地认识自己，知己知彼，从实际可能出发寻求新的发展路径。

1. SWOT 分析以及对于经济园区发展的意义

SWOT（Strengths Weaknesses Opportunities Threats）分析也叫道斯矩阵模型，是 20 世纪 80 年代初由美国旧金山大学管理学教授韦里克创立的、目前在经济学上常用的一种分析方法。它是对企业、地区、国家等不同组织所具有的不同内外部条件进行综合与概括，以表明其组织所拥有的优势与劣势、面临的机会与威胁，从而确定明确且适合的发展战略目标。SWOT 分析主要包括了四个方面内容，即优势（Strengths）分析、劣势（Weaknesses）分析、机会（Opportunities）分析、威胁（Threats）分析。

在制定一个企业或一个区域发展战略规划的时候，SWOT 分析具有极其重要的作用和意义，只有知己知彼，明确机遇，才有利于科学定位目标，制定可行有效的战略举措。同样，作为对外开放的重要示范区域和带动力量，我国经济园区发展到今天，无论是内部条件还是外部条件都发生了很大的变化。如何根据形势的频繁变幻，从客观与主观两方面对经济园区发展给出一个正确的认识与评价，是关系到经济园区未来发展思路和战略目标的正确选择，关系到在新的条件下继续保持和增创园区优势，继续积蓄和扩张园区带动力，实现园区科学发展、和谐发展、率先发展的重要前提和基础性工作。

2. 对新形势下经济园区发展的 SWOT 分析

（1）优势分析。经济园区是改革开放的产物，也是对外经济的试验

[①] 李晓超：《08 年一季度工业生产增速减缓　企业利润增幅回落》，http://www.china.com.cn/news/2008-04/16/content_14963537.htm。

田。经过20多年的发展,它的功能与作用已远远超过了原来意义上的定位与评价,在投入产出、对外贸易、利用外资、财政税收、劳动就业等方面不断创造着高比重、新成就,筑就了资本、产业、人才、技术等多个集聚高地,成为我国特有的经济集聚区,对外开放的主阵地,在我国经济发展中发挥着不可或缺的重要龙头带动作用,并形成了它的自身优势:

一是经济先导优势。经济园区是我国对外开放的先行区,也是我国经济集中、集聚、集约发展的试验基地,具有明显的先发先导优势。经过20多年的发展,在全国重点关注下和政策扶持下,园区经济迅速扩张,渐成气候,在带动地区经济增长和优化区域经济结构方面,起到了不可替代的重要作用。仅就54个国家级经济技术开发区来看,2007年实现地区内生产总值(GDP)12695.96亿元,工业增加值9199.70亿元(工业增加值占GDP的比重为73.14%),工业总产值(现价)38426.28亿元,税收收入2036.77亿元,出口1780.84亿美元,进口1527.95亿美元,实际使用外资金额173.21亿美元。依次分别比上年同期增长25.48%、24.1%、27.28%、29.73%、19.32%、14.18%和17.77%。地区生产总值和实际使用外资金额分别高于全国增幅14.02和4.17个百分点,工业总产值和税收收入略低于全国增幅0.5和1.8个百分点,出口和进口分别低于全国增幅6.4和6.2个百分点。[1]"十五"期间,国家级经济技术开发区生产总值年均增长34.51%,对全国GDP增长的贡献率达6.2%以上,[2] 区域经济发展的增长极扩散效应显著,辐射范围不断扩展。尤其是开放型经济,在"三为主"方针指导下,利用外资、对外贸易发展迅速,占据了园区经济的大半江山,也成为全国开放型经济发展的表率和重要支撑。2007年,国家级开发区实现进出口总额3308.79亿美元,占全国总额的15.22%;实际使用外资173.21亿美元,占全国的23.16%,是对外开放名副其实的领军力量。

二是环境建设优势。环境优势是经济园区核心竞争力的直接体现。作为我国对外开放的窗口,经济园区从成立之初就以环境建设为抓手,以建设适合外资运行、与国际经济发展惯例和模式相对接的投资环境为目标,致力于提高投资环境的吸引力与竞争力,以此带动外资的流入与产业集聚,尤其是对于跨国集团资本的吸引。因此,在环境建设上表现出明显的

---

[1] 《2007年国家级开发区发展情况报告》,载中国开发区网,2008年7月7日。
[2] 《2006~2007年中国开发区投资环境研究年度报告》,http://invest.china.cn/market/txt/2007-09/23/content_1786819.htm。

大投资、高起点、全方位、综合性发展的特点。经过多年运行，无论在硬环境建设，还是在软环境、生态环境建设上都不断刷新着面貌，展现出新的风采，投资环境综合评价总指数在全国始终处于领先地位，成为经济园区明显的优势之处。到目前，经济园区已经成为最适合外资落户、成长、发展的投资热土，得到大批世界500强企业青睐。截至2006年底，54家国家级园区吸引外资企业2.21万家，世界500强企业投资项目1314个，为我国开放型经济发展筑起众多靓丽的"凤巢"。发展到今天，园区硬件环境建设已经日臻完善，在九通一平基础上进行了信息化装备，完成了美化、绿化、亮化、信息化工程；软环境建设从过去的以政策环境为重转向以服务环境建设为中心，有的园区也形成"九通一平"，即人才通、金融通、物流通、科技通、房产通、管理通、法律通、财经通、贸易通和综合性服务平台，并且加大了生态环境、产业配套环境建设步伐，为进园投资展示了成本洼地、效率高地的优越条件和吸引力。

三是人才密集优势。经济园区在20多年的发展中，形成了较强的资本引力，产业引力，同时也形成了强有力的人才引力。客观上通过环境建设，不断放大着经济园区的地域优势、体制优势、创业优势和人文魅力，成为人才注目和倾心的热点地区；主观上注重人才队伍建设，实行多种招才引智举措，盯住一流人才、提供一流待遇、发挥一流作用，形成人尽其才、才尽其用的良好氛围，不断优化人才引进使用机制，逐渐累积起园区人才高地。同时，经济园区还是人才培育基地，各类学校、培训中心、孵化器、创业园等担起了人才加工的职能。如今，经济园区不仅是各种人才的最佳栖息地，还是人才生成的温床，大批人才在此落户、成长、发展，为园区创新和发展提供了不竭的源泉。在54家国家经济园区中，10%以上人员具有技术专业职称。如上海漕河泾开发区，高新技术企业大专以上学历人才占总人数的比重达到40%，服务型企业大专以上学历人才达到服务业总人数的60%；在山东，经济园区吸引了一大批国内外优秀人才，在300万从业人员中，近20%的人员具有中高级专业职称，每万人中具有专科以上学历的近4000人，青岛、烟台等开发区聚集了所在城市40%以上的海外留学人员。

四是创新驱动优势。经济园区是国民经济的增长亮点和增长极，而创新始终是这一增长亮点和增长极的动力来源，无论是园区总量增长还是结构优化，以及产业扩散效应的放大，无不是以创新为基础的。随着人才、R&D投入、孵化和服务平台等创新要素不断向园区流动和集聚，园区经济发展方式正在由建区之初的生产要素驱动型向创新要素驱动型转变，尤其在技术创新、管理创新、产业创新、环境创新、体制机制创新、经营模式创新、招商方式创新等方面，园区始终走在全国前列，形成园区的另一大优势。在园区创新体系中，技术创新与体制创新成为重中之重。依靠科技进步和机制优化，提高园区原始创新、集成创新和引进消化吸收再创新能力，建立更为强大的创新型园区已经成为园区发展的要务，也成为实现园区"二次创业"和转型升级的核心动力。

（2）劣势分析。我国经济园区经历了20多年的高速发展后，在巨大成绩背后和形势变幻面前，各种问题也开始不断涌现，成为经济园区继续发展的困扰和掣肘因素。其主要表现：

一是政策依赖性明显。我国经济园区发展具有明显的外生性和政策导向性，在发展基础、动力、路径等方面深受政策、体制影响而非取决于内生性因素。因而，当国际国内市场变化和各类宏观政策调整，使得经济园区过去那种特有的、覆盖范围较大的税收、政策等优惠特权已经不再有，区内区外企业起跑线日趋统一，在这一背景下，作为特殊条件下产生与发展的园区，随着这种赖以快速发展的特殊优势不断削弱，而政策依赖性强、市场灵活适应力不足的弱势就将显现出来，直接的反映就是经济园区外贸进出口速度明显放缓。2007年，全国54个国家级开发区实现出口1780.84亿美元，进口1527.95亿美元，增幅分别低于全国6.4和6.2个百分点[①]；新一轮利用外资政策的明晰，也使得一些非高新技术产业投资转向其他具有相对优惠的国家和区域。这就要求园区必须将发展区域经济的内动力从关注政策层面转移到关注市场资源要素寻求与合理配置上来。

二是土地约束加剧。经过20多年的发展，原来规划的土地已基本开发完成，可供开发利用的土地资源以及年度用地指标稀缺，重大项目落地困难，经济园区土地的有限性和产业的快速发展所带来的土地需求与供给矛盾日益突出，继续发展的空间范围日趋狭窄。而新的土地政策又加大了土地使用约束力度，投资用地在申请程序、获得土地的渠道、土地的交易成本、取得土地后的开发使用控制等方面，都面临着更加严格的标准和要求。按照新的政策，未来新增建设用地土地有偿使用费、补偿安置费、城镇土地使用税、耕地占用税征收标准都将有所提高，园区用地的征用成本至少提高40%到60%，用地程序严格规范与引资项目的落地效率形成背

---

① 《2007年国家级开发区发展情况报告》，http://www.gydcw.com/press/2008_12/20080707102617.html。

离。面临这一约束的加剧,土地的有效利用将成为园区土地扩展的主要解决途径。

三是管理体制滞后。经济园区建立的初衷在于划地为区,配之于优惠政策,集中发展工业经济和外向型经济,创造中国经济发展的引擎和新的增长点,也就是常说的"三为主"。因此,那时园区的管理职能主要是开发土地、环境建设、招商引资、企业服务等。但随着园区开发范围的不断扩大,社区人口数量的不断增加,大量的社区管理工作加入了进来,管理部门所要面对的工作不仅仅是经济建设,还要担负起土地执法、社会保障、农民补偿、劳动就业、教育卫生等大量社会行政事务职能,而这经济管理与社会行政管理的双重责任就使得园区管理委员会这一政府派出机构的负荷显得格外沉重,也制约了园区的科学发展与和谐发展。如何创新和理顺园区管理体制,合理确定它的权利和法律地位,建立适合变化了的园区现状的管理模式也成为园区未来发展的关键因素。

四是产业发展特色不足。园区建设之初,在"三为主"方针指导下,园区功能主要是利用外资发展工业。因此,没有明确的主导产业定位和特色产品定位,缺少长远发展的理性思考和科学规划,忽视了对"一园一业、一园一品、聚集发展、逐步扩张"发展路径的关注与选择,导致经济园区陷于是项目都开发,是外资都引进的盲目和冲动状态,形成了明显的产业同构现象,往往容易造成园区内部和园区之间的自相竞争和资源浪费,难以筑就园区鲜明的个性特征和特色竞争优势,也难以建立有机的产业链接和品牌集群,直接影响了园区的整体效益和发展后劲。

五是创新能力不强。过去一段时间里,在"三为主"政策导向下,园区将利用外资作为重头戏,携带着大量先进技术的国外资金源源流入,带动高新技术产业不断跃上新的高度,使得园区成为国外高新技术重要的扩散地和转化基地。在这基础上园区也实现了大量创新,但相对于技术引进,园区自身的科研开发创新比重还显不足,外来技术的内生转变力和高新技术的内生创造力还不够强。这其中一个重要原因就在于园区缺少互动机制下的自体技术创新。由于产业同构性强而产业联系紧密度弱,区内企业之间、园区之间缺少广泛的横向交流与合作,难以形成技术研发的企业群和互动网络,构建起植根园区的创新体系。

六是内外部协调互动力不足。经济园区发展到今天,园区间、园区与非园区间的区域沟通与合作已经提上了日程。尤其是园区间的有机联系与对接不仅表现出必要性,更具有迫切性。如果说,建园初始,园区相对封闭式加工运作方式可以生存，但发展到现在，这种发展模式的局限性凸显，使得园区产业布局分散，同构明显；产业协作配套不足；资源约束加重；效率与活力表现差强人意等，严重阻滞了园区的脚步。如果说园区在经济发展中成功演绎了领舞角色，但在区域经济协调发展的舞台上还未能展示出主角的唱功与风采。因此，走出"孤岛经济"的圈圈，实现与兄弟园区及周边区域在功能与空间上的协调，开创资源整合与互动共赢的新局面将是园区实现新的发展应着重思考的问题。

（3）威胁分析。新的形势新的变化对于经济园区来说是一柄双刃剑，这里面既有动力，也有压力；既有机遇，也带来威胁。主要威胁因素：

一是国外市场需求减弱的威胁。近年来，在美国次贷危机助推下，世界经济诸多不稳定因素进一步升级，世界经济总体走势趋弱，外需明显不足。这对于以外向型经济为主的经济园区来说，直接威胁到进出口贸易的增长，尤其是对贸易合作大国美国的出口出现明显下降。海关数据显示，2007年中国对美出口增幅逐季下降，到2008年2月已经出现负增长。受美国市场疲软拖累，一季度中国的贸易顺差缩减了49亿美元。就天津开发区提供的数据看，2008年1~3月，全区对美出口额同比下跌了37.5%，跌幅远远超过同期对欧盟、东盟的出口额。在主要出口产品中，移动电话出口额缩水了28.9%，带动移动电话零件出口缩水18.6%、锂离子电池出口缩水28.3%；而同期汽车零部件的出口额更是下跌了将近一半。

二是企业经营成本增加的威胁。由于全球性通货膨胀、美元持续贬值等因素导致国际能源和生产资料涨价，而国内政策性调整也使得劳动力成本、环境成本等诸多成本提高，国内外诸因素的叠加，给园区企业带来沉重的成本负担和压力，费用支出大幅提高，利润空间大幅萎缩，市场份额受到动摇，企业发展后劲大大减退。这种威胁对于一些承受力较小的中小外资企业来说甚至是致命的打击，在经营难以为继的情况下，他们往往实行破产倒闭，甚至非法撤资，严重干扰了园区发展秩序，造成欠款、欠资、失业率增加等不良后果。

三是自身经济发展模式的威胁。斗转星移，时势变迁，园区在走过20多年发展历程后，过去那种以资金投入、土地占用、资源消耗带动增长的模式已经不合时宜，而园区政策优惠和廉价劳动也已铅华洗尽，随之而来的困扰是各种瓶颈与制约，包括土地问题、劳动问题、产业结构问题、产业配套问题、出口效益问题等。这一状况告诉人们，经济园区面临的最大挑战来自于自身的模式与机制的转换，同样揭示了内部根源的问题较之外部条件来得更为重要这一道理。如何正视发展模式的生命周期，不断破译斯芬克斯之谜，克服目前由于模式与机制滞后带来的诸多问题，创立和选择新的经济发展模式是园区面临的主要思考和任务。

四是周边竞争加剧的威胁。这种威胁一方面是由国外竞争对手和国内同行竞争实力快速提升带来的；另一方面是由产业结构的相近和产品同质化带来的。从目前经济园区产品结构看，大量出口产品还局限在纺织、服装、食品等劳动密集型类型上，而这类产品需求弹性较大，不仅赢利水平偏低，还由于周边发展中国家的崛起以及政策等条件优惠，使得我们在与他们的同类产品竞争中的价格优势不断弱化，如不尽快改变这种竞争态势，迅速提升园区经济实力，园区将遭受的竞争冲击力会更大。

（4）机遇分析。尽管威胁存在，但机会也在伸展着它的橄榄枝，甚至在一定意义上说，威胁同时也意味着机会，关键在于怎么认识，如何把握。未来经济园区发展所面临的机遇：

一是世界经济总的趋势仍旧向好。尽管目前世界经济出现诸多风险性因素，但总的走势良好，全球化和一体化大势下经济的活跃性和进步性仍旧是未来发展的主流。国际产业转移的优化升级、国际分工的进一步细化、资源更加合理地配置，以及国际市场需求继续增长等都展示出未来经济发展的良好前景，这同时也为以经济外向为典型特征的经济园区提供了转型与发展的机会与平台，利用世界经济总体向好的大环境，抓住新一轮产业转移特点，尽快调整园区外资、外贸发展方向与工作重点，可以迅速走在其他区域的前面，紧紧把握住最佳时机和最多机会。

二是跨国公司正在进行新的战略性调整。进入新千年后，国际大跨国集团公司根据形势变化和产业自身发展规律需要，提出了新阶段新的发展思路与发展战略。在完成了以制造业为主的低层次产业输出以后，又在全球范围紧锣密鼓地配置和布局非制造产业尤其是服务业，并加大了对华投资的全方位和长产业链投资，提出对华投资要实现"换挡提速"战略，建设"一气贯通"的业务运营体系，[①] 不仅将中低端业务，还要将高端业务向中国转移；不仅继续扩大制造业转移，还要加快非制造业转移速度；不仅将生产环节，还要将产品的研发、设计、服务等环节向中国转移，形成从产业上游直通下游的完整产业链转移。这一新动向对于外资的主要承载体经济园区来说，无疑是一个产业发展的机遇，也是一个产业升级的机

---

① 张意轩：《日本对华投资出现第三次高潮》，载《日中财贸》2008年第4期。

遇，是打造跨国公司转移高科技高附加值加工制造环节、研发中心及其服务外包业务的重要承接基地的有利时机。

三是国家宏观政策调整为园区发展明确了方向。在经济政策趋于区域均等化、园区政策优势不复存在的情况下，迫使其必须寻找新的动力源，尽快由过去依靠政策优势转换到依靠自身新优势上来，"陷之死地而后生，投之亡地而后存"，这就给园区增添了改革和创新的动力，遵循"以提高吸收外资质量为主、以发展现代制造业为主、以优化出口结构为主，致力于发展高新技术产业，致力于发展高附加值服务业，促进国家级经济技术开发区向多功能综合性产业区发展"的目标要求，加快园区转型升级步伐，尽快从过去以外延性发展为主转向以内涵式发展为主，以要素驱动转向以创新驱动为主就成为园区的必然选择。

四是园区内在升级要求迫切。园区20多年的发展已经积蓄了雄厚的经济基础，产业实力不断壮大，经济发展的规律要求有一个产业层次的提升和飞跃，这是一个必然的过程和趋势。在这一条件下，探索和更新发展模式，实现园区转型升级就有了内在动力，也就展示出了新的机会和发展前景。

经济园区SWOT分析（见表11-1）。

表11-1　　　　　　　　　　　经济园区SWOT分析

内部能力 外部因素	优势（Strength） 1. 经济先导优势 2. 环境建设优势 3. 人才密集优势 4. 创新驱动优势	劣势（Weakness） 1. 政策优势弱化 2. 土地约束加剧 3. 管理体制滞后 4. 产业发展特色不足 5. 协作创新力不强 6. 内外部协调互动不足
机会（Opportunity） 1. 世界经济形势向好 2. 跨国公司战略性调整 3. 国家宏观政策调整 4. 内在升级要求迫切	利用这些（SO） 1. 加速园区结构调整 2. 完善园区促进机制 3. 激发人才创新能力 4. 对接跨国公司战略性投资	改进这些（WO） 1. 优化生态与产业配套环境 2. 加强园区产业协作与互动 3. 培育园区特色
风险（Threats） 1. 国外市场需求减弱 2. 企业经营成本增加 3. 自身发展模式制约 4. 周边竞争加剧	监视这些（ST） 1. 关注世界经济发展动向 2. 关注市场竞争对手表现 3. 关注宏观政策变化	消除这些（WT） 1. 弱化资源约束 2. 弱化成本风险 3. 弱化资本风险

二、经济园区发展的目标选择

在新的形势面前,在动力和压力的双重作用下,如何充分彰显经济园区的现有优势,弱化劣势,直面挑战,抢抓机遇,继续保持园区开放型经济的领军地位,继续发挥园区区域经济增长极的作用,不断提高园区在国际经济体系中的影响力与竞争力,这既是我们发展的关键,也是我们目标选择的重要依据。国家级开发区"十一五"规划纲要中已经确定了发展的总体目标,即将园区努力建设成为促进国内发展和扩大对外开放的结合体;成为跨国公司转移高科技高附加值加工制造环节、研发中心及其服务外包业务的重要承接基地;成为高新技术产业、现代服务业和高素质人才的聚集区;成为促进经济结构调整和区域经济协调发展的重要支撑点;成为推进所在地区城市化和新型工业化进程的重要力量;成为体制改革、科技创新、发展循环经济的排头兵。"十一五"规划目标的终极体现就是园区的科学发展、集约发展、集聚发展和可持续发展,也就是通过转变经济增长方式、深化体制改革、提高自主创新能力等途径,构建新形势下经济效益和社会生态效益的共赢、环境增值与服务增值并举的生态型、集约型、可持续发展型的和谐园区。

(一)园区的科学化发展

科学发展是我国在几十年的经济社会建设中所领悟和概括出的不可动摇的重要观点和基本理念,是我党对改革开放几十年实践的经验总结,是贯穿于社会主义市场经济建设全过程的指导思想,同样,经济园区建设也不能背离这一思想。为开创未来新的发展境界和新的发展成就,园区首要的是确立科学化发展的目标选择,尊重发展的基本规律,正视我们所面临的大环境和大趋势,探询科学发展的最佳路径,描绘园区科学发展的辉煌前景。

园区科学化发展目标选择的主要要求:

1. 培育科学的思维

经济园区的发展要建立在科学化基础之上,首先要有一个科学的思维方法,即从客观实际出发,运用我们的知识与智慧,对园区未来发展方向做出正确判断，以减少决策过程中的盲目性和失误。这就要求我们在园区发展中要开阔视野，掌握认识问题、分析问题的科学方法，正确认识客观世界，尊重经济社会发展规律，将思考和决策置于在对客观形势的正确认识、地情园情的正确把握之下，使得园区发展有一个明确的出发点和可靠的依据，而不是凭经验，凭想当然，拍脑袋决策。

2. 搞好科学的规划

园区发展要根据客观需求和内在发展要求进行合理规划与布局，这也是实现园区科学化发展的重要前提。即规划在前，举措在后，那种边想边干，摸着石头过河的做法已经不适合经济园区的快速发展。这就要求我们在未来发展中，要高度重视科学规划的重要性，抓好园区的区域规划、产业规划、环境规划、社会发展规划等工作，给予园区建设一个清晰的构架和明确的路径，避免园区发展中重复建设、产业同构、资源浪费、地区分割等弊端的出现，高屋建瓴地部署和引领园区发展。

3. 谋求科学的增长

这就要求我们要把握园区经济增长的节奏和"度"，实现理性增长，既不能滞后，也不能过度，以适度的增长，合理的增长，健康的增长，谋求和谐发展的终极目的，就如同儒家所倡导的以不偏不倚之中庸之道谋求平衡和谐之效果一样。要充分认识那种拼投入、拼资源、拼环境，高代价的经济增长是破坏性的，是不科学的，是违背自然和人类社会发展规律的，引导园区经济进入一个平衡、稳定增长的轨道。

4. 抓住主要矛盾

事物都是一个矛盾体，在发展中都有一个从不平衡走向平衡的过程。园区发展也是如此，即使在发展最活跃时期，也会产生并表现出诸多矛盾与问题。面对多种矛盾，科学发展观要求抓住主要矛盾，其他问题就会迎刃而解。因此，在未来发展中，要实现科学发展，必须能分清矛盾的轻重缓急，抓关键问题，突破瓶颈问题，才能收到事半功倍的效果，实现科学、快速地发展。

5. 实现园区经济与社会的共进

科学发展的内核是以人为本，园区的发展同样也要着眼于人，以经济发展促进社会进步，从而丰富人们的物质与精神文明。这就要求在园区建设中，要有明确的出发点，不能一味为经济增长而增长，而同时要兼顾社会事业建设，通过就业渠道的开发和就业水平的提高、收入分配比重的合理结构、文化、教育、卫生条件的有效改善等手段，给予园区成员最大的物质利益和人文关怀，保障其生存权利和发展空间，实现人们"体能、技能、智能"的全面发展，形成园区经济与社会互动、共进的和谐局面。

（二）园区的集约化发展

集约化是相对于粗放化而言的。粗放式经济是原生态经济、不节约经济，它是以生产要素的大量投入为增长条件的，是一种高投入、高消耗、低质量、低产出的经济。而资源的有限性和增长的无限冲动就决定了这种经济增长方式是不可以持久的。与粗放式经济不同，集约化经济是现代经济、节约型经济，它是以生产要素使用效率的提高为增长条件的。它的理论主张是经济发展要以高素质劳动者的高效劳动、科学的高效管理、技术的高效应用、生产要素的高效组合和产业结构高度优化等因素为动力源，也就是依靠资源合理配置和生产效率的提高，盘活各种生产要素，使投入产出达到最佳比例，资源达到充分利用。与粗放型经济相比，这种经济增长类型效益较高，受资源因素制约较少，是一种节约、永续、循环式发展的经济模式。因此，发展集约型经济，构建节约型社会是人类科学、明智和负责任的选择。我国经济园区发展的初衷也在于通过产业的区域集中，建设最有效率，最具先进生产力的试验田。由此可见，集约是园区建设的应有之义，也是园区必然的目标选择。

园区集约化发展目标选择的主要要求：

1. 谋求园区发展的质量优势

从园区发展质量上看，园区在投入产出集约化上相对于区外有一定优势，而54家国家级开发区的集约化程度又相对高于其他园区，但并不等于完全摆脱以消耗土地、水资源和高能耗为主的粗放式发展模式。因此，在未来发展中，园区要从"争地盘，壮块头"的外延式增长思路转向"练内功、强内涵"的集约型增长思路，将建立集约化发展模式，提高园区经济质量、产品质量作为园区竞争力提升的重要砝码和园区发展的重要目标任务。这就要求园区不仅在经济发展数量上能熟练运用好加法，在经济发展质量上还要学会运用好乘法，通过经济结构的不断调整、投入产出比率的不断优化、生产环境与生态环境的不断协调、产业知识与技术含量的不断提升、产品能耗水平不断下降等多种手段与渠道，创造园区发展的质量新优势，增强园区整体实力。

泰安经济开发区建设高效环保集约化样板区

目前，泰安开发区已经走过了最初的发展阶段，在科学发展观引领下，正在着力打造高效环保的集约化样板区。

在土地利用方面，重点抓项目引进把关、强化土地监管、集中清理收回三个环节的工作。在项目引进方面，在近年来坚持规划龙头地位、持续不断加大基础设施投入、生地变熟地的基础上，不断提高项目进区门槛，严格控制投资强度，按照总体规划和功能分区要求，重点引进规模大、投资大、市场大、效益大以及高科技含量的项目。在强化土地监管方面，严格土地审批，提高规划标准，力争投资强度、厂房容积率逐步提高，环境绿化率、厂区比例适当减少；严格管理执法，对占多用少、低效利用造成土地浪费的项目，按照投资强度、规划要求，严格核减用地。在集中清理收回方面，加大对进区项目的清理清退力度，按照法律法规和国家政策，对照项目进区合同，对达不到合同承诺投资以及闲置土地、厂房的，依法清退并收回土地，根据规划和地块具体情况安排新项目。近几年来，共清退各类项目20余个，依法依规收回土地2000余亩，大大提高了土地产出效应。

在环境保护方面，认真落实上级有关法律法规和产业政策，按照投资程序对项目立项审批进行审核把关，实行招商引资环保"一票否决"制，坚决杜绝不合格项目进区，全区建设项目环评执行率达到100%，"三同时"执行率达到100%。到目前为止，已有50余个总投资逾30亿元涉及钢铁、化工、酿造、造纸等行业的项目，因环保考虑被拒之开发区之外。

资料来源：根据山东省外经贸厅资料整理。

2. 谋求园区发展的规模优势

集约化发展要求生产要素的相对集中，也就是说规模优势内涵着深厚的集约能量。规模化、集团化经营意味着资源可以在更大的范围和区域内自如调动和最佳配置，而公共资源由于无组织障碍可以实现更高的共享水平，体现出了要素的节约和最大化利用。因此，经济园区集约化发展也要注重走规模化经营的道路，加快对园区龙头企业的培育，加快对大跨国集团的引进，促进企业的快速成长，使园区企业组织结构尽快从分散的、小型的、生产方式落后的星罗棋布格局向大企业带动、中企业靠拢、小企业购并的龙型格局转变，减少企业间因争政策、争人才、争资源、争市场等而产生的内耗和浪费。在多年的发展中，许多园区都在从过去落后的组织模式中解放出来，不断优化组织结构，形成了集团化、规模化、现代化发展趋势。例如具有典型性代表的青岛经济技术开发区，以其良好的发展理念和视野，形成了良好的产业基础和环境条件，不仅吸引了大批世界500强入驻，还集中了大批国内实力企业，炼油、钢铁、家电、汽车、造修船等大项目得到快速推进，最终形成了可观的规模效益。2008年一季度，山东青岛开发区全区规模以上工业生产增长迅速，完成产值353.8亿元，同比增长30.07%。从实践角度验证了规模化与集约化发展的密切相关性。

3. 谋求园区发展的效率优势

低投入高产出形成的高效率是集约化发展的重要表现和标志，也是经济园区积淀厚实的家底和经济基础，增强发展后劲，实现可持续发展的前提和条件。基于这一点，经济园区在未来发展中也要将关注点真正放到效率与效益优势的打造上来，彻底改变过去那种重产出而轻投入，总量大而效率低的做法和状况，将效率与效益指标摆在重要位置。为此，经济园区要进行一个全方位的观念更新，不仅要在土地使用效率上继续做好文章，还要在产业结构上、管理方式上、技术创新上、环境建设上进行多视角审视和多方面思考，从细微之处寻找有利于减耗增效的可能性，同时，还要将政策引导和科学评价体系的作用提到重要日程，在效率考核机制上突出激励与约束并重效果，以更多的动力与压力促使园区发展从数量型到效益型的有效转轨。在打造"效益开发区"上，昆山、闵行、虹桥等开发区走在了前面，在每平方公里利税产出上表现出了良好业绩，树立了效率优先的标杆，为园区未来发展做出了表率。

4. 谋求园区发展的创新优势

创新是集约发展的关键性因素，任何国家、地区和企业，创新都是发展的动力，是国际竞争力的源泉。经济园区要实现集约发展，争创新的竞争优势，也必须图谋创新，问鼎创新，开活水之源，强发展之基，并将创新成果转化为园区经济社会全面发展的主推力。目前，建设创新型园区已经成为大家的共识，不存在认识上的误区，但如何建设，如何创新，是园区未来发展需要着力探讨和摸索的问题。我们认为，创新首先要破除瓶颈制约，解决突出矛盾，重点抓好技术创新与管理体制创新问题。技术创新的关键是人才与资金，必须培育和完善良好的引人用人机制，吸引和扩大风险投资、创业投资，形成两轮驱动，调动更多的智慧和资金实现创新型园区的快速发展；管理体制创新关键在于进一步明确执法主体地位问题，根据变化了的形势和产业结构发展需要对园区管理体制进行调整和重构，保障园区事权、人权、财权相协调，一、二、三次产业发展相协调，园区、社区发展相协调。目前,走在创新前列的国家级园区有天津、苏州、青岛、烟台等园区。在技术创新上,苏州工业园区步伐较大,创新活力显著增强。园区研发投入占 GDP 比重每年提高 0.5 个百分点,2008 年达 3.4%。集聚各类创投资金规模超 160 亿元,目前,园区已拥有各类研发机构 116 个、高新技术企业 384 家,100 余项国家级科技攻关项目在区内实施,专利申请和授权量均以每年 50% 以上速度增长,① 展现了强有力的后发优势和集约能力。在管理体制创新上,广州经济开发区则走在了前面,完成了"五区合一"的大部门制的立法授权,依托开发区成立萝岗区,管委会与区政府实行职能交叉、统一议事机制,很好地实现了资源的有效整合,开创出一个"统一领导、各有侧重、优势互补、协调发展"的和谐局面。

5. 谋求园区发展的协作互动优势

加强经济园区的联系和协作互动的思想与集约化理论内核是相一致的。建立在协作互动式发展上的园区经济价值取向和实践效果就在于实现生产要素的共享共用,从而提高要素生产率对经济增长的贡献率,实现资源的节约和经济的可持续增长。所以说它符合集约理论的资源有效使用的主旨和本意,因此也成为经济园区进一步发展的必然趋势和必由之路。如何将园区建设从现在的单兵作战、粗放经营导入到协同互动、集约发展的轨道上来,增强园区经济的活力和竞争力,也就成为园区新形势下面临的新的任务。为此,要求经济园区一是坚持共同发展原则,摆脱小区域意识,树立大园区思想,从发展大局出发,以增强整体国际竞争力为目标,注重园区发展的合作与互动、协调与同步推进。二是要坚持利益共享原则,充分认识利益共享共赢既是园区合作互动发展的目标,也是其发展的动力,积极完善利益分配机制,促进园区发展从重单个行为向重集体力量的转变,实现园区内和园区间积极的产业合作、人才合作。三是要打破园区协作的制度壁垒和准入樊篱,建立有效的经济园区联席会议制度,开拓多种经常性对话和沟通渠道,最大限度地突破行政界限,开放园区,保障产业、要素、人才在园区内与园区间的自由流动,实现资源最优配置。目前,园区协作互动发展在长三角园区已见端倪,两省一市的经济园区已经形成依托上海,共谋发展的理念与共识,在产业上不断进行合理调整与布局,自觉以上海为龙头构建大区域产业链条,走上了资源整合、协作互动发展的轨道,大大增强了经济园区的板块整体竞争实力。山东近几年在区

---

① 李佳霖:《创新,苏州工业园区的成长之基》,http://www.cdz.cn/www/NewsInfo.asp? NewsId=21026。

港联动的实践中也迈出了较大步伐，在区与区、港与港、区与港的联动发展上不断探索着新的路子，青岛前湾保税港区的建立，预示着山东园区合作互动发展也将会渐入佳境。

（三）园区的集聚化发展

集聚化也称为集群化。集群化是新经济学派的重要理论，它是指经济个体通过分工、联系、协作，结构成有机、互动、和谐运作的经济群体，创造出大于经济个体之和的产业优势和经济效率。集聚化发展是资源整合与集中使用的特征表现，它相对于资源各为其主，分散、重复使用要节约得多，科学得多，是互动与共赢价值理念的具体表现，也是经济集约化发展的实现形式。因此成为当前经济发展方式转变重要的价值指向，构建多层次集群发展新格局也成为经济园区未来发展的目标选择。经济园区的集聚化发展的目标要求：

1. 发展产品集群，创园区品牌优势

产品是园区经济的生产目的和微观成果，是参与市场竞争的直接手段，提高园区整体竞争力关键在于产品，而集群化网络的最里层就是产品的集群。产品的集群有利于相同产品的区域集中生产，形成高度的专业化；有利于新技术的迅速传播和新工艺流程的迅速推广使用；有利于产品成本的迅速降低，包括生产、流通和交易成本；有利于弱化同构竞争；等等。由此，园区建设要注意大力发展产品集群，创出明显的产品特色和产品优势，做大做响园区具有领军作用的产品品牌。基于上述原因，我国经济园区首先要做的是确定园区核心产品，根据对产品的优势度、市场占有率以及发展前景等情况分析，选准适宜集群化发展的产品作为园区主打产品，切忌项目盲目上马，资源、人力过于分散；其次是采取有效的引导、鼓励和推动措施，激发产品生产企业的集群意识和协作要求，培育起发展集群的主体主动性和积极性；再其次，做好产品集群的区域规划和政策协调，加快产品的集中，尽快形成产品群区；最后是注重合理细化产品生产内部分工，搞好同一产品的不同流程的衔接，提高集群内部的专业化程度和有机联系性，以尽可能降低产品成本，弱化产品的同质性竞争。在产品集群方面，我国已经有许多成功的先例。诸如东莞市清溪地区以计算机零部件为产品集群，聚集了50多家企业，年产电脑机箱1600万台，占全球份额的30%，居世界各产区之首；宁波地区的塑料打火机产量占世界市场总量的50%和国内总量的80%以上;① 昆山高科技产业园是我国最大的传感器生产基地;"中国花卉第一县"昆明呈贡县生产的鲜切花占据我国花卉交易市场上近一半份额;② "中国灯饰第一镇"中山市古镇,其灯饰产品在国内市场的占有率达60%,也是世界最大的灯饰销售基地。此外,还有浙江诸暨大唐的袜业集群、浙江海宁的皮装集群,福建晋江的鞋业集群等。经济园区发展产品集群较之于这些地区将会更有优势和条件,如果找准发展的目标,借鉴已有的经验,产品集群化发展将会带来品牌集群效应,给园区经济带来新的飞跃。

2. 发展产业集群,创园区产业优势

产业是产品的母体,产业的有机联系和集中,将会在更大范围、更多领域、更高层次上实现经济的高效增长,形成一个区域的产业实力和产业优势。经济园区一般为多产业集聚地,但所有产业不可能都是齐头并进,实力相当。园区基础条件的不同和要素环境优势的不同决定了不同园区适合于不同产业的发展。如靠近棉花产区的园区就适合集中发展纺织服装产业,像山东的魏桥纺织印染园区;有着信息产业基础的园区就适合搞信息产业集群,像近年来因IT产业的迅速崛起而形成了信息产业集群的苏州园区和以计算机产业为主导的昆山出口加工区;有着某些产业传统的园区就适合搞一些传统加工业集群,像宁波园区的打火机业、温州园区的锁业;等等。目的在于充分利用产业优势条件,突出发展产业特色,谋求产业集群下的产业竞争力。因此,我国经济园区在未来发展中要继续强化产业集群意识,根据园区特点确定园区主导产业,增强对其的产业专注力;加强园区的规划与布局,积极引导企业和块状经济向经济园区集聚;根据效率和经济优先原则,实行积极的产业上下游细化分工,并形成良好的产业链接和有机互动,以降低生产和交易成本;确立产业衔接的标准化体系,形成产业活动的网络化和无障化;在引进产业项目时充分考虑项目与主导产业的配套程度,使项目尽快融入到主导产业网络之中而不是相互脱节;注重产业体系中的企业规模配置,切忌盲目求大,造成自相竞争大于协作,降低集群活性;等等,只有这样,才有利于园区产业发展的快速、集约,才能使园区经济富有旺盛的生命力和竞争力。

---

① 王岚:《宁波被授予"中国打火机之都"》,http://www.cnnb.com.cn/nbzfxwfbh/system/2008/10/20/005832562.shtml。

② 新华网:《中国花卉第一县昆明呈贡打造"亚洲花都"》,http://big5.xinhuanet.com/gate/big5/www.yn.xinhua.org/newscenter/2006-09/08/content_7986795.htm。

3. 发展园区集群，创区域经济优势

园区是产业的载体，园区经济的活力不仅来自园区产业和产品的集群，园区间的产业集中和协作互动也是园区效益和发展的动力。这种园区集群表现为园区之间的产业配套和链接，属于更大空间范围的产业联系和集中，也是集群发展的新的层级。它对于园区自身和承载园区的区域经济发展都会带来集约和放大效应，从而创造出范围经济效益。就一个省份来说，园区间的联系与协作是必要的，如昆山经济技术开发区作为全市的龙头园区，吸引和带动了15个具有较强协作配套能力的产业工业园；随着园区经济的发展和膨胀，超越省份的园区合作也在不断发展，如长三角作为我国经济园区数量最多、类型最全、发展最为活跃的地区之一，园区间的协作互动也在不断深化，一个龙型格局初见端倪。上海经济园区作为龙头老大的地位已经建立，而周边的园区包括江苏、浙江诸多园区已经自觉地以甘做配角和卫星的姿态，积极与上海产业联姻，成为上海的配套园区，如江苏昆山、无锡、吴江、常州、南通等园区，包括规模较大的苏州、宁波等园区。长三角正在走出过去的"春秋战国"的混战局面，向合作大于竞争、配套多于同构、集聚取代离心的园区集群化方向发展。形势的发展和实践的昭示都证明，园区集群是一种科学、集约发展园区经济的必然趋势，尤其是发展较快的长三角、珠三角、京津塘、胶东半岛等区域，要顺应历史潮流和经济发展规律，在园区建设上率先走出一条成功的集群化道路来。园区集群较之产业和产品集群有更大的难度，一方面要在产业上具有互补和衔接性；另一方面要有达成共识的价值取向和协调利益关系的良好机制，后一方面是园区集群的关键因素。在这方面，长三角已经开始了酝酿和尝试，寻找适宜园区集群的制度氛围，拓展"海阔凭鱼跃，天高任鸟飞"的自由空间。无疑，这对于消除或进一步弱化长三角目前仍旧存在的区内的产业自成一体，而相互联系不够的问题；产业结构或领域趋同过大，区域内耗过重问题；产业链条延伸过短问题；规模扩张与效益提升不同步等问题，不失为一条很好的出路，对其他区域的园区整合也是一个良好的示范和启示。由此可见，强化园区集群重要的是探索园区间的联系机制，形成多方认同和参与的协调机构，通过制度因素促进园区集群；龙头园区要具备发散思维和产业广域布局的视野，项目配套安排要突破行政区划界限，按照产业发展最佳化来构建产业格局；龙身园区要自觉当好产业配角，消除各不相让、以我为大的思想，找准优势，确定园区恰当的产业定位和链接环节，自觉融入大区域经济合作之中。只有这样才能开拓园区视野，在更深

程度上参与经济技术合作与互动,实现园区更大的发展。

(四) 园区的可持续发展

可持续发展既是一个经济学概念,也是一个环保科学概念。是人类经历了挫折和磨难而形成的新的发展观。可持续发展是指既满足现代人的需求,又不对后代人满足其需求的能力构成危害的发展,是建立在经济、社会、资源和环境保护相协调基础上的发展。1987年世界环境与发展委员会在《我们共同的未来》报告中第一次阐述了这一概念,并很快得到了国际社会的广泛认同。我国也在2003年颁布《中国21世纪初可持续发展行动纲要》。可持续发展的核心是发展,但这种发展是以严格控制人口、提高人口素质和保护环境、资源永续利用为前提下的经济社会发展。这是我国实现经济又好又快发展的必然途径,也是经济园区未来发展的必然选择。

实现经济园区的可持续发展至少要达到以下目标要求:

1. 经济发展的可持续目标

经济园区的重要任务是发展经济,它的主要活动都是围绕园区定位的"三为主,二致力,一促进"要求而进行的。经济园区发展到今天,已经从要素为主要驱动力的初始阶段进入新的发展时期,无论以提高利用外资的质量为主、以发展现代化制造业为主、还是以优化出口结构为主的目标设置,所体现的内涵都是经济的可持续发展,是经济的潜在力和后发力的培育。而致力于发展高新技术产业、致力于发展高附加值服务业,以及促进国家级经济技术开发区的多功能综合性产业区发展,其作用也在于为经济园区可持续发展提供动力和条件保障。经济园区在新的发展进程中要实现可持续发展重要的在于"发展方向坚定、转型升级加速、科技创新推进"。首先,坚定园区可持续发展的信心和方向,并将其作为一种理念使其不断延展和巩固,形成经济可持续才有园区美好明天的共识;其次,加速园区产业、企业、产品结构调整和资源合理配置,这是关系园区经济质量与水平进一步提升的关键性任务,要本着"在发展中调整,在调整中发展"的动态调整原则,在园区运行过程中侧重高新技术产业、新兴产业的培育和品牌企业的打造,不断刷新园区产业发展面貌和企业市场形象,逐步形成产业层次高、企业品质优、资源消耗低、环境污染少、发展后劲足的园区经济结构体系;最后,注重科技对经济的引导和推动作用,不断调整技术创新促进政策,加大科技投入,并根据国家规划要求,率先在国家级开发区推动知识产权保护体系的建设，完善自主创新的综合环境，不断增强企业技术创新能力，为园区经济可持续发展提供强大的动力支持和科学手段。经济可持续发展既是新形势下市场竞争的要求，也是园区经过多年的探索上升到的自我意识和自觉行为。尤其是发展规模较大、特色优势显著的经济园区，已经开始了经济可持续发展的实践，并且取得了明显的成效，这同时也验证了园区经济可持续发展方向的正确性。

> **青岛经济技术开发区经济发展换挡提速**
>
> 　　按照"环湾保护、拥湾发展"战略要求，青岛经济技术开发区将"环保优先"作为产业结构调整的一个撬板，倾力培育"四大亮点"：产业集群亮点、高科技产业亮点、现代服务业亮点、循环经济亮点，为高新技术产业进区发展提供了更优越和开阔的空间，引领开发区可持续发展跃上新的高度。目前，高新技术产业产值已占到全区规模以上工业总产值的近80%。同时，开发区进一步加快了现代服务业的发展步伐，在全区今年要推进的72个项目中，现代服务业项目达到38个，比工业项目多出4个，显示了开发区明晰的产业发展趋向。
>
> 　　资料来源：中国开发区信息网：《青岛开发区强化主导产业　调整产业结构　释放辐射能量》，http://www.cdz.cn/www/NewsInfo.asp?NewsId=20235。

2. 社区发展的可持续目标

　　经济园区最初作为制造业的摇篮，孕育了生机勃勃的园区工业化体系，而发展到今天，已经超越了原来的意义形成了经济社会一体化发展的格局。园区办社会的功能被引入，在促进新型社区发展、解决劳动就业、安置失地农民、营造社会保障安全网络，以及教育、医疗、人口等方面园区也发挥着重要作用。因此，园区的可持续发展不仅取决于经济有无后续潜力，还取决于社区建设有无后发能量，以及取决于园区经济与社会发展的和谐程度。因此，在园区的未来发展目标体系中，社区可持续发展就成为当然的构成因素。社区建设是园区居民生活、生产的保障，也是改革开放优越性的具体体现。在未来发展中，园区社会事业发展目标重点在于实现三大任务：抓好社区民生；优化人力资源；创新管理手段。(1)抓好民生的主要目标包括失地农民转型、居民就业增收、社会保险体系、社区生活环境、医疗教育卫生、帮贫扶弱等事业的改善与发展，它涉及的工作千头万绪，能否不断改善民生将是对园区政务领导智慧的考量和能力的检验。当前以及未来一段时期内，园区民生工作重点是抓好人们最为关心、关系到生存的就业问题。在目前美国金融危机导致全球经济走低的形势下，作为外资企业密集区的经济园区最先受其所累，撤资、倒闭带来了失业人员的增加，园区面临严峻的就业挑战。在这种情况下，做好就业渠道疏导、就业培训再就业等就业指导工作，妥善解决劳动力就业问题，有效化解危机带来的冲击和影响，将是保障园区居民生活，稳定社区秩序的重头任务。（2）优化人力资源是关系园区发展的后续动力和奋斗目标能否实现问题，也是在园区范围内能否率先提升国民整体素质问题。人的问题是根本性问题，在园区可持续发展中占据极其重要的位置，园区不仅担负着经济率先发展的重任，还应发挥人才摇篮与洼地的作用。因此，在未来发展中，进好人、用好人、管好人、育好人，加大园区人才培养与涵养能力，不仅保证园区人才供给，还应保证人才的对外交流，这也是园区责无旁贷的任务和目标要求。（3）创新管理手段是创建和谐社区的重要路径。为此，在园区所辖社区管理中要积极引入社区自治机制，通过调动社会团体和社区居民积极性，构筑齐抓共管、合力创建和谐社区的格局；放宽社区准入，多渠道筹措社区建设资金，整合财力与资源，集中力量办大事、办实事；加快社区信息化建设，优化社区管理的手段，提高社区整体管理水平，以低成本、高效率建设新社区。

泰安经济开发区高度关注民生，协调发展社会事业

在社区建设上，山东泰安开发区实行了"333"工作思路，即解决开发区现有农民群众好吃饭、住房、就业"三大问题"，经过"补偿+补助"、"保障+市场"、"市场化+社保制"三个阶段，逐步实现农民向市民、农村向城市、农村经济向城市经济的"三大转变"。按照这一思路，在区内初步探索建立了失地群众的生活保障体系。一是解决失地农民生活问题。从 2003 年 5 月份开始，由管委会出资，每月为被占地村 60 岁以上老人按时发放生活保障金，对被占地达 60% 以上的农户每月免费发放面粉等生活补助物品，初步解决了群众的基本生活问题。至 2007 年 6 月底，累计发放生活保障金 397 万元，发放面粉 1557 万斤。二是解决失地群众的居住问题。投资 1.6 亿元建设了龙泉小区、凤凰小区，计 39 栋楼房约 20 万平方米，成功回迁居民一千余户。同时成立了龙泉、凤凰社区居委会，加强了对社区的管理和服务。三是解决群众就

业问题。按照"市场调节就业,政府促进就业,劳动者自主择业"的原则,加大了对区内劳动力培训和就业安置力度,截至目前就业再就业人数达到6000余人。四是解决群众的教育、医疗等问题。按照省级规范化学校标准,投资1000多万元建设了凤凰小学,彻底改造了中小学危房,启动了新城一中的建设工作。同时,完善了新型农村合作医疗、最低生活保障、救济救助等制度。

资料来源:根据山东省外经贸厅资料整理。

3. 资源利用的可持续目标

节约资源能源消耗是我国颁布的刚性指标,也是园区资源可持续的既定目标。园区作为工业集中区域,投入多产出大,相应资源消耗量大,因此,资源可持续利用的责任也大。由资源消耗大户转换为资源节约与合理利用大户是一个重大的转折,同时也昭示了形势的严峻和任务的艰巨。为实现资源的集约化和有机化利用,经济园区需要以节流、开源、储备为目标做出应有的努力:一方面是资源的合理使用和保护,首先是土地资源,其次是能源资源,还包括水资源、矿产资源、农林渔业资源等,开发多种渠道和寻求多种手段节能降耗,提高资源利用率和综合利用水平,既为社会做贡献,也为园区谋利益,实现经济社会双赢;另一方面是资源的开发与替代,包括加大新技术研究力度,寻求资源深度开发和合理替代、积极走出去开发海外资源、废弃物的资源化和循环利用等,使园区在资源开发和充分利用上走在全国的前面;再一方面是重视园区资源储备以防不时之需,尤其是对于园区战略发展的关键资源,要做好储备规划与制度建设,以保障园区资源需求的可持续性。

青岛资源可持续发展见成效

在资源可持续发展上,青岛开发区举措得力。在加快循环经济项目建设的同时,开发区对年耗能过万吨的9家重点企业全部进行了能源审计,对能耗超过5000吨的17家重点企业进行了节能目标责任考核,有力地促进了企业的节能工作。目前开发区万元地区生产总值能耗低于0.8659吨标准煤,规模以上工业万元增加值能耗低于0.99吨标准煤,比前几年分别下降3.59%和3.85%。

资料来源:青岛日报:《青岛开发区循环经济取得新突破 万元生产总值能耗下降3.59%》,http://www.cdz.cn/www/NewsInfo.asp? NewsId=21068。

4. 环境优化的可持续目标

环境保护是全球性课题，也是园区实现可持续发展的重要目标设置。在国际产业转移进入新一轮调整和国际竞争日趋激烈的形势下，对于园区来说，投资环境中的生态环境的重要性日益凸显。单纯为了经济增长而牺牲环境不可取，但为了保持环境而停滞不前也不可为。重要的是通过多种调节和控制手段，综合运用法律、经济、技术和必要的行政方法解决环境问题，使园区在实现经济不断发展的同时，也能相应地将环境能力保持在较高的水平上。因此，建设环境友好型园区，实现环境可持续发展的目标任务应该是：一是节能减排。节能减排首先要加快产业结构调整速度，将高污染高消耗的落后产能尽快减下来，堵住污染的源头；其次大力吸引环保产业和新能源、新材料产业等新兴产业进区，提高低排放产业比重，增强技术减排能力；最后要提倡并实施集约生产、清洁生产，改造落后的生产设备与生产工艺流程，减少废气废水废渣的产生，实施污染物排放总量控制。二是环境维护。环境维护主要是抓好环境保护规划，确立园区环境科学发展的合理布局和安排，减少对生态平衡的破坏，保持不同的生态特色；建立科学的生态环境监测和管理监督执法体系，对园区水质、土质、大气质量以及绿地覆盖进行动态监控，及时发布信息，制定相应对策；通过生态补偿制度和环境修复手段，不断优化园区生产生活环境，使其得到良好的维护和改善。三是环境构建。积极引入国外环境建设经验与做法，打造园区生态平衡环境，通过建设生态园、绿化带、环保湿地等多种区域，给园区融入更多的环保色彩，以园区环境的魅力神韵改变过去人们对园区是环境污染重灾区的印象，打造新型园区环境。

天津打造园区环境可持续发展新的亮点

天津开发区西区"水上公园"是环境构建的典范。据悉，"水上公园"总面积约62万平方米，被分割为两部分，一部分为人工湖，面积约50万平方米，其中湖面35万平方米，其余为绿地；另一部分为湿地，面积约12万平方米，其中湖面4.6万平方米、绿地4.1万平方米、生物预处理部分3万平方米。"水上公园"可以将污水处理厂处理后排出的中水首先流入湿地，通过生物预处理进一步净化，然后流入人工湖。既有利于实现污水"零排放"，又可以美化环境，为人们提供休闲游玩的去处。

资料来源：人民网：《天津开发区西区打造生态工业区》，http://www.cdz.cn/www/NewsInfo.asp?NewsId=20528。

第十二章　经济园区发展的对策

> 在新的发展阶段，国家级经济技术开发区建设必须贯彻落实科学发展观，努力实现经济体制和经济增长方式的转变。要严格执行国家关于经济技术开发区的各项政策，认真总结经验，更加注重结构调整和优化升级，更加注重引进技术和开发创新，更加珍惜和合理利用土地，防止盲目追求数量和规模，努力提高国家级经济技术开发区的发展水平。
>
> ——温家宝

中国的经济园区自1984年始建以来，至今已走过了20余年的辉煌历程。作为中国对外开放及体制创新的经济功能区，经济园区的建设已取得了令人瞩目的成就。进入新时期，园区将从一个经济功能区发展成为现代化新城区，未来园区的发展不再是单纯的经济建设，而是功能的开发、城区的开发和社会的全面进步。大背景的转变必然要求经济园区在城市规划、经济发展和社会发展等方面进行重新定位，园区如何更好更快地发展，采取什么思路和对策实现全面、协调、可持续发展，成为摆在我们面前的一项重大课题。

一、发展总体思路

经过20余年的发展，经济园区进入了新的历史发展阶段，在新形势下，继续办好各类型的经济园区，进一步提高经济园区的发展水平，具有十分重要的意义。我国各类园区已经在对外开放、体制改革、制度创新诸多方面取得了显著成效，在新时期，经济园区的发展应该沿着以创新带动转型升级、以工业化带动城市化、以国际化带动国内市场开拓、以规模化带动新农村建设的思路，在提高对外开放水平、走新型工业化道路、切实转变经济增长方式、促进经济结构调整和区域经济协调发展、提高自主创新能力、大力发展节约型经济、培养国际型人才等方面创造新的经验。

（一）以园区创新性发展带动园区转型升级

我国经济园区自建立以来，通过提供优惠政策及良好的软硬环境，对当地的经济发展起到了重要的推动作用。进入新的发展阶段，随着经济全球化进程的不断加快，国际国内环境发生了深刻变化，土地资源紧张、两税合一和出口退税政策的调整，使经济园区的土地资源优势、政策优势和体制优势逐渐弱化，在新的发展形势下，经济园区面临着再造竞争新优势的重要任务，迫切需要我们以创新的思路推进园区的转型升级，推进经济园区从投资驱动向创新驱动、从资源依赖向科技依托的转变，实现园区经济又好又快发展。

经济园区的发展实践表明，无论从招商引资、开发建设还是体制试验，必须始终围绕着创新，正因为持续和全面的创新，才使经济园区赢得和保持优势。当今社会正逐渐步入知识经济社会，知识经济时代综合国力的竞争，将演变为知识创新和技术创新的竞争，创新能力成为衡量一国或地区经济竞争力大小的重要指标。当前，对我国经济园区来说，经过十几年的发展，园区建设和发展取得了显著成效，经济园区已成为开放型经济发展的亮点，已成为创新体系建设的重要组成部分，已成为建设创新型国家的重要支撑。但自主创新能力不强、产业特色不够鲜明等问题仍然比较突出，管理体制和运行机制上存在的弊端和制约因素仍然没有从根本上得到解决。在这种情况下，我国各类经济园区要继续作为地区经济发展的示范和先导，要实现经济园区科学发展、和谐发展、又好又快发展，必须以园区创新带动园区转型升级，再造园区综合竞争新优势。一是要实现管理体制创新，也就是要进一步推动园区管理的改革，加大园区管理体制、运行机制等方面的创新力度，坚持"小政府、大社会"和"精简、统一、效能"的原则，在进一步转变政府职能的基础上，探索建立高效、协调、规范的政府管理体系，创造更好的区域发展环境，逐步实现管理体制多样化、运行机制市场化、投资主体多元化、园区服务社会化。二是要加快推进技术创新，坚持走中国特色自主创新道路，以营造创新创业环境、集聚科技创新资源、提升自主创新能力、培育自主创新产业、辐射带动区域发展为根本宗旨，培养特色产业创新集群，建设创新服务平台，通过创新的力量，把科研优势、行业优势转化为竞争优势和经济优势，把潜在优势显化为发展优势，提升经济园区的综合竞争能力。三是要实现增长模式的创新，经济园区要在吸取以往经验教训的基础上，研究新问题，探索新办法，在土地开发、区域管理、社会事业建设等方面探索社会化、产业化、市场化的新路子。四是要实现环境创新，通过优化基础设施配套环境、企业创业环境和人居环境，营造出园区富有竞争力的综合环境。目前，我国经济园区处在发展的关键时刻，要实现可持续发展，关键在于以创新为依托的园区转型升级。经济园区应该以管理体制创新为先导、以技术创新为依托，以增长模式创新为支撑，以环境创新为保障，从而提升自身实力并促进区域发展，并在未来的竞争中立于不败之地。

（二）以园区工业化发展带动城市化进程

经济园区的建设和发展，不仅能形成强大的工业集聚效应和快速膨胀地方经济总量，而且在此基础上可以使城市的发展空间得到有效延伸和扩张，从而能有力地推进一个区域的城市化进程[1]。工业化是城市化进程的原动力，工业化与城市化是一个相互促进、相互推动的发展过程。我国的大部分经济园区的发展走了一条"招商引资发展外向型经济"的道路，并清晰地呈现出资金注入——工业发展——城市兴起的脉络。各地经济园区在建立之初，有的紧靠老城，有的远离老城，工业发展很快，服务业相对发展不够，比较普遍存在着"人气不足"现象，特别是远离老城区的经济园区，像一个孤岛，人流、物流、信息流与外界对流不畅[2]。随着经济园区的发展和国内外形势的变化，园区的功能不断放大，园区从一个单纯经济区域发展成为现代化新城区，未来园区的建设也不再是单纯的经济园区，而是功能的开发、城区的开发和社会的全面进步。因此，经济园区发展到一定程度，必然要经历以工业化带动城市化的发展阶段，必须把建设国际化、现代化新城区作为新战略进行规划和布局。

经过二十余年的发展，我国经济园区已经成为工业经济发展的平台和重要增长极，成为城市化和工业化互动发展的最佳载体，成为推进城市化

---

[1] 彭桃兰：《抓好开发区建设，推进工业化城市化》，http://www.longyan.gov.cn/mxtx/200603/25.htm。

[2] 青岛经济开发区管委会：《青岛经济技术开发区二十年发展历程及未来十年展望》，http://www.qda.gov.cn/news_index2.htm。

的重要举措。随着经济社会的发展，经济园区发展的内外部环境不断变化，投资者对综合投资环境的更高要求以及园区大规模扩张所造成的农民失地等问题，都在主客观上要求园区以工业化发展带动城市化进程，提升工业发展水平，打造新型的现代化城区。正是基于此，我国经济园区必须适时提出建设现代化新城区的发展定位，逐步推进农村城市化进程，形成工业化与城市化的良性互动，实现经济园区和城市的联动发展。一是要加快推进城市规划建设。坚持工业化和城镇化相互促进、协调发展，这是经济园区发展的最终目标，而规划则是城市化和工业化互动的关键环节之一，以园区工业化带动城市化进程，必须加强经济园区规划的整体性，把园区建设纳入城市总体规划，充分发挥规划的龙头作用，从工业化、城市化和城镇建设相衔接的角度，按照产业发展与社会发展相协调、功能完善与生态优美相统一的要求，高起点、高标准编制开发总体规划及各种详细规划，将经济园区建设从"聚集产业"的层次提升到建设"新城区"的新层次，使经济园区实现系统升级。二是要切实做好失地农民安置。园区工业发展过程中，农村集体土地被大量征用，大量农民成为被征地农民，推进城市化进程必须维护好、实现好、发展好失地农民利益，建立长效保障机制，妥善安置失地农民，把住宅向社区集中、人口向城市集中、工业向园区集中作为农村城市化的主抓手，坚持城市和农村同步解决养老、教育、卫生、住房等问题，探索建立"经济补偿、就业扶持、居住安置、社会保障"四位一体的失地农民安置机制，实现失地农民养老保险、农村合作医疗、安全保障、失业保险、最低生活保障等项目的全覆盖，让失地农民不失居、不失业、不失利。三是要合理促进和谐社区打造。园区的经济发展造成社会变迁，经济园区所具有的社会形态的特点既不同于现有的城市，也不同于现有农村，推进园区城市化和现代化进程，必须完善园区的社区功能，加强园区教育、卫生、文化等社会事业及基础设施建设，加强社区制度建设，建设社区和谐文化，完善社区社会管理，打造园区与社区共同发展的和谐格局。

（三）以园区国际化发展带动国内市场开拓

我国的经济园区是在世界影响中国，中国走向世界的历史背景下产生的。全球化时代的迅速到来和经济一体化步伐的加快，使经济园区国际化成为必然的趋势。我国加入世贸组织承诺的逐步实施和国内市场的不断开放,使园区在全球范围内集聚优势资源的渠道更加通畅,市场竞争环境不断得到改善,从而为园区实施国际化发展战略提供了有利条件。然而随着经济一体化进程的加快和园区经济自身的发展,单一地依靠国际或国内市场难以实现园区的持续发展。尤其是在当前全球性的金融危机背景下,由于经济外向型程度高,经济园区受经济危机的影响尤其严重。面对国际金融危机造成的订单数量下降、经营风险加大、利润空间缩减等不利影响,园区和园区企业都必须站在全球战略的高度,深刻认识世界经济的发展趋势,深入分析研究主客观发展条件,在国内外两个市场、两种资源的更大范围内优化资源配置,坚持内外"两条腿"走路,以园区国际化为依托带动和促进国内市场的开拓,积极应对当前国际经济形势,确保稳定发展。

我国经济园区是开放型经济发展的窗口,园区经济的外资、外贸依存度较高,面对当前世界经济形势带来的冲击,我国各类经济园区要主动接受当前世界经济形势的挑战,审时度势,因势利导,危中择机,坚持国际化与本土化相结合,以园区国际化发展带动国内市场的开拓,统筹协调国内发展、区域发展和对外开放的关系,实现经济园区的持续发展。一是要加快转变外贸增长方式。对外贸易是园区经济的重要增长点,在当前的经济形势下,经济园区要加快转变贸易增长方式,优化出口产品结构,建设一批技术含量高的出口创新基地,打造园区企业自主出口品牌,推进一般加工贸易向深加工贸易转变、消耗资源型贸易向节约资源型贸易转变、外包加工型贸易向自主技术型贸易转变、贴牌贸易向自主品牌贸易转变、实现加工贸易向服务贸易转变,在新的经济形势下促进园区出口贸易的发展。二是要把"引进来"和"走出去"有机结合。我国经济园区应抓住当前国际经济形势下的机遇,鼓励有能力的园区企业积极开展跨国并购,支持有条件的园区企业开展跨国经营,在境外设立战略资源基地和生产加工基地,建立起符合国际规则和惯例的管理体制和运行机制,加强园区企业的区内联合与境外合作,争取更多的国际市场份额;在大力引进、消化、吸收国外先进技术的基础上,园区企业要力求创新出一大批拥有自主知识产权的核心技术,在开展加工贸易的过程中加快自主产业的发展,在参与国际化经济管理中锻炼和造就一大批园区自己的现代化管理人才,促进国际市场和国内市场有机融合,使园区整体国际化发展水平迈上一个新台阶。① 三是要积极开拓国内市场。针对当前国际国内经济形势的变化,

---

① 汪素芹:《中国经济国际化与区域开放型经济发展》,吉林大学出版社2007年版,第93页。

各地经济园区要坚持以国际化带动国内市场开拓的战略，抓住国家扩大内需的机遇，认真研究市场，认清市场需要，培育特色优势，瞄准投资区域，瞄准投资项目，紧盯市场，果断决策，抢占先机，谋得发展。四是要大力促进技术创新。在当前金融危机的新形势下，经济园区企业要实现以国际化带动国内市场开拓，应大力推进技术创新，积极研发新产品，努力提高自身竞争力；要大力倡导发展以企业为主体、市场为导向、产学研相结合的技术创新体系，以产业化为目标，以国家级创业服务中心为载体，以高等院校、科研院所为依托，加强技术创新，为企业送技术；同时各园区应针对自身情况制定鼓励创新鼓励研发政策，扶持引导园区企业加大自主创新力度，加强产品研发，储备高、精、尖项目，及时推向市场，不断提高园区企业经济效益。

（四）以园区规模化发展带动新农村建设

经济园区是一个区域集中优势资源率先发展起来的主要增长点，是区域深化改革的实验田、对外开放的窗口、产业发展的龙头，其带动示范作用不仅在经济，而且在政治、文化、社会各个方面都应体现出来。园区是城市与农村两种资源的整合与开发，是经济社会各个方面的综合发展，对社会主义新农村的建设具有必然的内在规定性。我国经济园区大多建在城郊结合部，"郊区之首，城区之尾"，是推动城市经济发展和新农村建设的增长点，城市建设和新农村建设成为园区整体发展不可分割的组成部分。随着经济园区的发展，不同经济园区之间不断进行功能互补和资源整合，园区规模日益扩大，"区镇（政）合一、封闭运行"的管理体制在一些地区的经济园区得到了成功的实践，实现了建设强乡镇与打造强园区的有机结合，理顺了新农村建设与项目发展、产业布局的关系，在行政资源、政策资源、规划建设资源等方面实现了整合，促进了区域的和谐发展，为社会主义新农村建设注入了活力。

随着经济园区整合和园区企业的不断增多，农民进厂务工、城市化进程加快，农民与农业逐步脱离，园区的规模化发展在使农村人口向社区集中、土地逐渐转变为工业用地的同时，原有的城乡空间布局、产业结构布局实现了调整，城乡经济、文化、政治制度及生态环境发生了改变，居民的生产能力、生活方式、生活质量、民主权利得到了加强，新农村建设的进程得到了大力推动。我国经济园区的规模化发展的趋势为社会主义新农村建设带来了新的契机，以园区规模化带动社会主义新农村建设也成为我国经济园区发展的必然。因此，我国经济园区要实现持续发展，必须通过园区的规模化发展实现管理体制等方面的创新，以统筹城乡发展、统筹区域发展、统筹经济社会发展和根本上解决"三农"问题为着眼点，坚持实施城乡和农村"一体化规划、一体化建设、一体化管理、一体化发展"四个"一体"，因地制宜、稳步推进农村建设和发展，促进城市基础设施向农村覆盖、城市公共服务向农村延伸、城市文明向农村辐射，促使农村向社区转变、农业向企业转变、农民向市民转变，缩小了城乡发展差距，让全区人民共享发展成果。一是要大力推进基础设施建设。园区规模化发展，大力推进了农村基础设施的建设，也使广大农民共享经济园区的发展成果。今后经济园区发展，应该在园区基础设施建设上实施高标准规划、高水平建设、集约化发展，以园区基础设施建设为依托，通过高标准的村庄规划建设，大力实施旧村改造和村容村貌整治工程，进一步加快农村城市化进程，逐步实现农村向社区、农民向居民的转变。二是要大力促进农民增收。建设社会主义新农村，最根本的是加快农村经济发展，最关键的是促进农民增收。今后经济园区的发展，应该通过园区规模化实现企业和人口的集聚，依托园区和区内龙头企业，借势发展，建立城乡经济发展、产业发展和农民增收的互动机制，以提高农民经济收入为基础，通过解决农村劳动力就业和健全社会保障机制，大力发展非农产业，将农民从传统农业中解放出来，实现农村工作重心由第一产业向二三产业的转变。三是要大力提高农民素质。建设新农村，广大农民是主体，因此，提高农民素质，培育新型农民至为关键。今后经济园区的新农村建设，应该以园区规模化发展为依托，充分发挥经济园区的社会职能，大力开展职业教育、技能培训、科教宣传等活动，进一步提高农民的科学文化素质水平和劳动技能，培养适应新形势下农村发展的新型农民，大力推进农村各项社会事业发展。

二、政府层面

鉴于经济园区对区域经济发展的战略意义，如何针对地区比较优势，采取有效的措施，支持经济园区的发展，成为摆在地方政府面前的一个迫切需要解决的问题。经济园区的发展，需要政府、企业、社会中介等多种力量介入，政府作用尤其重要。在支持经济园区的发展过程中，政府的角色应该是着力改进影响企业竞争力的环境，不过，政府只为园区企业提供高质量的公共物品还是远远不够的，政府应高度关注的是经济园区的区位选择和产业定位，并为园区内企业培育战略协同的软环境。

（一）抓好东西部地区园区战略规划

我国中西部同东部的改革开放是同时开始的，但发展却是不同步的，这一点在经济园区的发展上也凸显出来。从地域的角度看，经济园区总体发展不平衡，东西部经济园区之间、沿海与内陆经济园区之间差距明显，部分园区尤其是西部经济园区发展缓慢，水平不高；东西部园区发展速度和方式不同，东部利用高新技术，发展方式集约，中西部发展方式则为能源消耗型，较为粗放；由于交通的便利程度较高，东部园区在吸引外资等投资方面也占有优势。东西部园区的不平衡发展制约着经济园区的整体发展，为促进我国区域经济的协调发展和经济园区的健康运行，就必须对东西部经济园区的发展进行战略规划和规范。

1. 用科学发展观审视和统领东西部经济园区建设

科学发展观是我党对改革开放几十年实践的经验总结，是贯穿社会主义市场经济建设全过程的指导思想，同样，经济园区建设也不能背离这一思想。科学的发展观首先要求经济园区建设要建立在一个科学地认识世界，正确地把握发展规律的基础上，正视我们所面临的大环境和大趋势，将园区建设置身于世界经济运行大体系的循环之中。作为政府宏观调控部门需要以科学的发展观为指导，放宽视野，将东西部园区建设纳入到一个整体的布局和战略规划之中，谋求一个协调、集约和可持续的发展，实现速度和效益的统一。

为此，园区建设需要始终坚持三个原则和两个意识。三个原则：一是要坚持共同发展原则。要摆脱小区域意识，树立大园区思想，从东西部的发展大局出发，以增强整体竞争力为目标，注重园区建设的统筹、同步推进，实现区域经济长远、健康、协调发展。二是要坚持利益共享原则。科学发展观的要义在于可持续性。在园区建设与合作中，要实现可持续性发展必须确立合理的利益分配机制，坚持利益共享共赢原则。三是要确立科学的评价原则。要将经济增长不等于经济发展、发展的活力和潜力，而在于集约，在于效益，在于实实在在的富裕，在于社会的全面推进等理念引入园区建设，确立科学的经济活动和行政绩效的评价原则及体系，消除 GDP 崇拜，变数量指标考核为质量考核，变外资外贸各项指标评价为财政税收、投入产出、生态环境、就业水平等体系指标评价。只有这样，才有利于摒弃盲目攀比，重复投资，追逐数字效应甚至不惜牺牲长远利益的做法，促进园区建设的良性互动，统筹协调发展。

两个意识：一是要突出园区建设的集群化意识。集群化发展是当今世界发展的潮流，是经济发展到一定阶段的必然走向，我国经济园区发展到今，也需要将集群化思想提上日程，谋求集群效应和集群发展。因此，园区强调集群意识要立足自身优势，合理角色定位，相互依托，借助力量，加大辐射力的扩散和接收，使园区经济能力达到全释放和全利用状态，提高园区整体竞争力。二是要突出集约化意识。集约化是社会化大生产的标志，是增强竞争力的核心因素，而集约需要集群为基础，需要合作与互动产生的集约效应。因此，要强调集约意识，重视空间利用集约、时间利用集约、资源利用集约、人才使用集约，从重园区规模建设转向重园区功能培育，从重外部政策优惠转向重内部机制激励，从重个体行为效果转向重集体行动力量，推进积极的产业合作与配套，构建产业投向最合理、产业衔接最紧密、产供销最直接、物流循环时间最快捷、土地供应量与建筑密度及容积率配比最恰当、资源消耗与产出效益比率最佳化的园区运行体系，以达成东西部经济园区科学发展、低成本运作的理想目标。

2. 引导东西部经济园区总体规划管理

我国东西部地区发展存在巨大差异，城市建设和经济园区的发展方向也不尽相同，对于东西部园区的具体发展必须区别对待，要加强综合规划，强化政策导向，坚持高起点规划、高水平设计、高质量建设、高效能管理，建设具有较强综合实力的经济园区来带动周边地区的发展。一方面，园区的规划必须服务于城市的总体规划和经济建设突出整体经济效益，对园区的性质、规模、规划布局等，应做好科学的预测和可行性研究，加强规划设计条件阶段的沟通与协调，提高方案设计和初步设计的质量；经济园区的选址应以区域规划、城市总体规划为依据，与城市总体布局相协调，注重保护生态环境，保护基本农田；园区的开发建设机构应根据与当地经济发展局等经济部门共同研究、科学预测园区建设用地的需求状况，将用地性质进行科学地划分，充分体现环境保护、合理用地和满足特殊项目用地需求的规划目标等。另一方面，东西部园区的协调发展，要探索在宏观上建立跨各行政区域、由国务院统一领导的经济园区决策层，对全国的经济园区进行有效管理与组织，在全国范围内实现资源的优化配置和投资的区位引导；同时应该分设管理全国各类重点专业园区的组织机构，统管全国诸如生态工业园区、软件工业园区等专业园区的发展，对专业园区和重点产业的发展进行指导、监管，使其发展有序地推开，各级政府也要建立相应的机构组织，对各地支柱产业的发展予以有效组织和重点的支持；要探索新型的经济园区统一管理制度，通过建立园区动态管理机制，形成一套合理的园区评估指标体系，在当前园区发展业绩评估体系中加入单位面积土地投资强度、单位面积土地产出和效益、经济增长值率、基础设施投入产出比、开发负债率、区内外企业配套率、技术转移和吸收率等与发展质量和效益相关的指标，引导园区走上内涵型可持续增长之路，从而形成合理有效的经济园区准入与退出机制。

3. 促进东西部经济园区差异化发展与协同合作

东西部园区在发展程度、市场需求和产业布局等方面有很大的不同，园区经济发展极不平衡。新的区域协调发展战略的实施，为经济园区新一轮的发展提供了难得的机遇和动力，同时也要求对东西部经济园区实施不同的发展战略，进一步发挥经济园区辐射带动作用。国家应积极引导东部沿海地区经济园区努力顺应产业升级的要求，推动产业向中西部地区转移，实现"腾笼换鸟"；中西部地区经济园区大力改善投资环境，"筑巢引凤"，主动承接产业梯度转移；东西部园区应进一步创新合作模式，探索从目前的友好互助型向以资本为纽带的互利合作型转变，建立股权式投资实体，将产业梯度转移和输出管理模式相结合。同时各地应积极探索建立以经济园区为载体的产业转移示范园区，促进东中西部经济园区协同合作；处于不同发展阶段的东西部经济园区要探索建立长效合作机制，进行跨地区的资源整合、功能互补、人才互动、经验交流，建立东西部园区的多渠道信息互通与产业转移平台，打造梯度优势，寻找共赢轨迹，促进东西部经济园区整体发展水平的提升，推动区域协调发展，缩小经济发展差距。[①]

（二）合理园区产业布局

产业布局是产业结构在空间上的投影，产业的空间布局形态是影响产

[①] 中国开发区网：《2007 年国家级开发区发展情况报告》，http://www.cadz.org.cn/Content.jsp？ItemID = 1570&ContentID = 41292。

业发展的一个重要原因。集中有序的产业空间分布有利于企业间建立协作和信息交流，节约交易成本，有利于产业集群的培育；而分散无序的产业地理分布，容易产生竞争和低水平同构，造成结构性的重复污染，难以增强竞争优势。

1. 强化土地集约利用原则

近年来，国家实行了越来越严格的土地紧缩政策，虽然全国经济增长较快，但土地供应数量总体呈下降趋势。而土地作为园区赖以生存的生命线，紧缩的土地政策无疑会影响经济园区的发展。对此，各地经济园区都要创新求变，规范项目用地、盘活存量土地，提高土地利用率，坚持"珍惜每一寸土地，向广度和深度要效益"的集约化发展道路，在土地开发利用上实现新突破。一是要科学规划，实现"产业集聚、布局集中、用地集约"。根据各地区产业发展总体布局，结合经济园区实际，各园区要做好自身产业定位，并积极有效引导规划区内各项建设合理布局、规范管理、科学运作，明确经济园区主导产业的发展方向和类型、各类用地规划和布局等。二是要严格执行项目准入制度，强化投资强度和产出效能。根据国家现行土地政策，各园区要严把项目准入关，不断提高项目投资强度和产出效能，对于投资额度大、产出比率高、产业拉动力强的大项目，按照法定手续上报上级国土部门，获取土地使用权；对于部分投资小、产业拉动力差的项目，鼓励并协助租赁标准厂房，原则上应不予供地，待企业形成一定规模、达到投资强度要求时再予办理相关用地手续。三是要整合现有土地资源，调整产业布局，盘活利用存量。为高效利用土地，经济园区要坚持逐步淘汰占地多、效益差的项目，清理盘活闲置土地，将产业结构调整与土地使用调整相结合，坚决清理和回收闲置土地，积极推广建设多层标准厂房，最大限度地把土地调整供应给用地省、效益好的项目。同时，针对土地资源紧张的现状，各园区应积极开展节地招商，引导区内现有企业增资扩股，搞好内部挖潜，推进产业链条延伸，实现土地效益最大化。

2. 坚持主导产业优先发展方针

经济园区是地区经济发展的最重要载体，决定着区域未来产业的发展方向，其主导产业的选择对于当地经济发展的总体方向、区域产业结构的调整，都具有较强关联作用。因此，园区的发展应坚持"主导产业优先"的方针，合理推动战略产业、普通产业的有机发展，加快产业布局优化，促进经济发展方式的根本性转变。一是要全力推进主导产业发展，提升竞争能力。主导产业是园区产业中现有规模较大，产业基础较好、未来仍有较大发展潜力和产业升级空间的产业,园区主导产业发展主要是要依托现有产业基础,加大投资集聚,扩大规模优势,提升产业能级,提高竞争能力。二是要积极追踪战略产业,抢占发展先机战略。战略产业是有可能成为园区未来产业发展新的增长点、并有可能成新兴主导产业的某些产业,需要进一步扶持,争取做大做强,积极培植成为未来的主导产业。三是要设置合理的门槛,搞活普通产业。普通产业是园区内除支柱产业和战略新兴产业以外的其他工业产业,由于受各种客观因素的制约,园区在一个特定的时段内对导入项目选择的回旋余地是有限的,甚至是被动的,适量导入园区非主导发展方向的产业,也是一种相对合理的选择;但是,为了保障园区整体的产业发展环境和发展特色,要合理设置导入企业的门槛,切实把握好导入企业规模和质量底线,并尽可能设置综合性工业发展集中区,形成相对集聚的合理布局。四是以综合配套为导向,积极发展生产性服务产业。生产性服务业是先进制造业和现代服务业融合发展的重要体现,也是构建完整产业价值链的重要组成部分。发展生产性服务产业,对于完善园区综合配套服务功能、提高投资环境质量和招商的竞争力具有十分重要的积极意义,同时也可以成为园区产业最活跃的组成部分。要以高层次专业中介服务、信息咨询服务、现代物流服务、创意设计服务、会展服务等为主导,根据各园区的产业特色和公共服务需求,积极导入和拓展生产性服务产业,并尽可能相对集聚,建设现代商务和生产性服务中心。

3. 促进产业集聚和产业协同环境构建

产业布局是一项涉及多层次、多目标、多部门、多因素影响的经济战略部署,具有全局性和长远性。从产业集群的角度合理产业布局,能够避免割裂区域内各种资源之间的联系,使区域各种资源要素的整合能力和协同效应得以充分发挥,缩小区域经济的发展差距。因此,合理园区产业布局,应推动和加速产业集聚,构造功能健全的产业链,培育产业协同发展的良好环境。一是积极实施产业集群战略。各园区要围绕龙头核心项目、重点产业开展招商,通过引进和培育一批具有较强关联带动作用的产业集群骨干项目,带动相关企业的聚集和配套,实现上下游企业的聚集和产业链的延伸;同时,要以产业集群为基础,鼓励发展行业协会、行业标准组织,并规划和建设一批规模集中、产业集聚的专业化园区,鼓励同类产业的企业向专业化工业园区集中,优化园区企业间的生产协作和配套,搭建产业集群发展的载体。二是引导园区企业注重产业协同环境的构建与融入。引导园区和园区企业积极参与并融入协同环境的创建和优化过程,园区管理部门要利用调控手段推进产业内与产业间的联系，形成园区产业网络，包括同一园区的产业网络，也包括不同园区的产业网络；引导企业个体积极寻求部门合作和产业链接，建立相对稳定和快速的物流及信息流渠道，最大限度地利用外部资源，实现上下游之间的密切联系和相互促进，尽可能降低园区企业的资源耗费和交易成本。①

（三）完善园区政府服务体系

搞好服务，是政府形象的本质。经济园区政府应积极借助现代高科技手段与多元组织结构，通过不断创新服务形式，提高服务品质，通过多样化方法和手段来推进公共服务项目的技术创新，优化公共服务的质量和水平，提高公共服务的效率，塑造优质服务的"窗口"形象。

1. 完善一站式服务

一站式服务的出现，为园区完善政府服务体系提供一条重要途径。经济园区应在积极借鉴国内各地的先进经验和利用现有成果基础上，结合本地实际情况，进一步完善政务大厅、部门一站式服务体系，为企业和公民提供更方便快捷的服务。一是要依照法律、规范制度、充分授权，大力推进行政审批制度改革。加强执法，从法律上规定和保障公共行政服务中心的合法地位和职能权限，按要求认真执行《行政许可法》，并出台规范的行政收费办法，严格规定收费项目和各种标准；大规模取消审批项目，将部分审批项目进行管理方式的改变或处理，移交行业组织或社会中介机构管理。二是要创新行政程序和行政业务流程。园区应该建立信息公开即审批条件和标准公开制度、听取行政相对人意见的制度、审批决定说明理由的制度、行政审批案卷制度、回避制度和利害关系人的听证制度；同时，切割、整合各部门的行政业务，将职能部门的所有人员和事项集中到行政服务中心（或政务大楼）的后台大办公区，实现前台和后台工作的衔接。三是要加强对窗口工作的监督，实行绩效管理。对行政服务中心窗口工作人员的监督，应包含原单位的业务监督、中心的日常工作监督和社会公众的外部监督；要以立法的形式出台专门的监督法规，特别要加强审计监督和监察监督，防范审批服务过程中可能发生的以权谋私、盲目审批、利用权力搞小部门的利益垄断；制定规范的窗口人员工作制度，完善首问负责

---

① 荀克宁、王爱华：《山东经济园区产业布局与协作研究》，载《山东社会科学》，2006年第12期，第13页。

制和告知承诺制，窗口工作引入反馈机制、评估机制，对服务的成本、效率和顾客满意度等指标进行绩效评估管理。四是要推行政务公开。园区公共行政服务中心推行政务公开，不仅要强调办事程序公开、适用法规公开、办事结果公开、数字账目公开等政务信息的公开，更应当强调大众传媒对政务信息的公开报道权，以及社会公众对服务的公开批评权，从而寻求改进和发展，更好、更优质地发挥服务功能。

青岛开发区行政审批中心"四个零"模式让审批提速

截至2008年2月份，山东青岛开发区行政审批中心共办理行政许可服务事项78733项，日均办理66.5项。现场办结率为100%、承诺件在承诺时限内的办结率100%，工作效率和服务质量受到了广大市民和区内企业的普遍赞誉。能取得这样的工作成绩，与开发区行政审批中心连续多年实行服务受理"零推诿"、服务事项"零积压"、服务质量"零差错"、服务标准"零投诉"的"四个零"服务工作模式有着密不可分的关系。开发区行政审批中心牢固树立"一切为了项目"、"一切为了群众"的服务理念，把项目由原来接受"审查"的从属地位变成享受"服务"的主体地位。对来人、来访、来电的服务对象，审批中心严格落实首问负责制、一次告知制和AB角服务，不以任何借口推诿、拒绝、搪塞。他们还主动与重大项目对接，联系大项目、了解大项目，能够现场办理的项目予以现场勘验、现场办理，力争将审批时限缩减到最短时间。对手续齐全而又符合要求的，行政审批中心立即予以办理，并会同法制部门进一步理顺入驻中心的行政审批事项，简化办事程序，优化审批流程，缩短审批时限，强化"一站式"功能。他们还完善和制作了详尽的系列"审批流程图"，使服务对象充分明了办事程序，以配合审批窗口的工作，不断提高行政效能，使50%以上的事项能够当天受理、当天办结。将承诺件的办结时限普遍控制在3个工作日之内，并在法定的时限内，确定最短审批时限。中心建立了健全的一站式管理、一条龙服务、一个窗口对外的工作机制，使各窗口单位严格按照《行政许可法》规定进行运作，确保审批工作差错率在零状态；并进一步修订和完善《大厅考核办法》，落实各项管理制度，定期开展"学习型中心"创建活动，不断提高窗口工作人员的服务技能，真正做到咨询一次告知、政策一次讲清、材料一次点清。

资料来源：中国开发区信息网：《青岛开发区行政审批中心"四个零"模式让审批提速》，http://www.cdz.cn/www/NewsInfo.asp?NewsId=19061。

2. 加快电子政务建设

推行电子政务，建设电子化政府，是改善政府公共服务，提高政府公共服务的效率和能力的有效途径。政府有效利用现代信息和通讯技术，通过不同的信息服务设施，向政府机关、企业、社会组织和公民，在其更方便的时间地点及方式下，提供信息及其他服务，从而建构一个有回应力、有效率、有责任，具有更高服务品质的政府。一是要实行科学的战略规划和定位。发展电子政务，经济园区要制定宏观的发展规划，建立相应的领导机构，加强对电子政务的研究、规划和组织协调，并根据本区实际情况，制定切实可行的阶段性目标，努力贯彻落实。二是要完善信息基础设施建设。园区应当加快建设超大容量、技术先进、灵活高效、安全可靠的信息基础设施，使其逐步演进成为一个融语音、数据、图像为一体的宽带、高速的公共信息网络，全方位、多层次地满足各种宽带多媒体业务的要求。园区管委会可以建立区内企业的档案库，掌握企业的资料，为企业提供个性化服务，塑造专业化、知识化和信息化的经济开发区形象，提高企业对园区管委会的信任度。三是要建立政府门户网站，实现网上办公。目前绝大部分的园区都有自己的网站，审批、申报备案、年检、注册等日常活动均能在网上直接完成，极大地简化了原先烦琐的审批手续和步骤。政府部门间也打破了组织界限，实现资源共享，大大降低了行政成本；通过网络技术的支持，管委会可以将有关的政策法规、审批手续、最新出台的管理办法等公布在网上，投资者可以通过网络信息来比较各个经济园区的优势和劣势。四是要利用网络资源拓宽参与渠道，实现决策的民主化和科学化。互联网可以帮助政府机构间、政府和企业间、政府和公民间建立起迅速沟通的反馈机制。管委会可以通过设立网站，开设论坛、留言板、电子信箱等栏目，及时了解园区企业和公众对政策的建议和对政府公共服务的新需求，避免信息经过多重过滤后的失真现象，促进民主政治的发展，提高园区政府治理水平。[1]

（四）优化园区管理体制

随着我国入世过渡期的结束和社会主义市场经济体制的逐步完善，特殊政策所造成的经济园区与其他地区间的势能已在迅速消失，温床已不复

---

[1] 唐铁汉：《强化政府公共服务职能，努力建设公共服务型政府》，载《中国行政管理》，2004年第7期，第15页。

存在。[①] 同时，随着全国整体改革的推进和深入，园区管理体制、运行机制不完善的问题凸显，经济园区要全面落实科学发展观，要在参与经济全球化进程中进一步发展壮大，必须突破面临影响生产力发展的体制性障碍，实施体制创新战略，推动各项工作向前发展，保持其在区域经济社会竞争中的领先优势。

1. 独立运作，松绑放权

经济园区要有大发展，就必须在减少外力干预方面下功夫，理顺管理体制，提高管理效能，切实创造良好的发展环境。一是对于单纯承担经济管理职能的园区，要加强与镇村结成关系，赢得地方的支持，保证各种矛盾的及时化解，充分发挥园区管委会集中力量抓规划和招商等经济方面的工作的优势。二是对于带部分镇村，既承担经济管理职能又承担社会管理职能的园区，可考虑将地方管理事务交与所在行政区承担，注重加强与行政区职能部门的协调，经济园区只负责项目引进、土地开发等；或者按职能进行合理划分，设立精干的经济社会管理机构实行分类管理，防止社会性工作过多牵扯管理层的精力。三是对于实行区镇合一的经济园区，要明确各自权限，理顺园区与镇之间的关系，切实加强经济开发、社会管理上的协调，形成经济园区发展的合力，使园区具有较大的决断权、处置权，以提高决策效率。四是继续加大对经济园区的松绑放权，建立健全管理体制和运行机制，赋予园区更加灵活的自主性。

2. 精简机构，提高效率

经济园区要严格按照"精简、统一、高效"的原则，不断推进管理机制和管理职能的转变。在争取必要的自主权的同时，对区内要压缩管理层次，减少审批事项，简化办事程序，杜绝"因人设事"、"因人设机构"。对功能相近或者重复的部门，以及不需要独立设置的部门和机构进行撤并，对需要为招商、项目、融资、土地等报批审批手续服务的部门进行专门与专职强化，保证重要部门在经济园区的主导地位。对当地政府赋予的审批职能，要实行"政务公开"、"权责统一"、"限时办理"等制度，使企业在园区内得到高效、便捷、优质的服务和管理；对需由其他部门审批的事项，要企业与审批部门之间充分发挥协调、沟通作用，实行代办、协办，使企业能真正专注于自身的研究开发和生产经营活动。

---

① 刘应利：《市场经济条件下开发区优惠政策研究》，载《中国开发区》2003 年第 3 期，第 18 页。

3. 优化机制，放活创新

经济园区作为先试先行的试验区，可以从三个方面优化运行机制。一是发展机制。继续走"小政府、大社会"、"小机构、大服务"管理路子，根据当前社会管理任务增多情况，主要是加快公共行政改革，借鉴公司方式管理的长处，大力发展社会中介组织和行业协会，把大量的具体的社会协调、经济服务事务交给或委托给他们来做，一些具体的征地、拆迁补偿工作，也可以通过一定的契约关系进行委托代理。二是用人机制。改革用人制度，探索实行全员聘用制和岗位目标责任制，建立健全岗位考评制度，大力推行"公开招聘、竞争上岗、年度测评、末位淘汰"等有利于人尽其才的用人机制，对新进园区管理机关工作的人员要公开招聘，择优录用；对领导职位和重要岗位，可以引入公开竞争机制，选优用优；对在职领导干部，要探索实行任期制和转岗交流制，对不能胜任工作的领导干部要及时调整下来。通过干部人事制度的改革与创新，不断激发广大干部的内在动力。三是激励机制。对一些领导岗位，可以探索实行"年薪制"；对一般工作人员，可以在基础工资不变的情况下，拉开各种奖金、补贴分配的档次，着重向优秀人员、优质工作和关键岗位、复杂劳动倾斜，不断形成以岗定酬、按绩定酬的分配激励机制。

4. 完善制度，规范运作

当前我国经济园区的管理体制和运行机制要适应"入世"要求与国际惯例接轨，就必须按照市场经济规律办事，改革政府行政职能，实行严格的规范化管理，推进管理体制的创新。一是加强经济园区立法工作，园区自身要制定地方性法规，建立完善管理运行制度，保证经济园区规范化制度化程序化运作，突出制度管人管事。二是要加强土地等资源性要素在区内使用的合法性，加强管理，加强规范，按程序化市场化操作，保证国家利益在不受损失，加强规划建设指导性立法工作的贯彻落实，保证环境评价体系评估和生态功能的完整性，最大限度地提高区域经济效益、社会效益和环境效益。三是完善企业或项目进出机制，既要引进项目，又要淘汰项目，始终保持能进能出的进入退出机制，规范企业项目市场化行为，提高区内综合效益，推动社会各方面健康有序发展。四是保持政策连续性和稳定性，不得随意变更经济园区已优化完善的各种制度，保证制度的权威性和严肃性，为园区创新机制提供保障。[1]

---

[1] 商务部：《完善开发区管理体制的对策与建议》，http://www.mofcom.gov.cn/aarticle/difang/anhui/200809/20080905756677.html。

（五）推进园区协作与互动发展

推动经济园区协作互动发展，既是园区参与更大范围、更宽领域竞争的需要，也是我国经济协调发展、全面发展的内在要求。党的十七大对推动区域协调发展做出了新的战略部署，要求各地遵循市场经济规律，突破行政区划界限，形成若干带动能力强、联系紧密的经济圈和经济带。具体到经济园区的发展中，就是园区的发展要走上产业整合与协作互动的轨道，充分发挥其集聚、辐射、带动作用，用一体化的思维促进区域内的各种资源优化配置，推进园区协作与互动发展，实现地区市场一体化、产业一体化、环境一体化，降低本区域经济、社会和自然的运行成本，增强经济园区的板块整体实力。

1. 加强园区协作发展的政策支持

我国的经济园区在发展程度和发展阶段上存在着巨大差异，大部分经济园区之间存在错位发展、合作共赢的巨大空间。为促进经济园区健康发展，国家应鼓励各经济园区之间进行合作开发、联动发展，按生产要素投入比例分享利益，既可以计划引导产业转移，又可以节约企业调研费用，获取经济规模效益。一是各级政府应对联动合作的园区在财政税收、用地指标、耕地补充、金融信贷、企业用水用电等方面出台相关政策和措施，给予联动合作经济园区重点支持。二是借鉴江苏等地促进园区互动的经验，各地应适时开展园区联动合作，并制定《园区联动合作意见》，对于园区协作给予统筹指导，鼓励相关园区结成对子，在项目信息、人员交流、招商引资、合作开发等方面进行对接和交流。

2. 强化园区协作发展的制度支撑

园区间的合作协同发展是大势所趋，各经济园区需要以长三角等地园区整合为范例，在制度上、机制上进行改革与创新，最大限度地打破园区协作的制度壁垒和准入樊篱。一是要建立跨区域的经济园区联席会议制度。形成以少数龙头园区为纽带囊括整个经济圈或经济带的经济园区在内的协商机制，打破园区间互不往来、竞争多于联系的局面；联席会议可以采取定期或不定期形式举行，就园区整体发展中的新的问题和新的矛盾，尤其是产业冲突问题，集合各园区代表坐在一起进行积极的磋商和探讨，以求达成共识和寻找妥善解决问题的途径。二是要建立良好的对话机制。通过开拓多种经常性对话和沟通渠道，建立广泛的信息交流和意见互换。

尤其要充分利用网络快速、便利的优势，形成园区共同的信息发布园地，解决园区信息不对称问题对园区合作的制约。三是要建立园区认同的市场准入机制。要使园区都能认识到，随着园区经济的发展，开放园区，消除准入壁垒和体制性障碍已成为彼此发展的需要。因此，要通过协商，形成共同的园区准入标准，便于产业根据自身发展规律在园区间自由地流动、延伸和衔接。

3. 确立园区协作发展的龙头力量

龙头园区的确定需具备以下基本条件和要求：一是经济能量大，具有较强的产业辐射力和扩散力；二是腹地空间广，具有较大的产业容量和拓展余地；三是国际影响力强，具有能跻身世界行列的产品品牌、企业品牌以及区域知名度；四是区位优势明显，具有良好的对外联系通道和基础；五是大企业聚集，具有较强的国际资本吸引力和对接力。各经济园区在发展规划、要素配置、产业配套、市场开拓等方面，需要加强与龙头园区的衔接与配合，自觉接受其辐射与带动；龙头园区也要一切从园区整体发展大局出发，充分发挥龙头作用，在区域范围内配置有效资源和产业实力。要以培植各园区自身发展的特色优势和园区间协作互动优势为目标，主动对外建立产业联系，积极对外输出配套项目，建立更多的卫星园区，推进产业集群化发展向更宽领域、更高层次发展，开创园区优势互补、共荣共赢的新局面。

4. 形成园区协作发展的管理体制

推动园区协作与互动发展，必须加快改革步伐，打破行政壁垒，革除影响协作联动的体制机制性障碍，营造体制优势，为园区经济一体化提供强劲动力。一是要创新行政管理体制。突破行政区划壁垒，对区域相关政策、规划实施进行协调、监督，进一步转变政府的职能，要加强各级、各部门联动，提高服务效率；已经实现联动合作的园区管委会之间要建立工作协调机制，及时研究制定促进产业转移、加快经济园区发展建设的相关措施，研究解决合作中的重大问题，努力营造有利于联动合作发展的良好环境；对口合作的经济园区之间，可以采用互派人员到对方挂职锻炼的方式，相互学习借鉴，积极探索创新工作方法、管理理念和招商服务理念，为联动合作打好人才基础。二是要创新公共服务体制。园区要按照区域共享均等化公共服务的目标，对区域科教文卫体等公共资源进行统筹布局、统一制度和服务标准，实现资源共享，为经济园区的协作与互动发展提供体制保障。

三、企业层面

企业是园区经济的主体,是经济园区良好运行的微观基础,园区企业的发展状况在一定程度上影响着园区经济未来的发展走向。为实现经济园区的可持续发展,在更广阔的领域发挥综合竞争力,园区企业的发展必须遵循建立学习型企业、创新招商引资方式、培育特色优势和自主品牌、大力发展循环经济的发展方向,实现园区经济又好又快发展。

(一)建立学习型企业

在当今全球化、区域整合、信息化和经济重构的过程中,区域的创新能力是区域发展最根本的动力,是区域核心竞争力的本质体现。在区域自主创新进程中,"学习型企业"是创新的领先主体、决策主体、投资主体、研究开发主体和利益分配主体,因此能基于对企业发展、市场利润追求,主动快速地将技术优势转化为产品优势,再转化为市场优势,实现依靠技术创新增强市场竞争力,对其他企业产生辐射拉动作用,并对更多有松散联系的企业产生影响,进而推动区域产业优化升级(见图12-1)。[1]

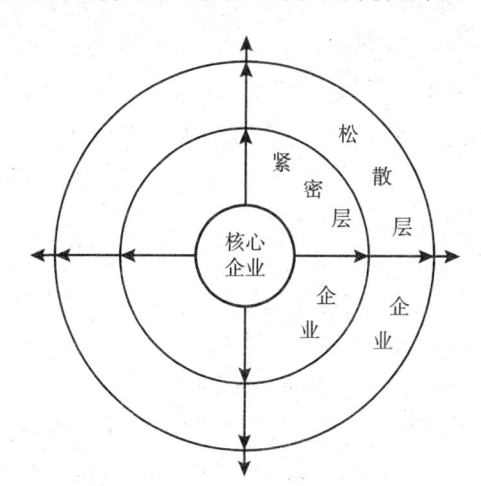

图 12-1 "学习型企业"创新在区域产业中的辐射形式

---

[1] 黄寰:《自主创新与区域产业结构优化升级》,中国经济出版社2006年版,第56页。

经济园区作为改革开放的前沿阵地和区域创新的主体，创建学习型企业和学习型园区具有尤其重要的意义。

1. 构建学习型组织的网络体系

随着现代企业的发展，企业的竞争已从过去的效率、质量、资本、服务的竞争过渡到了以员工素质为核心的竞争。而员工的高素质，在很大程度上取决于其学习能力。因此，大力提高员工的整体素质是企业文化创新的重点，也是提高企业竞争力的根本所在，要通过多种手段，健全机制和网络，动员职工广泛参与，强化学习意识，争创学习型组织，促进和带动个人学习。一是要树立企业高层管理者强烈的创新意识。塑造学习型组织，首要的是企业高层管理者的学习创新，并通过自身的引导使其下属也积极参与到学习中来，塑造企业全员创新的氛围，这是提升企业核心竞争力的前提。企业高层管理者既要有创新意识，明确企业的创新方向，善于发现那些对企业发展有重大影响的创意；又要注重将这些创新思想变成创新行动，落实到企业的实际工作中，特别是使那些分散的、不连贯的创新技术形成完整的创新体系，提升公司的核心竞争力，使创新真正成为企业利润的源泉。二是要通过提倡员工的一专多能培养学习创新能力。员工的技能是学习的结果，学习是一个人的终生任务。学习不仅要体现在培训上，而是要贯穿企业全部活动的内容；学习的方式也不只是培训或以培训为主的技能训练，而是要全方位地提高员工的素质。因此，要提高员工的学习能力，使员工掌握不同的学习方法；与此相适应，组织还必须创造好的学习环境，特别是针对员工学习能力的提高，要有相应的考核制度、具体的考核标准，以及为员工创造学习能力发挥的舞台。三是要建立实用有效的共享学习系统。学习型组织提倡把学习组合到组织中，与人共享，从而产生出新的创新能力。但要实现这一点，就要把学习到的东西作为组织的记忆保存下来，就要在组织系统中形成知识共享。因此，要在组织中建立学习共享系统，找出或设计把学习到的东西推广的方法，通过公司建立局域网等手段形成资源共享的"公共文件夹"，建立共同学习、团队学习的有效平台。

2. 优化提升企业创新能力的动力机制

创新是一个民族进步的灵魂，是一个国家兴旺发达的不竭动力，更是一个企业获得持续发展力的源泉。学习不仅是学知识，更是学习运用知识的能力，学习就是提升创新力的过程。创新力是现代企业快速发展的核心价值，是企业保持竞争优势和成长活力所必需的，也是企业长远发展的根本所在，企业的生命力源于企业的创新力，因此建设学习型企业必须以提升创新能力为先导。一是要尊重职工群众的首创精神，树立创新人人可为的理念。要把职工群众作为创新的主体，不断激发职工群众的创造激情，对职工群众在工作实践中产生的新思路、新点子、合理化建议等要最大限度地采纳和使用；同时要充分发挥广大员工的聪明才智，鼓励员工积极投身到创新实践当中去，广泛深入地开展群众性经济技术创新活动，为员工提供实现自我价值的机会和平台。二是要创造从日常经验学习的机会。使创新蕴涵于日常工作中，需要园区企业建立学习型组织评价系统，评价内容包括现有组织的能力、组织内外环境的变革、学习的障碍等，帮助员工克服创新的障碍，使员工能成为组织活力和变革的源泉；同时要经常进行组织内的调查，制定一系列学习计划，使员工的创新学习成为生活中的重要内容，使创新活动日常化，寓创新于工作中。三是要完善内部激励机制，加快技术创新人才的培养。一方面，园区企业要坚持以人为本的管理思想，建立健全用人机制，努力营造出一种尊重员工、尊重人才的氛围和能够发挥人才积极性、创造性的体制；企业经营者必须以强烈的人才意识，全新的人才观念，长远的育才战略，真诚的聚才方式，营造良好的用才环境，尽快形成培养人才、稳住人才、引进人才、用好人才的机制。另一方面，园区企业要制定对创新成果和技术拔尖人才的奖励制度，开展创新成果评选活动，设立专项基金实施重奖，同时在人力资源管理中增加对创新成果的考评，使人才的收入与贡献紧密相连，鼓励科技人员以科技成果、专利入股，保证其享有资产收益，从而有效激励群众性创新活动持续推进下去。

3. 完善培养人才型职工的培训管理

企业的竞争，最终是人才的竞争。人力资源是企业中最重要和宝贵的资源。学习是企业开发人力资源的有效途径，学习型企业的建立，能够最大限度地挖掘和释放广大职工的创造潜能，在企业营造一个尊重人、理解人、关心人、依靠人的良好氛围。一是园区企业的培训要打破传统的培训模式，按照创建学习型企业的要求，通过整合个人学习，形成团队学习，进而达到组织学习的目的，企业应尽可能为员工提供各类有针对性的教育培训、学习交流的机会，从而不断提高企业人力资源的素质。二是要制定有效的激励措施和办法，使学习从"要我学"转变为"我要学"，培育职工自觉学习、终身学习的良好行为。三是要充分利用现代化的教学方法和手段如多媒体技术、网络教育等，拓宽教育渠道，加强与高校的合作，寻求智力支持。我国的许多经济园区是依托高校而建立起来的，因此经济园区建设学习型企业可以凭借高校的资源，采取"请进来，送出去"的方式，定期有针对性地选派职工到大学学习、培训，聘请高校的管理专家、科研人员到企业讲学，并在高校建立专门的实验室、允许高校在企业设立实践基地等共同解决管理和技术难题。

（二）创新招商引资方式

党的十七大报告中明确指出，要"创新利用外资方式，优化利用外资结构，发挥利用外资在推动自主创新、产业升级、区域协调发展等方面的积极作用。"这对我们今后开展利用外资工作，提高利用外资质量和水平具有重大指导意义，也为经济园区在下一步的招商引资指明了方向。

1. 大力发展产业招商

产业是园区生存的关键。经济园区创新招商引资方式，要立足优势资源和支柱产业，开展产业招商，把招商引资与发展产业集群相结合，抓好开发区产业园区和基地建设，用产业集聚的观念进行招商，依托园区载体进行招商，以大项目支撑产业园区的发展。一是抓好重点产业调研和招商项目策划。经济园区每年要确定几个重点产业进行深度调研，并对重点项目对外发布招商，提高项目的针对性和吸引力，变过去靠随机式引进项目、被动式接受产业形成的状态，为主动出击、有规划地培育和引导优势产业的形成。二是主攻重点产业，紧紧抓住园区优势产业，集中力量开展招商引资活动，形成产业聚集效应，鼓励和引导区内企业挂靠上游产品的生产企业扩大生产规模，引进下游产品的生产企业进区配套，拉长产业链条，构筑具有核心竞争力的产业发展格局。

2. 逐步推进中介招商

由中介招商公司负责项目推介洽谈并收取合理的中介费用，以市场机制应对市场变化，有利于灵活、迅速地解决问题，提高办事效率。经济园区要创新招商引资方式，必须逐步完善中介招商作用，大力推行中介招商模式。各园区要大力发展和联络投资咨询公司、金融机构、会计师、律师事务所等招商中介机构，有能力的经济园区可以与世界上知名的咨询公司取得联系，建立委托代理招商关系，巩固社会化的、中介化的招商网络；中介招商机构可以由有实力的国有企业出资做小股东，吸引民间资本介入做大股东，经济园区亦可作价入股，以丰富的股权结构刺激市场需求。

3. 探索并形成特定功能区招商

在特定功能区招商方面，要充分发挥开发区、高新区、出口加工区以及保税区等经济园区在各自的政策功能上的差异优势，结合各功能区不同的特点和政策，有针对性地招商。在开发区，主要引进现代先进工业项目和先进制造业项目；在高新技术产业开发区，重点引进科技含量高的原创型、研发型和产业化项目；在出口加工区，侧重引进以出口加工为主的项目；在保税区以发展物流配送、商品展示和加工项目为主。同时，各功能区之间要做到既有分工，又有互相兼顾，在区域规划、项目摆放、产业协作等方面尽可能做到资源共享，联动发展。

（三）培育园区企业特色优势

园区既是生产力也是竞争力。近年来，我国各地纷纷以资源、骨干企业、品牌为主题的各类园区作为载体，大力推动产业积聚，促使资源向优势企业聚集，企业向园区聚集，主导产业向产业配套和产业链接方向发展。营造以区域特色经济为基础，以优势企业为主导的集群式发展的专业化产业园区，是经济园区发展的大势所趋。因此，培育企业的特色优势，以重点企业带动园区的发展，提升园区发展品质，成为今后经济园区发展的重点。

1. 培植企业产品特色优势

随着市场经济的发展和科学技术的进步，企业产品生命周期越发短暂，维持企业产品的传统特色并加快产品创新，已成为企业获得和保持竞争优势的关键。而对于企业聚集的经济园区来讲，要保持其优势地位，必须充分发挥区域经济优势和产业集群优势，打造企业产品特色优势，以重点企业为载体，以科技进步为手段，立足传统转化优势，着力培育特色产品，形成产品传统特色和创新特色的合力。一是要围绕优势产品，做强龙头企业。大企业决定产业发展效率和地区整体优势。对经济效益高、创新能力强、发展潜力大、带动作用广的龙头企业，各园区应予以重点培育扶持，发挥企业现有的比较优势，做强做大有市场、有规模、有技术、有效益的特色产品，培育一批具有拳头产品的优势企业。二是要加大技术创新力度。目前企业产品更新换代速度越来越快，以技术创新推动企业和园区可持续发展，增强综合竞争力和抵御风险的能力，要制定企业科技发展战略，从长远的角度为自己定位；要加强与政府部门的技术服务中心、生产力促进中心、科技孵化器、科技园的联系，尽可能取得中小企业技术创新所需要的技术、人才、信息、法律等方面的服务支撑，增强企业的创新能力，走科技兴企之路；要通过各种渠道，引入创新基金和科技风险投资机制，为企业发展提供资金上的保证。三是要坚持以质取胜。园区企业要加强与行业标准和国际先进标准"对标"的质量管理，严守产品质量关，提高高质量产品附加服务，提升企业产品的综合竞争力。

2. 打造企业管理特色优势

经济园区是众多内外资企业聚集的特殊经济区域，相对完善的管理体制和先进的管理方式是园区企业的优势所在，也是园区永葆发展活力的基础所在。随着中国入世过渡期的结束，以及园区众多面向出口企业的存在，经济园区内企业必须在管理上不断地根据生存环境的变化，大胆吸收国外先进管理经验，结合本企业的实际加以发展，积极打造企业管理特色优势，激发全体员工工作积极性、主动性和创新性，为企业经济效益不断提高提供强有力的保证。同时园区的企业管理要加强对产品的技术跟踪，国际标准和发达国家的产品准入制度是经常变化的，出口企业必须加强技术跟踪，以时刻了解技术性贸易壁垒的最新动力。再者要发挥行业协会的积极作用，随着我国政府职能的转变，行业协会在国际贸易纠纷中的作用将逐步显现，园区企业要与相关行业协会建立经常性的联系，通过协会既与其他企业沟通，又积极与政府方面协调。

3. 强化企业特色经营优势

随着市场竞争的日趋激烈，企业间争夺消费者的战争狼烟四起。由于新技术的不断推广使用，企业间产品的品牌、价格、包装、甚至媒体的宣传等方面都越来越雷同。企业要想拥有稳定的市场，就要在不断创新的特色经营上大做文章，靠独特的经营吸引独特的群体，特色经营已经成为企业经营的一种重要方略。强化企业特色经营优势，一是要转变经营观念。经济园区内企业有不少是进行同类产品的专业化经营，企业经营者要在正确认识专业化经营的基础上，根据市场发展状况、行业的发展前景，对企业发展进行准确的定位，把握企业的战略方向。二是要增强企业竞争优势。企业经营最为关键、也是最有效的就是提高企业核心竞争力。培育企业核心竞争力就要不断强化经营者的现代意识，加强研发能力，开发具有自主知识产权的产品，以优势领域为突破点，构建信息体系，充分获取、处理、利用信息，合理调整企业内部组织结构，营造独特的企业文化。三是要整合企业业务。园区企业应适时对现存的业务领域、职能进行重新调整，对于偏离企业总体战略，不利于企业总体绩效提高的业务进行剥离，并且将所得的资金、人力、物力投资于核心业务的发展，或者是投资于企业现行可能成为核心业务的产业，将企业经营纳入动态运作系统中，不断地对公司进行调整，适应整个市场环境的发展。

（四）打造园区企业自主品牌

现代经济是品牌经济，现代市场竞争既是产品、技术竞争，更是品牌竞争，品牌带动作为企业打开国内、国际市场的有效途径，在我国经济园区企业中已达成共识。实际上，区域经济的发展，到一定阶段就提升为区域品牌和区域知名度的竞争，市场辐射具体是通过区域知名度得以进行，这是提升区域竞争力的关键要素。因此，经济园区的发展，要求园区发展特色优势产业，要力争培育在国际市场具有一定知名度和影响力的企业自主品牌，发挥品牌效应，提升园区综合实力。

1. 打造可靠的品牌内在质量

产品内在质量主要体现在它的适用性、安全性、高效性、美观性、时尚性等多种特性上。因此，品牌建设也要在这些方面不断推陈出新，始终能够高人一筹，技压群芳，才能脱颖而出，崭露锋芒，取得国际市场更广泛的关注和认知。一是品牌的适用性要根据市场需求不断改换调整，在品质、性能、品种、花色等方面要走国际化、标准化、高端化路线，借鉴国际品牌发展经验，紧紧抓住技术创新和设计创新这两个关键点，加快新产品和新品种的开发与应用；紧紧把握精工细作和优质服务这两个主要环节，赢得市场良好口碑，创造园区企业自主品牌卓越品质和超强质量的竞争力。二是品牌的安全性要成为品牌内在质量的可靠保障。安全问题有利于品牌出人头地，如"松下"电器、"奔驰"汽车、"海尔"家电等国际品牌知名度的提升都与它们的安全性创新呈正相关，而一个污染或安全性事故则会葬送一个品牌。因此，园区企业自主品牌建设要牢固树立安全意识，将环境的保护、人类的健康等作为企业不可推卸的社会责任，将更多的安全理念融进产品设计之中。三是品牌的高效性要体现节约和低成本。由于当今社会资源的有限和人们节约意识的增强而被热切关注，尤其在能源价格高升，自然资源紧缺的当下，品牌的节能高效就成为市场选择的首要因素。在这种新的形势下，园区企业自主品牌要打好节约牌，改造陈旧、落后、粗放的生产方式和经营手段，大力研发节电、节油、节煤且高效能产品，加速产品更新换代速度，像日本的汽车以节油见长、美国的计算机以节电见长一样，打造园区企业自主品牌节能高效竞争力。四是品牌的美观性要日益提升。在满足使用价值需要的同时也要求消费美感，满足精神上更大的需求，商品的美观性由此构成了产品质量中新的内容。这就要求园区企业品牌培育还要注重美观性的注入，在产品造型、色彩、装饰等方面也要有新的创意和艺术化设计，赋予品牌清新、完美、和谐的艺术魅力，给市场以耳目一新、别具一格的认知。五是品牌的时尚性要及时反映流行时尚，顺应消费潮流。根据产品向"轻、薄、短、小"和个性化发展的趋势，园区企业自主品牌建设在产品质量、功能、造型、作用等方面做出不间断的开发与调整，以品牌的时尚为特征带动更多的园区企业产品走出国门，走向世界。

2. 营造强视觉冲击的品牌外在质量

品牌外在质量主要指品牌外在包装与装潢质量。这是营造一个完美品牌不可缺少的内容，也是传递品牌强视觉冲击力的基础手段。它不仅有利于产品内在质量的保护和携带、使用的便利性，还赋予产品的可视性和审美性，有利于提高产品的档次和文化艺术价值。因此，园区企业自主品牌建设在强化内在品质的同时，也要给予外在质量更多的关注与投入。一是品牌包装设计。品牌包装就像人的衣裳，既有使用价值，也有审美价值。改革开放以来，园区经济发展迅速，外资的进入为企业产品发展带来新的理念和新的风尚，不仅质量不断提升，包装也不断推出新的形象。在包装上园区企业要在追求包装精巧、新颖、实用、方便的同时，注意包装的需求和成本，注重边际效应，使包装能为品牌带来美誉与效益而不是相反。二是品牌装潢设计。品牌的装潢设计是树立品牌形象的重要环节，它蕴涵深厚的文化理念和审美价值。它通过构图、字体、色彩、款式等要素的组合，形成鲜明的视觉效果和市场冲击力，是品牌形象的重要表现形式。园区企业自主品牌建设要加强对装潢的研究与改进，融入更多的时代信息和艺术特色，使品牌商标、标准字、标准色等要素的使用更为前卫、适当和艺术，以吸引和引领消费者，打造内外品质俱佳的品牌形象。

3. 形成有带动力的品牌集群

品牌集群是一种客观趋势，是国际竞争新形势下新的品牌动态。无论是国际还是国内，大凡经济发达地区，无不聚集着众多的知名品牌，包括一种品牌统领下的多种产品。我国的经济园区要实现转型升级，必须重视品牌集群建设，让品牌集群成为领跑经济园区发展的力量。一是要完善品牌自主培育机制。品牌集群是单个品牌基础上的有机整合,因此,经济园区必须形成一个既能激励品牌个体的成长,又有利于出口品牌形成的品牌培育机制。在品牌自主培育上,关键是谋求品牌的内在质量与外在质量的协调统一,在此基础上,促进单个品牌的汇聚和集中,重点依托龙头企业,打造品牌家电集群、纺织集群、机械集群等,建设品牌园区,不断扩张品牌的整体影响力。二是要完善品牌引入机制。经济园区要创造良好的品牌生长环境和获利机会,吸引外部品牌的进入和聚集,要走自主培育和积极引进相结合的路子,通过加快产业集群建设、经济园区载体建设,营造良好的地域环境和人文环境,吸引外来品牌进入并植根园区,形成外来品牌与内生品牌的融合。三是要打造品牌集群统帅力量。各地应将品牌集群建设的着力点放在龙头园区,集中打造品牌集群统帅力量,在政策扶持上、舆论推进上给予倾斜,促进品牌的创新与集群化发展。四是要优化品牌管理机制。为保证和促进品牌建设和集群化发展,还需要抓好宏观管理与调控,打假扶优,两翼推进。重点抓好品牌道德缺陷的纠偏、品牌竞争秩序的规范、品牌评价体系的优化、品牌保护与风险防范举措的设置,以及品牌沟通和品牌集群的合理引导,创造有利于各类品牌竞相开花、品牌集群蓬勃发展的良好外部环境。

临沂经济开发区坚持品牌培育和质量提升 着力建设名牌集聚区

一是注重实施品牌带动战略。临沂经济开发区制定了名牌战略总体目标和规划,出台了鼓励支持名牌发展的政策措施,在积极引进名牌的同时,不断培育、壮大名牌群体。二是注重在品牌培育中提高产品质量。扎实开展"企业效益建设年"活动,有90%以上的企业实行6S现场管理,67%的企业完成了ISO14001环境体系和ISO9000系列质量体系认证。沃尔沃-临工等企业还积极实施"六西格玛"管理方式,围绕提高顾客满意度、缩短工作周期、减少缺陷三个方面,提高企业投资利润率、市场占有率和顾客满意率,以先进的管理理念,提升产品的市场竞争力。目前,开发区已拥有"沃尔沃挖掘机和压路机、英格索兰摊铺机、临工装载机、银凤陶瓷、联邦家具、华夏塔机、国人西服"等两个世界名牌和12个中国名牌、中国驰名商标,11个省级名牌(著名商标),名牌集聚之区初具规模。

资料来源:根据山东省外经贸厅资料整理。

（五）发展园区企业循环经济

我国经济园区自建立以来，取得了快速发展，但"资源——产品——废弃"单向的开环资源消耗型的发展模式依然不同程度地存在，水资源浪费严重、矿产资源利用率低、能源消耗只增不减的情况日趋严重。因此加快园区企业循环经济建设，对于园区产业的健康发展和构建可持续发展的和谐社会都具有重要意义。随着循环经济发展模式的日臻完善，我国的经济园区将以更新的面貌展现在世人面前。

1. 积极推行清洁生产

提高资源利用效率和环境承载能力，是调整结构、转变发展方式的本质要求，也是目前经济园区发展的根本要求。企业要强化环保意识，坚持节约优先、环保优先，努力构建支撑经济园区可持续发展的生态环境，首先必须保证清洁生产。清洁生产要求园区企业从产品设计到选择材料、工艺设备、废物利用以及运行管理的各个环节，通过不断地加强管理和技术进步，提高资源利用率，减少乃至消除污染物的产生，形成清洁生产机制，实现经济效益和环境效益的统一。一是园区企业要根据产品生命周期分析、生态设计和环境标志产品要求，开发和生产低能耗、低消耗、低（或无）污染、经久耐用、可维修、可再循环和能够进行安全处置的产品；二是园区的企业尽可能在企业本身实现清洁生产和污染零排放，以节能、节水、节材、节地和资源综合利用为重点，积极推广和采用节能降耗技术工艺，建立和完善资源节约技术服务体系，增强建设节约型企业和产业的能力。三是园区企业要统一建立 ISO14000 环境管理体系，企业之间尽量形成低消耗、高产出、少排污、可循环的合作发展机制。

2. 加快绿色技术开发

发展循环经济，加快企业循环经济建设就要实现发展模式的转变。资源及其废弃物的循环使用和再生利用，靠的是智力投入和科技进步。智力是园区发展的先导，科技是循环经济发展的手段。因此，园区企业要借助"绿色技术"，加强技术研究的开发力度，取得相关的技术知识，提高绿色技术的可行性和经济合理性。一是要树立面向循环经济生态化的技术创新观。要使循环经济的观念和生态化思想成为企业文化和战略不可分割的一部分，成为企业行为方式的一个根本方面，企业首先必须转变自身的技术创新观念，要使技术创新观由传统经济发展观下只追求经济利润最大化、忽略社会、生态效益，造成的巨大浪费和环境的巨大破坏，不具备可持续发展转化为以科学发展观为基础、体现循环经济思想，实现资源的减量化、产品的重复使用和再循环利用的生态化技术创新观。二是要加强循环经济领域内的技术研发工作。我国园区企业在自主开发先进生产技术方面还有很大的差距，面对国际上先进技术的封锁，要加大减量使用和循环利用资源的技术开发力度，把重点放在降低生产过程中的资源能源消耗、减少污染物的产生和排放、废弃物再利用的资源化、生产过程无废少废、绿色产品的清洁生产等科技项目方面，尽可能实现对资源最大限度的利用并将环境污染物的排放消除在生产过程之中，为发展循环经济提供技术支持。

3. 建立发展循环经济的长效企业管理机制

要使园区企业发展循环经济取得实效，就必须把发展循环经济作为一项重要的企业政策和管理的重点领域，建立长效管理机制，不断提高园区企业对发展循环经济的管理水平。一是要认真贯彻《清洁生产促进法》、《节约能源法》和《环境影响评价法》等一系列法律法规，充分利用国家不断实施的有利于清洁生产的财政税收政策、产业政策、技术开发和推广政策，限期淘汰制度落后的生产技术、工艺、设备和产品。二是要做好循环经济统计体系和信息平台、循环经济评价指标体系和循环经济发展指标考核体系，并逐步建立定期向社会发布环境公报和社会责任公报的制度，广泛接受社会公众监督。三是要建立绿色保障制度。企业要进行清洁生产、资源的有效配置和循环利用，要把循环经济作为自己的经营理念，就需要建立一套绿色保障制度，包括绿色资源制度、绿色生产制度、绿色包装制度、绿色回收制度以及绿色利润制度。这一套制度是企业循环经济运行模式的保障和规范。园区企业要把这一套制度渗透于采购、生产、销售一系列活动中，从而树立牢固的循环经济思想，自觉地把经济效益、社会效益和环境效益统一起来，使这一套绿色保障制度成为企业发展循环经济的强大动力。

山东即墨经济开发区在节能减排中实现集约发展

围绕建设"最适宜人居、最适宜投资、三产发达、高新技术聚集"的新目标，即墨经济开发区坚持把节能减排作为转变经济增长方式的突破口和重要抓手来抓，通过采取典型培育的示范拉动、以点带面的辐射带动的办法，较好地

> 实现了发展效益的最大化,并在全市率先通过循环经济规划方案专家评审,万元地区生产总值平均耗水下降10.5%,绿化覆盖率44.2%,人均公共绿地面积30平方米,位居全市第一。一是以点带面发展循环经济。重点将投资6亿元的青岛振邦化纤有限公司作为节能减排的"领跑员",永元服装、琴岛电器等100多家企业为"运动员",共同围绕节水再利用、污水低排放、资源再利用等节能减排"新目标",侧重引导企业集中精力抓节能减排,想方设法搞技术创新,在企业内部、企业之间形成了一批循环经济示范工程。二是以节能降耗促绿色企业建设。建立完善固定资产投资项目节能评估和审查制度,把初步确定的7家能耗高的企业作为节能减排工作的重点监测监察对象,对其分别制定了产品能耗限额和能耗减排指标,并联合有关部门不定期地对这些高耗能企业实行督促检查,确保节能减排目标如期完成。其中,青岛振邦化纤有限公司主要是利用废弃的可乐瓶、油瓶等塑料生产再生短纤维、涤纶长丝等产品,每年可为即墨市消化废弃塑料5.5万吨,年利用PET废料约占山东省该项废料的40%,不仅使废弃物实现了再利用,还降低了生产成本,减少了环境污染。三是以污染源普查促环境综合治理。严格落实国家环保产业政策,对不符合产业政策和环保规定的项目坚决禁止入区。积极做好区域环评和项目环评,目前青岛安科实业有限公司等两家企业通过清洁生产的审核,青岛红妮制衣有限公司、青岛巨松体育用品有限公司等6家企业通过ISO14001环境质量体系认证,青岛永元体育用品有限公司等20多家企业通过项目环评。
>
> 资料来源:根据山东省外经贸厅资料整理。

四、社会层面

随着城市化进程的不断推进,我国的经济园区开始承担越来越多的社会功能,经济与社会的全面进步成为经济园区可持续发展的最终目标。推进社会发展的不断进步,经济园区需要在发展社会中介、完善社会保障和促进社区发展等方面做出应有举措。

(一)强化园区社会中介作用

目前世界上成功的经济园区均形成了组织网络化、功能社会化、服务产业化的完整的中介服务体系。我国经济园区中介服务体系的雏型也基本形成，它在促进企业创新、降低成本、创造园区优势与特色等方面发挥了积极作用。但我国经济园区中介服务体系建设还存在诸多的不足，中介机构数量少、中介服务的行为不规范、中介机构彼此相对独立等问题制约着园区中介服务体系作用的发挥。随着我国入世过渡期的结束和社会主义市场经济的完善，政府的职能由以管理为主逐步转变以规划、服务、监管为主，因此，强化中介服务体系建设，发挥中介服务机构的作用，成为我国经济园区发展壮大的重要手段。

1. 加强以行业协会为主的社会中介机构建设

专业市场和行业协会等中介组织对产业集群的发展尤其重要。一方面，各经济园区要根据自身产业发展的实际，把所在地的企业都放在构建区域产业集群的角度考虑，按照"政府引导、企业为主，市场化运作"的思路，大力推动专业市场和行业协会的建设，大力培育和引入金融、咨询、媒介、公证、仲裁、人才培训、信息、广告策划等社会中介服务机构。另一方面，园区的行业协会建设要为园区企业交流搭建平台，通过行业协会打通同类企业间的联系以及与外部联系的规则，制定重要的行业标准与信息，沟通园区企业与区外伙伴的联系，并建立一定的行业标准或园区技术质量标准，以技术监督、质量评定和价格协调等手段，驱逐以低质量维持低价格、并以低价格抢夺市场的恶性竞争，最终维护园区企业间的公平竞争。

2. 规范对中介服务组织的管理与引导

各个园区要形成分工协作、收费合理、服务规范的专业化、网络化的中介服务体系，离不开对中介服务组织的规范管理与引导。一是在中介服务机构的政策上，政府要予以必要的扶持。中介服务体系一般不可能完全靠市场机制自发形式，需要政府强有力的支持，因此，要根据园区中介服务机构数量少、急需发展的实际情况，制定和实施调动社会力量兴办中介服务机构的相关政策、各类中介服务机构从业人员资质标准和管理办法，以及推行行政决策咨询的相关制度等，为中介服务机构的发展提供公开、公平、公正的外部环境。二是在中介服务机构的管理上，园区管理部门要会同有关部门统一制定中介服务机构的标准，对中介服务机构进行定期的资格认定和复查，实施动态管理。对认定和复查不合格的，要中止其业务；要制定统一的收费标准，完善服务市场管理；要切实引导中介服务机构提高技术水平和服务质量，逐步做到中介服务优质化，技术手段现代化，从业人员专业化，信息提供网络化。

(二) 完善园区社会保障体系

社会保障是社会安定的重要保证。经济园区作为特殊的经济区域，其内外资企业相对集中、失地农民大量存在等情况突出，因此，积极构筑多层次的园区社会保障体系，使之发挥"稳定器"作用，对于园区经济的长期持续发展具有重要意义。

1. 健全相对完备的就业人员就业保障体系

园区企业密度大、关联性强，员工利益的实现与维护，对于园区经济发展具有极强的联动效应。园区管委会应该综合运用法律、行政等多种手段推动用人单位和劳动者依法参加社会保险，加大园区内社会保险扩面征缴的工作力度，实现企业养老保险、医疗保险、事业保险、工伤保险、生育保险和公积金的缴纳；要保障职工根本利益，突出解决好就业人员的劳资纠纷问题，在园区内企业大力宣传《劳动法》、《劳动保障监察条例》等法律、法规，建立企业劳动保障守法诚信制度，形成预防和解决欠薪问题的保障机制；同时，管委会要加大力度推进劳动合同的制度化、规范化建设，提高劳动合同的签订率；依法监督好园区内企业执行好园区所在地已公布的最新最低工资标准，全面启动民工工资监督保障机制，在园区内构建更加和谐的劳动关系。

2. 形成较为完善的农民养老保障体系

我国经济园区的建设与城市化进程密切相关，园区发展过程中，农村集体土地被大量征用，大量农民成为被征地农民。失去土地的农民必然要获得相应的社会保障，这是由土地的保障功能所决定的。各园区应根据当地农村地区的发展条件，形成较为完善的农民养老保障体系。一是要采取"行政推动、政策引导、农民参保、财政补贴"的原则，实行"低门槛准入，多档次选择，不同标准享受"，实现"征地"与"城保"并轨运行，统一管理。二是要实行区别对待，比如对征地时已经超过或接近超过劳动年龄段的人员，可采取一次性缴费，直接进入养老保障体系；对征地时的中年人员，可按不同年龄段每人分别一次性缴纳不同年限的基本养老保险费后，纳入城市统筹；对征地时的年轻人员，由于不确定因素多，原则上不用一次性补缴基本养老保险。三是坚持自愿与强制相结合，对较早失地人员参加社会养老保险采取以自愿参保为主，对新征地人员则采取应保尽保的强制办法。四是要务实优惠，如征地参保人员缴费年限以 15 年为基数；缴费总额可以允许分数年缴交，缴费标准允许不同档次选择等；若出现死亡事故征地养老保险费尚存余额的，可由其合法继承人和指定受益人继承；失地人员和村集体的缴费分配比例，可根据各村不同情况通过民主协商灵活确定等等。

3. 完善多元化的医疗保障制度

各园区应当坚持因地制宜的原则，建立多形式、多层次的医疗保障制度，并建立国家、集体和个人共同投入、风险共担的机制，以及为失地农民建立相应的社会医疗救助制度，引导企业、慈善机构及个人等方面的捐助，来充实失地农民医疗救助基金。一是为失地农民建立相应的社会医疗救助制度。该制度应由社保部门牵头，基金来源以政府出资为主，集体扶持，社区经济、企业、慈善机构及个人等方面共同捐助，按照互助共济、权得相当、规范管理、封闭运行的原则为失地农民提供医疗救助服务。二是鼓励失地农民参加商业医疗保险。对于有经济实力的村，可将部分征地补偿费用于大病医疗保险等商业医疗保险，解除失地农民因病致贫的后顾之忧。三是建立新型合作医疗保障制度。集体经济实力较强的乡镇，可以探索建立以个人出资为主、集体扶持、政府适当支持的筹资机制，多渠道筹集资金，建立农村新型合作医疗保障制度。

4. 建立适当水平的最低生活保障制度

一般来说，农民生活在农村，土地作为其生产资料可以向农民提供最基本的生活保障。但是，随着经济的发展，农村剩余劳动力的增加，土地的保障功能逐渐弱化，作为农民最低生活保障的土地已经不足以保障农民的生活，迫切需要国家的帮助。然而，国务院颁布的《城市居民最低生活保障条例》，其适用的范围仅仅限于城市居民，将广大农民排除在保障范围之外。所以，把最低生活保障由城市扩展到农村是非常必要的。各地应根据当地的经济情况和其他地方的标准建立本地最低生活保障制度，把收入低于生活保障线的农民应纳入到低保范围之中。由于失地农民的居住地一般来说都是靠近城市，所以失地农民的最低生活保障应参照当地城市居民的最低生活保障线予以保障或直接纳入到城镇居民社会保障体系之中。在一些经济情况较好、并且已经建立了农村居民最低生活保障制度的地区，则应该把失地农民纳入到当地农村居民最低生活保障体系当中，对低于农村最低生活保障线的农民予以保障。

(三) 营造园区经济与社区共同发展的和谐局面

我国的经济园区不仅以经济发展高速度闻名，而且，其还有更深层次的社会功能。园区的经济发展造成社会变迁,经济园区由农村转变为城市。经济园区所具有的社会形态的特点既不同于现有的城市,也不同于现有农村,营造园区与社区共同发展的和谐局面,对园区经济社会的发展十分重要,关系到经济园区的城市化和现代化进程。

1. 建立社区管理组织体系,健全管理制度

经济园区的社区管理已经不能继续依靠原来的村组管理系统,社区管理是公益性社会活动,必须有政府的作用,因此,园区必须建立政府主导下的社区管理委员会等管理组织,并建立健全社区管理委员会选举办法、社区资质组织章程、社区居民委员会工作制度、社区各类专项工作制度等管理制度,确保管理有章可循。同时要加强社区专职工作队伍建设,积极培育发展社区志愿者队伍和中介服务组织,做好对各级社区建设工作人员和社会工作者的业务培训工作,使其提高社区建设政策理论水平,明确社区建设基本工作思路,熟悉掌握社区建设工作方法。

2. 完善社区服务设施,构建服务网络

营造园区与社区共同发展的和谐局面,要加大对社区基础设施的投入,完善社区服务功能,构建强有力的社区服务平台,促进社区服务社会化、产业化。一是积极开展就业社保工作。园区应建立社区居民就业培训机制,依托街道社区劳动保障工作平台,为社区内待业与下岗人员提供职业技能培训服务,建立就业服务中心,对居民进行有目的的系统培训。二是大力发展便民利民服务。要大力发展社区商业服务,有计划地引导建设各社区内的便利店、超市、邮局等商业服务网点;改进社区服务手段,加强社区服务信息网络建设,建立信息化服务平台,架构社区服务资源与居民服务需求的桥梁,提高服务的时效性。三是有计划地开展面向辖区企业的"后勤服务"。部分经济园区社区工厂、企业密集,社区单位的后勤服务需求量大,市场潜力巨大,因此应积极引导社区居民发展房屋租赁业务,鼓励和支持区内的农村修建标准厂房和各类仓库,在企业周边大力发展餐饮业、文化娱乐业等,促进社区服务的产业化。

3. 加强社区教育投入,发展教育培训

促进园区与社区的和谐可持续发展,必须建立社区教育培训网络。一是要积极发展社区教育,构建社区职业技术培训体系,鼓励各社区积极兴办职业教育学校和成人教育学校,力求职业教育和成人教育形成规模;二是要建立社区教育学校,社区可以与附近高校和职业技术学校联合,建立高级职业专修中心,还可以充分利用本社区的设施和人才,举办周末讲习

班或夜校等；三是要大力开展多层次、多内容、多形式的教育培训活动，要始终重点抓好量大面广、受到社区居民普遍欢迎的各类短期培训活动，努力满足在职人员的岗位培训、下岗失业人员再就业培训、弱势人群提高生存技能培训、外来人群适应城区社会生活培训等各类人群的学习需求，积极抓好社区内的婴幼儿教育、青少年学生的校外素质教育等。

4. 强化社会治安综合治理，构建平安和谐社区

社区的治安管理是园区与社区和谐发展的重要保障。强化社会治安的综合治理，要加强社区警务建设，建立群防群治网络，全面提升社区治安方案的科技水平；加强重点部位治安防范工作，认真做好社区结合部、人口密集区和繁华闹市区等地段的治安整治工作；建立健全社区暂住人口登记管理制度，创建良好的治安环境；同时，要深入开展普法教育，不断提高社区居民的法律素质，深入开展依法治理，提高社区法治化管理水平，依法搞好民事纠纷调节，做好社区稳定工作。

一个国家或地区的经济繁荣发达与社会全面进步是相辅相成、互为条件、缺一不可的。经济发展是社会发展的物质基础，同时，经济的持续发展需要科技、教育、文化等方面的发展作支撑，和谐、稳定的社会环境又是经济发展的基础。为此，园区在发展经济和科技的同时，必须十分注重和谐园区和社区的建设，园区与社区共同发展的和谐局面是园区经济发展的重要保障和动力。园区与社区和谐发展格局不是孤立存在的，是各项卓有成效工作的叠加和组合，是园区整体工作的反映。加强园区教育、卫生、文化等社会事业及基础设施建设，既是构建和谐园区的重要内容，也是经济发展的重要领域；加强社区制度建设，保障社会公平正义；建设社区和谐文化，巩固社会和谐的思想道德基础；完善社区社会管理，保持社会安定有序，这些都是园区加快发展所不可或缺的社会保障条件。营造园区与社区共同发展的和谐局面是国际国内形势发展的需要，也是园区自身发展的需要，它需要园区上下的共同努力，充分利用和谐的力量推动园区经济社会的发展，以发展促和谐，在和谐中求发展，不断为园区加快发展提供良好的社会环境。

参考文献

[1] 周钧、周伟芪：《开发区土地集约利用潜力评价研究——以苏州国家高新技术产业开发区为例》，载《现代经济探讨》，2008年第9期。

[2] 李正图：《论我国开发区竞争优势的逻辑演进和平台功能建设》，载《上海经济研究》，2008年第9期。

[3] 孙琪、房泽其：《我国开发区治理模式创新研究》，载《生产力研究》，2008年第16期。

[4] 唐华东：《中国开发区30年发展成就及未来发展思路》，载《国际贸易》，2008年第9期。

[5] 左学金：《国内外开发区模式比较及经验：典型案例研究》，载《社会科学》，2008年第9期。

[6] 白雪洁：《我国主要国家级开发区的运行效率及提升路径选择——基于外资与土地利用视角》，载《中国工业经济》，2008年第8期。

[7] 林烨：《基于LEAP的工业能源未来发展规划——以浙江省宁波经济技术开发区为例》，载《经济研究导刊》，2008年第15期。

[8] 李劲：《加快武汉经济技术开发区现代物流业发展之我见》，载《商情（教育经济研究）》，2008年第7期。

[9] 阎兆万、刘庆林等：《多区港联动》，山东人民出版社2008年版。

[10] 郭方强：《我国城市开发区的研究现状及展望》，载《许昌学院学报》，2008年第5期。

[11] 李富佳：《主体功能区划下过渡期辽宁省限制开发区发展模式》，载《地理科学进展》，2008年第5期。

[12] 赵斌：《园区经济集群化发展对策探讨》，载《经济研究导刊》，2008年第5期。

[13] 庄美燕：《经济开发区的困顿》，载《中国城市经济》，2008年

第 8 期。

[14] 闫国庆：《国家高新技术产业开发区创新水平测度指标体系研究》，载《中国软科学》，2008 年第 4 期。

[15] 惠冰：《复合型经济功能区管理体制创新构想——以天津滨海新区为例》，载《天津社会科学》，2008 年第 4 期。

[16] 左学金：《国内外开发区模式比较及经验：典型案例研究》，载《社会科学》，2008 年第 9 期。

[17] 刘继平：《增长极理论视角下的开发区建设》，载《全国商情（经济理论研究）》，2008 年第 13 期。

[18] 史志琳：《国家高新技术开发区人力资源需求分析》，载《中国高新技术企业》，2008 年第 17 期。

[19] 王琳琳：《我国开发区管理体制改革的现状及对策分析》，载《商业文化（学术版）》，2008 年第 7 期。

[20] 朱立龙：《我国国家级经济技术开发区综合指标评价研究》，载《科学管理研究》，2008 年第 4 期。

[21] 常健：《发展循环经济建设生态型开发区》，载《再生资源与循环经济》，2008 年第 6 期。

[22] 袁宏明：《开发区"二次创业"如何破题》，载《中国投资》，2008 年第 7 期。

[23] 刘辉群：《中国保税港区发展及其功能创新》，载《国际商务研究》，2008 年第 3 期。

[24] 石忆邵：《我国开发区转型发展的新趋向》，载《山东科技大学学报（社会科学版）》，2008 年第 2 期。

[25] 曾另琼：《园区经济对区域经济推动作用的思考》，载《消费导刊》，2007 年第 11 期。

[26] 汪素芹：《中国经济国际化与区域开放型经济发展》，吉林大学出版社 2007 年版。

[27] 阎金明：《滨海新区的功能区建设与产业布局》，载《天津大学学报（社会科学版）》，2007 年第 1 期。

[28] 雷霞：《关于我国开发区管理体制的类型及其改革的思考》，载《齐鲁学刊》，2007 年第 6 期。

[29] 唐茂华：《天津滨海新区：发挥综合配套改革试验区的先导作用》，载《天津大学学报（社会科学版）》，2007 年第 1 期。

[30] 盖文启：《集群竞争——中国高新区发展的未来之路》，经济科学出版社2007年版。

[31] 董兴林、王立英：《青岛开发区物流企业运作现状及对策》，载《中国流通经济》，2007年第7期。

[32] 郭小碚、张伯旭：《对开发区管理体制的思考和建议——国家级经济技术开发区调研报告》，载《宏观经济研究》，2007年第10期。

[33] 阮平南、边元松：《经济开发区可持续发展影响因素分析——基于不同产业集群形成机理的比较》，载《财经问题研究》，2007年第9期。

[34] 赫尔普曼：《经济增长的秘密》，中国人民大学出版社2007年版。

[35] 王发明、邵冲、应建仁：《基于产业生态链的经济技术开发区可持续发展研究》，载《城市问题》，2007年第5期。

[36] 齐德义：《促进国家级开发区产业集群的对策》，载《生产力研究》，2006年第2期。

[37] 荀克宁、王爱华：《山东经济园区产业布局与协作研究》，载《山东社会科学》，2006年第12期。

[38] 李晔、王舜：《台湾新竹科学工业园区的发展模式及启示》，载《科学管理研究》，2006年第3期。

[39] 吕拉昌、魏也华：《新产业区的形成、特征及高级化途径》，载《经济地理》，2006年第5期。

[40] 丁峰、孙琼：《国家级开发区开发公司发展模式研究》，载《经济与管理》，2006年第5期。

[41] 黄寰：《自主创新与区域产业结构优化升级》，中国经济出版社2006年版。

[42] 杨劲松：《工业园区产业发展模式选择》，载《上海经济研究》，2006年第3期。

[43] 程工、张秋云：《中国工业园区发展战略》，社会科学文献出版社2006年版。

[44] 闫国庆：《开发区治理》，中国社会科学出版社2006年版。

[45] 赵波：《现代园区经济》，电子科技大学出版社2006年版。

[46] 张艳、胡苏娜、王莹：《区域经济由"回浪效应"向"扩散效应"过渡的条件与对策》，载《江淮论坛》，2005年第6期。

[47] 王会东:《产业集群的类型与开发区建设》,载《经营与管理》,2005年第7期。

[48] 胡新智:《中国国家级经济技术开发区产业集群效果分析》,载《管理评论》,2005年第7期。

[49] 郭曦、郝蕾:《产业集群竞争力影响因素的层次分析——基于国家级经济开发区的统计回归》,载《南开经济研究》,2005年第4期。

[50] 李婉萍:《工业园区的竞争力分析》,中国纺织出版社2005年版。

[51] 孙国华:《我国开发区的行政体制模式研究》,载《上海企业》,2005年第9期。

[52] 卢新海:《开发区发展与土地利用》,中国财政经济出版社2005年版。

[53] 凌伟宪:《开发区未来发展思路与策略的若干思考》,载《港口经济》,2005年第1期。

[54] 郑国、王慧:《中国城市开发区研究进展与展望》,载《城市规划》,2005年第8期。

[55] 刘辉群:《中国保税区向自由贸易区转型的研究》,载《中国软科学》,2005年第5期。

[56] 徐琦、闵小文:《工业园区产业配套发展的现实途径及其金融支持》,载《金融与经济》,2005年第6期。

[57] 马文骏、查德利、秦垒:《经济开发区财政扶持政策的经济分析》,载《重庆大学学报(自然科学版)》,2005年第12期。

[58] 张克俊:《中关村科技园区VS美国硅谷的比较》,载《开发区建设》,2005年第8期。

[59] 张克俊:《我国高新科技园区建设的比较研究》,西南财经大学出版社2005年版。

[60] 胡军:《开发区政府行为的制度分析:对泰达管理体制的研究》,载《上海经济研究》,2005年第11期。

[61] 朱晓明:《开发区规划、建设、发展和管理》,上海交通大学出版社2005年版。

[62] 皮黔生、王恺:《走出孤岛——中国经济技术开发区概论》,三联书店2004年版。

[63] 马卫刚:《体制创新:开发区加快发展的必由之路》,载《国际

经济合作》，2004年第1期。

[64] 王宏伟、袁中金、侯爱敏：《城市化的开发区模式研究》，载《地域研究与开发》，2004年第2期。

[65] 刘志亭：《我国开发区的发展模式分析》，载《青岛科技大学学报（社会科学版）》，2004年第1期。

[66] 孙万松：《园区经济与城市核心竞争力》，中国经济出版社2004年版。

[67] 厉无畏：《中国开发区的理论与实践》，上海财经大学出版社2004年版。

[68] 徐菱涓：《产业集群：园区经济发展的战略选择》，载《中国科技论坛》，2004年第5期。

[69] 朱宏智：《开发区基础设施建设与管理研究》，东南大学硕士学位论文2004年版。

[70] 陆立军、裘小玲：《中国工业园区发展》，中国经济出版社2003年版。

[71] 汪淑芳、陈晓剑：《我国园区经济发展的激励约束因素分析》，载《科技进步与对策》，2003年第19期。

[72] 吴敬琏：《中关村科技园发展的经验总结与改进建议》，载《中国科技产业》，2003年第11期。

[73] 颜鹏飞、马瑞：《经济增长极理论的演变和最新进展》，载《福建论坛（人文社会科学版）》，2003年第1期。

[74] 萨珀斯坦、罗斯：《区域财富：世界九大科技园区的经验》，清华大学出版社2003年版。

[75] 鲍克：《中国开发区研究——入世后微观体制设计》，人民出版社2002年版。

[76] 迈克尔·波特：《国家竞争优势》，华夏出版社2002年版。

[77] 戴国强：《融资方式与融资政策比较》，中国财政出版社2002年版。

[78] 王缉慈：《创新的空间》，北京大学出版社2001年版。

[79] 代帆：《世界高新技术产业开发区管理模式比较研究》，载《特区经济与港澳台经济》，2001年第8期。

[80] 熊军、胡涛：《经济技术开发区发展模式分析》，载《科技进步与对策》，2001年第1期。

[81] 夏海钧:《中国高新区发展之路》,中信出版社 2001 年版。

[82] 储佩成、刘浩春:《中国开发区文化建设》,立信会计出版社 1999 年版。

[83] 许树柏:《实用决策方法——层次分析法原理》,天津大学出版社 1988 年版。

[84] 阿尔弗雷德·A·韦伯:《工业区位论》,商务印书馆 1997 年版。

[85] 道格拉斯·C·诺斯:《制度、制度变迁与经济绩效》,三联书店 1994 年版。

[86] 佩鲁:《新发展观》,华夏出版社 1987 年版。

[87] 商务部网站 http://www.mofcom.gov.cn/。

[88] 中国开发区网 http://www.cadz.org.cn/。

[89] 中国开发区信息网 http://www.cdz.cn/www/index.asp。

[90] 山东国际商务网 http://www.shandongbusiness.gov.cn。

期待与中国经济园区同行的务实合作
——《经济园区发展论》一书出版寄语

[韩国] 韩中国际产业园（株）会长　朴钟灿

我到中国访问考察已有30多次，见证了中国开发区的发展历程。中国开发区在发展过程中借鉴了世界园区包括韩国工业团地的经验，但今天任何一个国家规划园区，都要向中国学习，不能忽视中国的经验。目前，韩国政府正在务安郡规划发展韩中国际产业园，主要针对吸引中国企业来韩国投资。阎兆万先生三次率团赴务安郡探讨合作，我们之间有许多交流，他关于园区发展的许多观点和加强园区国际合作与交流的看法，我是非常赞成的。我热切地期待着与中国经济园区同行的互利务实合作。

2009年1月19日于韩国首尔

Expecting the Pragmatic Cooperation with Chinese Counterparts of Economic Zone
——For the Publication of "Study on Development of Economic Zone"

[Korea] President of Korea-China International Industrial Park
Park Jong Chan

I have visited China more than 30 times, witnessed the development process of China's Development Zones. China's Development Zone learned a lot of experience from the world in its development process, including the experience of Korean industrial park, but today any country must be to learn from China for planning Park, China's experience can not be ignored. At present, the Korean government is planning and developing Muan Korea-China International Industrial Park, aimed at attracting Chinese enterprises to invest in Korea. Mr. Yan ZhaoWan came to Muan three times with his team to explore cooperation, there are many exchanges between us, and I certainly agree with many of his views, including the development of park and the strengthen of international cooperation and exchanges. I am eagerly expecting the mutually beneficial and pragmatic cooperation with Chinese counterparts of Economic Zone.

January 19, 2009 in Seoul, Korea

后　　记

《经济园区发展论》一书的基本观点和整体框架是基于我们多年对经济园区工作的参与、思考和研究而形成的。它以科学发展观为统领，以经济园区发展为主线，审视了中国经济园区从产生到发展的整个历史进程，涵盖了经济园区发展模式、发展机制、发展环境、发展特色、发展成就，以及未来发展目标与发展对策等多方面研究内容，并对中外经济园区之经验、特色、发展模式等方面进行了比较研究，形成了较为完整的体系和厚重的内涵。

本书的撰写任务主要由山东省对外贸易经济合作厅、山东社会科学院承担，并约请了有关专家学者围绕经济园区发展主题进行了专门的调查研究，广泛听取和吸收了多方面意见，博采众长，兼收并蓄，使本书的立论和观点更为坚实和鲜明，形成了一部具有较高学术价值和应用价值的专著。

本书由阎兆万、王爱华、展宝卫主编与统稿，靳忠伟、毛胜军、王春雁协助组织调研并参与编写，山东社会科学院、山东科技大学、鲁东大学的专家执笔撰写。第一章由山东社会科学院荀克宁撰写；第二章由山东科技大学赵佳颖、孙磊撰写；第三章由山东社会科学院刘晓宁、山东科技大学赵佳颖撰写；第四章由山东社会科学院王爽撰写；第五、六章由山东社会科学院王鹏飞撰写；第七、八章由山东社会科学院刘晓宁撰写；第九、十章由鲁东大学刘磊撰写；第十一章由山东社会科学院王爱华撰写；第十二章由山东社会科学院王爽撰写。初稿形成后，多次组织专家学者研讨论证，特别是在成书过程中，中国开发区协会刘培强会长欣然写序，商务部外资司开发区处吕建华处长给予了具体指导；广东、江苏、浙江、辽宁省的开发区和青岛经济技术开发区、烟台经济技术开发区、泰安经济开发区、临沂经济开发区、德州经济开发区、滕州经济开发区、龙口经济开发区、即墨经济开发区的同志参与了讨论，提出了许多有价值的意见与建议；参与编写、调研、讨论和提供资料的还有孙建波、廉波、周连堂、李海岩、马翎、魏文胜、盛晶、丁凡等，应当说，本书是集体智慧的结晶。经济科学出版社副总编吕萍、编辑王娟、张辉、田媛对本书的出版给予了鼎力相助，在此谨表谢意。本书还有许多不成熟之处，敬请指正。

王爱华　展宝卫
2009 年 1 月 16 日